PERDA DAS VANTAGENS DO CRIME NO DIREITO PENAL

CONFISCO ALARGADO E CONFISCO SEM CONDENAÇÃO

ADRIANO TEIXEIRA
Coordenador

PERDA DAS VANTAGENS DO CRIME NO DIREITO PENAL

CONFISCO ALARGADO E CONFISCO SEM CONDENAÇÃO

Marcial Pons

MADRI | BARCELONA | BUENOS AIRES | SÃO PAULO

Perda das vantagens do crime no direito penal
Confisco alargado e confisco sem condenação
Adriano Teixeira (Coord.)

CIP-Brasil. Catalogação na Publicação
Sindicato Nacional dos Editores de Livros, RJ

T266p

Teixeira, Adriano.
Perda das vantagens do crime no direito penal: confisco alargado e confisco sem condenação / Adriano Teixeira. - São Paulo, SP: Marcial Pons, 2020.
258 p. : 16 x 23 cm

ISBN 978-65-86696-09-7

1. Direito penal - Brasil. I. Título.

CDD 345.81

www.marcialpons.com.br

Impresso no Brasil

SUMÁRIO

ORGANIZADOR

Adriano Teixeira
Doutor e Mestre em Direito pela Ludwig-Maximilians-Universität-München - Professor do Mestrado Profissional da FGV Direito São Paulo

AUTORES

Francesco Viganó
Juiz da Corte Constitucional da Itália - Professor Ordinário de Direito Penal da Università Commerciale Luigi Bocconi (Milão, Espanha)

Frank Saliger
Professor Catedrático de Direito Penal, Direito Processual Penal, Direito Penal Econômico e Filosofia do Direito, na Ludwig-Maximilians-Universität München (Munique, Alemanha)

Isidoro Blanco Cordero
Professor Catedrático de Direito Penal da Universidad de Alicante (Espanha) - Secretário Geral Adjunto da Associação Internacional de Direito Penal

Manuel Guedes Valente
Presidente do Instituto de Cooperação Jurídica Internacional. Professor Associado da Universidade Autónoma de Lisboa Luís de Camões e do Programa de Mestrado e Doutoramento da Pontifícia Universidade Católica do Rio Grande do Sul (PUC-RS). Advogado e Jurisconsulto. Consultor da Feldens.Madruga - Sociedade de Advogados

Rodrigo Sánchez Rios
Professor de Direito Penal da PUCPR - Advogado criminalista

Peter Alldridge
Draper's Professor of Law at Queen Mary University of London (Londres, Inglaterra)

Stefan D Cassella
Procurador Federal nos Estados Unidos entre 1985 e 2015, especialmente em questões antilavagem de dinheiro e de confisco de ativos - CEO da AssetForfeitureLaw, LLC

Victor Cezar Rodrigues Da Silva Costa
Doutorando em Direito Penal pela PUCPR - Advogado criminalista

TRADUTORAS

Tatiana Badaró
Mestre e Doutoranda em Direito pela UFMG - Advogada criminalista

Rinuccia Faria La Ruina
Mestre em Direito (LL.M.)pela Albert-Ludwigs-Universität Freiburg e Doutoranda em Direito na Humboldt-Universität zu Berlin

APRESENTAÇÃO

Adriano Teixeira

I. Considerações introdutórias

A destituição dos produtos e vantagens auferidas com o crime, bem como a reparação do dano causado pelo delito, parecem constituir, à primeira vista, um elemento natural e acessório no âmbito da persecução penal. E, com efeito, esse assunto está historicamente longe de ser objeto privilegiado de investigação e discussão nas ciências criminais. Encontraremos, sem dúvidas e sobretudo no Brasil, vinte livros ou artigos sobre a relação entre neurociência e direito penal ou entre direito penal e literatura antes de encontrar um texto científico sobre o confisco de bens do condenado e recuperação de ativos por parte do Estado. Ocorre que a importância prática, tanto de ponto de vista do Estado quanto do atingido (do condenado ou investigado), dos temas mencionados está em relação exatamente inversa.[1]

Atualmente, no moderno direito penal patrimonial, marcado pela criminalidade de empresa, sob o mantra "o crime não compensa" (ou melhor: não deve compensar), o vigor da atuação do Estado contra os bens do investigado ou condenado[2] não raro causa um impacto comparável ou até maior que a própria pena. A recuperação das vantagens do crime tem sido a menina dos olhos dos órgãos de persecução, celebrada publicamente e com orgulho (não sem razão).

---

1. Em 2002, em referência ao direito penal da Common Law, *Peter Aldridge* já apontava para o protagonismo da recuperação de ativos no âmbito do sistema criminal: "both confiscation and forfeiture are moving from the wings of the criminal justice system to centre stage" (Aldridge, Peter. Smuggling, Confiscation and Forfeiture, em: The Modern Law Review 65 (2002), p. 782.

2. Um panorama em Manes, Vittorio. The Last Imperative of Criminal Policy: Nullum Crimen Sine Confiscatione, em: European Criminal Law Review 6, 2016, p. 144 e ss.

Enxerga-se inaugurada uma "terceira via do direito penal" (Dritte Spur des Strafrechts).[3]

O crescente recrudescimento e aprimoramento dos mecanismos de constrição patrimonial são fenômeno mundiais, como demonstram as convenções e demais diplomas normativos internacionais que os fomentam, dentre as quais se destacam a Convenção das Nações Unidas contra a Corrupção, de 2003 (art. 47), a Convenção das Nações Unidas contra o Crime Organizado Transnacional, de 2004 (art. 14) e a Diretiva 2014/42/UE do Parlamento Europeu e do Conselho, sobre o congelamento e a perda dos instrumentos e produtos do crime na União Europeia, de 2014.[4] Sob influência e pressão desses instrumentos internacionais, vários países promoveram mudanças em suas legislações para ampliar os mecanismos de confisco de bens provenientes de crime e de recuperação de ativos. As contribuições deste livro servem, dentre outros propósitos, para documentar esse desenvolvimento.

Não há dúvidas de que os mecanismos legais de ablação patrimonial constituem ferramenta importante na política criminal moderna, especialmente preocupada em conter a criminalidade organizada. No entanto, esses instrumentos, sobretudo as "novas" figuras do confisco alargado e do confisco não baseado em uma condenação (a respeito, infra III) trazem riscos do ponto de vista dos direitos individuais dos atingidos,[5] especialmente do direito de propriedade e da presunção de inocência.[6] Por essa razão, é preciso que essa evolução das ferramentas de constrição patrimonial no âmbito criminal seja acompanhada pelo atento escrutínio da ciência jurídico-penal. Nas precisas palavras de Caeiro, faz-se necessário que "a robustez do sistema de confisco seja medida não só pela sua eficácia na recuperação dos ativos, mas também pela solidez teórica

3. Cf. apenas Saliger, Frank. Grundfragen der Vermögensabschöpfung, em: Zeitschrift für das gesamte Strafrechtswissenschaft (ZStW) 2017, p. 995 (996) (traduzido e reproduzido nesta obra).

4. Cf. Boister, Nils. An Introduction to Transnational Criminal Law, 2ª ed., Oxford University Press: Oxford, 2018, p. 334 e ss; Boucht, Johan. The limits of asset confiscation: On the legitimacy of Extended Appropriation of Criminal Proceeds, Bloomsbury: Oxford and Portland, 2017, p. 2 e ss; Ivory, Radha. Asset Recovery in Four Dimensions: Returning Wealth to Victim Countries as a Challenge for Global Governance, in: Ligeti/Simonato (org.), Chasing Criminal Money: Challenges and Perspective on Asset Recovery in the EU, Bloomsbury: Oxford and Portland, 2017, p. 178 e ss.

5. Boister, cit., p. 352: "Asset recovery through conviction- or non-conviction-based confiscation or forfeiture has become an importante tool in the arsenal of transnational law enforcement agencies, but its use endangers human rights"; Boucht, cit., p. 9: "The increased focus on asset confiscation as a tool in the fight against serious organized and economic crime can, however, make policy makers blind to the potential risk to individual´s rights that overly broad powers potentially may entail".

6. Nesse sentido Panzavolta, Michele. Confiscation and the Concept of Punishment: Can there be a confiscation without a conviction?, em: Ligeti/Simonato (org.), Chasing Criminal Money: Challenges and Perspectives on Asset Recovery in the EU, Oxford/Portland: Hart Publishing, 2017, p. 32.

da construção e pela efetividade com que protege os direitos dos visados. Sem essa dimensão, a vertigem pode transformar a robustez em tirania".[7]

Esse justo equilíbrio entre o combate à criminalidade reditícia e a observância dos direitos fundamentais e das garantias processuais só pode ser encontrado levando-se a cabo uma discussão ampla e criteriosa, que envolva os integrantes da ciência do direito e da práxis jurídica e os legítimos proponentes da política criminal, os legisladores.

Além disso, dados o caráter universal dessa temática, que afeta praticamente todas as ordens jurídicas do planeta, e sua dimensão propriamente internacional (pense-se nos crimes transnacionais e na cooperação internacional em sede de recuperação de ativos), é salutar, ou melhor, imperioso que o debate extrapole as fronteiras dos ordenamentos jurídicos domésticos. Esta obra pretende justamente contribuir para esse debate internacional e apresentá-lo ao leitor brasileiro.

Antes de apresentar brevemente o conteúdo das contribuições deste livro (abaixo III) e registrar os devidos agradecimentos (IV), cumpre realizar alguns esclarecimentos de ordem teórico e conceitual (abaixo II).

II. Esclarecimentos teórico-conceituais

Há diversas expressões que tangenciam o objeto da presenta obra. Recuperação de ativos é, por exemplo, uma delas. Trata-se de expressão ampla, que remete a todo o processo de retorno dos ativos "desviados" de um país mediante o cometimento de um crime gerador de lucros. Engloba desde a busca, a investigação e localização dos ativos, passando pelo bloqueio e efetivo confisco dos valores, até, finalmente, o retorno à vítima ou ao Estado.[8]

Os textos dessa coletânea, contudo, possuem por objeto algo mais específico, a saber: o *confisco* (*confiscation*, em inglês do common law; *decomiso* em espanhol; *confisca* em italiano e *Einziehung*, em alemão). Adotemos aqui a definição trazida por Caeiro, que entende por confisco "as medidas jure imperii que instauram o domínio do Estado sobre certos bens ou valores, fazendo cessar os direitos reais e obrigacionais que sobre eles incidissem, bem como outras formas de tutela jurídica das posições fáticas que os tivessem por objeto

---

7. Caeiro, Pedro. O confisco numa perspectiva de política criminal europeia, em: Ferreira, Maria Raquel Desterro/Cardoso, Elina Lopes/Correia, João Conde (coord.). *O novo regime de recuperação de ativos à luz da Diretiva 2014/42/EU e da lei que a transpôs*, Lisboa: Imprensa Nacional, 2018, p. 38.

8. Cf. Ligeti, Katalin/Simonato, Michele. Asset Recovery in the EU: Towards a Comprehensive Enforcement Model beyond Confiscation? An Introduction, in: Ligeti/Simonato (org). Ligeti/Simonato (org.), Chasing Criminal Money: Challenges and Perspective on Asset Recovery in the EU, Bloomsbury: Oxford and Portland, 2017, p. 3-4.

(vg., a posse)".[9] Ainda mais especificamente, estamos a tratar do confisco das vantagens do crime, no sentido do art. 91, II, b, do Código Penal brasileiro (doravante CP), que prevê a "perda, em favor da União" do "produto do crime ou de qualquer bem ou valor que constitua proveito auferido pelo agente com a prática do fato criminoso". Ou seja, não se trata, nestes estudos, da perda ou confisco dos instrumentos do crime *(instrumenta sceleris)*, conforme o art. 91, II, a, CP.[10] Os estudos aqui reunidos também não tratarão - ao menos, não de modo primordial - dos mecanismos processuais ou cautelares de constrição patrimonial, como o sequestro, o arresto e a hipoteca legal.

A maioria das contribuições desta obra trata de novas modalidades de confisco das vantagens do crime, que no Brasil foram recente e parcialmente introduzidas com a Lei 13.964/2019, que adicionou o art. 91-A ao Código Penal. São elas o *confisco alargado* e o *confisco não baseado em uma condenação* (ou simplesmente *confisco sem condenação).*

O confisco alargado ou ampliado ocorre quando, além dos bens ou valores oriundos do delito objeto da ação penal, se confiscam bens presumidamente provenientes de outros crimes pelos quais o réu não foi processado.[11] Presume-se que o patrimônio encontrado com o réu, desde que e na medida que incompatível com sua renda regular, também é proveniente de crimes. Dentro desse sistema, há submodalidades sensivelmente distintas umas das outras, sobretudo no que se refere à natureza das presunções (abstrata ou concreta) e ao *standard* probatório.[12]

---

9. Caeiro, Pedro. Sentido e função do instituto da perda de vantagens relacionadas com o crime no confronto com outros meios de prevenção da criminalidade reditícia (em especial os procedimentos de confisco in rem e a criminalização do enriquecimento "ilícito"), em: Leite/Teixeira (org), *Crime e Política: Corrupção, financiamento irregular de partidos politicos, caixa dois eleitoral e enriquecimento ilícito*, São Paulo: FGV Editora, 2017, p. 365.

10. Realçando a diferença entre as distintas lógicas que informam o confisco dos instrumentos e o confisco do produto ou das vantagens do crime Vogel, Joachim. The Legal Construction that Property Can do Harm: Reflections on the Rationality and Legitimacy of "Civil" Forfeiture, in: Rui/Sieber (org.), Non-Conviction-Based Confiscation In Europe: Possibilities and Limitations on Rules Enabling Confiscation without a Criminal Conviction, Duncker & Humblot: Berlim, 2015, p. 233-234.

11. Cf. Panzavolta, Michele. Confiscation and the Concept of Punishment: Can there be a confiscation without a conviction?, em: Ligeti/Simonato (org.), Chasing Criminal Money: Challenges and Perspectives on Asset Recovery in the EU, Oxford/Portland: Hart Publishing, 2017, p. 44: "Forms of extended confiscation are even more popular. In extended confiscation, a convicted person is deprived os assets in connection with offences other than the one for which he has been convicted." Ver Diretiva 2014/42/UE: "a uma condenação penal se siga a perda não apenas dos bens associados ao crime em questão, mas também de bens que o tribunal apure serem produto de outros crimes"; Correia, João Conde. "Non-conviction based confiscations" no direito penal português vigente: "Quem tem medo do lobo mau?", em: Julgar 32 (2017), p. 82: "A pretexto da condenação, alarga-se o confisco a outros bens, alheios àquela, sempre que, pelas circunstâncias do caso, seja provável ou possa presumir-se que eles resultam de condutas semelhantes".

12. Sobretudo no que se refere à natureza das presunções (abstrata ou concreta) e o standard probatório. Cf. Correia, cit., p. 92.

A principal diferença do confisco alargado em relação ao confisco não baseado em uma condenação (*non-conviction based confiscation*) é que no último se prescinde de qualquer condenação. Ou seja, o confisco ocorre mesmo na ausência da individualização do réu, desde que haja indícios de que os bens em questão tenham origem criminosa. Essa modalidade de confisco, portanto, adquire característica de ação civil (*in rem*), já que o objeto do procedimento passa a ser coisas, não pessoas.[13]

Uma última questão, de substância mais teórica, mas não menos importante, diz respeito à natureza do confisco (ou dos confiscos, tendo em vista suas diferentes modalidades). Indaga-se: trata-se de uma pena, uma medida de segurança ou um instituto *sui generis*[14]? Relacionadas a essa indagação, põem-se outras: qual a finalidade do confisco: repressão, prevenção, restituição? E que tipo de procedimento é o mais adequado para implementá-lo: criminal ou civil?

O entendimento que parece sedimentar-se é o caráter não-penal do confisco, visto como medida de restabelecimento de um status patrimonial legal. Trata-se de desfazer uma situação patrimonial ilícita, um enriquecimento ilícito, um título de propriedade ilegítimo.[15]

Essa discussão não é estéril ou meramente acadêmica.[16] Afirmar que o perdimento de bens não equivale a uma pena significa dizer que sua determinação e execução não precisam orientar-se conforme o princípio da culpabilidade, segundo o qual o autor do crime só pode responder por aquilo que fez; tampouco, em princípio, valem o princípio da presunção de inocência e a proibição de retroatividade da lei.[17] Quanto mais o sistema de perda de bens se aproxima do penal, mais diversas e mais robustas se tornam (deveriam se tornar) as garantias em torno do atingido. Ao revés, quanto mais próximo de um sistema objetivo-administrativo ou civil, de caráter preventivo ou reparatório, mais flexíveis ou menores são os pressupostos da perda.[18]

Na prática, é difícil observar um modelo puro.[19] Países do Common Law

---

13. Boucht, cit., p. 5.

14. Nesse sentido o Tribunal Constitucional Alemão BVerfG Beschl. v. 14.1.2004 - 2 BvR 564/95 - BVerfGE 110, 1-33, Nm. 103; a respeito Köhler, Marcus. Die Reform der strafrechtlichen Vermögensabschöpfung - Teil 1/2 - Überblick und Normverständnis für die Rechtspraxis -, em: NStZ 2017, p. 498.

15. Assim Correia, cit, p. 94; Vogel, cit., p. 235: "It is the principle of avoiding unjust enrichment which legitimizes forfeiture of proceeds, because it is at least a matter of equity that the property-holder is not entitled to retain ill-gotten gains".

16. Também assim, com outras referências, Essado, Tiago Cintra. A perda de bens e o novo paradigma para o processo penal brasileiro. Tese de Doutorado USP, 2014, p. 20.

17. Köhler, op. cit, p. 498; Saliger, op. cit., p. 1002 e ss; Panzavolta, cit., p. 33.

18. Nesse sentido Saliger, op. cit., p. 1003; Panzavolta, cit., p. 34.

19. Saliger, op. cit., p. 1003.

convivem bem com instrumentos civis de confisco, ao passo que nos países de tradição romano-germânica medidas civis confiscatórias dissociadas de uma condenação criminal tendem a serem vistas com resistência.[20]

Esses e demais tópicos são minuciosamente tratados nos artigos reunidos na presente obra, que serão brevemente apresentados a seguir.

III. Do objeto deste livro

No artigo que abre este livro, Rodrigo Sánchez Rios e Victor Cezar Rodrigues tratam confisco alargado no Brasil, analisando a inclusão desse instituto com a Lei Anticrime (Lei 13.964/2019). Após apresentação e análise dogmática do instituto, os autores escrutinizam detalhadamente a novidade legislativa brasileira.

Manuel Valente nos oferece uma análise crítica da evolução do regime de perda de bens em Portugal, com foco na transposição da Diretiva 2014/42/EU do Parlamento Europeu e do Conselho sobre o congelamento e a perda dos instrumentos e produtos do crime, pela lei 30/2017, de 30 de maio.

O Juiz da Corte Constitucional Italiana, Francesco Viganó, apresenta-nos um estudo crítico do confisco "de prevenção" (confisca "di prevenzione"), nos termos do art. 24 do Código Antimáfia italiano. Para tanto, investiga a natureza jurídica da medida (pena ou medida de prevenção?), em profícuo cotejo com a jurisprudência do Tribunal Europeu de Direitos Humanos (TEDH) e a experiência americana do *civil forfeiture*, para então propor o modo pelo qual esse instrumento possa, a um só tempo, contribuir para o combate à criminalidade reditícia e organizada e garantir a observância dos direitos fundamentais (sobretudo o de propriedade) dos atingidos.

O estado da arte na Espanha é acessível pelo texto de Blanco Cordero, que traça um panorama da regulação do confisco no Código Penal espanhol e procede a uma análise detalhada da transposição da Diretiva 2014/42/EU, com destaque para o confisco alargado (decomiso ampliado) e do confisco não baseado em uma condenação (decomiso sin condena) e o confisco contra terceiros (decomiso de terceros).

Frank Saliger, em um denso estudo, trata de questões fundamentais do confisco de bens à luz da recente reforma pela qual passou o Código Penal alemão. Além de abordar a controversa questão acerca do *locus* jurídico e dogmático do confisco (direito penal, civil ou administrativo), Saliger examina a extensão do confisco clássico (princípio líquido vs princípio bruto) e os limites constitucionais do confisco alargado (erweiterte Einziehung) e do confisco autônomo (selbständige Einziehung) (não baseado em uma condenação).

20. Panzavolta, cit., p. 30-31.

As duas últimas, mas não menos importantes contribuições deste livro nos trazem a perspectiva do Common Law, que embora apresente uma estrutura normativa e dogmática sensivelmente distinta da tradição romano-germânica, cada vez mais nos influencia. E isso se dá especialmente em relação ao tema desta obra. O modelo mais ágil de confisco de bens provenientes de crime, mais próximo do direito civil do que do direito penal, seduz legisladores e órgãos de persecução. Suas vantagens, mas também seus perigos e fricções com o sistema romano-germânico, precisam ser conhecidos. Para tanto, neste livro reúnem-se textos de dois grandes especialistas no assunto: Peter Alldridge, da Inglaterra, e Stefan Cassella, dos Estados Unidos. Alldridge analisa criticamente a evolução e aplicação do Proceeds of Crime Act, de 2002 (POCA) e Cassella aborda os desafios práticos da recuperação de ativos, especialmente em casos transnacionais.

IV. Agradecimentos

Em primeiro lugar, cumpre agradecer aos autores das contribuições que compõem essa obra, que gentil e prontamente aquiesceram em participar desse projeto.

De fundamental importância foram as traduções realizadas para este livro. Portanto, muito obrigado a Tatiana Badaró e Rinuccia Faria La Ruina, jovens e competentes cientistas.

É preciso render um especial agradecimento à equipe do Escritório Feldens-Madruga, cujo apoio para a materialização desta obra foi inestimável. Luciano Feldens e Antenor Madruga são pessoas e profissionais raros, que contribuem sobremaneira, cotidianamente, tanto para a prática quanto para a ciência do direito.

Por fim, muito obrigado à Marcial Pons, na pessoa de Marcelo Porciuncula, por mais essa parceria.

CONFISCO ALARGADO: A AMPLIAÇÃO DO INSTITUTO DO PERDIMENTO DE BENS NA LEI 13.964/2019 ("LEI ANTICRIME")

Rodrigo Sánchez Rios
Victor Cezar Rodrigues da Silva Costa

Sumário:

1. Perspectiva fática

No dia 24 de dezembro de 2019 foi publicada a Lei 13.964 ("Lei Anticrime"). Nela estão encartadas algumas das propostas anunciadas pelo Ministro da Justiça ao Congresso Nacional em fevereiro do mesmo ano. Tais alterações legislativas impulsionaram uma discussão pública e especializada sobre temas atuais e relevantes no concernente à prevenção e repressão aos delitos de organização criminosa e contra à administração pública. Em sua redação original, veiculava a política criminal anunciada pelo atual representante do Poder Executivo federal: aumento de penas, criminalização de novas condutas, ampliação das possibilidades de legítima defesa, a perda e redirecionamento do produto do crime na forma do confisco alargado etc. Em que pese o texto promulgado represente apenas parte do projeto apresentado à Câmara dos Deputados, a modificação do instituto da perda de bens figura dentre as alterações promovidas no Código Penal, cabendo-nos aqui, sobre ela, uma atenção maior.

A temática não é nova na experiência legislativa brasileira. Já esteve sob análise do Senado Federal o Projeto de Lei nº 257/2015, o qual propôs disciplinar "*a declaração da perda da propriedade ou posse de bens, direitos e valores adquiridos por atividade ilícita, regulamenta a ação civil pública de extinção de domínio para tal fim*" além de dar outras providências. A perda se daria, portanto, por meio do instrumento da Ação Civil Pública de Extinção de Domínio. De igual forma, encontrou guarida nas chamadas 10 medidas contra a Corrupção (PL 4850/2016 da Câmara dos Deputados), de autoria de membros do Ministério Público Federal em 2015, nas quais além da extinção civil do domínio, previa um rol exaustivo de crimes passíveis de ensejar o confisco alargado enquanto efeito da condenação.[1]

---

1. "Art. 91-A. Em caso de condenação pelos crimes abaixo indicados, a sentença ensejará a perda, em favor da União, da diferença entre o valor total do patrimônio do agente e o patrimônio cuja origem possa ser demonstrada por rendimentos lícitos ou por outras fontes legítimas: I - tráfico de drogas, nos termos dos arts. 33 a 37 da Lei nº 11.343, de 23 de agosto de 2006; II - comércio ilegal de arma de fogo e tráfico internacional de arma de fogo; III - tráfico de influência; IV - corrupção ativa e passiva; V - previstos nos incisos I e II do art. 1º do Decreto-Lei nº 201, de 27 de fevereiro de 1967; VI - peculato, em suas modalidades dolosas; VII - inserção de dados falsos em sistema de informações; VIII - concussão; IX - excesso de exação qualificado pela apropriação; X - facilitação de contrabando ou descaminho; XI - enriquecimento ilícito; XII - lavagem de dinheiro; XIII - associação criminosa; XIV - organização criminosa; XV - estelionato em prejuízo do Erário ou de entes de previdência; XVI - contrabando e descaminho, receptação, lenocínio e tráfico de pessoas para fim de prostituição, e moeda falsa, quando o crime for praticado de forma organizada. § 1º Para os efeitos deste artigo, entende-se por patrimônio do condenado o conjunto de bens, direitos e valores: I - que, na data da instauração de procedimento de investigação criminal ou civil referente aos fatos que ensejaram a condenação, estejam sob o domínio do condenado, bem como os que, mesmo estando em nome de terceiros, pessoas físicas ou jurídicas, sejam controlados ou usufruídos pelo condenado com poderes similares ao domínio; II - transferidos pelo condenado a terceiros a título gratuito ou mediante contraprestação irrisória, nos cinco anos anteriores à data da instauração do procedimento de investigação; III - recebidos pelo condenado nos cinco anos anteriores à instauração do procedimento de investigação, ainda que não se consiga determinar seu destino. § 2° As medidas assecuratórias previstas na legislação processual e a alienação antecipada para preservação de valor poderão recair sobre bens, direitos ou valores que se destinem a garantir a perda a que se refere este artigo. § 3º Após o trânsito em julgado, o cumprimento do capítulo da sentença referente à perda de bens, direitos e valores com base neste artigo será processado no prazo de até dois anos, no juízo criminal que a proferiu, nos termos da legislação processual civil, mediante requerimento fundamentado do Ministério Público que demonstre que o condenado detém, nos termos do § 1º, patrimônio de valor incompatível com seus rendimentos lícitos ou cuja fonte legítima não seja conhecida. § 4º O condenado terá a oportunidade de demonstrar a inexistência da

Diversamente da proposta de 2015, a Lei 13.964/2019, incluiu o art. 91-A no Código Penal, na epígrafe destinada aos efeitos da condenação. Prevê a possibilidade de confisco dos "*bens correspondentes à diferença entre o valor do patrimônio do condenado e aquele que seja compatível com o seu rendimento lícito*". Isso é, presume-se produto ou proveito do crime aquilo considerado incompatível com o rendimento lícito do condenado.

A celeuma teórica se revela no sentido de esclarecer: *a*) qual a natureza intrínseca do instituto da perda de bens; *b*) a identificação daquilo considerado viável de confisco; *c*) e do momento processual no qual deverá ser levado a efeito. Temas como sua destinação (alienação antecipada ou outros meios equivalentes) não entram em análise nessa reflexão. Longe de mera discussão acadêmica, essa demanda coloca em xeque os próprios postulados basilares de um Estado Democrático de Direito, em especial a presunção de inocência e a dinâmica do ônus da prova. A configuração jurídica e a aplicação prática atribuída ao instituto determinarão a lógica de garantias à qual deverá se submeter.

2. A inclusão do instituto do Confisco Alargado na Lei 13.964/2019 (art. 91-A no Código Penal)

O chamado confisco alargado toma forma na redação do novo artigo 91-A do Código Penal, incluído no capítulo destinado aos efeitos da condenação, por força do art. 2º da Lei 13.964/2019:

> Art. 91-A. Na hipótese de condenação por infrações às quais a lei comine pena máxima superior a 6 (seis) anos de reclusão, poderá ser decretada a perda, como produto ou proveito do crime, dos bens correspondentes à diferença entre o valor do patrimônio do condenado e aquele que seja compatível com o seu rendimento lícito.
>
> § 1º Para efeito da perda prevista no caput deste artigo, entende-se por patrimônio do condenado todos os bens:
>
> I – de sua titularidade, ou em relação aos quais ele tenha o domínio e o benefício direto ou indireto, na data da infração penal ou recebidos posteriormente; e
>
> II – transferidos a terceiros a título gratuito ou mediante contraprestação irrisória, a partir do início da atividade criminal.
>
> § 2º O condenado poderá demonstrar a inexistência da incompatibilidade ou a procedência lícita do patrimônio.
>
> § 3º A perda prevista neste artigo deverá ser requerida expressamente

incompatibilidade apontada pelo Ministério Público, ou que, embora ela exista, os ativos têm origem lícita. § 5º Serão excluídos da perda ou da constrição cautelar os bens, direitos e valores reivindicados por terceiros que comprovem sua propriedade e origem lícita." Disponível em https://www.camara.leg.br/proposicoesWeb/fichadetramitacao?idProposicao=2080604. Acesso em 21.05.2019

pelo Ministério Público, por ocasião do oferecimento da denúncia, com indicação da diferença apurada.

§ 4º Na sentença condenatória, o juiz deve declarar o valor da diferença apurada e especificar os bens cuja perda for decretada.

§ 5º Os instrumentos utilizados para a prática de crimes por organizações criminosas e milícias deverão ser declarados perdidos em favor da União ou do Estado, dependendo da Justiça onde tramita a ação penal, ainda que não ponham em perigo a segurança das pessoas, a moral ou a ordem pública, nem ofereçam sério risco de ser utilizados para o cometimento de novos crimes.

Destacam-se duas questões a serem trazidas à baila: em primeiro lugar a presunção criada pela proposta, de ser produto ou proveito de crime os bens ou valores incompatíveis com o rendimento lícito do condenado; e em segundo, a dinâmica do ônus probatório instituída pelo §2º, atribuindo ao condenado o encargo de demonstrar a inexistência da incompatibilidade do patrimônio.

Antes de se adentrar propriamente nessa discussão, algumas palavras sobre o contexto político-criminal no qual essa proposta aparece fazem-se necessárias. Deve-se ter em mente o fato de tal reforma legislativa se incluir no âmbito de uma recente política criminal direcionada à chamada *criminalità del profitto,*[2] a exigir novas soluções acerca da finalidade do direito penal e sua legitimidade como instrumento Estatal de controle da ordem social. Como tal criminalidade recobre a vida econômica e os ganhos daí advindos, a reconfiguração do ramo repressor passa sobretudo no desenvolvimento de medidas de prevenção patrimoniais sobre os proveitos ilicitamente acumulados. Transcende-se, inclusive, os limites tradicionais da teoria da pena, sobretudo porque esta nova forma de delinquência reformula o tradicional estereótipo do próprio infrator, o qual, nestes casos, nunca esteve à margem da sociedade, mas "aparentemente inserido no meio social",[3] razão pela qual não necessita da segregação para alcançar a *reinserção.* Segundo Pedro Caeiro: "*o que é essencial é privar o criminoso dos ganhos decorrentes de sua atividade, ou seja, confiscar o produto do crime. É a consagração do velho adágio de que 'o crime não deve compensar'*".[4]

---

2. Fornari, Luigi. *Criminalità del profitto e tecniche sanzionatorie*, Padova: Cedam, 1997, p. 39 e ss. Na literatura brasileira, segundo Knopfholz: "A criminalidade econômica atual é uma criminalidade de poder. (...) Passa-se da ação criminosa violenta à sub-reptícia. São delitos de inteligências – em oposição aos de violência – não somente pela utilização de recursos tecnológicos, mas pela atuação de pessoas altamente qualificadas." (Knopfholz, Alexandre. *A denúncia genérica nos crimes econômicos*. Porto Alegre: Nuria Fabris. 2013. p. 29-30).

3. Corrêa Junior, Alceu. *Confisco penal. Alternativas à prisão e aplicação aos delitos econômicos*. São Paulo: IBCCRIM, 2006. p. 22 e ss. Caeiro, Pedro. Sentido e função do instituto da pena alargada de vantagens relacionadas ao crime no confronto com outros meios de prevenção da criminalidade reditícia. *RBCCrim* 100/453 e ss. São Paulo: Ed. RT, 2013. No mesmo sentido Sutherland, Edward. Crime de colarinho branco. Rio de Janeiro: Revan, 2015.

4. Caeiro, Pedro. *Idem*. A respeito, em sentido similar, na produção doutrinária pátria, ver: Moro, Sergio Fernando. *Crime de Lavagem de Dinheiro*. São Paulo: Saraiva, 2010, p. 16.

O confisco, ou a imposição da perda de bens relacionados direta ou indiretamente com o crime, ao lado da criminalização do branqueamento de capitais, tem sido indicado neste campo como "*meio de luta eficaz contra a delinquência organizada*".[5] Essa sanção patrimonial tem um papel central na moderna política criminal. O diagnóstico dos estudiosos é claro: deve-se retirar do infrator a possibilidade de usufruir das vantagens ilícitas provenientes de sua empreitada delitiva, proporcionando um "*asfixiamento econômico do agente do crime*",[6] pois, de outro modo, a repressão às atividades albergadas sob a tônica da delinquência reditícia não passaria de mais uma expressão simbólica do Direito Penal. Trata-se, verdadeiramente, de *perseguir o dinheiro proveniente de um ilícito penal* e, ao mesmo tempo, impedir a infiltração dos benefícios lucrativos na economia legal.[7]

Nada obstante, a configuração clássica outorgada ao instituto revela, ante os novos desenhos da criminalidade organizada (e transnacional), dificuldades práticas, sobretudo de caráter probatório.[8] Embora a previsão contida no § 1º do projeto,[9] segundo a qual a decretação da perda ficaria *condicionada à existência de elementos probatórios* que indicassem conduta criminosa habitual, reiterada ou profissional do condenado ou sua vinculação à organização criminosa, tenha sido retirada da versão final, denotando o intuito de ampliação do alcance do instituto, a exigência probatória não pode ser desconsiderada.

O significado do confisco tradicional, estabelecido na parte geral do Có-

---

5. Aguado Corrêa, Tereza. *Decomiso de los productos de la delincuencia organizada* "garantizar que El delito no resulte provechoso". *Revista Eletrônica de Ciência Penal y Criminologia*. REPC 15-05 (2013).p.8. Disponível em:[www.criminet.ugr.es/recpc]. Acesso em: 11.05.2019.

6. Damásio Simões, Euclides; Trindade, José Luís. *Recuperação de Ativos*: Da perda ampliada à *actio in rem* (virtudes e defeitos de remédios para patologias graves). In: *Revista Julgar online*, p.02, 2009.

7. Quintero Olivares, Gonzalo. Sobre La Ampliación del Comiso y el Blanqueo, y la Incidencia en la Receptación Civil. In: *Revista Eletrónica de Ciencia Penal y Criminologia. RECPC 12-r2* (2010). Disponível em: [www.criminet.ugr.es/recpc]. Acesso em: 11.05.2019.

8. Caires, João Gouveia de. *Regime Processual Especial Aplicável ao Crime Organizado* (Económico- Financeiro): Âmbito de aplicação da Lei 5/2002, de 11 de janeiro, o Regime do Sigilo e do Registro de Voz e Imagem. In: Palma, Maria Fernanda; et. al (Orgs.). *Direito penal económico e financeiro: conferências do curso de pós-graduado e aperfeiçoamento*. Coimbra: Coimbra Editora, 2012. p.453-547.

9. Art. 91-A. Na hipótese de condenação por infrações às quais a lei comine pena máxima superior a seis anos de reclusão, poderá ser decretada a perda, como produto ou proveito do crime, dos bens correspondentes à diferença entre o valor do patrimônio do condenado e aquele que seja compatível com o seu rendimento lícito. § 1º A decretação da perda prevista no caput fica condicionada à existência de elementos probatórios que indiquem conduta criminosa habitual, reiterada ou profissional do condenado ou sua vinculação à organização criminosa. § 2º Para efeito da perda prevista no caput, entende-se por patrimônio do condenado todos os bens: I – de sua titularidade, ou em relação aos quais ele tenha o domínio e o benefício direto ou indireto, na data da infração penal ou recebidos posteriormente; e II – transferidos a terceiros a título gratuito ou mediante contraprestação irrisória, a partir do início da atividade criminal. § 3º O condenado poderá demonstrar a inexistência da incompatibilidade ou a procedência lícita do patrimônio.

digo Penal, como efeito da sentença condenatória, encontra-se atrelado a uma vinculação causal entre a ação delitiva e os proveitos materiais dela decorrentes. E esse encargo demonstrativo, foi conferido ao órgão acusatório. Tal assertiva não é menos verdadeira no tocante aos requisitos mínimos exigidos para determinação da apreensão ou quaisquer outras medidas assecuratórias, seja durante a fase preliminar de investigação, seja no curso do procedimento principal.[10]

Historicamente, o reposicionamento do confisco como um dos pilares da política criminal de oposição à criminalidade organizada - por viabilizar a expropriação dos benefícios econômicos ilicitamente obtidos - tem sua origem com as principais estratégias de combate ao tráfico ilícito de estupefacientes e drogas afins. Encontrando sedimento na Convenção de Viena de 1988, já nesta sede se observou o relevante papel desempenhado pelos recursos financeiros oriundos desta modalidade delitiva, recursos estes utilizados como capital de base para o desenvolvimento das organizações criminosas voltadas às práticas albergadas sob a tônica do tráfico de substâncias entorpecentes.[11]

Posteriormente, outros diplomas aderiram à mesma diretiva, incorporando semelhante redação e, consequentemente, potencializaram o instituto, orientando os Estados signatários à perseguição e recuperação das vantagens patrimoniais injustas auferidas por meio de outras modalidades delitivas com forte viés patrimonial. Nesta senda, é possível tratar das modalidades do denominado "confisco alargado"[12] ou também "*decomiso transfronteiriço*"[13] apto a demandar a atuação coordenada de autoridades encarregadas da *persecutio* sob o amparo de diversas técnicas estabelecidas para instrumentalizar a cooperação judicial internacional.

Dentre os pressupostos de aplicação do confisco, sob um viés preventivo, como medida exclusivamente patrimonial à criminalidade lucrativa, a doutrina aponta a demanda de critérios subjetivos e objetivos. Os primeiros, de acordo com o legislador, estariam albergados nas mais representativas modalidades delitivas - dentre as quais se vislumbram a lavagem de capitais, o tráfico de seres

10. Sobre o tema vide as reflexões anteriores em Rios, Rodrigo Sánchez; Pujol, Luis Gustavo. *Confisco Alargado: reflexões acerca de suas possibilidades no ordenamento jurídico brasileiro*. Revista Brasileira de Ciências Criminais, vol. 118, 2016, p.126.

11. Consta do preâmbulo do referido documento: "conscientes de que o tráfico ilícito é fonte de rendimentos e fortunas consideráveis que permitem às organizações criminosas transnacionais invadir, contaminar e corromper as estruturas do Estado, as atividades comerciais e financeiras legítimas e a sociedade a todos os seus níveis; Decididas a privar as pessoas que se dedicam ao tráfico ilícito dos produtos das suas atividades criminosas e a eliminar assim o seu principal incentivo para tal atividade". Ainda Rios, Rodrigo Sánchez; Pujol, Luis Gustavo, *Op. Cit.* p.127.

12. A respeito das diversas formas de confisco em especial os destinados à organização criminosa, vide Balsamo, Antonio. Il sistema delle misure patrimonial antimafia tra dimensione Internazionale e normativa interna. In. *Le misure patrimonial contro la criminalitá organizzata*. Milano: Giuffrè. 2010. p. 24 e ss.

13. Vide Gascón Inchausti, Fernando. *El decomiso Transfronterizo de Bienes*. Colex: Madrid, 2007, p. 15 e ss.

humanos, a exploração sexual de crianças e a pornografia infantil, e o tráfico de entorpecentes - compreendidas no marco de uma organização criminosa.

Ao se invocar os critérios objetivos, notabiliza-se a inexistência da necessidade da demonstração do vínculo entre o delito e os bens confiscados. Ainda, a notada desproporção entre valores declarados aos órgãos de controle e os ostensivamente usufruídos pelo denunciado, como também a compatibilidade com a atividade profissional desenvolvida, implicaram na adoção de um critério de instrumentalidade indiciária entre o delito e o lucro,[14] atingindo inclusive a posse e propriedade em nome de terceiros, originalmente resguardados sob o manto da boa-fé. Neste panorama, poder-se-ia inferir, sob uma primeira análise, uma possível inversão descabida do ônus da prova.[15]

No cenário brasileiro, somente após as recentes operações investigativas difundidas pela mídia dando conta dos organizados e aparelhados esquemas de corrupção presentes na política nacional, a comunidade jurídica refletiu acerca das providências judiciais destinadas a assegurar a eficiência do resultado final do processo criminal e dos diversos instrumentos de oposição à criminalidade reditícia, conjuntura na qual os estudiosos europeus há muito têm oferecido uma contribuição significativa.[16]

No Brasil, o confisco está condicionado a mero efeito acessório e extrapenal da sentença condenatória.[17] Em ordenamentos europeus, por outro lado, a perda de bens é aplicada como verdadeira sanção, de caráter penal ou mesmo civil, cuja característica primordial é a privação da titularidade vinculada ao exercício

---

14. A respeito das diversas formas de confisco em especial os destinados à organização criminosa, vide Balsamo, Antonio. Il sistema delle misure patrimonial antimafia tra dimensione Internazionale e normativa interna. In. *Le misure patrimonial contro la criminalitá organizzata*. Milano: Giuffrè. 2010.p. 24 e ss. Vide ainda.

15. Sobre a inversão do ônus da prova vide Zanchetti, Mario. *Il riciclaggio di denaro proveniente da reato*. Milano: Giuffrè, 1997, p. 289- 298. Reivindicando a mitigação em sede de direito penal do ônus da prova relativamente à origem dos bens detidos por uma pessoa condenada pela pratica de um delito relacionado com a criminalidade organizada, vide a 5 Consideração da Decisão - Quadro 2005/212/JAI do Conselho de Europa, *relativa à perda de produtos, instrumentos e bens relacionados com o crime*.

16. Basta citar o *confisco ampliado dos benefícios* (§73d do Stgb), presente na realidade alemã desde 1992. A respeito, com os devidos exemplos, vide Jescheck, Hans Heinrich; Weigend, Thomas. *Tratado de Derecho Penal*: Parte General. 5 ed. Granada: Comares, 2002, p. 855. Da mesma forma, mais recentemente: Blanco Cordero, Isidoro. *El comisso de ganancias: brutas o netas*? In La Ley, n. 7569, 2011, p. 1 e ss.; Maugeri, Anna Maria. *La moderne sanzioni patrimonial tra funzionalità e Garantismo*. Milano: Giuffrè, 2001, p. 165 e ss. Ainda Blanco Cordero, Isidoro. *Comiso ampliado y presunción de inocencia*. In. *Criminalidad Organizada, Terrorismo e Inmigración*. Granada: Comares, 2008, p. 69-106.

17. Não se confundindo com a pena de perdimento de bens enquanto sanção autônoma. Vale recordar a expressão de Anibal Bruno, para quem, aplicado isoladamente o confisco como pena, "o instituto teve uma larga e deplorável aplicação no Direito anterior à época moderna. Bruno, Anibal. *Direito Penal: Parte Geral*. Tomo 3. 4 ed. Rio de Janeiro: Forense, 1978, p. 250.

do poder punitivo Estatal. Revela-se o fato desses sistemas jurídicos entenderem o instituto em seu sentido amplo, como um conjunto de prerrogativas atribuídas ao poder público para reagir diante das infrações, praticadas pelas pessoas físicas e jurídicas, aos deveres legais impostos.[18] Neste contexto, o objeto sobre o qual recai a perda ultrapassa aqueles bens de *natureza comprovadamente* antijurídica, para atingir também os de *origem presumidamente* ilícita, diversa do fato concretamente imputado, de acordo com critérios previamente definidos pelos órgãos de controle. A delimitação desses pressupostos e a proteção do arcabouço de direitos constitucionalmente protegidos do acusado importam na principal tarefa da busca da incorporação e regulamentação deste dispositivo normativo no ordenamento pátrio.

3. Breves notas sobre o confisco alargado na experiência comparada

A temática não é nova no direito comparado. São exemplos de legislações europeias nas quais já há disposições equivalentes sobre o confisco ampliado: Itália, República da Áustria, Alemanha, Países Baixos, Bélgica, Portugal, Reino Unido e, mais recentemente, com a reforma de seu Código Penal em 2015, a Espanha.[19]

Na realidade de Portugal já há algum tempo se trata do perdimento das *vantagens* do crime. As vantagens da infração penal abarcam todo o aumento patrimonial do demandado direta ou indiretamente proveniente do fato ilícito típico, nos termos dos arts. 111 e 112 do Código Penal lusitano.[20] No mesmo sentido, nos arts. 127 e 128 do Código Penal espanhol regula-se a figura do "*decomiso de bienes*", sem oferecer, no entanto, uma definição expressa do instituto, muito embora aglutinando num mesmo dispositivo os instrumentos, os benefícios do delito e eventuais transformações experimentadas.[21] A profunda revisão e ampliação somente foi possível a partir da reforma do Código Penal promovida pela Lei Orgânica 1/2015, de 30.03.2015.[22]

A perda de bens é constitucionalmente legitimada como pena no direito

---

18. Gascón Inchausti, Fernando. *Op. Cit.* p. 30.

19. A propósito do ordenamento espanhol, ver Aguado Correa, Teresa. Comiso: crónica de una reforma anunciada. *InDret*. Barcelona, enero, 2014.

20. Correa, João Conde. *Da proibição do confisco à perda alargada*. Coimbra: Imprensa Nacional - Casa da Moeda, 2012.

21. Cfr. Gascón Inchausti, Fernando. *Op. Cit.* p. 16; Choclán Montalvo, José Antonio. *Op. Cit.* p. 15 e ss; Cerezo Domínguez, Ana Izabel. *Análisis Jurídico-Penal de la Figura Del Comiso*. Granada: Editorial Comares, 2004, p. 37 e ss. A respeito da normativa italiana no tocante ao confisco "clássico" estabelecido no art. 240 do Código Penal, como medida de segurança patrimonial, vide Marinucci, Giorgio; Dolcini, Emilio. *Manuale di Diritto Penale*. Parte Generale. Milano, Terza edizione, 2009, p.649-651.

22. Disponível em: [www.elderecho.com/tribuna/penal/reforma-Codigo-Penal-Parte-General_11_801055002.html]. Acesso em: 11.05.2019.

brasileiro (art. 5.º, LIV e XLVI, *b*) e costumeiramente aplicada como efeito direto da condenação definitiva por um ilícito penal (art. 91, CP). Entretanto, na experiência comparativa a discussão no âmbito dos novos paradigmas de recuperação de ativos e do perfil atribuído à perda de bens assume novos contornos. O recrudescimento dos meios pelos quais o Poder Público busca fazer frente à criminalidade lucrativa, organizada e globalizada, é, sem dúvida, o mais evidente. A extensão do confisco a bens cuja origem se revele incerta e estejam em posse ou titularidade de sujeito em condições legais específicas, é possível graças a uma dupla presunção: "*da comissão de crimes anteriores pelo arguido e da origem ilícita do patrimônio do mesmo, já condenado*".[23]

O legislador espanhol prevê, desde o ano de 2003, a possibilidade de o confisco vir a "*ser aplicado mesmo quando não se imponha pena ao processado ou por se ter extinguido a responsabilidade criminal, sempre que fique demonstrada a situação patrimonial ilícita*".[24] Essa inferência autoriza a conclusão sobre uma tendência da normativa penal em aquiescer à superação e substituição da prisão como eixo principal da resposta penal em favor de soluções aptas a viabilizar a neutralização econômica dos sujeitos envolvidos com a tipicidade econômica.[25] Tal modalidade de confisco sem condenação, ou por meio da extinção civil do domínio, era a encartada pelo referido projeto de lei 257/2015 do Senado Federal.

No âmbito internacional, uma série de documentos foi elaborada com a finalidade de aparelhar os Estados signatários com instrumentos eficazes de oposição inicialmente à *criminalidade organizada*, até então conhecida sob os contornos do tráfico ilícito de drogas e substâncias análogas. Cite-se a Convenção de Viena, de 1988, a Convenção do Conselho da Europa relativa ao Branqueamento Detecção, Apreensão e Perda dos Produtos do Crime e ao Financiamento do Terrorismo (Convenção de Estrasburgo de 1990, com posterior acréscimo do art. 3.º, n. 4, pela Convenção de Varsóvia de 2005) e a Convenção das Nações Unidas contra a Criminalidade Organizada Transnacional, de 2000, art. 12.º, n.7.

Na União Europeia, onde as deliberações são tomadas por meio de *Decisões Quadro*, diversas foram publicadas com a finalidade de harmonizar as legislações internas com fulcro no princípio do reconhecimento mútuo. Dentre elas, merece destaque a Decisão-Quadro 2005/212/JAI[26], de 24.02.2005, relativa à *perda de produtos, instrumentos e bens relacionados com o crime*. Determinou-se a apli-

23. Damásio Simões, Euclides; Trindade, José Luís. *Op. Cit.*, p.07.

24. Referente à normativa espanhola da *Ley Orgánica* 15/2003, introduziu a figura do "decomiso de valor", bem como a possibilidade de impor o confisco no caso de ausência ou extinção da responsabilidade criminal, vide Gascón Inchausti, Fernando. *Op. Cit.* p. 17.

25. Damásio Simões, Euclides; Trindade, José Luís. *Op. Cit.*, p.02.

26. Decisão quadro relativa à perda de produtos, instrumentos e bens relacionados com o crime. Disponível em https://eur-lex.europa.eu/LexUriServ/LexUriServ.do?uri=OJ:L:2005:068:0049:0051:PT:PDF. Acesso em 21.05.2019.

cação da "perda estendida" em todo território das nações ligadas àquele bloco econômico, facilitando, deste modo, a cooperação internacional em matéria de recuperação de ativos. Digno de nota, tal documento chega a dispor, inclusive, sobre a perda de bens não contemplados na esfera de titularidade do arguido, mas que com ele guardem relação.[27] Destarte, a discussão acerca da expansão dos marcos da aplicação constitucional do confisco, anteriormente apenas pontual, alçou outras proporções. Da mesma forma, a Decisão-Quadro 2006/783/ /JAI[28], de outubro de 2006, relativa à aplicação do princípio de reconhecimento mútuo de resoluções de confisco.

Ademais, a Diretiva 2014/42/UE[29], de 03.04.2013, *sobre o congelamento e a perda dos instrumentos e produtos do crime na União Europeia*, permitiu a expansão substancial do já disposto na Decisão Quadro de 2001 e a de 2005, esclarecendo alguns conceitos pertinentes ao tema da perda alargada, tendo em vista a devida regulamentação em normativas de diversos países membros. Ressaltou, contudo, o fato de os procedimentos de perda até aquele momento terem pouca utilização. Explicitou-se a definição de produtos de crime, albergando o entendimento de se tratar de todos os ganhos indiretos, inclusive o reinvestimento ou transformação posterior de produtos diretos, tal qual explanado no item 11 da exposição de motivos da Diretiva. Outrossim, o art. 3.º da normativa amplia os horizontes de aplicabilidade da perda de bens (clássica ou alargada), prevendo situações especificas para sua utilização.

A legislação espanhola, principalmente após a reforma de seu Código Penal (Lei Orgânica 1/2015, de 30.03.2015), sofreu profunda modificação em matéria de "*decomiso*", tendo por base a Diretiva 2014/42/EU, acrescentando-se a regulamentação atinente a gestão dos bens recuperados. As inovações permeiam as figuras do "*decomiso ampliado*", do "*decomiso sem sentença*" e o "*decomiso de bens de terceiros*". De forma sumária pode-se asseverar, quanto à primeira categoria, determinada no art. 127, *bis* do CP, sua particularidade no sentido de os bens confiscados terem sua origem em outras atividades ilícitas diversas daquelas objeto da condenação. Extrai-se da exposição de motivos a finalidade de impedir a acumulação de riqueza oriunda de fatos delitivos, aproximando-se da essência do enriquecimento sem causa de matriz civilista. A própria Diretiva de 2014 insere a aplicabilidade do instituto diante da desproporção existente entre os ingressos lícitos e o patrimônio total.

---

27. Anteriormente em Rios, Rodrigo Sánchez; Pujol, Luiz Gustavo, *Op. Cit.* p. 133.

28. Decisão quadro relativa à aplicação do princípio do reconhecimento mútuo às decisões de perda. Disponível em https://eur-lex.europa.eu/LexUriServ/LexUriServ.do?uri=OJ:L:2006:328:0059:0078:PT:PDF. Acesso em 21.05.2019.

29. Diretiva sobre o congelamento e a perda dos instrumentos e produtos do crime na União Europeia. Disponível em https://eur-lex.europa.eu/legal-content/PT/TXT/PDF/?uri=CELEX:32014L0042&from=EN. Acesso em 21. 05. 2019

Em relação à segunda hipótese, isto é, o "*decomiso sem sentença*" - cuja aplicabilidade já se vislumbrava diante da redação do art. 127 da legislação precedente - a novidade consiste na imposição de um novo pressuposto a autorizar sua incidência em situações concretas. Nos termos da Lei Orgânica 1/2015, além da exigência de o sujeito se enquadrar em situações autorizadoras da extinção da punibilidade, assim como a constatação da situação de ausência, impõem-se tenha sido a ilicitude patrimonial previamente constatada mediante procedimento judicial com inequívoco respeito ao contraditório.[58] Caso contrário, não haveria circunstância autorizativa.

Por último, o "*decomiso de terceiros*", igualmente presente na normativa anterior (art. 127, *quarter*, do CP), tendo encontrado em sua novel redação uma rebuscada técnica legislativa, de modo a incidir quando: (a) o terceiro tenha ciência de a parcela patrimonial transpassada à sua propriedade é de origem ilícita; (b) o mesmo terceiro esteja sob *suspeita* de estes bens terem origem de atividade delitiva, correspondente àquelas situações nas quais uma "*pessoa diligente teria motivos para suspeitar*"; (c) o terceiro *souber* ou *puder suspeitar*, no caso de outros bens, da dificuldade a se criar para proceder ao confisco.[30]

É possível inferir, dentro de uma perspectiva temporal de mais de dois decênios a constante preocupação da normativa europeia em deixar de relegar a um papel secundário a figura do confisco e suas respectivas variantes. Notadamente aquela comunidade de nações há muito tempo tem o conhecimento da insuficiência da pena corporal em relação aos objetivos e procedimentos adotados pela criminalidade econômica.

4. A natureza jurídica do confisco

No ordenamento jurídico-penal pátrio, a aplicabilidade do confisco via-se circunscrita à, basicamente, duas hipóteses: *a*) da *"perda de bens e valores"* (art. 43, II, do CP); e *b*) *do "confisco como efeito extrapenal da condenação criminal"* (art. 91, II, do CP), também denominado *"confisco especial"*, ou "*queda em comisso*".[31] Há ainda uma terceira possibilidade de *"perdimento de bens"*, cuja sede encontra-se na seara administrativa, como sanção cominada à condenação por improbidade. Mesmo neste caso, nada obsta sua incidência no âmbito de aplicação genérica do art. 91, II, da lei penal material.[32]

A Constituição Federal de 1988 previu a "perda de bens e valores" em

30. Alcalá Pérez-Flores, Rafael; Jaén Vallejo, Manuel; Márquez Prado, Cristina Martínez; Perrino Pérez, Ángel. La reforma del Código Penal. Parte General. *El Derecho.com.* Disponível em: [www.elderecho.com/tribuna/penal/reforma-Codigo-Penal-Parte-General_11_801055002.html]. Acesso em: 11.05.2019.

31. Corrêa Junior, Alceu. *Op Cit.* p. 38 e ss.

32. Idem, p. 42.

favor do Estado em seu art. 5.º, XLVI, *b*. Havia uma expectativa por parte da doutrina, temerosa à restituição do *confisco* nos terríveis moldes historicamente conhecidos,[33] por significar desarrazoada violação de direitos fundamentais, por meio da expropriação da totalidade dos bens do condenado em favor do Estado.[34] Contudo, contrariando esse pensamento, o texto constitucional não descuidou de asseverar a garantia do devido processo legal (art. 5.º, LIV), assim como, o fato de seus efeitos patrimoniais não ultrapassem a pessoa do condenado ou os limites do patrimônio transferido (art. 5.º, XLV). Está atenta, portanto, aos limites à ingerência do confisco. A sua legitimidade no Estado Democrático de Direito vincula-se ao princípio da responsabilidade individual, da culpabilidade, e da proporcionalidade das penas com o desvalor do resultado.[35]

A perda de bens e valores tem sua aplicação limitada às hipóteses permissivas da substituição da pena privativa de liberdade pela restritiva de direitos (art. 44 do CP), quando se tratar de pena autônoma (art. 43, II, do CP). Neste caso, como espécie de sanção penal, mesmo que de caráter pecuniário,[36] deverá subsumir-se a todas as etapas de individualização da pena, observando as regras, princípios e garantias especiais relativos à dosimetria da sanção penal.

Enquanto reprimenda, como delineado no art. 43, II, do CP, tem por objeto apenas os bens licitamente obtidos[37] e se destina ao Fundo Penitenciário Nacional, ressalvado outra alocação apontada pela lei especial - a exemplo do parágrafo único do art. 243 da CF/1988, a respeito dos bens e valores apreendidos em decorrência do tráfico de estupefacientes. Dotti realça o "caráter compensatório" da medida, a qual terá lugar exclusivamente na hipótese de resultar prejuízo econômico do crime ou quando produza benefício de mesma natureza ao agente ou terceiro envolvido na empreitada delitiva.[38] Bem por isso, a pena de perda de bens está limitada ao montante do dano patrimonial causado ou do provento obtido pelo agente ou por terceiro, o que for maior (art. 45, § 3.º, do CP).

33. A respeito da aplicação histórica do Confisco, veja-se: Maugeri, Ana Maria. *Le moderne sanzioni patrimonial trafunzionalitá e Garantismo.* Milano. Giuffrè, 2001; Bruno, Anibal. Direito Penal, parte geral, t. 3: Pena e Medida de Segurança. 4. ed. Rio de Janeiro, Forense, 1978, p. 250.

34. Brandão, Cláudio. *Curso de direito penal: parte geral.* 2. ed. Rio de Janeiro: Forense, 2010, p. 354.

35. Anteriormente assinalando a redação do artigo1 º, parágrafo único da Lei 8,257/91, que disciplina a expropriação das glebas nas quais se localizem culturas ilegais de plantas psicotrópicas, repetindo a disposição do parágrafo único do art. 243 da CF/88, Vide Rios, Rodrigo Sánchez; Pujol, Luiz Gustavo. *A nova dimensão do confisco de bens oriundos da criminalidade reditícia e a atuação defensiva à luz do Estatuto da Advocacia.* In. Malan, Diogo; Mirza, Flávio (org.). *Advocacia criminal: Direito de defesa, ética e prerrogativas.* Rio de Janeiro: Lumen Juris, 2014, p. 312.

36. Impõe-se uma diminuição do patrimônio do condenado com a perda total ou parcial de seus bens. Vide: Corrêa Junior, Alceu. *Op Cit.* p. 38 e ss.

37. Martin, Luis Gracia; Boldova Pasamar, Miguel Ángel; Alastuey Dobón, M. Carmem, op. cit., p. 387-388.

38. Dotti, René Ariel. *Curso de direito penal: parte geral.* 3. ed. rev., atual e ampl. São Paulo: Ed. RT, 2010, p. 548.

O *confisco especial*, ou, *queda em comisso,* por sua vez, insculpido no art. 91, II, do CP, figura que aqui nos interessa, possui incontroversa natureza jurídica de efeito extrapenal da condenação criminal.[39] Nestes termos, estão vinculados à sentença condenatória e à demonstração probatória da natureza ilícita dos bens sobre os quais recaírem: os *instrumentos* utilizados para a prática delitiva - somente aqueles cujo uso, fabricação, alienação, porte ou detenção, de *per si,* seja considerado contrário a lei -, e o *producta sceleris,* aqueles bens que, mesmo naturalmente lícitos, tenham sido auferidos pelo agente, ou terceiro, a título de benefício direto da prática do fato delituoso.[40] Tem por finalidade, em um primeiro momento, a proteção da sociedade dos objetos perigosos vinculados causalmente ao delito (como armas, drogas, moeda falsa etc.) e, em segundo, a coleta forçada das vantagens patrimoniais ilicitamente obtidas.[41]

O implemento de efetivos instrumentos de recuperação de ativos revela-se não apenas como materialização prática da normativa presente do tradicional adágio "*o crime não deve compensar*", mas também no campo da aplicação da pena como retribuição e como prevenção geral. Observa-se igualmente sua significativa relevância econômica. Não se descura dos graves prejuízos suportados pelo erário em função dos desfalques causados pela criminalidade reditícia e, deste modo, não constitui exagero afirmar: a recuperação dos ativos desviados cumpre relevante papel no desenvolvimento econômico do Estado.[42]

Repensar sua forma tradicional, segundo a qual o confisco se restringe aos bens e valores decorrentes diretamente da prática delitiva, se coloca como central ante à especialização e o aprimoramento das formas de se consumar diversas modalidades de crimes. A lavagem de dinheiro, por exemplo, se apresenta em algumas circunstâncias como delito altamente complexo, cujos proveitos diretos nem sempre são identificados na pessoa do destinatário ou do beneficiário. Nesse sentido, a necessidade da compatibilização de institutos como do confisco

---

39. Vide: Bruno, Anibal. *Direito penal, parte geral, t. 3: pena e medida de segurança.* 4. ed. Rio de Janeiro: Forense, 1978; Dotti, René Ariel. *Curso de direito penal: parte geral.* 3. ed. rev., atual e ampl. São Paulo: Ed. RT, 2010; Santos, Juarez Cirino dos. *Direito Penal: parte geral.* Florianópolis: Empório do Direito, 2017, p. 560; Bitencourt, Cezar Roberto. *Tratado de direito penal, parte geral, vol. 1.* 16. ed. São Paulo: Saraiva, 2011; e Busato, Paulo César. *Direito penal: parte geral.* 2. ed. São Paulo: Atlas, 2015.

40. A propósito, Brandão, advoga por uma ampliação do conteúdo normativo da expressão "produto do crime", a fim de albergar "todo o proveito diretamente vinculado ao produto do crime". Neste sentido, será objeto do confisco o próprio objeto material do crime, o benefício adquirido pelo sujeito ativo, o resultado da alienação do objeto material do delito, assim como, a *res* proveniente da alteração substancial deste mesmo objeto do crime, a exemplo do ouro furtado e posteriormente transformado em anel. Brandão, Cláudio. *Op. Cit.*, p. 422.

41. Jescheck, Hans-Heinrich; Weigend, Thomas, *Op. Cit.*, p. 850.

42. Sanchez Rios, Rodrigo; Pujol, Luiz Gustavo. *Confisco alargado*: reflexões acerca de suas possibilidades no ordenamento jurídico brasileiro. Revista Brasileira de Ciências Criminais, vol. 118/2016, p. 123 - 158, Jan - Fev/2016.

alargado com a ordem constitucional, na forma não só de tornar mais efetivo o sistema penal, mas também de garantir os direitos fundamentais em relação à ampla defesa e à presunção de inocência.

5. Compatibilidade do confisco alargado com o ordenamento brasileiro

Em relação ao fato do confisco de bens se revelar importante instrumento de oposição à criminalidade organizada em suas mais diversas áreas de envolvimento, desde o tráfico de drogas até a delinquência econômico-financeira propriamente dita, há pouca controvérsia. Como efeito da condenação, tal qual propõe o novo art. 91-A do Código Penal, tem o potencial de vencer uma barreira teórica e prática colocada em face da proposta n. 257/2015. Naquela oportunidade, o legislador propunha a inclusão no ordenamento do confisco enquanto medida civil, a se viabilizar por meio de ação de extinção de domínio, até mesmo na independência de uma decisão penal condenatória. Diferente ocorre agora, quando o confisco alargado é tratado como decorrência de uma prévia condenação criminal, inserido no marco da lei penal substantiva. Estaria, pois, superada uma primeira objeção: a de se permitir o confisco como medida independente da condenação, desvinculando-se o fato punível apurado em processo criminal daqueles bens sobre os quais recaem a pretensão de confisco.

Ainda na tentativa de se buscar a legitimidade do confisco ampliado, é possível extrair da legislação comparada, afora pontuais nuances verificadas conforme as especificidades de cada sistema de direito interno, as recomendações europeias e internacionais de combate à criminalidade organizada,[43] os pressupostos sobre os quais considera justificada a "perda alargada", sendo estes:

a) a condenação por determinados crimes previamente catalogados[44] e compreendidos no cerne de uma organização criminosa, com pontuais patamares de penas abstratas;

b) quando o Tribunal estiver "plenamente persuadido de que os bens foram

---

43. Ao contrário dos demais documentos internacionais, que *sugerem* instrumentos de combate ao crime e de recuperação de ativos, uma interpretação literal da linguagem utilizada na composição da decisão Marco 2005/212/JAI conduz à conclusão de que os Estados membros não têm opção senão adotarem o confisco alargado, sendo as três situações previstas no n. 2, do art. 3 deste documento apenas o mínimo a ser transposto pelos Estados para o seu direito interno. Blanco Cordero, Izidoro. *Comiso Ampliado y Presunción de Inocencia. Op. Cit.* p. 72. Sobre este mesmo entendimento, ver trabalho doutoral desenvolvido por Vargas Gonzáles, Patrícia. *El Comiso Del Patrimonio Criminal.* 559 páginas. Tesis Doctoral - Facultad de Derecho, Universidadde Salamanca, Salamanca, 2012."

44. Vide a descrição das infrações previstas no artigo 3.º da Decisão-Quadro 2003/577 de 22.07.2003, relativa à execução na União Europeia das decisões de congelamento ou de provas. Por sua vez, a Decisão-Quadro 2005/212/JAI, de 24.02.2005, relativa à *perda de produtos, instrumentos e bens relacionados com o crime,* acrescentou a possibilidade de que os Estados membros possam determinar o confisco alargado nos casos de participação em organização criminosa dos ilícitos abrangidos por diversas decisões-quadro, conforme seu art. 3, 1, a.

obtidos a partir de práticas delitivas de mesma natureza à daquela, objeto da condenação";

c) quando existir a suspeita destes mesmos bens terem sido obtidos a partir de atividades delitivas "semelhantes", respeitando um lapso temporal anterior à condenação pelo ilícito, considerado como razoável pelo próprio Tribunal;

d) Ou, por derradeiro, quando o valor dos bens de propriedade do condenado for compreendido como desproporcional em relação aos seus rendimentos legítimos e existirem elementos aptos a conduzir à presunção de sua proveniência ilícita.

Da legislação estrangeira se extrai a tendência de relativização de algumas garantias inerentes à intervenção residual de mecanismos penais de controle que acabará sendo estabelecida *discricionariamente* pelo Poder Judiciário - tanto no direito penal substantivo quanto em sua vertente processual.[45] Tais ferramentas poderão ser aplicadas apenas na seguinte situação: a partir da condenação previa de delitos determinados, sobre a qual esteja superada - acima de qualquer dúvida razoável - a suspeita acerca da natureza ilícita dos bens, mesmo que indiretamente por meio da desproporcionalidade entre seus ganhos legítimos e o patrimônio total. Possibilita-se, portanto, uma maior incidência da sanção específica, a saber, aqui, justamente, o confisco patrimonial em debate.

Há de se ter em conta, no entanto, o fato dos instrumentos internacionais não apontarem sob qual procedimento a medida deverá ser levada a efeito, deixando-o à liberdade do legislador nacional. Algumas constantes são passíveis de serem identificadas entre as atuais tendências mundiais de controle: em especial a menor exigência probatória acerca dos pressupostos fáticos autorizadores do confisco, facilitando a declaração da perda de bens em caso de aumento injustificado do patrimônio do demandado, escusando prova cabal da aquisição ilícita deste patrimônio.[46]

Não nos cabe aqui explorar os limites da ingerência patrimonial independente de uma condenação, discussão já travada em reflexão de nossa lavra, a qual remetemos os interessados.[47] Cumpre ressaltar o fato de, na alteração em comento, o confisco na modalidade alargada ter como pressuposto a condenação

---

45. Vide nota 8 *supra* referente a opinião de Caires: "eficácia penal a qualquer custo". Na mesma linha, Aury Lopes Júnior, ao tratar das medidas cautelares pessoais no Direito Processual Penal Brasileiro e, em especial, à possibilidade de prisão preventiva para garantia da "ordem pública", expressão de uma "*maleabilidade conceitual apavorante*" (*Op. Cit.*, p. 854).

46. Anteriormente a vigência das normativas europeias, vide Contrafatto, Vania. *La Confisca "Estesa" Ex Art. 12 Sexies D.L. n. 306/92*: pressuposti, effetti, profili processuali. In Le misure patrimoniali contro la criminalità organizzata. Milano: Giuffrè, 2010, p. 315. Vide ainda Choclán Montalvo, José Antonio. *Op.Cit.*, p.17. Balsamo, Antonio, *Op. Cit.* p. 27.

47. Sanchez Rios, Rodrigo; Pujol, Luiz Gustavo. *Confisco alargado*: reflexões acerca de suas possibilidades no ordenamento jurídico brasileiro. p.123 e ss..

por um crime em concreto. Todavia, em contrapartida, sobre os valores nos quais recairá a expropriação, prescindir-se-á da demonstração de sua conexão direta com este ou outros delitos cometidos pelo agente, ou ainda, de qualquer indício da efetiva comissão destes outros crimes.[48]

Não é nenhum fato inovador na jurisprudência a incerteza acerca dos limites de incidência dos conceitos de instrumentos, produtos e proventos do crime. Tal assertiva não é menos verdadeira quando transportada às regras de presunção de inocência e aplicada no juízo penal, pois os pressupostos probatórios da origem ilícita do patrimônio constrito têm sido, já há muito tempo, largamente flexibilizados na *práxis* forense.[49]

6. Considerações finais: observações críticas sobre o novo art. 91-A do Código Penal

A concretização do instituto do confisco alargado por meio do art. 91-A do Código Penal, fruto do projeto legislativo apresentado pelo Ministro da Justiça ao Congresso Nacional, aparece justamente como resposta político-criminal à criminalidade econômica e organizada. Todavia, não mediante a melhor técnica jurídica. Do projeto à redação final, algumas modificações foram promovidas, acrescentando incertezas sobre sua aplicabilidade futura. Em especial a necessidade de se observarem as regras relativas à dinâmica do ônus da prova. Na redação inicial de seu §1°, o art. 91-A previa, como exigência para a decretação da perda, a existência de elementos probatórios a indicar conduta criminosa habitual, reiterada ou profissional do condenado ou sua vinculação à organização criminosa. Não se pode negar o caráter restritivo de tal disposição, excluída do texto publicado.

Algumas sugestões podem ser apresentadas no sentido de se aprimorar a redação e evitar a possibilidade de divergências na exegese da norma. Uma delas certamente se destina a esclarecer os limites da presunção prevista no *caput*. Os bens correspondentes à diferença entre o valor do patrimônio do condenado e aquele compatível com o seu rendimento lícito englobam uma série de situações próprias da vida civil, dificilmente caracterizáveis como ilícitas, como o recebimento de heranças, por exemplo. A inclusão de um rol de situações consideradas

---

48. A análise de condenações anteriores por crimes de mesma natureza ou natureza similar àquela conduta típica objeto de condenação não é exigida pela totalidade das legislações internacionais a dispõe sobre o confisco. Para estas, basta a demonstração, a princípio a qualquer título, de um "estilo de vida criminoso". A análise de condenações anteriores por crimes de mesma natureza ou natureza similar àquela conduta típica objeto de condenação não é exigida pela totalidade das legislações internacionais a dispõe sobre o confisco. Para estas, basta a demonstração, a princípio a qualquer título, de um "estilo de vida criminoso". Damásio Simões, Euclides; Trindade, José Luís. *Op. Cit.*, p.05.

49. Gascón Inchausti, Fernando. *Op. Cit.*, p. 74.

razoáveis a ensejar tal incompatibilidade poderia superar essa celeuma. Parece ser este, agora, um objeto de discussão a ser levado aos tribunais.

Outra observação a merecer especial atenção recai sobre o fato de o efeito referenciado pelo art. 91-A do Código Penal ser de aplicação imediata, quando da sentença condenatória, ou necessitar de uma motivação ou procedimento específico, sob o manto do contraditório, para se efetivar. Até porque o próprio §2° do dispositivo em comento garante ao condenado, ainda que em clara inversão do ônus da prova, a faculdade de demonstrar a inexistência de incompatibilidade ou a procedência lícita do patrimônio. Tal previsão era veiculada na proposta do Ministério Público Federal de 2015, não encontrando correspondente na Lei 13.964/2019. A exigência de fundamentação ou procedimento especial supriria algumas críticas em relação ao déficit de constitucionalidade por vezes aventado.[50] Por sua natureza e extensão, em especial a previsão de seu §4° sobre a necessidade de declaração em sentença dos bens objeto de perda, uma leitura sistemática do novo instrumento legal à luz do art. 93, IX da Constituição Federal permite concluir a necessidade de motivação específica para sua aplicação.

Destaque-se também o disposto no §3° do art. 91-A, como clara expressão do princípio da eventualidade. Quando o legislador condiciona a perda ao prévio requerimento do Ministério Público por ocasião do oferecimento da denúncia, devendo este indicar a diferença apurada, o faz no sentido de impedir sua solicitação em momento posterior. Isto porque, como corolário do contraditório e da ampla defesa, o acusado deve se defender dos fatos narrados na peça acusatória, de forma a saber de antemão o conteúdo e o alcance da acusação. A exegese do dispositivo parece apontar, assim, para a preclusão da possibilidade de requerer o confisco em momento posterior ao da denúncia.

Tenha-se atenção para o fato da interpretação do artigo em comento não poder, de toda forma, contrariar garantias expressas na Constituição Federal. Como corolário da segurança jurídica, e decorrência expressa do princípio da não transcendência das penas (art. 5°, XLV, CF), segundo o qual estas não passarão da pessoa do condenado, a perda de bens em nome de terceiros deverá ser precedida de arcabouço probatório suficiente a apontar a verdadeira simulação quanto à titularidade do bem, e ainda assim, somente quando transferidos a título gratuito ou mediante contraprestação irrisória, como a literalidade do texto vem encartar.

O tema já foi objeto de controvérsia e análise por parte do Tribunal Europeu dos Direitos do Homem. Este concluiu pela compatibilidade entre o instituto

---

50. Considerando inadequado tratar o confisco alargado como efeito da condenação: Luchessi, Guilherme. *Confisco alargado:* uma análise das medidas para recuperação de bens de origem ilícita na experiência comparada americana. In. Leite, Alaor; Teixeira, Adriano (org.). *Crime e política.* Rio de Janeiro: FGV, 2017, p. 429.

e os princípios da culpabilidade e presunção de inocência. Em linhas gerais, argumenta-se que o confisco não tem natureza jurídica de pena, pois não busca impor reprovação pela realização de um fato antijurídico, senão restabelecer a situação patrimonial lícita do demandado: "*remediar uma situação patrimonial ilícita decorrente da comissão de um delito que gere benefícios econômicos*".[51] Correa endossa este posicionamento quando, ao comentar a legislação portuguesa, conclui: "*a perda alargada não é uma pena acessória ou um efeito da condenação, mas uma medida de caráter não penal que procura lograr uma ordem patrimonial conforme ao direito. O que está em causa é, apenas, impedir a manutenção e a consolidação do patrimônio incongruente, suspeito de proveniência ilícita, cuja posse pode seduzir á prática de novos crimes*".[52] Mesmo não tendo natureza de pena, e configurado pela Lei 13.964/2019 na forma de efeito secundário da condenação, o confisco, em todo caso, deverá respeitar os direitos e garantias fundamentais, tendo em vista a natureza de medida constritiva da esfera jurídica patrimonial de terceiro.

Como se viu, em atenção às especificidades da criminalidade organizada atual, apenas a imposição das penas corporais sem o efetivo abalo econômico dos agentes do crime não é hábil a conferir vigência à proposição "*o crime não compensa*". A crescente e reconhecida dificuldade em identificar as vantagens patrimoniais ilícitas recebidas a título de ganho direto com a prática criminosa, correntemente reinseridas na economia formal com aparência de legalidade – leva, assim, à necessidade do desenvolvimento de "*estratégias patrimoniais de combate à criminalidade*".[53] Nesta perspectiva se encontra a expansão dos pressupostos clássicos do confisco de bens – utilizando-se da expressão de Caeiro – como "*instrumento mobilizável para que o crime não compense*".[54] Cabe agora, no âmbito da crítica acadêmica e especializada, apresentar contribuições substanciais para aperfeiçoar e limitar o instituto que, como se viu pela experiência comparada, é de inevitável incorporação nas democracias ocidentais preocupadas com os efeitos da criminalidade econômica.

---

51. Blanco Cordero, Izidoro. *Comiso Ampliado y Presunción de Inocencia.* In: Puente Aba, Luz María; Zapico Barbeito, Mónica; Rodríguez Moro, Luis. (Coords.). *Criminalizad Organizada, Terrorismo e Inmigración* - retos contemporáneos de la Política Criminal. Granada: Editorial Comares S.L., 2008, p. 69-106.

52. Correa, João Conde. *Da proibição do confisco à perda alargada.* Coimbra: Imprensa Nacional - Casa da Moeda, 2012, p. 68.

53. Consoante revelação de Damásio Simões e Trindade, as publicações internacionais recentes vêm cimentando a ideia de que a perda de bens serve a três propósitos: "o de acentuar os intuitos de prevenção geral e especial, através da demonstração de que o crime não rende benefícios; – o de evitar o investimento de ganhos ilegais no cometimento de novos crimes, propiciando, pelo contrário, a sua aplicação na indenização das vítimas e no apetrechamento das instituições de combate o crime; – o de reconduzir os riscos de concorrência desleal no mercado, resultantes do investimento de lucros nas atividades empresariais". *Op. Cit.*, p.02.

54. Caeiro, Pedro. *Op. Cit.* p.462.

DA PERDA DE BENS E DE DIREITOS NO DIREITO PENAL E PROCESSUAL PENAL EM PORTUGAL: AS CONTROVÉRSIAS DE UM REGIME EM 'APURAÇÃO'

Manuel Monteiro Guedes Valente

Sumário:

1. Enquadramento geral do tema

A perda de bens apreendidos ou arrestados em um processo-crime é a consequência jurídico-criminal da condenação pela prática de um crime. Esses bens, coisas e direitos relacionados com o crime, que podem ser instrumentos do crime – *instrumenta sceleris* –, produtos crime – *producta sceleris* – ou vantagens do crime, são, desde há muito tempo, uma realidade das legislações penais e da doutrina jus criminal[1], cuja evolução, ampliação e aprofundamento[2]

---

1. Aceção assumida pelos mais conceituados penalistas: DIAS, Jorge de Figueiredo (1993). *Direito Penal Português. Consequências Jurídicas do Crime*. Lisboa: Editorial Notícias, p. 613; JESCHECK, Hans-Heinrich e WEIGEND, Thomas (2002). *Tratado de Derecho Penal. Parte General.* Tradução do alemão *Lehrbuch des Strafrechts: All. Teil* de Miguel Olmedo Cardenete. 5ª Edição. Granada: Comares Editorial, pp. 850-862 (850); MAURACH, Reinhart, GÖSSEL, Karl Heinz e ZIPF, Heinz (1994). *Derecho Penal. Parte General. Teoria General del derecho penal y estructura del hecho punible* – 2. Tradução da 7ª Edição do alemão *Strafrecht Allgemeiner Teil. Teilband 1, Grundlehren des Strafrechts und Aufbau der Straftat* de Jorge Bofill Genzsch e Enrique Aimone Gibson. Buenos Aires: Editorial Astrea de Alfredo y Ricardo Depalma, pp. 676-680; MIR PUIG, Santiago (2016). *Derecho penal. Parte General.* 10.ª Edição. Barcelona: Editorial Reppertor, pp. 831-836; MERLE, Roger e VITU, André (1997). *Traité de Droit Criminel – Tome I – Problèmes généraux de la science criminelle.* 7.ª Edição. Paris: Editions Cujas, p. 959-961 (960). É de frisar que no final da década de 70 do século XX a questão colocava-se em termos de perda ou confisco dos meios ou objetos da prática do crime como efeitos da condenação, conforme se pode ver em CORREIA, Eduardo (1997). *Direito Criminal I.* Colaboração de Jorge de Figueiredo Dias. Reimpressão. Coimbra: Almedina, pp. 228-229 e em FERREIRA, Manuel Cavaleiro de (1987-1988). *Lições de Direito Penal* – Parte Geral II – *Penas e Medidas de Segurança.* Lisboa: FCSH-UCP, p. 56; (1982). *Direito Penal Portguês* – II. Lisboa: Verbo, pp. 335-336. É de realçar que Claus Roxin considera que a *perda de património* por parte do agente do crime é uma pena acessória: ROXIN, Claus (1999). *Derecho penal. Parte General. Tomo I. Fundamentos, La Estructura de la Teoría del Delito.* Tradução do alemão *Strafrecht. Allgemeiner Teil, Band I: Grundlagen. Der Aufbau der Verbrechenslehre* (2ª Edição) de Diego-Manuel Luzón Peña, Miguel Díaz y García Conlledo e Javier de Vicente Remesal. Madrid: Civitas, p. 41.

2. A perda de bens e produtos do crime, que outrora era designada de confisco de bens, é um instrumento que vem da antiga Grécia e Roma, sendo uma arma de exercício de poder na idade média. Os abusos foram de tal maneira graves que as Constituições formais passaram a consagrar a sua proibição: *v. g.*, artigo 11.º da Constituição Política da Monarquia Portuguesa, de 23 de setembro de 1822 – "…. Ficará abolida (...) a confiscação de bens, ...» –, proibição esta que se manteve no artigo 22.º da Constituição Política da Monarquia Portuguesa de 20 de março de 1938, no artigo 23.º da Constituição Política da República Portuguesa de 21 de agosto de 1911, e no n.º 12 do artigo 8.º da Constituição Política da República Portuguesa de 19 de março de 1933. Poder-se-á ver, ainda, o artigo 304.º da Constituição da Monarquia de Espanha de 1812, assim como o artigo

se têm inscrito conforme a política persecutória supranacional pró-securitária, quando não securitária e justicialista e, aqui e acolá, belicista e do inimigo[3].

Falamos em política persecutória e não política criminal, por considerarmos que não temos assistidos a uma séria avocação e incrementação de uma política criminal assente nos *vetores da legitimidade* - quanto aos meios - e da *eficácia* - quanto aos fins -, e nos *princípios da legalidade material ampla* (igualdade, separação de poderes, estado de direito democrático), da *culpabilidade* (fundamento [pressuposto], fim e limite do poder de punir que negam a perigosidade e a segurança como princípios regentes da pena), da *humanidade* (ancorada na tolerância proporcional à racionalidade normativa de uma epistemologia, axiologia, teleologia sistemáticas da *ratio iuris*) e da *ressocialização* (penas para os agentes de crime) ou *tratamento* (medidas de segurança para os estados de perigosidade). Esta política criminal, por nós apelidada de política criminal do ser humano ou da pessoa humana[4], que coloca no centro do debate científico e jurídico-criminal o rosto humano, a pessoa humana, dotada de valores e de fraquezas, como a espinha dorsal limite do poder de punir, não tem tido voz e expressão concreta e aprofundada positiva[5].

As teorias finalísticas e de natureza do instituto jurídico-criminal da perda de bens e de direitos encontram-se em ebulição, e, quantas vezes em colisão, face a uma nova matemática sistémica emergente de uma cognitividade de perigos e de riscos, a serem enfrentados pelo Direito penal, quando confrontada com as funções do Direito penal. A proteção de bens jurídicos exige *equilíbrio*

3.º, secção 3, da Constituição Americana de 1789. Cesare Beccaria escrevera que as "confiscações põem a preço a cabeça dos fracos, fazem sofrer aos inocentes a pena do réu, e põem os próprios inocentes na desesperada necessidade de cometer delitos. Que espectáculo mais triste do que uma família arrastada na infâmia e na miséria pelos delitos de um chefe, à qual a submissão imposta pelas leis impediria de preveni-los, mesmo que existissem meios para o fazer!". Cfr. Beccaria, Cesare (1998). *Dos Delitos e das Penas*. Tradução do italiano *Dei Delitti e delle Pene* de José de Faria Costa. Lisboa: Fundação Calouste Gulbenkian, pp. 111-112.

3. Quanto a estes sistemas persecutórios, Valente, Manuel Monteiro Guedes (2019). *Direito Penal do Inimigo e o Terrorismo. O «progresso ao retrocesso»*. 3.ª Edição - Versão Portuguesa. Coimbra: Almedina, pp. 83-146.

4. Para uma melhor aceção desta construção de política criminal, enquanto ciência ajurídica que dita o *se* e *como* da intervenção e da dogmática penal, Valente, Manuel Monteiro Guedes (2013). *Do Ministério Público e da Polícia. Prevenção Crimina e Acção Penal como Execução de uma Política Criminal do Ser Humano*. Lisboa: Universidade Católica Editora (UCE), pp. 45-186. Ou, seguindo a nossa teoria e na mesma linha, uma *política criminal própria de uma justiça penal humanista*, Monte, Mário Ferreira (2019). Direito à Vida e Proibição da Pena de Morte. In: Paulo Pinto de Albuquerque (Org.). *Comentário da Convenção Europeia dos Direitos Humanos e dos Protocolos Adicionais* - Volume 1. Lisboa: UCE, p. 587.

5. Neste sentido se pode ler Andrade, Manuel da Costa (2006). Lei-Quadro da Política Criminal (Leitura crítica da Lei n.º 17/2006, de 23 de Maio). In: *Revista de Legislação e Jurisprudência* (*RLJ*), Coimbra: Coimbra Editora, Ano 135.º, n.º 3938 (Maio-Junho 2006), p. 262-277; e (2009). *"Bruscamente no Verão Passado". A Reforma do Código de Processo Penal. Observações críticas sobre uma lei que podia e devia ser diferente*. Coimbra: Coimbra Editora.

entre a sua efetividade e a proteção do agente do crime contra o manancial persecutório e punitivo do Estado, em correlação com as funções de *garantia*, de *segurança* e *coesão social*[6].

Se, em tempos e na obediência a uma função de *equilíbrio* entre a tutela do(s) bem(ns) jurídico(s) lesado(s) ou colocado(s) em perigo de lesão e a proteção do agente dessa lesão face ao poder de punir, se avocava o *objetivo* de fazer desaparecer todo e qualquer indício ou resquício ou ilustração mínima do ilícito criminal - ou seja, do «não direito» -, como uma manifestação de uma *retribuição* intrínseca ao próprio poder de punir[7], e se assumia como consequência de uma *prevenção geral* entolhada no ideário de que o crime não compensa[8] e de uma *prevenção especial* - quanto aos *instrumenta sceleris* - com o intuito de destruir quaisquer possibilidade de as novas tentações da prática de novos crimes já estarem dotadas desses *instrumenta*[9], hoje se impõe uma nova dinâmica e matemática jurídica de eficácia extrema assente em uma punibilidade 'cega' e demolidora na negação de quaisquer comportamentos delituosos através da subtração ao agente do crime de todos os produtos do crime - *producta sceleris* - e de todas as vantagens do crime para que a comunidade e, em especial, o agente do crime saiba que o crime não compensa e seja punido com uma 'pena eficaz e exemplar' por imposição e resposta assídua ao 'clamor social', que hoje exige uma severa punição para os agentes de crimes económico-financeiros[10]. Nesta última linha, poder-se-á dizer que a perda de bens e de direitos se assume tão-só como uma pena com valor negativo que nega a negatividade da lesão do valor jurídico-criminal - *bem jurídico* - tutelado ou a tutelar.

A discussão de se saber se a perda de bens e direitos é uma *pena acessória*, ou se é um *efeito da pena* principal tendo em conta que, a ser condenado, o agente do crime nunca podia ficar com os instrumentos, os produtos e as vantagens do crime, sob pena de desvalorização da força jurídica punitiva, ou se é uma *medida de segurança* no sentido de retirar ou diminuir os espaços ou estados de perigosidade que esses bens e direitos propiciam ou podem propiciar ao agente condenado, ou se tem uma natureza mista por se aferir dessa decisão

---

6. Valente, Manuel Monteiro Guedes. *Direito Penal do Inimigo...*, 3.ª Edição, pp. 127-134; Costa, José de Faria (2018). *Direito Penal*. Lisboa: INCM, pp. 21-25.

7. Dias, Jorge de Figueiredo. *Direito Penal Português. Consequências ...*, p. 613.

8. Expressão de origem americana *crime doesn´t pay* no âmbito da prevenção e repressão do branqueamento de capitais por meio do «ataque» à dimensão patrimonial do crime que se apresenta como contraponto com as expressões *crime does pay, extraordinarilly well, even beyond the imagination* e *the survival of the fittest*. Neste sentido se podem ler Rodrigues, Hélio Rigor (2018). O branqueamento de capitais enquanto consequência *in personam* da dimensão patrimonial do crime. In: AAVV. *Estudos Projeto ETHOS. Corrupção e Criminalidade Económico-Financeira*. Lisboa: Procuradoria Geral da República, pp. 275-277.

9. Dias, Jorge de Figueiredo. *Direito Penal Português. Consequências ...*, pp. 613-614.

10. Recorremos às expressões expressas em várias decisões de Tribunais portugueses.

judicial "uma natureza *análoga ora à da pena ora à da medida de segurança*"[11], desvanece na importância dogmático-criminal por exigências de eficácia na responsabilidade do agente do *factum criminis*[12].

A doutrina, em Portugal, tem entendido de que a perda de instrumentos do crime - *aqueles objetos que tiverem servido ou estivessem destinados a servir para a prática de um crime*[13] -, os produtos do crime - *aqueles que sejam fruto ou produção da comissão da conduta típica, ilícita e culpável*[14] -, e as vantagens do crime - *todas as coisas, direitos ou vantagens que constituam vantagem económica, direta ou indiretamente resultante desse facto, para o agente ou para outrem*[15], incluindo a *recompensa dada ou prometida* ao agente do crime[16] - são, por um lado, aplicadas por *necessidades de prevenção* geral e especial [têm fundamento preventivo], uma vez que se pretende evitar que o agente do crime volte a cometer o mesmo crime ou crime análogo ou conexo, e, por outro, assumem *natureza análoga de medida de segurança* por lhes ser intrínseca a ideia de neutralizar as circunstâncias e espaços de perigosidade para a segurança das pessoas, para a moral ou ordem públicas[17].

A doutrina alemã[18], mesmo procedendo a uma distinção entre a perda de instrumentos e produto do crime como afastamento da perigosidade imediata e

---

11. Dias, Jorge de Figueiredo. *Direito Penal Português. Consequências ...*, p. 614.

12. Esta acepção está bem patente no n.º 5 do artigo 110.º do CP, cuja discussão se fará *infra* 3.2.

13. Cfr. *in fine* n.º 1 do artigo 109.º do CP.

14. Cfr. alínea *a*) do n.º 1 do artigo 110.º do CP.

15. Cf. alínea *b*) do n.º 1 do artigo 110.º do CP.

16. Cfr. Dias, Jorge de Figueiredo. *Direito Penal Português. Consequências ...*, p. 632 e n.º 2 do artigo 110.º do CP (redação da Lei 30/2017). Poder-se-á dizer que foi positivado o que a doutrina há muito defendia, por entender como produto do crime "*todo e qualquer benefício patrimonial que resulte do crime ou através dele tenha sido alcançado*" [p. 632].

17. Neste mesmo sentido se pode ler Albuquerque, Paulo Pinto (2015). *Código Penal Comentado à Luz da Constituição da República Portuguesa e da Convenção Europeia dos Direitos do Homem*. 3.ª Edição. Lisboa: UCE, pp. 452 e 460; Dias, Jorge de Figueiredo. *Direito Penal Português. Consequências ...*, pp. 616-618 e 629-634. Vejam-se, também neste sentido quanto à diferenciação e aproximação dos institutos da perda de instrumentos, de produtos e de vantagens do crime, os Acórdãos do Supremo Tribunal de Justiça [Processo n.º 999/10.9TALRS.S1, de 29 de fevereiro de 2012], do Tribunal da Relação de Lisboa [Processo n.º 24/09.2P5LSB-A.L1-5, de 28 de setembro de 2010], do Tribunal da Relação de Guimarães [Processo n.º 3/08.7FIVCT.G1 de 17 de maio de 2010, e de 149/11.4EAPRT.G1, de 10 de julho de 2014], do Tribunal da Relação de Évora [Acórdãos de 26 de fevereiro de 2013 e 29 de outubro de 2013, 7 de abril de 2014], e do Tribunal da Relação de Coimbra [Processo n.º 326/16.1JACBR.C1, de 8 de novembro de 2017].

18. Jescheck, Hans-Heinrich e Weigend, Thomas (2002). *Tratado de Derecho Penal*. 5ª Edição, pp. 857-861; Maurach, Reinhart, Gössel, Karl Heinz e Zipf, Heins (1994). *Derecho Penal*, pp. 674-686. Veja-se que Harro Otto considera que o confisco e a perda de instrumentos, produtos, bens e vantagens do crime, previsto nos §§ 73.º a 74e.º do *StGB*, como *medida de segurança* com função não retributiva, destinada a prevenir futuras condutas ilícitas do agente do crime, Otto, Harro (2017). *Manual de Derecho Penal. Teoría general del Derecho Penal*. 7.ª Edição. Tradução *Grundkurs Strafrecht - Allgemeine Strafrechtslehre* de José R. Béguelin. Barcelona: Atelier Libros Jurídicos, pp. 23-24.

a perda das vantagens (que integram as recompensas) como prevenção global da criminalidade, tem em conta as *necessidades de prevenção*, geral e especial, face ao instituto idêntico - *Verfall* e *Einziehung* - quando se atraca na ideia de necessidade de "aniquilamento do benefício patrimonial ilicitamente conseguido" e, por consequência, de defender que o Estado não pode admitir "uma situação patrimonial antijurídica", devendo-se restituir a "ordenação dos bens correspondentes ao direito", gerando-se, a final, um *reforço da vigência da norma*[19] / [20] lesada e a reposição da ordem jurídica própria de uma *ratio iuris*[21].

Mas a matemática jurídico-criminal, em que assenta a política criminal pró-securitária, não é a da dogmática sediada nas funções de garantia, de segurança, de coesão social e de equilíbrio, precedentes das finalidades de prevenção, geral e especial[22], mas a de garantir uma punição a qualquer custo: de forma direta, com prova concreta da prática do crime económico-financeiro ou conexo, e indireta, com a apreensão e o arresto e a consequente perda desses bens e direitos e uma sequente confissão ou presunção de que *quem cabritos vende e cabras não tem, de algum lago lhe vem*[23].

Basta que, neste momento, tenhamos dois regimes em vigor: o regime geral, previsto no Código Penal - artigos 109.º a 112.º -, e o regime especial, pre-

19. DIAS, Jorge de Figueiredo. *Direito Penal Português. Consequências* ..., p. 632.

20. Esta posição não significa ou não adere à tese de GÜNTHER JAKOBS de que o Direito penal, em especial a pena penal, tem como finalidade a reposição da força jurídica da norma jurídico-criminal violada pela conduta humana. JAKOBS, Günther (2006). *Sobre la Normativización de la dogmática Jurídico-penal*. Tradução dos textos em alemão de MANUEL CÂNCIO MELIÁ e BERNARDO FEIJÓO SÁNCHEZ. Madrid: Thomson/Cuadernos Civitas, pp. 21 e 59-73 (59).

21. Defendemos, na linha de CANARIS, uma ordem de Direito assente numa sistemática epistemológica, teleológica e axiológica da *ratio iuris* - sem que se olvide a *ratio legis* - que deve assumir-se como limite à e da restrição de direitos, liberdades e garantias dos visados com a intervenção penal. Quanto a este assunto VALENTE, Manuel Monteiro Guedes (2015). Os Direitos e Liberdades Fundamentais Pessoais como Barreira "Intransponível" na Produção de Prova Penal. In: Manuel M. G. Valente (Coord.). *Prova Penal. Estado Democrático de Direito*. Lisboa/Santa Catarina: Rei dos Livros/Empório do Direito, pp. 127-132. Cfr. CANARIS, Claus-Wilhelm (2008). *Pensamento Sistemático e Conceito de Sistema na Ciência do Direito*. 4.ª Edição. Tradução do alemão *Systemdenken und Systembegriff in der Jurisprudenz* de MENESES CORDEIRO. Lisboa: Fundação Calouste Gulbenkian, pp. 53-99.

22. Quanto às funções do direito penal inatas às finalidades de prevenção geral e especial, VALENTE, Manuel Monteiro Guedes. *Direito Penal do Inimigo*..., 3.ª Edição, pp. 127-134; COSTA, José de Faria (2017). *Direito Penal*, pp. 21-25.

23. Brocado latino. Brocado utilizado na decisão do STJ quando, em março de 2015, indeferiu a impugnação de *habeas corpus* interposto por um dos arguidos da *Operação Marquês*, cujo acórdão fora assinado pelos colendos Conselheiros Santos Cabral e Oliveira Mendes, tendo gerado uma crítica por parte da defesa e da doutrina o recurso a este tipo de brocados para fundamentar da decisão jurisdicional. Segue a linha da decisão do Tribunal da Relação de Lisboa, de 17 de março de 2015, cujo acórdão foi assinado pelos juízes-desembargadores Agostinho Torres e João Carola, que plasmam no aresto o brocado: *Quem cabritos vende e cabras não tem, de algum lado lhe vêm*. Não indicamos a fonte direta por os Acórdãos não se encontrarem disponíveis para consulta.

visto na Lei n.º 5/2002, de 11 de janeiro[24] - artigos 7.º, 8.º, 12.º e 12.º-A[25]. A Lei n.º 5/2002 implementa um regime especial[26] que, se não é uma inversão plena do ónus da prova da proveniência lícita dos bens e direitos, é um autêntico regime impositivo de prova da licitude dos bens e direitos. Esta aceção jurídica restritiva afere-se de uma clara presunção de ilicitude dos bens e direitos cuja proveniência lícita não possa ser provada pelo agente do crime ou não possa ser aferida entre o valor do património global do agente do crime e o que se afigura congruente com o seu rendimento lícito[27], uma vez que estamos no âmbito de um catálogo de crimes - *v. g.*, tipos legais de crime e não de tipologias criminais -, integrante do catálogo de crimes previsto no n.º 1 do artigo 83.º do TFUE, cuja sistemática filosófico-política-constitucional e matemática jurídica é pró-securitária: liberdade, segurança e justiça, *i. e.*, L+S = J[28]. Não sufragamos a teoria de que o confisco positivado nos vários ordenamentos jurídicos para persecução da criminalidade económico-financeira, em especial a implementação do confisco sem condenação - *non-conviction based confiscation* -, representa uma política criminal inovadora[29], porque uma política criminal securitária e justicialista ou, até mesmo, autoritária nunca é inovadora por repristinar raízes e fundamentos de tempos em nada de boas memórias político-jurídicas.

As sucessivas alterações legislativas, na linha de implementação do quadro jurídico persecutório criminal do espaço [de direito] penal europeu, reflete uma ideia de maior flexibilização do princípio da legalidade quanto ao tipo, quanto aos pressupostos materiais e processuais de aplicação de institutos jurídico-criminais como a perda de bens e de direitos em sede de processo-crime. Esta flexibilização, própria dos regimes especiais penais, faz sentir-se aos poucos e é inserida pouco-a-pouco no regime geral previsto no Código Penal.

---

24. Que conta com 6 alterações legislativas: Lei n.º 30/2017, de 30 de maio; Lei n.º 55/2015, de 23 de junho; Lei n.º 60/2013, de 23 de agosto; Decreto-Lei n.º 242/2012, de 07 de novembro; Decreto-Lei n.º 317/2009, de 30 de outubro; e Lei n.º 19/2008, de 21 de abril.

25. No quadro dos crimes tributários vigora também um outro regime especial previsto nos artigos 18.º [*Perda de mercadorias objecto do crime*], 19.º [*Perda dos meios de transporte*] e 20.º [*Perda de armas e outros instrumentos*] do Regime Geral da Infrações Tributárias (RGIT), de que não trataremos neste texto.

26. Neste sentido se pode ler Mariano, João Cura (2018). Os Bens de Terceiro no Regime da «Perda Alargada». In: *Estudos Projeto ETHOS: Corrupção e Criminalidade Económico-Financeira*. Lisboa: INCM/PGR, p. 332.

27. Cfr. n.º 1 do artigo 7.º da Lei n.º 5/2002, de 11 de janeiro.

28. Valente, Manuel Monteiro Guedes. *Direito Penal do Inimigo...*, 3.ª Edição, pp. 121-122.

29. Afastamo-nos de Correia, José Conde (2018). O Confisco e a «Fixação» do Enriquecimento Ilícito. In: AAVV. *Estudos Projeto ETHOS. Corrupção e Criminalidade Económico-Financeira*. Lisboa: Procuradoria Geral da República, p. 255, que segue Fernandez-Bertier, Michaël (2017). The History of Confiscation Laws: From the Book of Exodus to the War on White-Collar Crime. In: Ligeti, Katalin e Simontato, Michele (Ed.). *Chasing Criminal Money Callenges and Perspectives on Asset Recovery in the EU*. Oxford: Hart, pp. 71 e ss.. Quanto à perda sem condenação penal, *infra* 3.2.

As exceções persecutórias restritivas e dotadas de elevada danosidade social cedem, deixam de ter natureza excecional e dão lugar à vulgaridade do instituto da perda de bens e de direitos. Tudo em prol de prevenir crimes futuros e de punir os agentes dos crimes para que toda a comunidade tenha a efetiva consciência de que o *crime não compensa*.

2. A transposição da Diretiva 2014/42/UE pela Lei n.º 30/2017, de 30 de maio

A Lei n.º 30/2017, de 30 de maio, procedeu à transposição para a ordem jurídica interna portuguesa da Diretiva 2014/42/UE, do Parlamento Europeu e do Conselho, de 3 de abril de 2014, sobre o *congelamento e a perda dos instrumentos e produtos do crime* na União Europeia, e que procedeu à substituição da «Ação Comum 98/699/JAI, o artigo 1.º, alínea *a*), e os artigos 3.º e 4.º da Decisão-Quadro 2001/500/JAI, assim como o artigo 1.º, primeiro ao quarto travessões, e o artigo 3.º da Decisão-Quadro 2005/212/JAI»[30].

Esta lei alterou a Lei n.º 5/2002, de 11 de janeiro [regime jurídico das medidas de combate à criminalidade organizada e económico-financeira], os artigos 109.º, 110.º, 111.º e 112.º do Código Penal, os artigos 58.º, 178.º, 186.º, 192.º, 227.º, 228.º, 268.º, 335.º e 374.º do Código de Processo Penal, o Código do Registo Predial, o Código do Registo Comercial, a Lei n.º 34/2009, de 14 de julho [regime jurídico aplicável ao tratamento de dados referentes ao sistema judicial], a Lei n.º 45/2011, de 24 de junho [Gabinete de Recuperação de Ativos], o Decreto-Lei n.º 54/75, de 12 de fevereiro [sistema de registo da propriedade automóvel], o Regime Geral das Instituições de Crédito e Sociedades Financeiras, a Lei Geral Tributária, o Decreto-Lei n.º 164/2012, de 31 de julho [Instituto de Gestão Financeira e Equipamentos da Justiça, I. P.][31]. A Lei n.º 30/2017, de 30 de maio, aditou o artigo 112.º-A ao Código Penal e os artigos 12.º-A e 12.º-B à Lei n.º 5/2002, de 11 de janeiro.

A presente lei estipula, ainda, a «obrigação de recolha e de comunicação de dados estatísticos referentes à apreensão e à aplicação de medidas de garantia patrimonial em processo penal», assim como a obrigação de ter uma base de dados estatísticos sobre «o destino final que os bens por elas abrangidos», em especial sobre «a restituição, o envio a autoridade de outro Estado em cumprimento de pedido de cooperação judiciária internacional ou a declaração de perda a favor do Estado»[32].

A Diretiva 2014/42/UE tem como escopo base promover a contínua ação

30. Cf. artigo 14.º, n.º 1 da Diretiva 2014/42/UE.
31. Cfr. o n.º 2 do artigo 1.º da Lei n.º 30/2017.
32. Cf. o n.º 3 do artigo 1.º da Lei n.º 30/2017 e o Considerando (37) da Diretiva 2014/42/UE.

política e jurídica da União em solidificar um espaço penal europeu gerador de liberdade, de segurança e de justiça, não apenas quanto aos crimes do catálogo do artigo 83.º do TFUE, mas a todos os crimes que coloquem em causa esse desiderato político da União. Conquanto a UE havia legislado sobre a congelamento, apreensão e perda de bens no quadro da criminalidade económico-financeira, esta Diretiva aplica-se a um catálogo mais abrangente de crimes, o que obrigou o legislador nacional a alterar os artigos do Código penal adstritos à perda de instrumentos, produtos e vantagens. A transposição da Diretiva para o sistema jurídico português amplia, melhor, aproxima os regimes dos artigos 109.º a 112.º-A do CP ao regime especial e de excecionalidade previsto em lei processual penal avulsa: *v. g.*, Lei n.º 5/2002, de 11 de janeiro.

A Diretiva, como se afere dos vários considerandos iniciais, tem como escopo central *facilitar a perda de bens em matéria penal*[33], a par da instituição de *garantias específicas a fim de assegurar que, regra geral, as decisões de perda sejam fundamentadas*[34], e no respeito pelos direitos fundamentais e princípios[35] de um processo equitativo e justo[36]. Essa prossecução – facilitar a perda de bens –, que devia ser dirigida à criminalidade organizada transnacional[37] e à criminalidade altamente especializada, estende-se hoje a todos os tipos legais de crime como se pode verificar da alteração aos artigos 109.º e ss. do CP, operada pela Lei n.º 30/2017.

A própria Diretiva ampliou o âmbito ou o catálogo de tipos legais de crime que admite o regime especial da perda alargada, prevista nos artigos 7.º e ss. da Lei n.º 5/2002: *v. g.*, *recebimento indevido de vantagem; corrupção ativa e passiva, incluindo a praticada nos setores público e privado e no comércio internacional, bem como na atividade desportiva; pornografia infantil e lenocínio de menores; dano relativo a programas ou outros dados informáticos e a sabotagem informática, o acesso ilegítimo a sistema informático, nos termos da Lei do Cibercrime*; e *lenocínio*. Tudo isto para «*combater* eficazmente a atividade criminosa organizada»[38] e, por esse fundamento, se estipula um regime especial – artigo 12.º-B – para a perda de instrumentos, que se afasta dos pressupostos do regime geral previsto no artigo 109.º do Código Penal, um regime especial

---

33. Cf. Considerando (41) da Diretiva 2014/42/UE.
34. Cf. Considerando (39) da Diretiva 2014/42/UE.
35. Cf. Considerando (38) da Diretiva 2014/42/UE.
36. Procurando-se cumprir o estipulado pelo artigo 6.º da CEDH, que é Direito integrante da União Europeia, melhor do Tratado de Funcionamento da União Europeia, *ex vi* do artigo 218.º, n.º 6, inciso *ii*) e n.º 8, e Protocolo (n.º 8) Relativo ao n.º 2 do artigo 6.º o Tratado da União Europeia Respeitante à Adesão da União à Convenção Europeia para a Proteção dos Direitos do Homem e das Liberdades Fundamentais. O princípio do processo equitativo e justo tem consagração constitucional no artigo 20.º, n.º 4, da CRP.
37. Cfr. Considerandos (1, 2 e 19) da Diretiva 2014/42/UE.
38. Cf. Considerandos (1, 3 e 19) da Diretiva 2014/42/UE. Itálico nosso.

para a perda de bens - vantagens da atividade criminosa, na qual se enquadram os juros, lucros e outros benefícios obtidos com os bens [instrumentos, produtos e vantagens] pertencentes a terceiros, nos termos do artigo 111.º do CP, como se retira do artigo 7.º da Lei n.º 5/2002.

Se subsumirmos toda esta legiferação ao princípio da segurança jurídica podemos verificar que a opção legislativa não respeita o princípio da reserva de código e germina espasmos de quebra de unidade da ordem jurídica considerada no seu todo. Basta olharmos para os conceitos de produto e de vantagem previstos nas alíneas *a*) e *b*) do n.º 1 do artigo 110.º do CP e o conceito de bens, de vantagem, de património expresso no artigo 7.º da Lei n.º 5/2002 para percebermos da existência de alguma confusão tópica normativa, o que gera uma diminuição, um esmorecimento ou, melhor, promove uma ténue, quando não superficial, garantia dos direitos e liberdades fundamentais pessoais e sociais dos agentes de crime.

Poder-se-á afirmar que a transposição da Diretiva 2014/42/UE pela Lei n.º 30/2017 não diminui a conflitualidade hermenêutica e exegética e, por consequência, a conflitualidade interpretativa e aplicativa das normas penais em causa. Em jeito de prévia súmula, perdeu-se mais uma oportunidade de se concretizar o princípio da *reserva de código* no que diz respeito à perda de instrumentos, de produtos e de vantagens de crime, não só como fonte de legitimação e de limite do poder de punir, como também fonte de diminuição ou de neutralização das incertezas das incoerências normativas e interpretativas no sentido de se gizar uma maior e melhor efetiva densidade do princípio da legalidade[39]. Mais uma vez a segurança jurídica, enquanto princípio geral do Direito, consubstanciado na sistemática epistemológica, axiológica e teleológica dos princípios da legalidade e igualdade penal, foi preterida[40] em prol de uma maior pseudoeficácia ou pseudocerteza e pseudodeterminabilidade, a par do cumprimento dos prazos de transposição da legislação da União Europeia. E, assim, se vai negando ou deteriorando o Direito enquanto dimensão axiológica limite do poder de punir.

---

39. O princípio da reserva de código tem sido defendido por nós há mais de vinte anos e por Luigi Ferrajoli de modo a garantir uma efetividade das funções do Direito penal: garantia, segurança, coesão social e equilíbrio. Cf. Valente, Manuel Monteiro Guedes (2017). Os meios ocultos de obtenção de prova na criminalidade económica e a proteção de Direitos Humanos. In: *A Proteção dos Direitos Humanos face à Criminalidade Económico-Financeira – Atas da Conferência Internacional*. Coordenação: Flávia Norversa Loureiro. Braga: Centro Interdisciplinar em Direitos Humanos, pp. 173-189 e *Direito Penal do Inimigo...*, 3.ª Edição, pp. 127-134; Ferrajoli, Luigi (2005). Derecho y Razón. Teoría del garantismo penal. 7.ª Edição. Tradução do italiano *Diritto e Ragione. Teoria del garantismo penale* de Perfecto Andrés Ibanés *et Alii*. Madrid: Editorial Trotta, pp. 370-371, 382-384 (384), 410 e 868.

40. Vivemos uma legiferação 'pós-moderna' que nega a segurança jurídica através de um excesso legislativo e excesso de aprovação de leis avulsas sem as subsumir a uma intrusão ao tecido jurídico já existente de modo a garantir uma eficiente consistência sistemática da *ratio iuris*. Na linha de Reinhold Zippelius, a tendência e "o esforço de regulamentar tudo e mais alguma coisa, conduz

3. A perda de produtos e vantagens do crime prevista no artigo 110.º, n.º 1, alíneas *a*) e *b*) do Código Penal [Diferença entre produtos e vantagens do crime e outras questões jurídicas - *v. g.*, o n.º 5 do mesmo preceito]

O artigo 110.º do CP estipula o regime geral da perda de produtos e vantagens de proveniência de facto ilícito típico integrantes do património global do agente do crime. Já o artigo 111.º do CP[41] determina o regime geral da perda de instrumentos, produtos e vantagens provenientes de facto ilícito típico compreendidos no património de um terceiro, conhecedor da proveniência não lícita ou para o mesmo transferidos para evitar que fossem declarados perdidos a favor do Estado.

Neste ponto, prendemo-nos na análise do regime geral da perda de produtos e vantagens provenientes do facto ilícito típico, cuja normativização do instituto e dos tópicos em causa auspicia e exige uma hermenêutica e exegese crítica adequada a serem aplicados aos casos concretos no respeito pelos princípios da legalidade constitucional penal e da constitucionalidade[42].

3.1. A diferença entre produto e vantagem do crime

Impõe-se que se faça a distinção entre o que o legislador entende por produto de crime - *producta sceleris*[43] - e por vantagem de crime. Até às alterações operadas pela Lei n.º 30/2017, a perda de produtos de crime estava, a par da perda de instrumentos, prevista no artigo 109.º do CP. O legislador, em 2017, separou a perda de instrumentos de crime - *instrumenta sceleris*[44] - da perda

à inflação normativa, que diminui também a transparência e, desta forma, a eficácia do direito", por se perder "em banalidades", juridicizando tudo, diminuindo ou restringindo a liberdade e os processos da vida [Zippelius, Reinhold (1998). *Teoria Geral do Estado*. 3.ª Edição. Tradução da 12.ª Edição alemã - *Allgemeine Staatslehre* - de Karin Praefke-Aires Coutinho. Lisboa: Fundação Calouste Gulbenkian, pp. 388-91 (389)].

41. Quanto a este regime - perda de instrumentos, produtos e vantagens pertencentes a terceiro - previsto no artigo 111.º do Código Penal, não obstante algumas referências ao longo do texto, não será trabalhado neste pequeno trabalho, uma vez que irá merecer uma reflexão autónoma que complementará este estudo.

42. Para uma maior e melhor compreensão sobre estes princípios a que está subordinada a hermenêutica jurídica de um Estado constitucional democrático, em especial no âmbito da restrição de direitos e liberdades fundamentais pessoais e económicos intrínsecos à dimensão pessoal da pessoa humana, como é o caso, Medeiros, Rui (1997). *A Decisão de Inconstitucionalidade. Os autores, o conteúdo e os efeitos da decisão de inconstitucionalidade da lei*. Lisboa: UCE, pp. 289-317, e Palma, Fernanda (2006). *Da Constitucional Penal*. Coimbra: Almedina, pp. 37-63.

43. Na linha de Jescheck e Weigend, *todos os objetos ou bens que tenham sido produzidos através da prática de um crime*, cuja previsão legal se encontra no §74 do *StGB*. Jescheck, Hans-Heinrich e Weigend, Thomas (2002). *Tratado de Derecho Penal*. 5ª Edição, p. 857.

44. Na linha de Jescheck e Weigend, *todos os objetos ou bens que tenham sido empregues na prática de um crime ou que estavam destinados à sua prática*, cuja previsão legal se encontra no §74 do *StGB*. Jescheck, Hans-Heinrich e Weigend, Thomas (2002). *Tratado de Derecho Penal*. 5ª Edição, p. 857.

de produto de crimes – *producta sceleris* –, enquadrando-a num regime especial com a vantagem do crime.

Esta separação entronca no desiderato da Diretiva 2014/42/UE, uma vez que integram o tópico de produto de crime as próprias vantagens: *produto* – «qualquer vantagem económica resultante, direta ou indiretamente, de uma infração penal; pode consistir em qualquer tipo de bem e abrange a eventual transformação ou reinvestimento posterior do produto direto assim como quaisquer ganhos quantificáveis», nos termos da alínea *1*) do artigo 2.º da Diretiva. Veja-se que, em todo articulado da Diretiva, assim como nos seus considerandos, a única vez em que aparece o tópico *vantagem* é na definição do tópico *produto*.

O legislador português manteve uma cisão entre os dois tópicos de um mesmo instituto – perda de bens e direitos[45]. Uma primeira visão da tópica de *produto* poder-nos-ia levar a afirmar que integra o *conteúdo*, o *sentido* e a *extensão* de *vantagem*, assim como de *recompensa*. Mas *produto* de crime, na linha do que já havia estipulado o legislador português e conforme alínea *a*) do n.º 1 do artigo 110.º do CP, integra todo e qualquer objeto criado ou produzido pela prática do crime – facto típico, ilícito e culpável[46].

Se é ou são os objetos criados ou produzidos pela prática de um crime, não nos parece poder integrar todo tópico vantagem, tendo em conta que esta integra o *enriquecimento patrimonial conseguido com a respetiva venda ou utilização*[47] desses objetos produzidos pela prática facto típico ilícito, incluindo a recompensa dada ou prometida[48]. Podem integrar o tópico *vantagem* as *coisas*, os *direitos* ou as *vantagens que constituam vantagem económica, direta ou indiretamente resultante* de um facto típico ilícito, *para o agente ou para outrem*, assim como a *recompensa dada* ou *prometida* pelo *facto típico ilícito praticado* ou *a praticar*[49].

É importante realçar que o legislador se cinge ao *facto típico ilícito* – «facto ilícito típico» – e não ao tópico de crime quer formal quer material ancorado na construção dogmático-sistemática, tendo em conta que a perda pode ocorrer sem que o agente seja condenado pela prática desse facto típico ilícito[50] [e culpável]. O legislador não avoca para a construção normativa as categorias ou elementos

45. Na mesma linha dos vários códigos europeus, sendo de destacar os §§73 e ss. do *StGB*.

46. Cf. Albuquerque, Paulo Pinto. *Comentário do Código Penal...*, 3.ª Edição, p. 453 e Dias, Jorge de Figueiredo. *Direito Penal Português. As Consequências...*, p. 618.

47. Dias, Jorge de Figueiredo. *Direito Penal Português. As Consequências...*, p. 618.

48. Dias, Jorge de Figueiredo. *Direito Penal Português. As Consequências...*, pp. 629-630.

49. Cfr. alínea *b*) do n.º 1 e n.º 2 do artigo 110.º do CP. Já assim e em 1993, Dias, Jorge de Figueiredo. *Direito Penal Português. As Consequências...*, p. 630. Veja-se, também, Jescheck, Hans-Heinrich e Weigend, Thomas (2002). *Tratado de Derecho Penal*. 5ª Edição, pp. 851-857 (851-852).

50. Cf. artigo 110.º, n.º 5 do CP.

do facto, melhor, do crime culpabilidade e punibilidade. O facto ou o crime, enquanto realidade unitária, assenta num pentágono de elementos, *i. e.*, num penta corpo indissociável da união dos seus elementos: *ação, tipicidade, ilicitude, culpabilidade* e *punibilidade*[51]. O legislador segue o tópico de *facto*, enquanto ação[52] típica centralizada para e no espectro do ilícito. Mas não convoca para o debate interpretativo das normas os demais elementos do penta corpo que não fossem (sejam) necessários ou não sejam essenciais ao debate dessa mesma ação.

3.2. Outras questões jurídicas: a controvertida norma do n.º 5 do artigo 110.º do Código Penal

Questão a ser tratada pela doutrina é a de se saber se o legislador pretendeu tão-só legitimar a perda dos produtos e das vantagens da prática de uma ação que é tipificada como crime e que é antijurídica, independentemente de ser ou não culpável e muito menos de ser punível. Se entendermos que é esta a opção legislativa, poder-se-á afirmar que, caso estejamos perante causas de exclusão da culpa - exculpação -, a perda desses produtos e vantagens sempre ocorrerá. Em prol e em defesa desta interpretação normativa do n.º 5 do artigo 110.º do CP, temos o próprio texto positivado: ou seja, mesmo perante a extinção do procedimento criminal por morte do agente do crime os produtos e vantagens do facto ilícito típico são declarados perdidos a favor do Estado. É o mesmo que afirmar que a tipicidade e a ilicitude ultrapassam o *tempus vitae* do agente do crime, como se os valores do produto e das vantagens do crime - o *património ilícito* - fossem uma responsabilidade civil ou como se admitisse que estamos perante uma dívida que não se extingue com a morte do devedor[53] ou que o agente seja declarado contumaz ou mesmo que não se consiga apurar quem é o agente ou determinar a pessoa autora do facto. O que é exigível é que seja um facto típico e ilícito, independentemente de a ação ser órfã de autor e/ou órfã de culpa.

Somos diametralmente contrários a esta positividade que mais não é do que a reposição de um direito penal do agente ou de autor por meio de uma falsa

---

51. Acompanhamos a construção dogmática de Figueiredo Dias quando nos ensina que, mesmo que o estudo exija uma determinada desagregação, os *pedaços diversos* e *autónomos* do *conceito de crime* devem ser, de forma *unitária*, compreendidos dentro de uma *lógico-sistemática* por serem partes integrantes de uma *realidade unitária*. Cf. Dias, Jorge de Figueiredo (2019). *Direito Penal. Parte Geral* - Tomo I. *Questões Fundamentais. A Doutrina Geral do Crime*. 3.ª Edição. Coimbra: GESTLEGAL, p. 277.

52. Seguimos o que a dogmática entende como um conceito - ação - *suscetível de servir de pedra angular de todas as suas predicações ulteriores*. Cf. Dias, Jorge de Figueiredo. *Direito Penal. Parte Geral* - Tomo I.... 3.ª Edição, p. 277.

53. Cfr. artigo 2068.º - Responsabilidade da herança - do Código Civil: «**A herança responde** pelas despesas com o funeral e sufrágios do seu autor, pelos encargos com a testamentaria, administração e liquidação do património hereditário, pelo **pagamento das dívidas do falecido**, e pelo cumprimento dos legados». Negrito nosso.

subsunção ao direito penal do facto. Como também não acompanhamos esta posição normativa, caso a mesma assente na assunção de que a culpa não integra ou não deve integrar o conceito de crime - normativo-formal e normativo-material -, bastando apenas que ao agente seja cognoscível a antijuridicidade de uma determinação ação típica, como se de uma construção de imputação objetiva se tratasse e se transpusesse para as consequências jurídicas do crime ou se negasse a medida da culpa a ser refletida na medida da pena ou se construísse uma ação punitiva através da força executiva da responsabilidade objetiva civil.

Se o instituto *perda* tem natureza de *pena acessória* ou natureza de *medida de segurança* ou natureza *mista*[54], o sistema jurídico-penal português exige que o facto qualificado como crime seja aferido dentro do penta corpo - *ação, típica, ilícita, culpável* e *punível* -[55], sob pena de negarmos o sistema dogmático construído até aos nossos dias. Parece-nos, na linha de Eser, Jescheck e Weigend[56], que estamos perante um problema de inconstitucionalidade material se considerarmos que basta a *antijuridicidade*, negando-se a exigência de *culpabilidade* quanto à prática da ação típica por parte do agente. É de frisar que Jescheck e Weigend só admitem a não inconstitucionalidade se a perda se resumir ao "princípio do lucro líquido" e não a todas as vantagens, funcionando como uma *solução diferenciada* da perda de produtos e vantagens[57]: se o agente atou com culpa e o objeto lhe pertence, o produto e a vantagem estão no seu domínio, a perda ou confisco é uma *pena acessória*, enquanto *pena patrimonial* específica face ao objeto ou produto[58], que deve ser tida em conta na análise jurídica de todo o *factum criminis*, devendo ter-se em conta na determinação da medida da pena de prisão ou de multa; mas se o agente atuou sem culpa ou se o confisco incide sobre vantagens que estão na posse de terceiro, o princípio da culpabilidade proíbe que se prive o agente para além do lucro líquido - vantagem líquida -, impondo-se aferir a vantagem patrimonial líquida. Na segunda possibilidade, Maurach, Gössel e Zipf consideram que estamos perante

---

54. Dias, Jorge de Figueiredo. *Direito Penal Português. As Consequências...*, p. 614. Já para Jescheck e Weigend, a perda dos produtos e vantagens tem natureza de *pena acessória* [Jescheck, Hans-Heinrich e Weigend, Thomas. *Tratado de Derecho Penal...*, p. 854 e nota 22]. Acompanhando-os, em parte, *i. e.*, se o autor agiu com culpa e os objetos estão no seu domínio, ou do coautor ou cúmplice, Maurach, Reinhart, Gössel, Karl Heinz e Zipf, Heinz. *Derecho Penal. Parte General. Teoria General ...* - 2, pp. 680-681.

55. Dias, Jorge de Figueiredo (2019). *Direito Penal. Parte Geral* - Tomo I.... 3.ª Edição, p. 277.

56. Jescheck, Hans-Heinrich e Weigend, Thomas. *Tratado de Derecho Penal...*, p. 854.

57. Jescheck, Hans-Heinrich e Weigend, Thomas. *Tratado de Derecho Penal...*, p. 854; Maurach, Reinhart, Gössel, Karl Heinz e Zipf, Heinz. *Derecho Penal. Parte General. Teoria General ...* - 2, p. 677.

58. Maurach, Reinhart, Gössel, Karl Heinz e Zipf, Heinz. *Derecho Penal. Parte General. Teoria General ...* - 2, p. 681.

uma *medida de segurança*, não obstante a declaração de perda ou confisco ser jurídico-criminalmente duvidosa[59].

A opção legislativa que se manteve e se aperfeiçoou com a alteração operada pela Lei n.º 30/2017 ancora numa *política criminal securitária e justicialista*, cujos fins - realizar a justiça - justificam os meios, melhor, justificam a detração da *dogmática-sistemática* própria da *lógica-sistemática* de uma *realidade unitária*: *factum criminis* enquanto ação humana (ou de referencial humano), típica, ilícita, culpável e punível.

É de avocar a já polémica decisão do TEDH, no caso Gogitidze *et alii* contra a Geórgia, de 12 de maio de 2015, em que se pronunciou pela congruência de uma lei que permite o confisco de produtos ou vantagens de atividades ilícitas, mesmo na ausência de condenação penal anterior, com o artigo 1º do Protocolo nº 1 à Convenção Europeia dos Direitos Humanos. O TEDH considera que a perda de produtos e vantagens de proveniência indeterminada - cuja prova demonstra que os rendimentos auferidos e declarados da pessoa não são suficientes para adquirir os bens de que é titular ou que estão na sua posse e domínio - é um confisco legítimo, por integrar um procedimento civil *in rem* relacionado com a prática de crimes graves. Como escrevem Euclides Dâmaso e José Trindade, depois do "regime de perda clássica, primeiro, e da perda ampliada, depois, a *actio in rem* apresenta-se como um terceiro passo na realização da ideia de que o crime não compensa, através da recuperação de ativos", defendendo que esta opção sempre é mais vantajosa do que a tipificação do crime de enriquecimento ilícito[60], por este carregar em si mesmo uma maior estigmatização[61].

Estaremos, assim, perante o instituto *actio in rem*, natureza civil ou administrativa, em que a culpa penal se exaure e se fixa sobre a coisa - bem ou valor, produto ou vantagem - cuja perda se pretende. Poder-se-á dizer que se processou uma anglosaxonização do instituto da perda de produtos e vantagens do crime, afastando-se da natureza de sanção penal acessória de natureza pecuniária ou de medida de segurança clássicas. Existe, desta feita, uma aproximação ao instituto *civil forfeiture*, de natureza civil ou administrativa, dirigido ao património contaminado, cuja prova indiciária ou cujo domínio probatório civilístico encaixa num *standart* de prova menos rígido e promissor de uma maior

---

59. Maurach, Reinhart, Gössel, Karl Heinz e Zipf, Heinz. *Derecho Penal. Parte General. Teoria General* ... - 2, p. 681.

60. O TC, por Acórdão n.º 377/2015, no âmbito da fiscalização preventiva abstrata, pronunciou-se pela inconstitucionalidade do Decreto que aditava o artigo 335.º-A do CP - *enriquecimento ilícito* - por violação dos artigos 18.º e 29.º da CRP.

61. Simões, Euclides Dâmaso e Trindade, José Luís (2016). Recuperação de Activos - Confisco sem acção penal - a "*actio in rem*" na jurisprudência do Tribunal Europeu dos Direitos Humanos. In: *Julgar Online*, março de 2016, pp. 1, 4 e 8.

celeridade e simplicidade processual no confisco desses produtos e vantagens[62] de [suposta] proveniência ilícita.

Mas a questão deve ser colocada, o que não tem sido efetuado com o maior rigor, no quadro das garantias penais que se encontram desproporcionalmente restringidas por esta opção civil dentro do espectro sancionatório penal, entrincheirado num *quase-processo penal*[63], tendo em conta as finalidades preventivas especiais - interiorização do e no agente do crime de que o crime não compensa - e gerais - consciencialização concreta e efetiva de todos de que o crime não compensa.

Summo rigore, o regime do n.º 5 do artigo 110.º do CP é uma *actio in rem* ou *civil forfeiture*, sanção civil, sob pena de inconstitucionalidade material por violação do princípio da legalidade - conduta [humana ou, nos casos previstos na lei, pessoa jurídica], típica, ilícita, culposa e punível -, consagrado no artigo 29.º da CRP.

3.3. A unidade fática e unidade da lei penal: o mais que «provável» concurso aparente de crimes *versus* concurso de crimes

Esta linha securitária[64], ou no mínimo justicialista[65], está patente no n.º 3 do mesmo preceito quando reforça a determinação de perda dos produtos e vantagens que tenham sido transformados ou reinvestidos, assim como os ganhos

62. Neste sentido pode ler-se Simões, Euclides Dâmaso e Trindade, José Luís (2016). Recuperação de Activos .... In: *Julgar Online*, p. 6 e Simões, Euclides Dâmaso e Trindade, José Luís (2009). Recuperação de Activos: Da Perda Ampliada à *Actio in Rem* (virtudes e defeitos de remédios fortes para patologias graves). In: *Julgar Online* - 2009, pp. 5-7 e 37.

63. Na mesma linha de opinião crítica, em especial quanto às questões de inconstitucionalidade, Caeiro, Pedro (2011). Sentido e função do instituto da perda de vantagens relacionadas com o crime no confronto com outros meios de prevenção da criminalidade reditícia (em especial, os procedimentos de confisco in rem e a criminalização do enriquecimento "ilícito"). In: *Revista Portuguesa de Ciência Criminal*. Coimbra: Coimbra Editora. Ano 21.º - n.º 2, abril-julho 2011, pp. 292-296. Já em posição não oposta, mas um pouco mais garantística, Faria Costa defende que sempre é melhor optar por "medidas extra-penais de carácter sancionatório ou de intromissão direta no património acrescentado", diga-se de origem presumível ilícita, por meio do confisco *in rem*, do que a opção pela criminalização o enriquecimento ilícito. Cfr. Costa, José de Faria (2012). Crítica à tipificação do crime de enriquecimento ilícito: *plaidoyer* por um direito penal não iliberal e ético-socialmente fundado. In: *Revista de Legislação e Jurisprudência*. Coimbra: Coimbra Editora. Ano 141.º - N.º 3973, março-abril 2012, pp. 253-254.

64. O *securativismo* ou o *sistema securativista* ou *securitário* tem como base o reforço dos poderes persecutórios do Estado através do reforço dos poderes policiais, rosto e face visível do Estado, restringindo-se ao máximo todos os direitos dos cidadãos - fundamentais, ou não fundamentais, pessoais, sociais, culturais, económicos e políticos - em prol de uma eficácia imediata da atuação da Polícia. Quanto a este sistema político-jurídico, Valente, Manuel Monteiro Guedes. *Direito Penal do Inimigo...*, 3.ª Edição, pp. 89-95 e Almeida, Luís Nunes (2003). Tolerância, Constituição e Direito Penal. In: *Revista Portuguesa de Ciências Criminais*. Coimbra. Coimbra Editora, Ano 13, n.º 2, pp. 171-175.

65. O justicialismo ou sistema justicialista preconiza o reforço dos poderes - competências - persecutórios do Estado através da diminuição do conteúdo e alcance dos direitos fundamentais pessoais

quantificáveis advindos de tais operações. A solução apresentada neste n.º 3 seria quase desnecessária face aos crimes de *recetação*, p. e p. pelo artigo 231.º do CP, e de *branqueamento*, p. e p. pelo artigo 368.º-A do CP, cuja imputação fáctico-criminal e consequente responsabilização operam em concurso efetivo com o crime antecedente.

Entender-se-á esta opção legislativa se estivermos numa situação em que não se verifiquem os crimes supracitados, ou seja, nos casos em que o crime principal consome os atos e factos sequentes por existir uma relação ou *expressão de um desvalor penal homogéneo* subsumível ao princípio da consunção[66]. Se entendermos que estamos no âmbito da unidade do facto e da unidade da lei penal - norma incriminadora -, em que o crime base ou principal consome o crime ou o facto sequente, poder-se-á considerar que o legislador pretendeu integrar esses factos sequentes como factos-fim - ou, até mesmo, crime-fim - do facto antecedente ou originário.

Importa, também, saber se esta opção legislativa é uma extensibilidade do tópico de produto ou vantagem ou, simplesmente, tópico de vantagem. Se assim se entender poder-se-á aferir que o legislador pretendeu retirar toda a possibilidade de o agente do crime poder usufruir de produtos e vantagens de origem ilícita, encontrem-se no seu estado natural ou tenham sido transformadas. Os produtos ou vantagens provenientes de facto típico ilícito que tenham sido transformados ou investidos ou refletores de ganhos quantificáveis são, em si mesmos, a maçã podre da árvore originária envenenada, pelo que não pode essa maçã podre ser utilizada *ad futurum* pelo agente do crime. A par da unidade do facto ou da lei penal poder-se-á, desta feita e também, assumir que estamos perante uma extensibilidade normativa dos tópicos produtos e vantagens previstos nas alíneas *a*) e *b*) do n.º 1 do artigo 110.º do CP. Face a esta extensibilidade normativa, defendemos que não estamos perante uma interpretação extensiva *in malam partem* dos tópicos.

Independentemente de se entender se está em causa uma unidade de facto ou da lei penal ou se de uma extensibilidade normativa, o n.º 4 do artigo 110.º do CP determina que, em caso de impossibilidade de entrega em espécie dos produtos ou vantagens transformados e convertidos, assim como ganhos quantificáveis, deve ser a mesma substituída pelo *pagamento ao Estado do respetivo valor*[67].

sob o controlo ou domínio total do poder judicial - juiz - que domina o processo de persecução criminal *ab initio ad finem*. Quanto a este sistema político-jurídico, VALENTE, Manuel Monteiro Guedes. *Direito Penal do Inimigo...*, 3.ª Edição, pp. 95-97 e ALMEIDA, Luís Nunes. Tolerância, Constituição e Direito Penal. In: *RPCC*, Ano 13, n.º 2, pp. 171-175.

66. Cfr. SILVA, Germano Marques da (2010). *Direito Penal Português - I. Parte Geral. Introdução e Teoria da Lei Penal*. 3.ª Edição. Lisboa: Babel/Verbo, pp. 365-376 (373-374).

67. Veja-se que esta ideia está bem expressa na opção legislativa do artigo 12.º da Lei n.º 5/2002, de 11 de janeiro. Cf. *infra* 4.2.

Esta substituição - da espécie pelo valor pecuniário -, submetidas aos prazos de prescrição da pena ou da medida de segurança aplicada ou do procedimento criminal[68], assenta no *pragmatismo*[69] operativo e persecutório do Estado, mas levanta questões de ética jurídica sancionadora: *i. e.*, se a ideia é evitar que o agente do crime possa usufruir dos produtos e das vantagens[70], originários ou transformados ou convertidos, ou dos ganhos quantificáveis, a admissibilidade de substituí-los por um valor pecuniário ***Y*** demonstra que ao Estado interessa tão-só esse valor, olvidando-se que os produtos e as vantagens ganham valor e mais-valias ao longo do tempo. Poder-se-á afirmar que o princípio popular *mais vale um pássaro na mão do que dois a voar* rege o pragmatismo confiscatório pela prática de factos típicos ilícitos.

A eficácia e o pragmatismo operativo do instituto sobrevalorizam a sua versão ou sanção patrimonial em detrimento da censura ético-jurídica intrínseca ao facto típico, ilícito, culposo e punível. Impôs-se uma eficácia máxima persecutória em denegação de uma eficiência preventiva e repressiva das condutas

68. Cfr. artigo 112.º-A do CP.

69. A teoria do *pragmatismo*, oriundo da *Metaphysical Club*, de cujos fundadores se destacam PIERCE, WILLIAM JAMES e outros pensadores, em Cambridge, nos finais do séc. XIX (década de 1870), tem dominado a política criminal nos últimos 30 anos por força da imposição das Convenções e Protocolos internacionais e europeus [Regulamentos, Diretivas, Decisões-Quadro]. Quanto ao pragmatismo enquanto teoria filosófico-política, GOMES, F. Soares. Pragmatismo. In: *Logos – Enciclopédia Luso-Brasileira de Filosofia*, Verbo, Lisboa/R. Janeiro, Vol. 4, Col. 395, e MANTNER, Thomas (Dir.) (2010). *Dicionário de Filosofia*. Tradução de Desidério Murcho, Victor Guerreiro e Sérgio Miranda. Lisboa: Edições 70, Lda., pp. 594-595.

70. Esta assunção expressa pelo legislador e assumida por entre as linhas da norma, mas não de forma direta, é contrária à posição do Tribunal da Relação de Guimarães, que, por Acórdão de 1 de dezembro de 2014, Processo n.º 218/11.0GACBC.G1, decidiu que «Não há fundamento legal (nomeadamente nas normas do art. 111 n.ºs 1 e 4 do Cod. Penal) para que o autor de um furto seja condenado a pagar ao Estado um montante equivalente ao valor da vantagem patrimonial que obteve com a prática do crime, mesmo nos casos em que o ofendido não deduziu pedido de indemnização civil». Mas, em anotação a este aresto, Hélio Rigor Rodrigues e João Conde Correia divergem desta posição e criticam-na afirmando que a "remoção dos incentivos económicos subjacentes a prática do crime, concretizada através do confisco das respectivas vantagens, constitui o único modo verdadeiramente eficaz de combater a actividade ilícita que visa o lucro. As finalidades preventivas que por esta via se alcançam, em conjugação com o quadro normativo vigente, impõem que se conclua de forma inequívoca que inexiste qualquer limite ao confisco motivado pela mera possibilidade de ser deduzido um pedido de indemnização civil" [Cf. RODRIGUES, Hélio Rigor CORREIA, João Conde (2015). Anotação ao Acórdão do TRG de 01-12-2014, processo 218/11.0GACBC.G1 (pedido de indemnização e confisco). In: *Julgar-On Line*. Consultado em 17 de dezembro de 2019 em *http://julgar.pt/anotacao-ao-acordao-do-trg-de-01-12-2014-processo-21811-0gacbc-g1-pedido-de-indemnizacao-e-confisco/*. Não nos parece justa e adequada a crítica dos Procuradores da República que anotam o Acórdão do TRG quando a submetemos à pentagonia do Direito cujos axiomas impõem um Estado com poder de punir dentro dos limites ético-político-constitucionais. Se a vítima, o ofendido nos termos do artigo 113.º do CP, não deduziu o pedido de indemnização civil num crime de furto - cuja dimensão material de património se deve reduzir à esfera de domínio privado -, não deve o Estado substituir-se em busca de uma vantagem patrimonial sequente, sob pena de estarmos perante um confisco abusivo e de violarmos o princípio da proporcionalidade ou da proibição do excesso da ação persecutória e respetiva sanção.

negativas praticadas por pessoas singulares e pessoas coletivas. No fundo e em essência está em causa uma sanção penal acessória de natureza patrimonial imbuída de uma axiologia indemnizatória civil perante o credor Estado face à lesão ou colocação em perigo de lesão de um bem jurídico digno e carente de tutela penal.

4. A *perda alargada* ou *ampliada* prevista nos artigos 7.º a 12.º-A prevista na Lei n.º 5/2002, de 11 de janeiro

4.1. Da natureza especial do regime: os princípios (específicos) determinantes da perda alargada

O regime da *perda alargada*, previsto nos artigos 7.º a 12.º-A da Lei n.º 5/2002, de 11 de janeiro, que estabelece *medidas de prevenção e repressão*[71] *da criminalidade organizada e económico financeira*, só se aplica nos casos de condenação - sentença transitada em julgado - quanto a um facto humano (referencial) típico, ilícito, culposo e punível. A primeira proposição normativa [e de Direito] é a de que a *perda alargada*, para este tipo legal de crimes, não admite o regime do artigo 110.º, n.º 5 do CP.

É um regime especial sujeito a pressupostos/princípios concretos, específicos e previstos normativamente: ao (*i*) princípio do *catálogo*; ao (*ii*) princípio da *culpa declarada*, ou seja, o facto tem de ser típico, ilícito e culposo e punível; ao (*iii*) princípio do património *maculado* ou da *ilicitude do património* - o que implica a prova de que a vantagem ilícita se deve apurar em efetivo entre o património global e os rendimentos obtidos de forma lícita; e ao (*iv*) princípio da *temporalidade* no apuramento da vantagem ilícita - 5 anos antecedentes à data em que o visado foi constituído arguido no processo-crime em curso. A esta tetralogia de princípios normativos acrescenta-se um princípio geral do Direito edificador da Constituição material: o princípio *odiosa sunt restringenda* que deve ser avocado quando em causa estão restrições de Direitos fundamentais pessoais[72].

---

71. Utilizamos as expressões ***prevenção*** e ***repressão*** por serem os tópicos adequados ao múnus do Direito, tendo em conta que um Estado de direito material social democrático não se compagina [não se deve compaginar] com tópicos bélicos. Se o sistema penal vigente fosse belicista ou de segurança nacional, ou do inimigo, poder-se-ia recorrer a tópicos bélicos. Mas o nosso sistema liberal-garantista [Cf. Palma, Fernanda (2019). *Direito Penal. Conceito material de crime, princípios e fundamentos. Teoria da lei penal: interpretação, aplicação no tempo, no espaço e quanto às pessoas*. 3.ª Edição. Lisboa: AAFDL, pp. 70-72 (71)], ou garantista-humanista, ou mesmo humanista, não tem reflexo numa nomenclatura bélica, utilizada como publicidade governativa e apaziguadora dos membros da comunidade.

72. Quanto a uma análise jus constitucional, que se atraca na seara penal, do princípio *odiosa sunt restringenda*, Miranda, Jorge (2000). *Manual de Direito Constitucional* - Tomo IV - *Direitos Fundamentais*. 3.ª Edição. Coimbra: Coimbra Editora, pp. 337-341.

(i) Do princípio do catálogo

O princípio do *catálogo* rege a perda alargada, que só podendo ocorrer depois de decretada judicialmente, nos casos em que haja condenação efetiva por *facto típico, ilícito, culposo e punível* que integre um dos *tipos legais de crime* expressos no artigo 1.º da Lei n.º 5/2002. O legislador optou pelo catálogo fechado e pelo catálogo modal[73]. O catálogo fechado encontra-se previsto nas alíneas *a)* a *o)* do n.º 1 do artigo 1.º da Lei n.º 5/2002, conquanto o catálogo modal encontra-se previsto na segunda parte da alínea *m)*, nas alíneas *p)*, *q)* e *r)* do n.º 1 conjugado com o número 2 do artigo 1.º do mesmo diploma.

O catálogo fechado da perda alargada aplica-se aos crimes de: *tráfico de estupefacientes* [p. e p. pelos artigos 21.º (tráfico), 22.º (precursores) e 28.º (associações criminosas) do Decreto-Lei n.º 15/93, de 22 de janeiro]; *terrorismo, organizações terroristas, terrorismo internacional* e *financiamento do terrorismo* [p. e p., pelos artigos 2.º, 3.º, 4.º, 5.º e 5.º-A da Lei n.º 52/2003, de 22 de agosto[74]]; *tráfico de armas*[75] [p. e p. pelo artigo 87.º da Lei n.º 5/2006, de 23 de fevereiro]; *tráfico de influência* [p. e p. pelo artigo 335.º do CP]; *recebimento indevido de vantagem* [p. e p. pelo artigo 372.º do CP]; *corrupção ativa e passiva*, incluindo a *praticada nos setores público e privado e no comércio internacional*, bem como na *atividade desportiva* [p. e p. pelos artigos 373.º e 374.º do CP, artigos 7.º, 8.º e 9.º da Lei n.º 20/2008, de 21 de abril[76], e artigos 8.º e 9.º da Lei n.º 50/2007, de 31 de janeiro[77]], *peculato* [p. e p. pelo artigo 375.º do CP]; *participação económica em negócio* [p. e p. pelo artigo 377.º do CP]; *branqueamento (de capitais)* [p. e p. pelo artigo 368.º-A do CP]; *associação criminosa* [p. e p. pelo artigo 377.º do CP][78]; *pornografia infantil e*

73. O catálogo pode ser fechado, aberto, modal e causal porque acompanha a ontologia do sistema ou modelo jurídico-constitucional equilibrado e integra o catálogo tetralógico de modo a poder responder a todas as problemáticas que surjam no dia-a-dia mundividência jurídica.

74. A Lei n.º 52/2003, de 22 de agosto, que já conta com seis alterações, aprovou a *Lei de Combate ao Terrorismo*, melhor, dever-se-ia designar *Lei de Prevenção e Repressão do Terrorismo*.

75. Entram no conceito de armas todas as que integram o artigo 2.º da Lei n.º 5/2006, de 22 de fevereiro, que aprovou o *Regime Jurídico de Armas e Munições*, e já conta com 6 alterações legislativas. Uma soqueira é uma arma e a venda de soqueiras é um crime de tráfico de armas como já decidira o Tribunal da Relação de Coimbra, conforme Acórdão datado de 17 de outubro de 2012: «1. O crime de tráfico de armas é um crime formal de perigo comum cuja consumação se verifica com a aquisição e detenção da arma destinada ao tráfico (intenção de a transmitir/transferir para a posse de outrem)), por qualquer forma. 2. O arguido ao expor para venda uma soqueira/boxer já constitui crime consumado de tráfico de armas». O que está em causa é uma atividade económica ilícita, não estando em causa o objeto concreto dessa atividade.

76. Que aprovou o *Regime da Responsabilidade Penal por Crimes de Corrupção no Comércio Internacional e na Actividade Privada*, alterado pela Lei n.º 30/2015, de 22 de abril.

77. Que aprovou o *Regime de Responsabilidade Penal por Comportamentos Suscetíveis de Afetar a Verdade, a Lealdade e a Correção da Competição e do seu Resultado na Atividade Desportiva*, alterado pelas Leis n.º 30/2015, de 22 de abril, e n.º 13/2017, de 2 de maio.

78. No que respeita a este tipo incriminador, veja-se *infra* o inciso (*v*) do ponto 4.1.

lenocínio de menores [p. e p. pelos artigos 175.º e 176.º do CP]; *dano relativo a programas ou outros dados informáticos e a sabotagem informática* [p. e p. pelos artigos 4.º e 5.º da Lei n.º 109/2009, de 15 de setembro[79]]; *tráfico de pessoas* [p. e p. pelo artigo 160.º do CP]; e *contrafação de moeda e de títulos equiparados a moeda* [p. e p. pelos artigos 260.º e 267.º do CP].

O catálogo modal da perda alargada está patente nos crimes de: *acesso ilegítimo a sistema informático*, se o agente tiver tomado conhecimento de segredo comercial ou industrial ou de dados confidenciais, protegidos por lei, ou se o benefício ou vantagem patrimonial obtidos forem de valor consideravelmente elevado [p. e p. pelo n.º 4 do artigo 6.º da Lei n.º 109/2009, de 15 de setembro], e se o acesso «ilegitimamente produzir, vender, distribuir ou por qualquer outra forma disseminar ou introduzir num ou mais sistemas informáticos dispositivos, programas, um conjunto executável de instruções, um código ou outros dados informáticos destinados a produzir as acções não autorizadas» nos termos do n.º 2 do mesmo artigo; *lenocínio* [p. e p. pelo artigo 169.º do CP] desde que praticado sob a forma organizada; *contrabando* [p. e p. pelo artigo 92.º da Lei n.º 15/2001, de 5 de junho[80]] desde que praticado sob a forma organizada; e *tráfico e viciação de veículos furtados* [p. e p. pelos artigos 204.º e 256.º do CP] desde que praticado da forma organizada[81].

Acresce que este regime de perda de bens se aplica a este tipo legais de crime e não a outros tipos legais de crime que tenham sido praticados e dados como provados, sob pena de violarmos o princípio do catálogo e o princípio da legalidade penal na dimensão da especialidade normativa, assim como da respetiva certeza e determinabilidade. Acompanhamos, assim, as posições de Damião da Cunha[82], Pedro Caeiro[83], Reis Bravo[84] e Euclides Simões e José Trindade[85], em que a admissibilidade de uma extensão do regime da perda alargada a outros tipos legais de crime não integrantes do catálogo só seria

79. Que aprovou a Lei do Cibercrime.

80. Que aprovou o *Regime Jurídico das Infrações Tributárias* e conta com 36 alterações legislativas, em 18 anos de vigência.

81. Cfr. n.º 2 do artigo 1.º da Lei n.º 5/2002, de 11 de janeiro.

82. Cf. Cunha, José Manuel Damião da (2004). Perda de bens a favor do Estado. In: *Medidas de Combate à Criminalidade Organizada e Económico-Financeira*. Coimbra: Coimbra Editora/CEJ, pp. 126 e ss..

83. Cf. Caeiro, Pedro (2011). Sentido e função do instituto da perda de vantagens relacionadas com o crime no confronto com outros meios de prevenção da criminalidade reditícia (em especial, os procedimentos de confisco *in rem* e a criminalização do enriquecimento "ilícito". In: *Revista Portuguesa de Ciência Criminal*, Ano 21, Fasc. 2.º, Coimbra: Coimbra Editora, pp. 313 e ss..

84. Bravo, Jorge Reis (2007). Criminalidade Contemporânea e Discurso de Legalidade. In: *Polícia e Justiça*, n.º 8, Coimbra: Coimbra Editora, p. 128.

85. Cf. Simões, Euclides Dâmaso e Trindade, José Luís (2009). Recuperação de Activos: Da perda ampliada à *actio in rem* (virtudes e defeitos de remédios fortes para patologias graves). In: *Julgar Online* – 2009, p. 31.

possível no caso de a prática do crime não catalogado estar em intrínseca relação ou conexão interna - antecedente ou consequente - com o crime catalogado. Não acompanhamos as posições de Conde Correia[86] e de Duarte Nunes[87], desde logo por o Direito não se cingir a uma dimensão positiva, nem a interpretação e a aplicação do mesmo resultar quase em absoluta das regras da experiência comum. A mais que consideramos que estamos perante uma não-questão por o regime a aplicar aos crimes não integrantes do catálogo, mesmo no quadro da criminalidade organizada e económico-financeira, estar sujeito ao regime dos artigos 109.º a 112.º-A do CP. Pois, outra interpretação que não a subsumível aos princípios do catálogo e da legalidade, é contrária ao princípio *odiosa sunt restringenda* que se impõe à interpretação e aplicação da lei penal, por natureza restritiva de direitos e liberdades[88], assim como violaria os princípios da certeza e da determinabilidade, corolários do princípio da legalidade penal material e processual.

(ii) Do princípio da culpabilidade

No que diz respeito ao princípio da *culpa declarada*, ou seja, o facto tem de ser típico, ilícito, culposo e punível, o legislador optou por positivar um regime todo em si especial e não aderir ao regime do Código Penal. O legislador é claro ao determinar que, quanto aos tipos legais de crime inscritos nos n.os 1 e 2 do artigo 1.º da Lei n.º 5/2002, a perda alargada - perda de bens provenientes da prática desses tipos legais de crime - só ocorre se o agente do crime for efetivamente condenado: condenação com sentença transitada em julgado.

O princípio *lex especialis derogat lex generalis* não pode sofrer alterações por meio de uma interpretação normativa que ajuste a aplicação dos institutos conforme se afigure mais favorável à persecução criminal: se o legislador

---

86. Cf. Correia, João Conde (2012). *Da Proibição do Confisco à Perda Alargada*. Lisboa: INCM, p. 110. Na mesma linha de pensamento deste autor, pode ler-se o Acórdão do Tribunal da Relação de Évora, de 6 de dezembro de 2016, Processo n.º 1388/14.1T9SNT-A.E1: «No âmbito do regime da perda ampliada, não é requisito para o decretamento do arresto preventivo a verificação de uma "quarta condição", que consistiria na demonstração de uma "carreira criminosa anterior à condenação" e que fosse a origem do património do arguido incongruente com os seus rendimentos lícitos». Consultado a 30DEZ2019: *https://jurisprudencia.csm.org.pt/ecli/ECLI:PT:TRE:2016:1388.14.1T9SNT.A.E1*.

87. Cf. Nunes, Duarte Alberto Rodrigues (2017). Admissibilidade da inversão do ónus da prova no confisco "alargado" de vantagens provenientes da prática de crimes - Anotação aos Acórdãos n.os 392/2015 e 476/2015 do Tribunal Constitucional). In: *Julgar Online* - fevereiro de 2017, pp. 38-42.

88. Materializado no artigo 18.º, n.os 2 e 3 da CRP. Quanto à materialização jusnormativa constitucional do princípio *odiosa sunt restringenda* e respetiva crítica científica, Miranda, Jorge. *Manual de Direito Constitucional* - Tomo IV - .... 3.ª Edição, pp. 337-341. Numa aceção de subsunção das normas restritivas à ideia de intervenção restritiva e à restrição imediata constitucional daquelas, Canotilho, Gomes (2003). *Direito Constitucional e Teoria da Constituição*. 7.ª Edição. Coimbra: Almedina, pp. 1265-1266 e 1276-1277.

estipulou um regime especial para a criminalidade organizada e económico-financeira, não pode o intérprete aplicar regimes diferentes de acordo com a repressão criminal que melhor se apresentar para o caso concreto. Poder-se-á afirmar que existiu a preocupação de afastar o caminho da prossecução de uma repressão criminal assente apenas na perigosidade e na segurança. Impõe-se que a perda alargada recaia sobre um facto humano que é típico, que é ilícito, que é culposo e que é punível: *condenação pela prática de crime*. A condenação implica um processo-crime, a prova da prática de um facto, que se encontra tipificado em *lex praevia, scrita, certa et praeclara*, antijurídico, censurável e punível, subsumível a um *judicio*[89].

A culpa declarada assume-se não apenas como limite da pena - artigo 40.º e 71.º do CP -, mas também como limite de toda a persecução criminal. A culpa é *fundamento/pressuposto, fim e limite* da persecução criminal que se manifesta/concretiza na pena[90]. Toda a persecução criminal - *v. g.*, pena - que ultrapasse a culpa é desproporcional, por excessiva face à sua necessidade, e viola o artigo 18.º, n.º 2 da CRP.

(iii) Do princípio do património maculado & do princípio da presunção de inocência

O regime da perda alargada obedece ao princípio do *património maculado* ou da *ilicitude do património*. Exige-se a prova de que o agente é detentor de uma vantagem incoerente e ilícita por existir uma diferença entre o património global e os rendimentos obtidos de forma lícita. Quanto a este ponto dogmático da aplicação do regime, fala-se muito em inversão do ónus da prova. Mas uma das mais preocupantes questões é a seguinte: mesmo que exista essa diferença dentro do património, cuja proveniência não seja totalmente revestida de ilicitude ou de ilegalidade, desde que o agente condenado não consiga provar a licitude da sua origem, presume-se que a mesma é de proveniência ilícita desde que integrada no espaço dos últimos cinco anos anteriores à data da constituição como arguido no processo-crime. É uma presunção jurídica convertida em presunção fáctica e consequente veredicto fáctico-jurídico probatório.

Do quadro normativo retira-se que o património cuja proveniência lícita não se consiga provar se presume de origem ilícita. É o próprio legislador que assume a presunção de ilicitude da proveniência do património, quando o Direito penal do facto ou do bem jurídico de um Estado de direito material social democrático nega

89. Seguimos, assim e a partir dos brocados de Feuerbach, os brocados latinos *nullum crimen, sine lege praevia, scrita, certa et praeclara, et sine judicio*, assim como *nulla poena, sine crimene et judicio*.

90. Para uma melhor compreensão desta trilogia axiomática da culpa - fundamento [pressuposto], fim e limite da pena e da ação peal -, assim como à defesa de ser mais fundamento do que pressuposto da pena, por força da dimensão do princípio da culpabilidade da política criminal, Valente, Manuel Monteiro Guedes. *Do Ministério Público e da Polícia. Prevenção Criminal...*, pp. 163-173.

a admissibilidade de presunções negativas em Direito penal, antes exige prova concreta da convicção assumida em sede de processo-crime. Vence, assim, o brocado: *Quem cabritos vende e cabras não tem, de algum lado lhe vem*[91].

Têm ganho terreno as teses de que a criminalidade organizada e económico-financeira admite a flexibilização e admite a quebra da certeza e da determinabilidade dos princípios da legalidade democrática [em especial, do Estado de direito democrático] e da legalidade penal material ou ampla. Essas teses e a tese de que não há qualquer inversão dos valores do Estado de direito, porque estamos perante *presunções ilidíveis* – *i. e.*, que podem ser negadas e afastadas –, como se retira do artigo 9.º da Lei n.º 5/2002, não colhem[92], nem têm espaço no âmbito de uma política criminal transistémica[93] à dogmática penal que lhe dita o *se* e *como* da intervenção do Direito penal.

Afirmar-se que não há inversão do ónus da prova porque está na autodeterminação e autoafirmação do agente do crime em provar a origem lícita do património, ilidindo a presunção da ilicitude dos bens – vantagens de atividade criminosa –, é negar a evidência da inversão do axioma. A demonstração, por qualquer meio de prova válido em processo penal, de que aqueles bens ou o património resultam de rendimentos de atividade lícita, integravam o património no mínimo há cinco anos à data da constituição como arguido e havia sido adquirido com rendimentos obtidos no mínimo há cinco anos à data da constituição como arguido, nos termos do n.os 2 e 3 do artigo 9.º da Lei n.º 5/2002, é assumir que cabe ao agente do crime provar a licitude dos bens ou da origem dos bens e produtos integrantes do seu património e não cabe ao titular da ação penal apresentar prova de que a proveniência desses bens é ilícita.

Ao titular da ação penal e, em consequência, ao tribunal basta-lhe demonstrar a presunção da proveniência ilícita dos bens – *i. e.*, não lhes cabe provar a efetiva proveniência ilícita dos *instrumenta sceleris* ou dos *producta sceleris* ou das vantagens e direitos integrantes da prática ou gerados pela prática de um dos crimes do catálogo –, conquanto cabe ao agente do crime, ao arguido, provar a licitude dessas vantagens ou bens ou direitos, ou seja, não lhe basta demonstrar que existe uma presunção de proveniência lícita. Há uma inversão do sistema probatório neste quadro jurídico-criminal [Lei n.º 5/2002] em que essas vantagens e bens se presumem ilícitos e, por parte desta via jurídico-fictícia, se presume a

---

91. Brocado latino utilizado para fundamentar decisões judiciais, quer de manutenção da medida de coação *prisão preventiva*, quer de indeferimentos da impugnação do *habeas corpus* por prisão ilegal. Cf. *supra* nota 23.

92. Quanto a este assunto veja-se Nunes, Duarte Rodrigues. Admissibilidade da inversão do ónus da prova.... In: *Julgar-Online*, fevereiro de 2017, pp. 48 e ss.

93. Quanto à política criminal transistémica à dogmática penal, Valente, Manuel Monteiro Guedes. *Do Ministério Público e da Polícia. Prevenção Criminal...*, pp. 83-100, e Dias, Jorge de Figueiredo. *Direito Penal* – Tomo I. *Questões Fundamentais...*, 3.ª Edição, pp. 31-43.

prática de um dos crimes do catálogo e de que o arguido é o seu autor, quando dever-se-iam presumir lícitos até que fosse feita prova da sua origem ilícita.

Estamos, pois e com a devida vénia, em desacordo com as decisões do Tribunal Constitucional[94] - Acórdãos n.os 101/2015 [95], 392/2015[96] e 476/

94. Das primeiras vezes em que o Tribunal Constitucional foi chamado a decidir sobre a inconstitucionalidade da interpretação normativa dos artigos 7.º, 8.º e 9.º da Lei n.º 5/2002, de 11 de Janeiro, em violação dos artigos 18.º, n.º 2 e 32.º, n.º 2, ambos da CRP (...) e sobre a inconstitucionalidade pela inobservância dos pressupostos cumulativos de que a Lei n.º 5/2002, de 11 de janeiro, faz depender para o decretamento de tal providência, constantes da conjugação dos artigos 1º, 7º, 8º, 9º e 10º, todos do referido diploma, decidiu, por Acórdão n.º 641/2014, não conhecer do objeto de recurso e indeferir a reclamação por *falta de suscitação prévia adequada* da inconstitucionalidade com seguintes fundamentos: para que o "[...] Tribunal Constitucional conheça de um pedido de fiscalização concreta da constitucionalidade *é necessário* que, *em fase anterior à do requerimento de recurso para este Tribunal,* no decurso do processo, **o recorrente tenha identificado expressamente a questão de inconstitucionalidade normativa**, de *forma expressa*, direta e clara de modo a criar para o tribunal *a quo* o dever de pronúncia sobre a matéria em causa", uma vez que "cabia aos reclamantes demonstrarem que, diferentemente do entendido na decisão reclamada, suscitaram perante o tribunal recorrido uma questão de constitucionalidade normativa", ou seja, ao recorrerem para "o Tribunal da Relação, os recorrentes limitaram-se, com efeito, a refutar a conformidade com a Constituição da decisão proferida em 1.ª instância, e não de qualquer norma que a decisão recorrida tivesse aplicado como razão de assim decidir". Mais uma vez e também nesta matéria, o TC optou por se prender à forma da procedimentabilidade em detrimento da sua função jurisdicional constitucional, em que, como tribunal que é e deve ser, se impunha que decidisse juridicamente da decisão em crise, tendo em conta que a decisão recorrida é que procedeu a uma interpretação normativa inconstitucional. Itálico e negrito nossos.

95. O Tribunal Constitucional, no Acórdão n.º 101/2015, considera que o princípio de que parte o legislador ao estabelecer a norma do n.º 1 do artigo 7.º da lei n.º 5/2002, "[...] é o de que ocorreu no caso um ganho ilegítimo, proveniente da atividade criminosa, compreensivelmente reportada ao rendimento do condenado que exceda o montante do seu rendimento lícito". Razão pela qual considera não existir inversão do ónus da prova nem se verifica qualquer violação do princípio da presunção de inocência. Decidiu que: "[...] b) Não julgar inconstitucional a norma constante do n.º 1 do artigo 7.º da Lei n.º 5/2002, de 11 de janeiro, que estabelece que, no caso de condenação pelo crime de lenocínio, (...) «para efeitos de perda de bens a favor do Estado, presume-se constituir vantagem de atividade criminosa a diferença entre o valor do património do arguido e aquele que seja congruente com o seu rendimento lícito».

96. O Tribunal Constitucional, no Acórdão n.º 392/2015, decidiu não julgar inconstitucionais as normas constantes dos artigos 7.º e 9.º, n.os 1, 2 e 3, da Lei n.º 5/2002, de 11 de janeiro, respeitantes ao regime probatório da factualidade subjacente à perda alargada de bens a favor do Estado [Cf. *Diário da República*, n.º 186/2015, Série II de 2015-09-23]. O legislador para "fazer face às novas exigências colocadas pelo combate à criminalidade organizada e económico-financeira, cada vez mais sofisticada e geradora de elevados proventos, a Lei n.º 5/2002, de 11 de janeiro, introduziu no ordenamento jurídico nacional um regime de perda de vantagens resultantes da prática de determinados ilícitos que não exige a aludida demonstração". Este regime, "em caso de condenação por um dos crimes integrantes do catálogo previsto no seu artigo 1.º, [impõe que se aprecie] a congruência entre o património do arguido e os seus rendimentos lícitos, sendo declarado perdido em favor do Estado o valor do património do arguido que seja excessivo em relação aos seus rendimentos lícitos, se o arguido não ilidir a presunção de que esse património excessivo resultou da atividade criminosa". Mesmo que "não se exija a prova da conexão entre o ilícito criminal e os respetivos proventos, o regime da perda de vantagens da atividade criminosa exige que se mostrem verificados alguns requisitos": (*i*) terá de haver condenação por um dos crimes previstos no artigo 1.º da referida Lei n.º 5/2002, de 11 de janeiro; (*ii*) existir uma diferença entre o valor do património do arguido (integrado pelos bens enumerados nas alíneas *a*) a *c*), do n.º 2, do artigo 7.º) e aquele que seja congruente com o seu rendimento lícito; (*iii*) existindo essa incongruência de valores, a lei presume

/2015[97] - de que não existe inversão do ónus probatório. A presunção de ilicitude da proveniência dos bens e 'imputar' ao arguido a possibilidade de poder provar a licitude da origem dos bens é uma clara inversão do ónus da prova. Desde logo porque existe uma conexão intrínseca entre o crime do catálogo e o património ou o património é a demonstração da atividade ilícita do arguido com a prática de um dos crimes do catálogo.

O Tribunal Constitucional português foi chamado a pronunciar-se sobre a possível inconstitucionalidade material das normas dos artigos 7.º, 8.º, 9.º e 10.º da Lei n.º 5/2002. Nos três Acórdãos n.os 101/2015, 392/2015 e 476/2015, o Tribunal Constitucional decidiu que as normas e a respetiva interpretação normativa não são materialmente inconstitucionais por considerar que não

que tal diferença constitui vantagem de uma atividade criminosa; (*iv*) conjunto de regras processuais a que deve obedecer este mecanismo de perda de vantagens da atividade criminosa: *a*) discrepância entre o valor do património do arguido e aquele que seja congruente com o seu rendimento lícito terá de ser invocada pelo Ministério Público na acusação; *b*) deverá fazer a liquidação do montante apurado como devendo ser perdido a favor do Estado; *c*) liquidação é notificada ao arguido e ao seu defensor; *d*) arguido apresentar a sua defesa na contestação; *e*) o arguido poderá oferecer a prova no sentido de demonstrar a origem lícita dos bens; *f*) para além de poder provar que os bens resultam de rendimentos de atividade lícita, o arguido poderá, em alternativa, provar que os bens em causa estavam na sua titularidade há pelo menos cinco anos. E, ainda, no "que respeita ao procedimento criminal pela prática dos factos integradores de algum dos crimes referidos no artigo 1.º da Lei n.º 5/2002, de 11 de janeiro, o arguido beneficia de todas as garantias de defesa em processo penal, não havendo qualquer alteração às regras da prova ou qualquer outra especificidade resultante do regime de perda de bens previsto na aludida Lei". A "necessidade de o arguido carrear para o processo a prova de que a eventual incongruência do seu património tem uma justificação, demonstrando que os rendimentos que deram origem a tal património têm uma origem lícita, não coloca em causa a presunção de inocência que o mesmo beneficia quanto ao cometimento do crime que lhe é imputado naquele processo, nem de qualquer outro de onde possa ter resultado o enriquecimento". Assim como, "não inviabiliza o direito ao silêncio ao arguido, não se vislumbrando em que medida da demonstração da origem lícita de determinados rendimentos possa resultar uma autoincriminação relativamente ao ilícito penal que lhe é imputado nesse processo, e muito menos um desvio à estrutura acusatória do processo penal". Mas, ainda assim, "[n]ão se descortina, pois, que exista um perigo real daquela presunção, que opera num incidente de perda de bens tramitado no processo penal respeitante ao crime cuja condenação é pressuposto da aplicação desta medida, contaminar a produção de prova relativa à prática desse crime". A "presunção legal estabelecida nos artigos 7.º e 9.º, n.º 1, 2 e 3, da Lei n.º 5/2002, de 11 de janeiro, não viola o princípio da presunção de inocência, nem o direito do arguido ao silêncio, nem a estrutura acusatória do processo penal". O "[...] legislador teve o cuidado de prevenir que, sendo mais difícil ao arguido provar a licitude de rendimentos obtidos num período muito anterior ao do processo, a prova da licitude dos rendimentos pode ser substituída pela prova de que os bens em causa estavam na sua titularidade há pelo menos cinco anos no momento da constituição como arguido ou que foram adquiridos com rendimentos obtidos no referido período (cfr. artigo 9.º, n.º 3, als. *a*), *b*) e *c*) da Lei n.º 5/2002 de 11 de janeiro). Esta limitação temporal faz com que a prova necessária para que possa ser ilidida a presunção se torne menos onerosa".

97. O Tribunal Constitucional, no Acórdão n.º 476/2015, segue os mesmos fundamentos apostos no anterior Acórdão n.º 392/2015, voltando a decidir que "a presunção legal estabelecida nos artigos 7.º e 9.º, n.º 1, 2 e 3, da Lei n.º 5/2002, de 11 de janeiro, não viola o princípio da presunção de inocência, nem o direito do arguido ao silêncio, nem a estrutura acusatória do processo penal", pelo que não julgou «inconstitucionais as normas constantes dos artigos 7.º e 9.º, n.º 3, da Lei n.º 5/2002, de 11 de janeiro».

existe inversão do ónus da prova e que, por essa razão, não viola o princípio da presunção de inocência, consagrado no artigo 32.º, n.º 2 da CRP. Sentido este hermenêutico que não acompanhamos.

O TC parte do pressuposto de que o Gabinete de Recuperação de Ativos - GRA - e o Gabinete de Administração de Bens - GAB - funcionam bem e que os visados com o arresto e perda alargada de bens têm capacidade para dar uma resposta oportuna e atempada em todos os casos submetidos à perda de bens, quando na verdade é-lhes objetivamente impossível responder dentro dos prazos adequados para que o arguido possa preparar a sua defesa efetiva. A experiência demonstra que o arguido tem a possibilidade e quer provar a natureza lícita do bem, requer que seja ouvido no processo-crime e, por mais que o mesmo queira exercer o direito em participar no *iter processualis* como determina o artigo 61.º, n.º 1, alínea *g*) do CPP, o requerimento tarda ou nunca é deferido. A "experiência comum"[98] diz-nos que a presunção de ilicitude da origem do bem, prescrita e estipulada em lei, converte-se em certeza inquebrável.

Se agregamos a presunção da origem ilícita à demonstração da licitude da origem do bem, não podemos afirmar que não estamos a violar o princípio da presunção de inocência em favor de uma presunção de ilicitude da proveniência do bem assente numa presunção de ilicitude do facto germinador da *pecunia,* base de aquisição do bem, e numa presunção de culpa da sua conduta. Esta assunção legal viola o princípio da presunção de inocência desde logo porque o legislador apôs-lhe o carimbo de criminoso através de uma presunção ilícita do património incongruente.

A máquina persecutória do Estado pode agora fazer a investigação financeira e do património por meio de um órgão administrativo com poderes de polícia - GRA -, e que aplica medidas cautelares e de polícia - *v. g.*, *apreensão* [artigo 4.º, n.º 3 da Lei n.º 45/2011, de 24 de junho[99]] -, ou por determinação do Ministério Público - quando os instrumentos, bens ou produtos sejam referentes a um crime punido com uma pena de prisão superior a 3 anos e o valor estimado dos bens superior a mil unidades de conta, *i. e.*, €102.000,00 [artigo 4.º, n.º 1 da Lei n.º 45/2011] -, ou, nos casos em que o *instrumento*, *bem* ou o *produto* do crime tenha estimado valor económico, histórico, artístico o científico e nos

98. Socorremo-nos da expressão "experiência comum", entre aspas, por sermos críticos desta argumentação *vox populi* muito utilizada pelos defensores [*v. g.*, Conde Correia e Duarte Nunes] da não inconstitucionalidade da presunção de ilicitude do património incongruente do regime e de outros crimes não previstos no artigo 1.º da Lei n.º 5/2020. Mas se é um dos critérios utilizado para fundamentar a extensabilidade da presunção da ilicitude da porveniência dos bens - presunção criminal - deve, também e por respeito ao princípio da igualdade de armas argumentatório e ao princípio da reciprocidade argumentativa, ser critério para derrogar as boas esperanças e credibilidades normativas.

99. Alterada pela Lei n.º 30/2017, de 30 de maio.

casos de complexidade investigatória, por determinação prévia do Procurador--Geral da República ou, por delegação deste, dos procuradores-gerais distritais [artigo 4.º, n.º 2 da Lei n.º 45/2011]. Saliente-se que a investigação financeira e patrimonial pode ser levada a cabo para fins e efeitos de deteção e rastreio dos bens a declarar perdidos até à data da primeira audiência de discussão e julgamento, no respeito pelo instituto da prescrição[100].

É de frisar, melhor, alertar que pode haver uma investigação financeira e patrimonial fora do regime da Lei n.º 5/2002, cujos resultados obtidos por esta podem integrar o processo-crime de modo a fundamentarem a perda ampliada desde que seja um dos crimes do catálogo [artigo 1.º] ou um crime-meio [crime-instrumento] do crime de associação criminosa. Esta aceção jurídico-processual assenta no pensamento de que a investigação financeira e patrimonial prevista na Lei n.º 45/2011 não se esgota no âmbito dos tipos legais de crime do artigo 1.º da Lei n.º 5/2002, uma vez que o seu âmbito de aplicação é muito mais amplo do que o desta lei de prevenção e repressão da criminalidade económico-financeira. A Lei n.º 45/2011 admite que se possa proceder a uma investigação de crimes-meio ou crimes-instrumento do crime de associação criminosa que não sejam os crimes previstos no artigo 1.º da Lei n.º 5/2002. Mas, como temos defendido[101], estamos perante um escancarar de todo o edifício jurídico - em que o princípio de que *se não caças com cão, caças com gato* ocupa o espaço do Direito penal - e da violação do princípio da segurança jurídica.

(iv) Do princípio da temporalidade

O tempo e espaço são dois elementos essenciais ao Direito em geral e, muito em especial, ao Direito penal material e processual. A aferição da licitude patrimonial não é intemporal, sob pena de se poder pretender que o património herdado dos antepassados fosse submetido ao crivo purgatorial da justiça criminal. O princípio da *temporalidade* no apuramento da vantagem é de cinco - 5 - anos antecedentes à constituição de arguido. A opção pelos 5 anos prende-se com o regime tributário - declaração e registo de património móvel e imóvel, em especial o da declaração anual de rendimentos e a respetiva intervenção estatal punitiva em caso de infração[102].

---

100. Cfr. artigo 4.º, n.º 6 da Lei n.º 45/2011 conjugado com o artigo 8.º, n.º 2 da Lei n.º 5/2002 e o artigo 112.º-A do CP.

101. Nesta mesma linha crítica, mas sem serem tão cáusticos, Damião da Cunha, Pedro Caeiro e Reis Bravo. Cf. *supra* notas 82, 83 e 84.

102. Veja-se que, como regra, a prescrição dos procedimentos por factos constitutivos de infrações contraordenacionais tributárias é de cinco anos, nos termos do artigo 33.º do RGIT. O regime regra da prescrição dos factos qualificados como crimes tributários, desde que punidos com pena de prisão até cincos anos, é também de cinco anos, nos termos do n.º 1 do artigo 21.º do RGIT. Se a pena for igual ou superior, segue-se o regime da prescrição previsto nos artigos 118.º e ss. do CP.

O princípio da temporalidade assume-se como uma garantia por se considerar que é razoável e proporcional que o Estado possa aferir das incongruências e incoerências patrimoniais de um seu cidadão, assim como se considera ser de aceitar uma exigibilidade proporcionalizada ao tecido jurídico sob pena de se impor uma persecução *ad aeternum* pela prática de factos que podem ou não integrar um dos crimes do catálogo.

Como garantia dentro de um regime especial que derroga o geral - código penal -, ou devia derrogar, coloca-se a questão: uma vez que não podemos aplicar o regime especial por força da alínea *c*) do n.º 2 do artigo 7.º da Lei n.º 5/200, se essa incoerência ou incongruência for apurada face aos rendimentos auferidos com uma prática criminosa de um dos tipos de crime do catálogo ocorrida mais de cinco anos aplica-se o regime geral previsto no código penal?

O regime especial, *in casu*, derroga o geral. Somos da opinião de que, no âmbito da criminalidade organizada e económico-financeira e do catálogo do artigo 1.º da Lei n.º 5/2002, este regime afasta o regime geral previsto nos artigos 109.º e ss. do CP, sob pena de negarmos a tetralogia deste regime especial e de anularmos a finalidade do Direito penal *restabelecimento da paz jurídica* e social que a temporalidade persecutória abarca. Acresce que, a par da *função de garantia* do Direito penal, de *segurança* e de *equilíbrio* na tutela de bens jurídicos e na defesa do agente do crime face ao ius puniendi, deve ser avocada e bem trincheirada a *função de coesão social*, que só é possível quando o próprio tempo tem uma função de «cura» e de reposição do tecido jurídico e unidade social.

(v) Do princípio *odiosa sunt restringenda*

O regime especial da Lei n.º 5/2002 não preclude a sua subsunção aos princípios gerais do Direito, em especial os que regem a interpretação e aplicação das normas restritivas de direitos e liberdades fundamentais pessoais como é o caso em apreço. As medidas de prevenção e repressão da criminalidade económico-financeira, expressas na Lei n.º 5/2002, restringem, de forma grave e muito intrusiva, os direitos e liberdades fundamentais pessoais - *v. g.*, quebra do segredo profissional bancário ou das instituições financeiras, controlo de contas bancárias e contas de pagamento, registo de voz *off* e imagem, perda alargada com arresto preventivo - e detém a natureza de um regime penal especial face ao regime penal geral, quer material quer processual.

Mas a natureza especial do regime não derroga os princípios e axiomas regentes de uma interpretação garante da unidade da ordem jurídica considerada no seu todo, sendo de avocar o princípio de que a *interpretação das normas restritivas de direitos e liberdades fundamentais devem ser restritivamente in-*

terpretadas[103] ou, quando muito, devem ser literalmente interpretadas, porque o que é odioso deve ser restringido e o que é benéfico deve ser extensivo dentro do âmago do princípio da legalidade, da igualdade, do Estado de direito e da proporcionalidade em sentido lato ou da proibição do excesso quer das normas criminais materiais - incriminadoras e integrantes - quer processuais[104].

Desde logo é de avocar este princípio quando estamos perante o sentido e o alcance do catálogo do regime expresso no artigo 1.º da Lei n.º 5/2002. O legislador optou, como já frisamos, por compreender no âmbito de aplicação do regime, tipos legais de crime de modo a garantir determinabilidade e certeza - legalidade - quanto à subsunção do meio ou medida a aplicar aos tipos e não às tipologias. Se a opção é tipos incriminadores e não tipologias, não pode o intérprete e aplicador da norma proceder a uma interpretação extensiva *in malam partem* e proceder a uma extensibilidade do regime a tipos legais de crime a que a norma habilitante não o faz. Vejamos algumas questões que têm suscitado discordância doutrinária: uma posição restritiva e subsumida a uma legalidade positivista enquanto âncora de um direito/sistema penal garantista ou liberal-garantista; outra mais ampliativa e subsumida a uma visão mais securitária e justicialista[105].

Um dos tipos incriminadores integrante do catálogo, que deve avocar o princípio *odiosa sunt restringenda*, é o crime de *associação criminosa*. Consideramos, na linha e no respeito por este princípio constitutivo da Constituição material e que se pode aferir do seu artigo 18.º, n.ºs 2 e 3[106], assim como da legalidade e da proporcionalidade em sentido lato, em especial o seu corolário *razoabilidade* persecutória, que o legislador só pretendeu integrar no catálogo o crime de associação criminosa, previsto e punido pelo artigo 299.º do CP. Esta posição e interpretação assenta não apenas numa interpretação restritiva, mas acima de tudo numa interpretação literal do próprio preceito, uma vez que o legislador identificou um dos regimes jurídico-criminais avulsos em que o

---

103. Neste mesmo sentido e que acompanhamos, MIRANDA, Jorge. *Manual de Direito Constitucional* - Tomo IV - *Direitos Fundamentais*. 3.ª Edição, pp. 337-341.

104. Quanto à aplicação do princípio *odiosa sunt restringenda* no plano processual, em especial da atuação da polícia, VALENTE, Manuel Monteiro Guedes (2019). *Teoria Geral do Direito Policial*. 6.ª Edição. Coimbra: Almedina, pp. 220, 253, 276, 342, 384, 407, 434, 439, 596, 605 e 611.

105. Quanto a estes sistemas penais, VALENTE, Manuel Monteiro Guedes. *Direito Penal do Inimigo...*, 3.ª Edição, pp. 83-102; DIAS, Jorge de Figueiredo. *Direito Penal. Parte Geral* - Tomo I.... 3.ª Edição, pp. 11-47. Para uma compreensão sobre a evolução do Direito penal, em especial na Alemanha, na implementação de um Direito penal subordinado a uma função de garantia ou garantista, JESCHECK, Hans-Heinrich e WEIGEND, Thomas. *Tratado de Derecho Penal...*, pp. 96-133 e 134-146; e, para uma visão ampliada e aprofundada dos sistemas penais, DELMAS-MARTY, Mireille (2004). *Os Grandes Sistema de Política Criminal*. Tradução do francês *Les Grands Systèmes de Politique Criminelle* de Denise Radanovic Vieira. Barueri, São Paulo: Manole.

106. Neste mesmo sentido e que acompanhamos, MIRANDA, Jorge. *Manual de Direito Constitucional* - Tomo IV - *Direitos Fundamentais*. 3.ª Edição, pp. 337-341.

crime de associação criminosa integra o catálogo: a Legislação de Combate à Droga[107]. Os demais regimes jurídico-criminais avulsos[108] não se encontram identificados no artigo 1.º da Lei n.º 5/2002, factualidade que nos leva a aferir quer o legislador apenas pretendeu enquadrar no âmbito deste regime especial a *associação criminosa* prevista e punida pelo Código Penal, cuja atividade ilícita se deve prender ao catálogo de criminalidade organizada e económico-financeira prevista no próprio preceito normativo.

Os demais crimes do catálogo podem ser o objeto da associação criminosa: podem ser o crime-fim da constituição da associação criminosa. Esta aceção obriga-nos a colocar uma outra questão jurídica que a doutrina tem debatido: saber se os crimes-fim da associação criminosa se devem cingir apenas aos crimes previstos na Lei n.º 5/2002[109] ou se o crime de associação criminosa previsto no catálogo do artigo 1.º da Lei n.º 5/2002 admite todos os crimes possíveis e imaginários que sejam o objeto ou o fim da associação criminosa[110].

Exige-se, mais uma vez, que se avoquem os axiomas da determinabilidade e da certeza da norma que garantem a tipicidade positiva e a legalidade penal e eliminam a insegurança jurídica na interpretação e aplicação das normas incriminadoras e das respetivas normas integradoras como as que tipificam o âmbito da perda de produtos e vantagens de crimes da criminalidade económico-financeira, assim como devemos submeter a análise à teleologia do regime – medidas de 'combate' – prevenção e repressão – à criminalidade organizada e económico-financeira.

Face a uma interpretação do regime especial no seu todo – determinabilidade e certeza das normas e teleologia do mesmo – dever-se-ia entender que a associação criminosa integrante da alínea *j*) do n.º 1 do artigo 1.º da Lei n.º 5/2002 se esgota no espectro criminógeno tipificado no próprio preceito. O legislador entendeu que os tipos legais de crimes positivados no artigo 1.º deste diploma integram o tópico *criminalidade organizada e económico-financeira*, razão lógico-pura de ser um regime especial. Com respeito pelos autores que consideram que podem integrar o crime de associação criminosa todos os crimes

---

107. Cf. artigo 28.º da Lei n.º 15/93, de 22 de janeiro.

108. A título de exemplo o Regime Geral das Infrações Tributárias (RGIT), aprovado pela Lei n.º 15/2001, de 5 de junho, que conta com 36 alterações legislativas e que prevê o crime de associação criminosa – artigo 89.º – prática de crimes tributários, não é considerado neste regime especial, desde logo por determinar a aplicação subsidiária do Código Penal aos crimes tributários e deter um regime específico de *perda de mercadorias objeto do crime*, *perda dos meios de transporte* e *perda de armas* e *outros instrumentos dos crimes tributários*, nos termos dos artigos 18.º, 19.º e 20.º do RGIT.

109. Cunha, José Manuel Damião da. Perda de bens .... In: *Medidas de Combate à Criminalidade Organizada...*, pp.130-131.

110. Nunes, Duarte Alberto Rodrigues. Admissibilidade da inversão do ónus da prova .... In: *Julgar Online* – fevereiro de 2017, pp. 42-44.

possíveis[111] e imaginários, previstos e punidos na legislação penal, consideramos que devemos proceder a uma interpretação que respeite o princípio *odiosa sunt restringenda* e a teleologia do regime[112], desde logo porque estamos no quadro de um regime especial que deve respeitar e manter a integridade da sua natureza, restringindo-se à sua *razão* de *ser* e de *dever-ser*, assim como é tempo de abandonar a ideia de que a associação criminosa tem como finalidade o lucro ou gerar lucros[113/114].

O princípio *odiosa sunt restringenda* limita a ampliação do regime especial a tipos legais de crime que não sejam os previstos no artigo 1.º da Lei n.º 5/2002. Esta assunção é reforçada com a própria copulativa «*e*» entre criminalidade organizada e económico-financeira do mínimo preâmbulo, melhor, na enunciação da lei. Se a enunciação se fizesse com a conjunção «ou», que indica alteratividade ou opcionalidade, poder-se-ia abrir o espectro do âmbito do diploma, mas o legislador foi determinante ao subjugar as proposições criminógenas à copulativa «e» fixando e limitando o regime. O âmbito material do crime de associação criminosa, p. e p. pelo artigo 299.º do CP, esgota-se nos tipos criminais do artigo 1.º da Lei n.º 25/2002, que, de acordo com a *mens legis*, estipula os tipos integrantes da criminalidade organizada e económico-financeira.

4.2. Dos pressupostos formais e processuais penais da perda alargada na Lei n.º 5/2002, de 11 de janeiro

A perda alargada incide sobre a incongruência entre «o valor do património do arguido e aquele que seja congruente com o seu rendimento lícito»[115], sendo essa diferença constituidora da presunção de vantagem de atividade criminosa. Para se conseguir obter o *valor* dessa diferença[116], importa saber o que normativamente se entende por «património do arguido» para este regime jurídico-criminal.

Entende-se como património do arguido o *conjunto dos bens* que, à data

111. Cfr. Nunes, Duarte Alberto Rodrigues. Admissibilidade da inversão do ónus da prova .... In: Julgar Online - fevereiro de 2017, pp. 42-44.

112. Cfr. Cunha, José Manuel Damião da. Perda de bens .... In: *Medidas de Combate à Criminalidade Organizada...*, pp. 130-131.

113. Discordamos, desta feita, da assunção de Nunes, Duarte Alberto Rodrigues. Admissibilidade da inversão do ónus da prova .... In: *Julgar Online* - fevereiro de 2017, p. 45.

114. Pode ver-se com maior profundidade esta nossa posição em Valente, Manuel Monteiro Guedes (2017). Criminalidade Organizada. Tópico juscriminológico supranacional. In: *Criminalidade Organizada. Investigação, Direito e Ciência*. Coord. Eliomar da Silva Pereira, Guilherme Cunha Werner e Manuel M. Guedes Valente. São Paulo: Almedina Brasil, pp. 123-139.

115. Cf. artigo 7.º, n.º 1 da Lei n.º 5/2002.

116. Seguimos a posição do Tribunal da Relação do Porto, expressa no Acórdão de 11 de junho de 2014, Processo n.º 1653/12.2JAPRT-A.P1, decidindo que a perda alargada não recai sobre bens concretos, mas sobre "o *valor* correspondente à diferença entre o valor do património do arguido e aquele que seja congruente com o seu rendimento lícito".

da constituição como arguido ou posteriormente, «estejam na titularidade do arguido» ou sobre os quais o arguido tenha o domínio e o benefício, assim como os bens que, *nos cinco anos anteriores à constituição como arguido*, tenham sido «transferidos para terceiros a título gratuito ou mediante contraprestação irrisória», e, ainda, os que haja recebido mesmo que «não se consiga determinar o seu destino». Integram o património para apurar a vantagem ilícita, proveniente da atividade criminosa, os juros, lucros e outros benefícios obtidos com bens enquanto ganhos quantificáveis no quadro do artigo 110.º do CP[117].

A garantia da prova destes bens opera-se através do arresto [preventivo] que só deve incidir sobre os bens que integrem o património do visado nos últimos cinco anos anteriores à sua constituição como arguido. Não acompanhamos a posição do Tribunal da Relação de Guimarães quando decidiu que, no "âmbito da perda ampliada prevista na Lei nº 5/2002, de 11 de janeiro, um bem que está na titularidade do arguido há mais de cinco anos contados da respectiva constituição como arguido, pode ser objecto de arresto"[118]. A interpretação do douto Tribunal é uma interpretação extensiva *in malam partem*, cuja doutrina e jurisprudência maioritária consideram inadmissível no sistema jurídico-criminal português.

O arresto decretado pelo juiz a requerimento do Ministério Público previsto no artigo 10.º da Lei n.º 5/2002 segue os pressupostos processuais estipulados nos artigos 228.º e 192.º do Código de Processo Penal[119], funcionando como *garantia patrimonial*. O arresto deve incide sobre o valor incongruente - vantagem da atividade criminosa - apurado na investigação criminal levada a cabo pelo Ministério Público coadjuvado pela polícia criminal[120] ou na investigação financeira ou patrimonial pelo GRA[121].

O arresto, enquanto *garantia patrimonial*, só pode ser decretado após o visado ser constituído arguido, exceto nos casos de urgência - *periculum in mora* - na perda desses bens, ou se a «prévia constituição como arguido puser em sério risco o seu fim ou a sua eficácia» ou se se mostrar impossível constituir previamente arguido o visado com o arresto e existirem *indícios objetivos de dissipação do respetivo património e fundada suspeita da prática do crime*[122],

117. Cf. n.º 3 do artigo 7.º da Lei n.º 5/2002. Não obstante este preceito remeter para o artigo 111.º do CP, é de frisar que o regime geral do Código Penal foi alterado com a Lei n.º 30/2017 e o regido pelo anterior artigo 111.º, encontra-se hoje previsto no artigo 110.º do CP. Mais uma vez o legislador procedeu a alterações em proceder a uma correção das remissões legais.

118. Cfr. Ac. TRG de 19 de junho de 2017, Processo n.º 928/08.0TAVNF-AD.G1.

119. Cf. n.os 4 e 3do artigo 10.º da Lei n.º 5/2002, de 11 de janeiro.

120. Cfr. artigo 219.º da CRP, 262.º e ss. com os artigos 9.º, 55.º e 56.º do CPP.

121. Cfr. artigo 12.º-A da Lei n.º 5/2002, de 11 de janeiro, conjugado com o artigo 4.º da Lei n.º 45/2011, de 24 de junho.

122. Cfr. n.os 3, 4 e 5 do artigo 192.º do CPP e n.º 3 do artigo 10.º da Lei n.º 5/2002, de 11 de janeiro.

mesmo que haja a possibilidade de *prestação de caução económica* para garantir o pagamento do valor correspondente ao dos instrumentos, produtos e vantagens de facto ilícito típico a serem declarados perdidos a favor do Estado[123]. Mas, após 72 horas do arresto e logo que seja possível, o visado deve ser constituído arguido para poder defender-se e assumir-se como sujeito processual no processo--crime em curso.

Apurado o valor do património incongruente, que deve ocorrer com a liquidação do património - a cargo do Ministério Público, nos termos dos artigos 8.º e 12.º-A da Lei n.º 5/2002 - pode haver necessidade e diminuir o valor do arresto ou de o ampliar[124]. O arresto cessa se o arguido apresentar caução económica no valor do património incongruente [e presumível de origem ilícita], garantia patrimonial prevista no artigo 227.º do CPP, e se o arguido for absolvido pela decisão final[125].

Declarado perdido a favor do Estado o valor arrestado ou integrante da caução económica prestada, se o valor do arresto ou da caução económica for superior ao valor final apurado e declarado perdido, ao arguido será devolvido o remanescente. Mas se o valor arrestado ou da prestação económica for inferior, o arguido terá 10 dias, após o transito em julgado da sentença condenatória, para proceder ao pagamento voluntário do remanescente, podendo ser com bens arrestados ou com valores pecuniários, e, caso não tenham sido arrestado bens ou não seja suficiente o valor arrestado ou caucionado, o Ministério Público deve instaurar um processo de execução de património do arguido[126].

4.3. Da (não) transposição da perda alargada prevista no artigo 5º da Diretiva 2014/42/UE: uma não questão (?)

A Lei n.º 30/2017, de 30 de maio, que transpôs para o direito interno a Diretiva 2014/42/UE, não transpôs a dimensão normativa de *perda alargada* prevista no n.º 1 do seu artigo 5.º que estipula que os «Estados-Membros tomam as medidas necessárias para permitir a perda, total ou parcial, dos bens pertencentes a pessoas condenadas por uma *infração penal*[127] que possa ocasionar direta ou indiretamente um benefício económico, caso um tribunal, com base nas circunstâncias do caso, inclusive em factos concretos e provas disponíveis, como as de que o valor dos bens é desproporcionado em relação ao rendimento

123. Cfr. n.º 3 do artigo 10.º da Lei n.º 5/2002, de 11 de janeiro, conjugado com a alínea *b*) do n.º 1 do artigo 227.º do CPP.

124. Cf. artigo 11.º, n.º 2 da Lei n.º 5/2002, de 11 de janeiro.

125. Cfr. n.os 1 e 3 do artigo 11.º, n.º 2 da Lei n.º 5/2002, de 11 de janeiro.

126. Cf. o artigo 12.º da Lei n.º 5/2002, de 11 de janeiro.

127. Para esta Diretiva entende-se como infração penal os tipos legais de crime identificados no n.º 2 do artigo 5.º da Diretiva e que já constam do artigo 1.º da Lei n.º 5/2002, de 11 de janeiro.

legítimo da pessoa condenada, conclua que os bens em causa provêm de comportamento criminoso».

A *perda alargada*, prevista no n.º 1 do artigo 5.º da Diretiva 2014/42/UE, inculca os Estados-membros a adotar medidas de perda dos produtos, de bens e das vantagens que estejam em conexão com uma atividade criminosa - *valor de bens desproporcionado ao rendimento legítimo* - e essa conexão se mostre de fácil demonstração - de acordo com as *circunstâncias do caso* concreto, em especial *factos concretos e provas disponíveis* que demonstrem um benefício económico[128].

O regime da perda de vantagem de atividade criminosa - perda alargada - incide sobre um 'enriquecimento' ilegítimo cuja liquidação se apura por meio de uma presunção dos benefícios económicos e financeiros provenientes de uma atividade ilícita, configurando uma incongruência patrimonial - entre o património global e os rendimentos lícitos -, cuja presunção pode ser ilidida pelo arguido [recaindo sobre si o ónus de ilidir essa presunção].

A questão da não transposição do n.º 1 do artigo 5.º da Diretiva é uma falsa questão, uma vez que o regime português é muito amplo e já contempla as medidas determinadas pela própria Diretiva. Podemos afirmar que o regime especial português é muito mais restritivo do que o próprio regime da Diretiva, desde logo por ter colocado um ónus sobre o visado com a perda alargada quando devia ser o tribunal que condena, de acordo com as circunstâncias do caso, tendo em conta os factos concretos e as provas disponíveis, *v. g.* o valor dos bens desproporcionado em relação ao rendimento legítimo, a concluir que esses bens provêm de comportamento criminoso.

Retira-se deste preceito europeu que o tribunal tem de provar e demonstrar que a proveniência dos bens é ilícita por ser resultado da atividade criminosa do condenado, quando o regime português admite que basta ao tribunal uma presunção de ilicitude da proveniência dos produtos e bens, vantagens e direitos, integrantes do património do visado. A transposição integral de Diretiva implicaria derrogar a presunção inscrita nos artigos 7.º, n.º 1, e 9.º da Lei n.º 5/2002. Neste ponto dever-se-ia aferir o regime interno persecutório face ao determinado pelo texto normativo da Diretiva e saber se, estando em causa direitos, liberdades e garantias fundamentais pessoais, sociais e económicos,

---

128. Quanto a este assunto, vejam-se MARIANO, João Cura. Os Bens de Terceiro.... In: *Estudos Projeto ETHOS: Corrupção e Criminalidade Económico-Financeira*, p. 334; e DIAS, Maria do Carmo (2018). 'Perda Alargada' prevista na Diretiva 2014/42/EU (artigo 5.º) e 'perda do valor de vantagem de atividade criminosa' prevista na Lei n.º 5/2002, (artigos 7.º a 12.º. In: *O Novo Regime de Recuperação de Ativos à Luz da Diretiva 2014/42/EU e da Lei que a Transpôs*. Lisboa: INCM, pp. 85 e ss.

o estipulado no artigo 5.º da Diretiva é Direito interno pela força jurídica do princípio da convencionalidade[129] e do primado do direito europeu.

5. Breves conclusões

A perda alargada de vantagens da atividade criminosa é um tema atual, pertinente e crucial para a vida em comunidade e coloca no fio da navalha os valores regentes do Estado constitucional democrático. Não esgotamos o tema. Muito ficou por escrever, não obstante já fazer parte da nossa reflexão jurídico-criminal que iremos desenvolver nos próximos tempos.

A par do direito positivo, procedemos a uma exegese jurídica da doutrina e de alguma jurisprudência, assim como a uma inserção crítica da nossa posição científico-jurídica no que diz respeito à transposição da Diretiva 2014/42/EU e respetivos efeitos, aos tópicos *produtos* e *vantagens* do crime e respetiva *perda* no quadro do Código Penal, à controvertida civilização do direito penal ao se imprimir uma sanção civil sem garantias constitucionais penais processuais e as consequentes relações jurídico-criminais que podem fazer perigar a unidade fática e unidade da lei penal, cuja controversa discussão podem colocar em causa a segurança jurídica.

O estudo do regime especial da *perda alargada*, previsto na Lei n.º 5/2002, de 11 de janeiro, impôs que se chamasse à colação os princípios (específicos) determinantes da perda alargada - catálogo, culpabilidade, património maculado & presunção de inocência, temporalidade e *odiosa sunt restringenda* - para que melhor se apreendam os pressupostos materiais e processuais penais da perda alargada e se considere desnecessária a discussão sobre a (não) transposição da perda alargada prevista no artigo 5.º da Diretiva 2014/42/EU, por ser uma clara não discussão.

Os Estados-membros devem promover um espaço de liberdade, de justiça, solidariedade e de segurança. Mas estes desideratos não podem, em favor de uma máxima eficácia, ser inocuizados por força de uma persecução criminal em que os princípios, os axiomas, as normas e as regras de um sistema jurídico-constitucional democrático sejam neutralizados, porque a niilificação dos valores intrínsecos à pessoa humana se justifica em prol de um Estado repressivo e assente em etiquetas criminógenas. Os fins não podem justificar todos e quaisquer os meios, porque, na linha do que nos ensinou Bobbio[130], consideramos que *os meios menos bons corrompem, sempre e em qualquer momento e espaço, os melhores fins*.

---

129. Cfr. artigo 8.º, n.ºs 2 e 4 da CRP.

130. Cfr. Bobbio, Norberto (1999). *As Ideologias e o Poder em Crise*. Tradução do italiano

É tempo de pugnar e de refletir sobre os desafios que se colocam ao Direito de modo a que se efetivem as funções de *garantia*, de *coesão social*, de *segurança* e de *equilíbrio*[131] próprias de um sistema penal liberal-garantista e humanista.

Lisboa/Pinhal Novo, outubro de 2019 a janeiro de 2020

- *Ideologie e il potere in crisi* - de João Ferreira. 4ª Edição. Brasília: UNB Editora, p. 112: "Os meios maus corrompem até os melhores fins". Negrito nosso.

131. Quanto a estas funções, VALENTE, Manuel Monteiro Guedes. *Direito Penal do Inimigo...*, 3.ª Edição, pp. 127-134; COSTA, José de Faria. *Direito Penal*. Lisboa: INCM, pp. 21-25.

EL DECOMISO EN EL CÓDIGO PENAL Y LA TRANSPOSICIÓN DE LA DIRECTIVA 2014/42/UE SOBRE EMBARGO Y DECOMISO EN LA UNIÓN EUROPEA (*)

Isidoro Blanco Cordero

Contenido

(*) Este artículo se ha elaborado en el marco del Proyecto de investigación DER2013-43883-P «Adaptación del Derecho penal español al Derecho penal europeo» financiado por el Ministerio de Ciencia e Innovación durante los años 2014 a 2017. También en el contexto del Proyecto de investigación titulado "Derechos del condenado y límites derivados de la necesidad de pena. especial referencia a la delincuencia de género, patrimonial y económica, corrupción, criminalidad organizada y terrorismo" (DELIMPEN) (Ref.: DER2014-54764-R) financiado por el Ministerio de Economía y Competitividad. – Articulo publicado en el libro Adaptación del derecho penal español a la política criminal de la Unión Europea, coord. por José Luis de la Cuesta Arzamendi, Norberto Javier de la Mata Barranco, Isidoro Blanco Cordero, 2017, págs. 429-510.

1. Introducción

La estrategia diseñada en la Unión Europea (UE) para hacer frente a la criminalidad que obtiene beneficios económicos se basa en el criterio expresado con el anglicismo "*crime does not pay*"[1], es decir, que el delito no resulte beneficioso, no permitiendo así que el delincuente saque provecho de su delito. Para ello se recurre a la idea expresada en inglés como "*follow the money*", que consiste en seguir el rastro del dinero de origen delictivo y proceder a su decomiso, evitando que el delito sea una actividad lucrativa[2]. Se persigue, entre otras cosas, disuadir a los delincuentes de cometer delitos que generan grandes beneficios económicos.

Desde el punto de vista *político criminal* el decomiso constituye un instrumento esencial para privar a los delincuentes de sus ganancias ilícitas[3]. En la década de 1980 los Estados Unidos de América lo convirtieron en un arma fundamental en su guerra contra las drogas. De ahí pasó a la *Convención de las Naciones Unidas contra el tráfico ilícito de estupefacientes y sustancias sicotrópicas*, hecha en Viena el 20 de diciembre de 1988. Poco después se fue extendido a otras actividades criminales relacionadas con el crimen organizado y hoy día se ha erigido en un arma esencial de la lucha contra este fenómeno criminal[4]. Destaca en este sentido la *Convención de las Naciones Unidas contra la Delincuencia Organizada Transnacional*, hecho en Nueva York el 15 de noviembre de 2000, que desarrolla con detalle la obligación de decomisar bienes de las organizaciones criminales, así como la cooperación internacional en este ámbito. Y en el mismo sentido, en el ámbito de la corrupción, se expresa la *Convención de las Naciones Unidas contra la corrupción*, hecha en Nueva York el 31 de octubre de 2003. También el Consejo de Europa se ha ocupado del decomiso, y merece destacarse el *Convenio relativo al blanqueo, seguimiento, embargo y comiso de los productos del delito y a la financiación del terrorismo*, hecho en Varsovia el 16 de mayo de 2005 (Convenio de Varsovia).

---

1. Comunicación de la Comisión al Parlamento Europeo y al Consejo - Productos de la delincuencia organizada: garantizar que «el delito no resulte provechoso», /* COM/2008/0766 final */, Bruselas, 20.11.2008.

2. Cfr. ampliamente Blanco Cordero, Isidoro, "Armonización - aproximación de las legislaciones en la Unión Europea en materia de lucha contra los productos del delito: comiso, organismos de recuperación de activos y enriquecimiento ilícito", en *Espacio Europeo de libertad, seguridad y justicia: últimos avances en cooperación judicial penal*, Arangüena Fanego, Coral (dir.), ed. Lex Nova, Valladolid, 2010, pgs. 349-378.

3. Sobre esta cuestión *cfr*. Blanco Cordero, Isidoro, "La aplicación del comiso y la necesidad de crear organismos de recuperación de activos", en *Revista electrónica de la Asociación Internacional de Derecho Penal (ReAIDP - e-RIAPL)*, 2007.

4. Pieth, Mark, "Recovering Stolen Assets - A New Issue", en *Recovering Stolen Assets*, Peter Lang ed., Bern, Berlin, Bruxelles, Frankfurt am Main, New York, Oxford, Wien, 2008, pg. 6.

La *Directiva* 2014/42/UE del Parlamento Europeo y del Consejo, de 3 de abril, *sobre el embargo y el decomiso de los instrumentos y del producto del delito en la Unión Europea*[5] contiene las normas mínimas (art. 1) que deben aplicarse en la Unión con el fin de establecer criterios comunes para recuperar los bienes procedentes del delito[6]. Esta norma se enmarca en los esfuerzos de la UE para aproximar el Derecho penal sustantivo y facilitar de esta manera la cooperación penal en el espacio europeo. La cooperación internacional en esta materia constituye un importante pilar de la política criminal de la UE[7] para luchar contra los delitos cometidos con la intención de obtener ganancias. Precisamente la aproximación de los sistemas de decomiso contribuye a garantizar la compatibilidad de las normas aplicables en los Estados miembros y a posibilitar una adecuada cooperación entre las autoridades competentes.

La Directiva señala que su *fundamento jurídico* se encuentra en los artículos 82 apartado 2 y 83 apartado 1 del Tratado de Funcionamiento de la Unión Europea (TFUE). La referencia al artículo 83 apartado 1 TFUE limita el alcance de la Directiva, pues lo dispuesto en ella sólo se aplica a las infracciones en los ámbitos enumerados en dicho artículo: el terrorismo, la trata de seres humanos y la explotación sexual de mujeres y niños, el tráfico ilícito de drogas, el blanqueo de capitales, la corrupción, la falsificación de medios de pago, la delincuencia informática y la delincuencia organizada[8]. La mención expresa a la delincuencia organizada determina que sea de aplicación también a otras actividades delictivas no contempladas de manera específica en el artículo 83 apartado 1, si se han cometido participando en una organización delictiva, tal como se define en la Decisión Marco 2008/841/JAI sobre la lucha contra la delincuencia organizada[9]. Ahora bien, un examen de la parcialmente derogada Decisión marco 2005/212/JAI del Consejo, de 24 de febrero de 2005, relativa al decomiso de los productos, instrumentos y bienes relacionados con el delito[10], permite observar que esta admitía la aplicación del comiso a delitos que van más allá de los contemplados en el artículo 83 apartado 1. Así, por ejemplo, el art. 2 de la Decisión Marco obligaba a los Estados miembros a decomisar

5. Diario Oficial de la Unión Europea L 127/39, 29.4.2014.

6. Dos años transcurrieron desde que la Comisión presentara la Propuesta de Directiva el día 12 de marzo de 2012. Propuesta de Directiva del Parlamento Europeo y del Consejo sobre el embargo preventivo y el decomiso de los productos de la delincuencia en la Unión Europea", [COM(2012) 85 final - 2012/0036 (COD)], 2012/C 299/23, 12/03/2012.

7. Cfr. Simonato, Michele, "Directive 2014/42/EU and Non-Conviction Based Confiscation: A Step Forward on Asset Recovery?", en *New Journal of European Criminal Law*, Vol. 6, Issue 2, 2015, pgs. 213-228, pg. 214.

8. El tráfico ilícito de armas está incluido cuando el delito se comete en el contexto de la delincuencia organizada.

9. Decisión Marco 2008/841/JAI del Consejo, de 24 de octubre de 2008, relativa a la lucha contra la delincuencia organizada, DO L 300 de 11.11.2008.

10. Diario Oficial de la Unión Europea L 68, 15.3.2005.

los instrumentos y productos (o su valor equivalente) de infracciones penales que lleven aparejadas penas privativas de libertad de duración superior a un año. Para evitar que el ámbito de aplicación del decomiso quede limitado por la Directiva, la misma mantiene en vigor los artículos 2, 4 y 5 (y parte del 1 y del 3) de la Decisión Marco 2005/212/JAI[11]. Esto, desde luego, no casa muy bien con el artículo 83 apartado 1 TFUE, que parece señalar un número cerrado de infracciones penales (las listadas) en las que el Parlamento Europeo y el Consejo pueden establecer normas mínimas relativas a la definición de las infracciones penales y de las sanciones.

Sobre la base del Tratado de Lisboa, las viejas Decisiones marco sobre decomiso aprobadas en el tercer pilar de la UE han resultado "*lisbonizadas*"[12], es decir, han sido sustituidas - total o parcialmente - por la Directiva 2014/42//UE. Este instrumento está plenamente integrado en el marco supranacional de la Unión surgido con posterioridad al Tratado de Lisboa[13]. La Directiva 2014/42//UE ha sustituido el artículo 1, letra *a*), la Acción Común 98/699/ JAI, de 3 de diciembre de 1998, adoptada por el Consejo sobre la base del artículo K.3 del Tratado de la Unión Europea, relativa al blanqueo de capitales, identificación, seguimiento, embargo, incautación y decomiso de los instrumentos y productos del delito (art. 14 Directiva)[14]. La Directiva ha modificado (sustitución de los artículos 3 y 4) de la Decisión marco 2001/500/JAI del Consejo, de 26 de junio de 2001, relativa al blanqueo de capitales, la identificación, seguimiento, embargo, incautación y decomiso de los instrumentos y productos del delito (art. 14 Directiva)[15], y la Decisión marco 2005/212/JAI del Consejo, de 24 de febrero de 2005, relativa al decomiso de los productos, instrumentos y bienes relacionados con el delito[16] (sustitución de los cuatro primeros guiones de los artículos 1 y 3). Como ya hemos indicado, los artículos 2, 4 y 5 (y parte del 1 y del 3) de la Decisión marco 2005/212/JAI siguen en vigor para las actividades

11. Cfr. art. 14 de la Directiva. Sobre la propuesta de Directiva, cfr. Maugeri, Anna Maria, "Proposta di direttiva in materia di congelamento e confisca dei proventi del reato: prime riflessioni", en *Diritto Penale Contemporaneo*, 18 Giugno 2012; Balsamo, Antonio, "Il "Codice antimafia" e la proposta di direttiva europea sulla confisca: quali prospettive per le misure patrimoniali nel contesto europeo?", en *Diritto Penale Contemporaneo*, 20 Luglio 2012.

12. Cfr. "Revised preliminary list of the former third pillar acquis", Commission Staff Working Document, of 14 May 2014 (SWD(2014)) 166 final.

13. Aunque en los últimos años algunos autores han visto un proceso de "des-lisbonización" ('des-Libonisation') del espacio de libertad, seguridad y justicia (LSJ) de la UE como consecuencia de las *Strategic Guidelines for Legislative and Operational Planning for the coming years within the EU's Area of Freedom, Security and Justice*. Cfr., en este sentido, Carrera, Sergio / Guild, Elspeth, The European Council's Guidelines for the Area of Freedom, Security and Justice 2020: Subverting the 'Lisbonisation' of Justice and Home Affairs? (July 14, 2014). CEPS Essays. Available at SSRN: http://ssrn.com/abstract=2476887

14. Diario Oficial de la Unión Europea L 333, 9.12.1998.

15. Diario Oficial de la Unión Europea L 182, 5.7.2001.

16. Diario Oficial de la Unión Europea L 68, 15.3.2005.

delictivas que quedan fuera del ámbito de aplicación de la Directiva. Lejos de simplificar la materia del decomiso, la nueva Directiva ha creado una sensación de fragmentación[17]. Por lo tanto, solo un número limitado de disposiciones de la Acción Común 98/699/JAI, de la Decisión marco 2001/500/JAI y de la Decisión marco 2005/212/JAI se sustituyen por las disposiciones de la Directiva. En conclusión, el "proceso de lisbonización" ha brindado la oportunidad de evaluar y revisar los antiguos actos de armonización, permitiendo así enmendar las disposiciones de dudosa calidad de los instrumentos jurídicos existentes. Sin embargo, como se ha dicho, el proceso, más que simplificar, ha complicado las cosas[18].

En cuanto al ámbito de aplicación de la Directiva, las letras *a*) a *k*) del art. 3 contienen una lista de actos jurídicos UE que regulan infracciones penales enumeradas la gran mayoría en el art. 83.1 TFUE. Se trata de los denominados "eurodelitos" que han sido objeto de aproximación de las legislaciones penales. En concreto, se listan: terrorismo, trata de seres humanos y explotación sexual de niños, tráfico ilícito de drogas, blanqueo de capitales, corrupción, falsificación de medios de pago, delincuencia informática y la delincuencia organizada (falta en el listado de la Directiva el tráfico de armas, al que sí alude el art. 83.1 TFUE, pero que quedará incluido si se comete en el marco de una organización criminal)[19]. Este listado, con todo, quedó obsoleto un mes y medio después de su aprobación (si bien de forma mínima) porque se menciona la Decisión marco 2000/383/JAI que fue sustituida el 15 de mayo por la Directiva 2014/62/UE[20].

---

17. MURA, Antonio, *Towards Greater Cooperation in Freezing and Confiscation of the Proceeds of Crime: A Practitioners Approach*, Eurojust Strategic Seminar, The Hague, 11th December 2014, pg. 2.

18. Cfr. ampliamente BLANCO CORDERO, Isidoro, "Modern Forms of Confiscation and Protection of Third Parties", en *Chasing Criminal Money: Challenges and Perspectives On Asset Recovery in the EU*, (Hart Studies in European Criminal Law), by Katalin Ligeti (Editor), Michele Simonato (Editor), Hart Publishing, 2017, pgs. 139-154.

19. Cfr. AGUADO CORREA, Teresa, "La Directiva 2014/42/UE sobre embargo y decomiso en la Unión Europea. Una solución de compromiso a medio camino", en *Revista General de Derecho Europeo*, Nº 35, 2015, pg. 8.

20. Así DE LA MATA BARRANCO, Norberto, Dere*cho Penal Europeo y Legislación Española: las Reformas del Código Penal*, Tirant lo Blanch, Valencia, 2015, pg. 49. Como señala este autor, se echan en falta otros textos normativos que parece que también habrá que tener en cuenta también otros instrumentos normativos UE, como la Directiva 2008/99/CE del Parlamento Europeo y del Consejo de 19 de noviembre de 2008 relativa a la protección del medio ambiente mediante por el Derecho penal, la Decisión marco 2008/913/JAI del Consejo de 28 de noviembre de 2008 relativa a la lucha contra determinadas formas y manifestaciones de racismo y xenofobia mediante el Derecho penal, la Directiva 2009/52/ CE del Parlamento Europeo y del Consejo de 18 de junio de 2009 por la que se establecen normas mínimas sobre las sanciones y medidas aplicables a los empleadores de nacionales de terceros países en situación irregular, la Directiva 2014/57/UE del Parlamento europeo y del Consejo de 16 de abril de 2014 sobre las sanciones penales aplicables al abuso de mercado, la Directiva 2014/62/UE del Parlamento Europeo y del Consejo de 15 de mayo de 2014 relativa a la protección penal del euro y otras monedas frente a la falsificación y por la que se sustituye la

En cualquier caso, la enumeración del art. 3 no es cerrada, ya que su inciso final prevé la eventual ampliación de su ámbito de aplicación al señalar que dicha norma se aplica también a "cualquier otro acto jurídico, si en el acto de que se trate se establece expresamente que la presente Directiva se aplica a las infracciones penales que se armonicen en el mismo". La normativa penal española, en principio, cumple con este ámbito de aplicación (en tanto en cuanto los delitos del CP se encuentren armonizados en relación con la legislación vigente UE), e incluso va más allá porque, como vamos a ver, el decomiso se aplica a todos los delitos dolosos e incluso a los imprudentes cuando la ley prevea la imposición de una pena privativa de libertad superior a un año (art. 127 CP)

El *legislador español* ha reformado el CP para de trasladar la política criminal europea en materia de decomiso a la política criminal nacional. Básicamente ha reformado profundamente el régimen del decomiso en el CP, justificándolo en "la necesidad de atender compromisos internacionales" y la "toma en consideración la Directiva europea 2014/42/UE, de 3 de abril, sobre el embargo y el decomiso de los instrumentos y del producto del delito en la Unión Europea"[21]. La reforma del CP operada mediante la LO 1/2015, de 30 de marzo, ha ampliado y modificado notablemente la regulación del decomiso, que pasa de dos artículos a nueve (127 a 127 octies y 128 CP). Las novedades afectan en especial a tres aspectos: el decomiso sin condena[22], el decomiso ampliado y el decomiso de bienes de terceros. Así, el artículo 127 CP contiene la regulación básica del decomiso (de efectos, instrumentos y ganancias) en los delitos dolosos, en los imprudentes, así como la sustitución por un valor equivalente cuando no sea posible decomisar los bienes o éstos hayan perdido valor. Los artículos 127 bis y 127 quinquies CP regulan el decomiso ampliado, y el artículo 127 sexies CP complementa el quinquies, estableciendo presunciones sobre la procedencia ilícita de los bienes. El artículo 127 ter CP reglamenta el denominado decomiso sin condena y el artículo 127 quáter CP el decomiso de bienes en poder de terceros. El artículo 127 septies CP se refiere a la ejecución del decomiso por valor equivalente o decomiso de sustitución. El artículo 127 octies CP se refiere al embargo preventivo y el destino de lo decomisado. Por

Decisión marco 2000/383/JAI del Consejo. Y desde luego la también reciente Directiva 2017/541 de 15 de marzo de 2017 relativa a la lucha contra el terrorismo y por la que se sustituye la Decisión marco 2002/475/JAI del Consejo y se modifica la Decisión 2005/671/JAI del Consejo.

21. Preámbulo de la Ley Orgánica 1/2015, de 30 de marzo, por la que se modifica la Ley Orgánica 10/1995, de 23 de noviembre, del Código Penal, BOE núm. 77, de 31 de marzo de 2015.

22. Inexplicablemente el legislador utiliza en el Preámbulo de la Ley Orgánica 1/2015 la expresión inexacta "decomiso sin sentencia" (si acaso, sería decomiso sin sentencia condenatoria). Lo que falta en esta modalidad de decomiso no es la sentencia, sino la condena. No se puede deducir de esta expresión que se pueda decretar el decomiso mediante un auto o una providencia, sino que esta modalidad de decomiso se impondrá en una sentencia no condenatoria. Más adelante sí que utiliza la correcta expresión "decomiso sin condena".

último, el artículo 128 CP permite al juez o tribunal no decretar el decomiso o decretarlo parcialmente cuando los efectos o instrumentos sean de lícito comercio y su valor sea desproporcionado con la naturaleza o gravedad de la infracción penal, o se hayan satisfecho completamente las responsabilidades civiles.

> Junto a la reforma del Código penal, ha sido también modificada la Ley de Enjuiciamiento Criminal para incorporar la normativa UE sobre el decomiso al Derecho español. Especialmente deseamos mencionar que la reforma penal operada por la LO 5/2010 incorporó las Oficinas de Recuperación de Activos (en el artículo 367-septies LECrim), como elemento esencial para una adecuada puesta en práctica del decomiso. La LO 1/2015 trasladó la regulación de las Oficinas de Recuperación y Gestión de Activos a una nueva Disposición Adicional Quinta de la LECrim, que ha sido desarrollada por el Real Decreto 948/2015, de 23 de octubre, por el que se regula la Oficina de Recuperación y Gestión de Activos (BOE núm. 255, de 24 de octubre de 2015).

La presente contribución pretende examinar si la regulación del decomiso en el Código penal español cumple con las exigencias de la Directiva 2014/42//UE. Vamos a analizar así las distintas clases de decomiso que se regulan en el CP, sus requisitos y los problemas de aplicación que plantean o pueden plantear. De esta manera podremos valorar si la incorporación al Derecho penal español de la Política criminal europea en la materia ha sido plena, si existen déficits o, por el contrario, si el legislador nacional ha superado los mínimos marcados por el legislador europeo. Por razones de espacio no vamos a ocuparnos de otros preceptos del CP en los que se alude también al comiso, ni tampoco al estudio exhaustivo del art. 128 CP (que desde la reforma mediante LO 1/2015 tiene carácter de ley ordinaria)[23], que contiene una importante cláusula de proporcionalidad que permite a los Tribunales no aplicar el comiso, o decretarlo parcialmente, cuando los efectos o instrumentos sean de lícito comercio y su valor no guarde proporción con la naturaleza o gravedad de la infracción penal, o se hayan satisfecho completamente las responsabilidades civiles[24].

---

23. Cfr. la Disposición Final séptima de la LO 1/2015, de 30 de marzo.

24. La Directiva no contiene en su articulado una regulación expresa del principio de proporcionalidad. Sí que podemos encontrar una referencia en el Considerando 18 de la Directiva, de acuerdo con el cual "en la aplicación de la presente Directiva, los Estados miembros pueden establecer, en circunstancias excepcionales, que no se proceda al decomiso en la medida en que, de conformidad con el Derecho nacional, la persona afectada pueda quedar en una situación de penuria injustificada, por lo que debe considerarse la situación específica en cada caso. Los Estados miembros deben hacer una aplicación muy restrictiva de esta posibilidad, y solo permitir que no se proceda al decomiso en los casos en que dicha medida ponga a la persona de que se trate en una situación en la que le resulte muy difícil la supervivencia". Aguado Correa, "La Directiva 2014/42/UE sobre embargo y decomiso en la Unión Europea (...)", *cit.*, pg. 32, muestra su "absoluto rechazo" al "insuficiente e insatisfactorio reconocimiento" del principio de proporcionalidad en la Directiva. El art. 128 CP se refiere a la proporcionalidad respecto de efectos e instrumentos, sin aludir a las ganancias.

Tampoco vamos a entrar en el análisis de cuestiones de naturaleza más procesal reguladas en el CP. En concreto, el nuevo artículo 127 octies 1 CP, introducido por la LO 1/2015, contiene el régimen de una medida cautelar (recordemos que el art. 7 de la Directiva se refiere al embargo) destinada a asegurar la efectividad del decomiso[25] ("a fin de garantizar la efectividad del decomiso, los bienes, medios, instrumentos y ganancias podrán ser aprehendidos o embargados y puestos en depósito por la autoridad judicial desde el momento de las primeras diligencias"). Asimismo, este precepto atribuye al Juez la facultad de resolver sobre la realización anticipada o utilización provisional de los bienes y efectos intervenidos de acuerdo con la LECr (artículo 127 octies 2 CP). Finalmente se hace una mención al destino de los bienes decomisados que, salvo que deban ser destinados al pago de indemnizaciones a las víctimas, deben ser adjudicados al Estado, que les dará el destino que se disponga legal o reglamentariamente (artículo 127 octies 2 CP).

2. El decomiso basado en sentencia firme condenatoria

Como se ha indicado ya, los aspectos novedosos de la regulación incorporada al CP se refieren al decomiso sin condena, al decomiso ampliado y al decomiso de bienes de terceros. Parece conveniente, no obstante, en este repaso de la incorporación de la Directiva 2014/42/UE al CP español, examinar todas las modalidades de decomiso para ver si la regulación penal nacional es congruente, se queda corta o excede la europea. Comenzamos así con el decomiso basado en condena, que en la Directiva comprende decomiso de instrumentos y del producto del delito, o de bienes cuyo valor corresponda a dichos instrumentos o producto y el decomiso ampliado.

2.1 El decomiso de instrumentos y del producto del delito, o de bienes cuyo valor corresponda a dichos instrumentos o producto

2.1.1 El decomiso de instrumentos y productos y su valor equivalente en la Directiva 2014/42/UE

El artículo 4 nº 1 de la Directiva 2014/42/UE obliga a los Estados a de-

Evidentemente el principio de proporcionalidad, de rango constitucional, también ha de aplicarse a las ganancias, si bien es cierto que lo proporcional en este caso es decomisar todas las ganancias del delito. La reforma mediante LO 1/2015 ha incorporado en el art. 374 CP una remisión expresa a la proporcionalidad del art. 128 CP cuando se trata del decomiso de bienes en casos de tráfico de drogas y de blanqueo de capitales.

25. Regulación "incompleta y claramente deficiente" señala Gascón Inchausti, Fernando, "Las nuevas herramientas procesales para articular la política criminal de decomiso total: la intervención en el proceso penal de terceros afectados por el decomiso y el proceso para el decomiso autónomo de los bienes y productos del delito", en *Revista General de Derecho Procesal*, Nº 38, 2016, pg. 7, nota al pie 14.

comisar, previa resolución penal firme condenatoria (que puede recaer también en ausencia del acusado), tres grupos de elementos: los instrumentos del delito, el producto del delito y los bienes cuyo valor corresponda a dichos instrumentos o producto. Su art. 2 define cada uno de estos elementos: - «instrumento»: "cualquier bien utilizado o destinado a utilizarse de cualquier forma, total o parcialmente, para cometer una o varias infracciones penales"; - «producto»: "toda ventaja económica derivada, directa o indirectamente, de infracciones penales; puede consistir en cualquier tipo de bien e incluye cualquier reinversión o transformación posterior del producto directo así como cualquier beneficio cuantificable"; - «bienes»: "cualquier tipo de bienes, ya sean materiales o inmateriales, muebles o inmuebles, así como los documentos o instrumentos jurídicos acreditativos de un título o derecho sobre esos bienes".

Creo conveniente realizar alguna matización sobre el término *productos*. Y es que la definición de la Directiva[26] no coincide con la de los instrumentos internacionales de Naciones Unidas (contra las drogas, el crimen transnacional organizado y la corrupción, ya mencionados), también vinculantes para España. En concreto, la Directiva define producto como "toda ventaja económica (...)" ("todo provecho económico" dice el Convenio de Varsovia del Consejo de Europa), mientras que los instrumentos internacionales de Naciones Unidas los conceptualizan como "los bienes de cualquier índole derivados u obtenidos directa o indirectamente de la comisión de un delito". Parece que el concepto que maneja la Directiva es más restrictivo que el de los instrumentos de Naciones Unidas, al exigir que el producto suponga una "ventaja económica", algo que no se requiere en los instrumentos globales para los que el producto es cualquier "bien", entendido como "activos de cualquier tipo, corporales o incorporales, muebles o inmuebles, tangibles o intangibles y los documentos o "instrumentos legales que acrediten la propiedad u otros derechos sobre dichos activos". La expresión más limitada de la Directiva parece exigir que se trate de ganancias o beneficios (ventajas) algo que no necesariamente tiene que ser así en los instrumentos internacionales. Además, para la Directiva dichos beneficios deben ser económicos, algo que tampoco se requiere en los instrumentos de Naciones Unidas que aluden a los activos "de cualquier tipo..." (si bien lo lógico es entender que tengan un carácter económico).

26. Muy similar a la contenida en el Convenio relativo al blanqueo, seguimiento, embargo y comiso de los productos del delito y a la financiación del terrorismo, hecho en Varsovia el 16 de mayo de 2005, cuyo art. 1 *a*) define los productos como "todo provecho económico derivado u obtenido directa o indirectamente de un delito. Podrá tratarse de bienes según la definición de la letra b) del presente artículo""

2.1.2 El decomiso de efectos, instrumentos, ganancias y del valor equivalente en el CP español

Los dos primeros números del art. 127 CP se refieren al decomiso de los instrumentos, efectos y ganancias de delitos dolosos e imprudentes (estos en función de la pena) y el número tercero regula el decomiso del valor equivalente de tales elementos. Es ciertamente discutible la terminología que se utiliza para hacer referencia a los objetos decomisables[27]. Tanto este precepto como el resto de los relativos al decomiso (artículos 127 a 128 CP) siguen utilizando la terminología tradicional en España que comprende los efectos, bienes, medios, instrumentos y ganancias del delito. Se separa así de los vocablos empleados en la Directiva 2014/42/UE. Hubiera sido conveniente aprovechar la reforma de 2015 para unificar los conceptos y armonizar la regulación española con la propia de la Directiva y de los instrumentos de las Naciones Unidas que se refieren al decomiso.

2.1.2.1 Decomiso de instrumentos

El art. 127 nº 1 CP obliga al decomiso de los instrumentos de los *delitos dolosos* de acuerdo con la siguiente redacción: "toda pena que se imponga por un delito doloso llevará consigo la pérdida (...) de los bienes, medios o instrumentos con que se haya preparado o ejecutado (...)". En el caso de los *delitos imprudentes*, el nº 2 del art. 127 CP permite el decomiso de los bienes, medios o instrumentos con que se haya preparado o ejecutado el delito imprudente, cuando la ley prevea la imposición de una pena privativa de libertad superior a un año. A diferencia de lo que ocurre en otros países, donde el decomiso de instrumentos tiene carácter facultativo (Alemania, § 74.1 StGB), en España tiene *carácter obligatorio* cuando se trata de delitos dolosos, y *facultativo* en el caso de los delitos imprudentes.

La Ley Orgánica 15/2003, de 25 de noviembre añadió en el art. 127 CP, junto a la referencia a los *instrumentos*, una mención a los *bienes* y *medios* ("*...y de los bienes, medios o instrumentos con que se haya...*). A juicio de algunos, constituía una "modificación meramente formal" y "totalmente irrelevante"[28], que no implicaba una ampliación del ámbito de aplicación del comiso[29]. Sí que

27. Díaz Cabiale, José Antonio, "El decomiso tras las reformas del Código Penal y la Ley de Enjuiciamiento Criminal de 2015", en *Revista Electrónica de Ciencia Penal y Criminología* 18-10 (2016), pgs. 8 ss, critica que el legislador mantenga la terminología tradicional y considera oportuno seguir la terminología de los instrumentos internacionales.

28. Vizueta Fernández, Jorge, "El comiso de los efectos e instrumentos del delito y el de otros bienes por un valor equivalente a éstos", en *Revista General de Derecho Penal*, Nº 6, 2006, pg. 13.

29. Aguado Correa, Teresa, "La regulación del comiso en el Proyecto de modificación del Código penal", en *Revista Electrónica de Ciencia Penal y Criminología*, número 5, 2003, pg. 4,

supuso, en principio, una ampliación o, quizás, una aclaración, la modificación que realizó dicha ley del ámbito de los instrumentos. De acuerdo con ella, el decomiso no recae exclusivamente sobre los instrumentos con que se ha *ejecutado* el delito, sino también sobre aquellos con los que se ha *preparado* la infracción penal: *"Toda pena que se imponga por un delito doloso llevará consigo la pérdida (...) de los bienes, medios o instrumentos con que se haya preparado o ejecutado (...).*

La reforma de 2003, con la referencia a los *bienes* y los medios, junto con los instrumentos con los que se haya preparado o ejecutado el delito, supuso una alusión claramente turbulenta que se mantiene hoy día. No solo eso, al no haberse retocado esta referencia en la reforma de 2015, surgen problemas de interpretación notables. En efecto, quizás no sea muy criticable la mención a los *medios* junto con los instrumentos, porque a estos efectos se puede decir que son términos sinónimos (aunque no tiene sentido su referencia expresa, al menos si lo ponemos en relación con los vocablos empleados en la Directiva y a nivel internacional). Pero la alusión a los *bienes* -junto con los medios o instrumentos- *con los que se haya preparado o ejecutado el delito* es claramente perturbadora[30]. Y mucho más si se pone en relación con las reformas del decomiso introducidas en 2015[31]. Unas veces se utiliza el término "bienes" como sinónimo de medios o instrumentos (como ocurre en el art. 127.1 CP), otras se emplea la palabra "bienes" con un significado amplio comprensivo de todos los objetos decomisables (efectos, instrumentos y ganancias, así en el art.127.3 CP), e incluso otras como relativo a los medios e instrumentos (cuando el art. 127 quáter CP se refiere a bienes, efectos y ganancias, y posteriormente distin-

señalaba que no era acertada esta enumeración tan prolija y proponía utilizar exclusivamente el término "instrumentos", que es el utilizado en las normas internacionales; Puente Aba, Luz María, "La nueva regulación del comiso en el Proyecto de Ley Orgánica, de 5 de mayo de 2003, por el que se modifica el Código penal", en *Actualidad Penal*, número 39, 2003, pg. 991 señala que la referencia a los bienes y medios, junto a los instrumentos, "no añade nada nuevo al objeto del comiso"; Gracia Martín, Luis, en Gracia Martín, Luis (Coord.), *Tratado de las consecuencias jurídicas del delito*, Tirant lo Blanch, Valencia, 2006, pg. 567, señala que esta referencia no era en absoluto necesaria y solo introduce complejidad y confusión; Cerezo Dominguez, Ana Isabel, *Análisis jurídico-penal de la figura del comiso*, ed. Comares, 2005, pg. 37, nota 68.

30. Así en la doctrina Gracia Martín, *Tratado de las consecuencias jurídicas del delito*, *cit.*, pg. 567; Manzanares Samaniego, José Luis, "Comentarios a la reforma de la parte general del Código Penal conforme al nuevo anteproyecto de Ley Orgánica (y IV): de la responsabilidad civil, las costas, las consecuencias accesorias y la extinción de la responsabilidad criminal (artículos 109 a 137 CP)", en *Diario La Ley*, nº 8003, 17.01.2013 (consultada la versión digital), califica la introducción en 2003 del vocablo «bienes» como una "perturbadora novedad"; Manzanares Samaniego, José Luis, *Comentarios al Código Penal. Tras las Leyes Orgánicas 1/2015, de 30 de marzo, y 2/2015, de 30 de marzo*, 1ª ed., 2016, Las Rozas (Madrid), pgs. 498/499; crítica también con la referencia a los bienes en este contexto, Roig Torres, Margarita, "La regulación del comiso. El modelo alemán y la reciente reforma española", en *Estudios Penales y Criminológicos*, vol. XXXVI, 2016, pgs. 199-279, pg. 241.

31. Así, Roig Torres, "La regulación del comiso (...)", *cit.*, pg. 241.

gue entre efectos y ganancias, por un lado, y otros bienes, por otro). Además, en el marco del denominado decomiso ampliado, se alude al decomiso de los bienes, efectos y ganancias que provienen de una actividad delictiva, de manera que el término "bienes" no parece referirse aquí a los instrumentos sino a los obtenidos (que provienen) del delito (art. 127 bis, apartado 1 CP y también en el art. 127 quinquies, apartado 1 CP). Asimismo, el art. 127 bis, apartado 1 CP, en el mismo párrafo, utiliza una terminología diversa al mencionar inicialmente los bienes, efectos y ganancias y después aludir exclusivamente a los bienes o efectos provenientes de una actividad delictiva (¿incluye aquí el término "bienes" a las ganancias?). El art. 127 sexies CP se refiere a los bienes no en alusión a los instrumentos, sino a los bienes adquiridos[32]. Por su parte, el art. 127 octies distingue entre "bienes, medios, instrumentos y ganancias" (número 1, sin referencia a los efectos, ¿incluye el término bienes a los efectos, o es sinónimo de instrumentos y medios?), "bienes y efectos intervenidos" (número 2, sin alusión a las ganancias, ¿incluye el término bienes a las ganancias?) y "bienes, instrumentos y ganancias" (número 3, sin mencionar a los efectos ni a los medios, ¿incluye el término bienes a los efectos?)[33]. En definitiva, el término "bienes" es enormemente distorsionador y no coincide con los elementos sometidos a decomiso en la Directiva y en los instrumentos internacionales (instrumentos o productos).

De acuerdo con el TS, los instrumentos del delito (*instrumenta sceleris*) son los útiles o medios empleados para su ejecución[34], y tienen tal condición aunque no hubieran sido estrictamente necesarios para la realización del delito; es suficiente con que se hayan empleado[35]. También pueden ser objeto de decomiso los *bienes, medios o instrumentos* con que se haya preparado o ejecutado, esto es, como dice el TS, "los útiles o medios empleados para la ejecución del acto criminal", o ahora también su preparación[36].

El *fundamento del decomiso de instrumentos* reside según la doctrina mayoritaria en la *peligrosidad del bien*[37]. Esta puede surgir de la propia cosa o

---

32. *Ibídem*, pgs. 241/242.
33. Así también Manzanares Samaniego, *Comentarios al Código* Penal, *cit.*, pg. 499.
34. SSTS 512/2017, de 5 de julio; 475/2006, de 2 de mayo; 1002/2004, de 16 de septiembre.
35. STS 1290/2005, de 17 de noviembre.
36. *fr.* sobre la definición de efectos e instrumentos las SSTS 52/1997, de 20 de enero, 379/1996, 1127/1994, de 22 marzo de 1995; 228/2013, de 22 de marzo.
37. Manzanares Samaniego, José Luis, "La pena de comiso en el proyecto de Código penal", en *Anuario de Derecho penal y Ciencias penales*, 1981, Fascículos II y III, pgs, 616-617; Aguado Correa, Teresa, *El comiso*, Edersa, Madrid, 2000, pg. 49; Gracia Martín, *Tratado de las consecuencias jurídicas del delito*, *cit.*, pg. 553; Ramón Ribas, Eduardo, "La transformación jurídica del comiso: de pena a consecuencia accesoria", en *Estudios Penales y Criminológicos*, vol. XXIV (2002-2003), pgs. 518-564, pg. 542; Faraldo Cabana, "El comiso en relación con los delitos de tráfico de drogas", en *Anuario de la Facultad de Derecho de la Universidad de A Coruña*, núm.2, 1998, pgs. 253-26, pg. 255; Puente Aba, Luz María, "El comiso en materia de tráfico de drogas:

de su posible utilización por una persona. De este modo, el instrumento puede ser peligroso *per se*, la peligrosidad es inherente al mismo, por lo que es idóneo para producir un menoscabo a un bien jurídico, sin necesidad de que sea utilizado por otras personas (explosivos, venenos, armas, etc.). El decomiso de estos objetos procede en todo caso, con independencia de que se condene a alguien o de los derechos de terceros[38]. En otros casos, el peligro del bien tiene su origen en su eventual utilización por un sujeto, porque existe la posibilidad de que sea utilizado para cometer un delito, sea por el responsable del delito ya cometido o por un tercero[39]. Cuando esto ocurre, es la relación entre el bien y el sujeto la que hace aparecer el riesgo de comisión de un delito[40]. Será necesario examinar todas las circunstancias del caso concreto para determinar si el bien puede ser empleado para cometer nuevas infracciones penales por el infractor o por un tercero. De acuerdo con esto, la finalidad del comiso es precisamente eliminar la peligrosidad, para impedir que el objeto sea utilizado en el futuro para la comisión de nuevos delitos.

Este fundamento, con todo, no tiene reflejo en lo dispuesto en el art. 127 CP español. En efecto, el comiso de los instrumentos usados o destinados a ser utilizados para la comisión de un delito debe imponerse de manera *imperativa*, por lo que la peligrosidad del bien no es algo a tener en cuenta. La conclusión

visión comparada de las regulaciones española y chilena", en *Anuario da Facultade de Dereito da Universidade da Coruña*, N° 10, 2006, pgs. 849-870, pg. 853; Choclán Montalvo, José Antonio, *El patrimonio Criminal. Comiso y pérdida de la ganancia*, Madrid, 2001, pgs. 29, 40; Jorge Barreiro, Agustín, "El sistema de sanciones en el Código Penal español de 1995", en *Anuario de derecho penal y ciencias penales*, Tomo 49, Fasc/Mes 2, 1996, pgs. 327-385, pg. 368; Jorge Barreiro, Agustín. "Directrices político-criminales y aspectos básicos del sistema de sanciones en el Código Penal español de 1995", en *Actualidad Penal*, n° 23, 2000, pgs. 487-517, pg. 511; Octavio De Toledo Y Ubieto, Emilio. "El comiso", en *Diario La Ley*. N° 5495, 5 de marzo de 2002, consultada la versión digital; Vizueta Fernández, Jorge, "El comiso de los efectos e instrumentos del delito y el de otros bienes por un valor equivalente a éstos", *cit.*, pgs. 16 ss: Vizueta Fernández, Jorge, "Delitos contra la seguridad vial: el comiso del vehículo de motor o ciclomotor antes y después de la Ley Orgánica 5/2010 de Reforma del Código Penal", en *Revista Electrónica de Ciencia Penal y Criminología* (en línea). 2011, núm. 13-02, pgs. 02:1-02:44, pgs. 23 ss; Vargas González, Patricia, *El comiso del patrimonio criminal*, Tesis doctoral, Salamanca, 2012, pgs. 132 ss.

38. Vargas González, *El comiso del patrimonio criminal, cit.*, pg. 132.

39. Gracia Martín, *Tratado de las consecuencias jurídicas del delito, cit.*, pg. 561; Vizueta Fernández, "El comiso de los efectos e instrumentos del delito y el de otros bienes por un valor equivalente a éstos", *cit.*, pg. 18.

40. Vargas González, *El comiso del patrimonio criminal, cit.*, pg. 132, señala que la decisión sobre la peligrosidad debe tomarse con cuidado para evitar el absurdo de admitir el comiso de bienes insignificantes, quizá también de uso cotidiano y fácilmente remplazables, por el hecho de que en manos de una persona concreta se convierten en peligrosos (un paraguas o unas tijeras puede convertirse en un objeto peligroso si está en manos de un individuo peligroso). Lejos de proteger a la sociedad de los bienes peligrosos, la finalidad del comiso parece dirigirse a neutralizar al sujeto peligroso mediante la eliminación de cualquier objeto que en su poder adquiera semejante connotación (peligrosidad del individuo que se pretende neutralizar a través de otras instituciones, en concreto, las medidas de seguridad).

es que la norma se dirige a *sancionar* que determinados bienes lícitos, aunque no sean peligrosos, se han utilizado (o se van a utilizar) con *fines contrarios a Derecho*, como pueda ser la comisión de un hecho delictivo[41]. La peligrosidad, por tanto, no desempeña ningún papel limitativo de la aplicación de esta modalidad de decomiso. Si acaso, el principio de proporcionalidad permitirá una interpretación restrictiva y correctora, pero este no toma en cuenta la peligrosidad del objeto.

> Algún autor ha tratado de compatibilizar el fundamento basado en la peligrosidad del bien con la regulación del comiso en el CP español. Para ello, considera que el legislador en el art. 127 CP ha realizado, con carácter general, un juicio de peligrosidad objetiva de los bienes empleados en la ejecución de delitos, sustrayendo al juzgador la facultad de individualizar aquel juicio y verificar la peligrosidad actual de los bienes[42].

Son decomisables los bienes con los que se ha "preparado o ejecutado" el delito. Parece conveniente entender que también lo son los instrumentos empleados en la realización de actos de inducción, cooperación necesaria y complicidad que, en puridad, no son en sentido propio actos ejecutivos. Está claro que si se incluyen los instrumentos con los que se ha preparado el delito, con más motivo aquellos empleados para realizar actos de participación[43]. Más complicado es interpretar qué debe entenderse por instrumentos con los que se ha "preparado" el delito. Desde luego que tienen cabida los instrumentos empleados para la realización de actos preparatorios punibles (conspiración, proposición o provocación para cometer determinados delitos)[44].

Existe también un debate acerca de cuál es el *alcance* de los instrumentos decomisables por razón de haber sido utilizados para preparar o ejecutar el delito[45]. En algunos países se mantiene una *interpretación amplia*, que permite

---

41. Choclán Montalvo, *El patrimonio criminal, cit.*, pg. 40; Choclán Montalvo, José Antonio, "El comiso y la confiscación: medidas contra las situaciones patrimoniales ilícitas", en *Estudios de derecho judicial*, N°. 28, 2000 (Ejemplar dedicado a: Prevención y represión del blanqueo de capitales, Javier Alberto Zaragoza Aguado (dir.)), pgs. 329-370, pg. 345.

42. Ramón Ribas, "La transformación jurídica del comiso: de pena a consecuencia accesoria", *cit.*, pg. 553.

43. Así Vizueta Fernández, "El comiso de los efectos e instrumentos del delito y el de otros bienes por un valor equivalente a éstos", *cit.*, pg. 14; ya antes de la reforma de 2003 lo entendía así Octavio De Toledo Y Ubieto, Emilio, "El comiso", *cit.*, pg. 1565.

44. Discutible es si comprende cualquier instrumento empleado en la realización de cualquier acto de preparación de un delito, aunque dicho acto no sea como tal considerado punible. En este caso, Vizueta Fernández, "El comiso de los efectos e instrumentos del delito y el de otros bienes por un valor equivalente a éstos", *cit.*, pg. 15, lo admite y exige que a dicho acto de preparación le siga la realización de algún acto ejecutivo del delito y que el sujeto actúe ilícitamente.

45. Brun, Jean-Pierre / Gray, Larissa / Scott, Clive / Stephenson, Kevin M., *Asset recovery handbook: a guide for practitioners*, The Stolen Asset Recovery (StAR) Initiative, World Bank and the United Nations Office on Drugs and Crime (UNODC), 2011, Washington DC, pg. 111, explica

a los Tribunales decomisar cualquier bien utilizado para la comisión del delito, por muy alejado y periférico que sea su uso. En tales casos, el bien que ha sido indirectamente utilizado como instrumento del delito está sujeto a decomiso[46]. Esto ocurre, por ejemplo, en Australia[47] y también en los Estados Unidos. Una interpretación tan amplia puede dar lugar a abusos[48]. Son numerosos los casos ocurridos en los Estados Unidos de América, concretamente en aplicación del decomiso civil de instrumentos, en los que el recurso a esta medida parece ciertamente cuestionable sino desproporcionado[49]. Así, por ejemplo, un Tribunal de Illinois decretó el decomiso de la casa de un sujeto porque había utilizado el teléfono de su domicilio para negociar la venta de unos sesenta gramos cocaína[50]. En Nevada, una persona se vio obligada a cerrar su negocio de vuelos chárter debido a que se embargó su avión alegando que había transportado a un sujeto declarado culpable de tráfico de drogas[51]. Asimismo, se ha decomisado la casa y los terrenos de un sujeto acusado de poseer y distribuir pornografía infantil desde el ordenador de su casa[52]. El Tribunal Supremo de los Estados Unidos, en el caso *Bennis v Michigan*[53], confirmó el decomiso de un automóvil, cuya propiedad pertenecía conjuntamente a un sujeto y su esposa, y en el que el marido había sido sorprendido flagrantemente con una prostituta. Pese a que la esposa desconocía la actividad del marido, el Tribunal Supremo declaró que procedía el decomiso[54]. Frente a esta interpretación amplia es preferible una más respetuosa del principio de proporcionalidad, de manera que no baste con cualquier conexión, incluso muy alejada, entre el bien y el delito. Se ha de exigir una relación directa entre el bien utilizado y la ejecución (o preparación) del delito o, al menos, la existencia de una relación de necesidad, en el sentido

las interpretaciones que existen en Derecho comparado sobre los instrumentos usados para la comisión del delito.

46. Especialmente si la normativa dispone que "uso" significa que tenga algún tipo de conexión con el delito.

47. Brun/ Gray/ Scott/ Stephenson, *Asset recovery handbook: a guide for practitioners*, *cit.*, pg. 111, citan la resolución Australiana *Re an Application Pursuant to Drugs Misuse Act*, 1986 [1988] 2 Qd. R. 506.

48. Ver ampliamente sobre los presuntos abusos de las autoridades en los Estados Unidos el informe Williams, Marian R., Jefferson E. Holcomb, Tomislav V. Kovandzic, Scott Bullock, *Policing for Profit: The Abuse of Civil Asset Forfeiture, Institute for Justice*, March 2010.

49. Moores, *Eric*, "Reforming the Civil Asset *Forfeiture Reform* Act", en *Arizona Law Review*, vol. 51, 2009, pgs. 777-803, pg. 779.

50. United States v. 916 Douglas Ave., 903 F.2d 490 (7th Cir. 1990).

51. Ross, David Benjamin, "Civil Forfeiture: A Fiction That Offends Due Process", 13 *Regent* University Law Review, 2001, pg. 259.

52. The case is *U.S. v. Hull*, 2010 WL 2079537 (U.S. Court of Appeals for the 8th Circuit 2010).

53. *Bennis v. Michigan*, 516 U.S. 442 (1996).

54. Beatty, M. E., "*Bennis v. Michigan*: The Supreme Court Clings to Precedent and Denies Innocent Owners a Defense to Forfeiture", *Mercer Law Review*, 48, 1996, pgs. 1265-1271; Minson, Jeffrey "Civil Prudence, Sovereignty and Citizenship", *UNSW Law Journal Volume 29(3),* 2006, pgs. 61-89, pgs. 67-8.

de que la comisión (o preparación) del delito dependa del empleo de dicho instrumento, sin el cual no se habría podido cometer de la manera en que se hizo. Esta parece ser la opinión del TS en relación con el eventual decomiso del vehículo en los delitos de tráfico de drogas cuando se incauta la sustancia estupefaciente dentro del mismo. De acuerdo con el Alto Tribunal, un vehículo no puede calificarse como instrumento del delito cuando falta la especificidad de su utilización para el fin delictivo, por lo que debe quedar acreditado que la principal finalidad del vehículo es su empleo en la actividad delictiva. La jurisprudencia considera que tienen dicha finalidad los vehículos manipulados en su estructura para crear habitáculos destinados a albergar sustancias ilegales en actos regulares de transporte. Se excluye el decomiso cuando la finalidad atribuida al coche no era más que realizar desplazamientos personales, función para la que habría servido cualquier otro móvil imaginable[55].

Desde el punto de *vista probatorio*, el TS considera que la regla general consiste en acreditar la funcionalidad del bien, esto es, que el bien ha sido utilizado (o va a serlo) para la ejecución del delito[56]. No es necesaria prueba de que el bien pertenece a quien lo utiliza como instrumento. La pertenencia a un tercero (de mala fe) evita el decomiso del bien, si bien en este caso es necesario probarla.

2.1.2.2 El decomiso de los productos en Derecho español: efectos y ganancias

El término "productos" no se utiliza en los arts. 127 ss. CP, si bien no es ajeno al Derecho español en materia de decomiso. En efecto, los arts. 157 ss. de la Ley 23/2014, de 20 de noviembre, *de reconocimiento mutuo de resoluciones penales en la Unión Europea*, relativos a las resoluciones de decomiso, sí que mencionan de manera expresa los productos. Recordemos que este es el vocablo empleado no solo en la Directiva, sino también en la normativa internacional, especialmente de Naciones Unidas. Dicho término se limita en la Directiva a las "ventajas económicas" mientras que en la normativa internacional es muy amplio y comprende todos los bienes obtenidos del delito, tanto directa como indirectamente. El CP utiliza las palabras "efectos" y "ganancias" para aludir a bienes que se derivan o se obtienen de la infracción penal[57]. Corresponde analizar a continuación ambos términos para ver si comprenden todos los bienes que exige la normativa europea e internacional.

---

55. Cfr. SSTS 945/2012, de 29 de noviembre; 1148/2010, de 12 de diciembre; 314/2007, de 25 de abril; 397/2008, de 1 de julio; 1274/2009, de 18 de diciembre; 54/2008, de 8 de abril.

56. STS 183/2017, de 23 de marzo.

57. En esta línea Díaz Cabiale, "El decomiso tras las reformas del Código Penal y la Ley de Enjuiciamiento Criminal de 2015", *cit.*, pgs. 8-9.

2.1.2.2.1 El decomiso de efectos en Derecho español

La reforma de 2015 mantiene el término "efectos" en los arts. 127 ss. CP. Casi todos los preceptos que aluden a los objetos decomisables los mencionan, salvo el artículo 127 octies CP, que no menciona los efectos[58], solo los bienes, medios, instrumentos o ganancias. De esta enumeración parece deducirse, sin embargo, que el legislador pretende incluirlos, por lo que esta omisión hubiera sido corregida con una adecuada técnica legislativa.

El art. 127 CP dispone que deben decomisarse los "efectos" que provengan del delito (doloso o imprudente, en este caso cuando la ley prevea la imposición de una pena privativa de libertad superior a un año). Este vocablo, tradicional en el Derecho español en materia de decomiso, ha sido objeto de diversas interpretaciones. La doctrina mayoritaria entiende que son efectos los bienes producidos por la realización de la infracción penal, que abarcan tanto los originados por el delito (deben su existencia a la comisión del delito), como aquellos otros que preexisten a la infracción penal, pero su realización transforma su naturaleza o composición[59]. El Tribunal Supremo dice que los efectos se identifican, en general, "con los objetos producidos o derivados de la infracción. Los efectos pueden ser todos los bienes o cosas que se encuentren mediata o, inmediatamente, en poder del delincuente como consecuencia de la infracción"[60] "aunque sea el objeto de la acción típica (drogas, armas, dinero, etc.)"[61]. Es de criticar el concepto tan amplio de efectos que maneja el Alto Tribunal, pues al comprender todos los objetos en poder de delincuente como consecuencia de la infracción penal, incluye necesariamente también las ganancias[62]. Se produce así un solapamiento de conceptos que no permite distinguir entre efectos y ganancias, aspecto este quizás no excesivamente relevante desde el punto de vista práctico porque ambos son decomisables. En cualquier caso, tal y como se desprende de la interpretación del TS, los efectos del delito podrían encajar posiblemente en el término productos que utiliza la Directiva si constituyen una ventaja económica. De no ser así, esto es, si no se trata de una ventaja de ese tipo (lo que parece exigir que se produzca un aumento económico del patrimonio del infractor), no encaja en el concepto de efectos. Desde luego es discutible que ello ocurra con el objeto de la acción, que el TS considera efecto, o con

58. Roig Torres, "La regulación del comiso (...)", *cit.*, pg. 242.

59. Ampliamente y con amplias referencias bibliográficas Vizueta Fernández, "El comiso de los efectos e instrumentos del delito y el de otros bienes por un valor equivalente a éstos", *cit.*, pgs. 10-11.

60. Entre otras muchas, SSTS 52/1997, de 20-1; STS 969/2013, 18-12.

61. STS 512/2017, de 5-7.

62. Fernandez Pantoja, Pilar, "Artículo 127", en *Comentarios al Código penal*, dirigidos por Manuel Cobo del Rosal, Tomo IV, artículos 95 a 137, Edersa, Madrid, 2000, pg. 976, destaca precisamente la equiparación que hace el TS entre ganancias y "*producto sceleris*".

los bienes cuya naturaleza o composición resulta transformada por la ejecución del delito, admitidos por la doctrina como efectos, si esto no supone una ventaja económica (incremento de patrimonio).

2.1.2.2.2 El decomiso de las ganancias y de sus transformaciones en el Derecho español

2.1.2.2.2.1 El alcance de las ganancias

Dispone el apartado 1 del art. 127 CP: *"Toda pena que se imponga por un delito doloso llevará consigo la pérdida de (...) las ganancias provenientes del delito, cualesquiera que sean las transformaciones que hubieren podido experimentar"*. La reforma de 2015 ha eliminado la referencia a que tales ganancias son decomisables *"a no ser que pertenezcan a un tercero de buena fe no responsable del delito que los haya adquirido legalmente"*. Quizás el motivo de esta supresión haya sido la introducción en el art. 127 quáter CP de una nueva modalidad de decomiso, el de bienes de terceros, en el que se aclara en qué supuestos las ganancias (y otros bienes) pueden decomisarse pese a que se encuentren en poder de terceras personas. En cualquier caso, el decomiso de ganancias comprende cualquier ventaja patrimonial obtenida de forma ilícita[63].

La *terminología* empleada por el legislador de 2015 para referirse a las ganancias es ciertamente confusa. Así, el art. 127 CP permite el decomiso de ganancias, y también lo permite la modalidad del decomiso ampliado del art. 127 bis CP cuando alude a los bienes, efectos y ganancias que provienen de una actividad delictiva. Sin embargo, el nº 2 del art. 127 bis CP omite la mención a las ganancias y se refiere solo a los bienes (y a los efectos, ¿comprende entonces el término bienes los instrumentos y las ganancias?). Lo mismo ocurre en el art. 127 quinquies, número 1 CP, que al inicio se refiere a los bienes, efectos y ganancias y posteriormente solo menciona los bienes y los efectos. Por último, el art. 127 sexies CP, que se refiere a lo dispuesto en el art. 127 quinquies CP (los bienes, efectos y ganancias), solo menciona los bienes adquiridos, lo que parece comprender los efectos y ganancias (en principio, también los instrumentos, pero veremos luego que esto es complicado por exigirse una adquisición)[64].

Recordemos que el decomiso de las ganancias provenientes del delito responde a la *idea de neutralizar un enriquecimiento ilícito* o situación patrimonial ilícita. Requisito para su imposición es, por tanto, constatar que se ha producido

---

63. Ampliamente FERNANDEZ PANTOJA, "Artículo 127", *cit.*, pgs. 980 ss; CEREZO DOMINGUEZ, *Análisis jurídico-penal de la figura del comiso*, *cit.*, pgs.42 ss.

64. ROIG TORRES, "La regulación del comiso (...)", *cit.*, pgs. 241/242.

la obtención ilícita de un enriquecimiento[65] (y no tanto la peligrosidad objetiva de las ganancias). Late así la idea del *crime does not pay*, esto es, evitar que el delito resulte beneficioso. Esta parece ser la inspiración del art. 127 CP, que obliga al decomiso de las ganancias de todas las infracciones penales ya sean dolosas o imprudentes (estas últimas cuando la ley prevea la imposición de una pena privativa de libertad superior a un año). Sin embargo, esta idea aparece debilitada cuando el art. 127 ter CP concede un carácter puramente facultativo al decomiso de ganancias de origen ilícito cuando no se imponga pena alguna.

> El comiso de ganancias no tiene naturaleza jurídica de pena ni de medida de seguridad, porque el fundamento del mismo no es ni la culpabilidad ni la peligrosidad criminal. Se trata de una consecuencia del delito cuyo fin es la no tolerancia de una situación patrimonial ilícita. No creo que pueda afirmarse con rotundidad que se trata de una *consecuencia de naturaleza penal*, por mucho que esté prevista en la ley penal y la imponga un órgano penal. La responsabilidad civil derivada del delito cumple ambas condiciones y no se puede considerar que sea de naturaleza penal[66]. Y tampoco es de recibo argumentar que el decomiso de ganancias tiene naturaleza penal porque va unida a la imposición de una pena[67]. Como acertadamente indica *Vizueta Fernández*, las últimas reformas del CP en esta materia permiten la aplicación del decomiso aun cuando no se haya impuesto una pena por delito, por lo que dicha unión entre decomiso y pena ya no es un requisito. Se trata de una institución de "fuerte impronta civilista"[68] que pretende evitar

---

65. *Cfr.* Manzanares Samaniego, José Luis, "La pena de comiso", en *Revista de Estudios Penitenciarios*, nº 216-219, 1977, pgs. 10-48, pg. 35; Manzanares Samaniego, José Luis, *Las penas patrimoniales en el Código penal español*, Bosch, Barcelona, 1983, pg. 256; Manzanares Samaniego, José Luis, "Comentarios a la parte general del proyecto de ley orgánica del código penal (1992)", en *Revista de derecho penal y criminología*, Nº 2, 1992, pags. 375-448, pg. 439; Jorge Barreiro, Agustín, "El sistema de sanciones en el Código Penal español de 1995", en Gómez Colomer, J. L. y González Cussac, J. L. (Coords.), *La reforma de la justicia penal (Estudios en homenaje al Prof. Klaus Tiedemann)*, Ed. Publicacions de la Universitat Jaume I, Castellón de la Plana, 1997, pgs. 77-135, pg. 120; Mapelli caffarena, Borja, "Las consecuencias accesorias en el nuevo Código Penal", en *Revista Penal,* núm. 1/1998, pgs. 43-53, pg. 50; Octavio De Toledo Y Ubieto, "El comiso", *cit.*, pg. 1566; Gracia Martín, *Tratado de las consecuencias jurídicas del delito, cit.*, pg. 569; Cerezo Dominguez, *Análisis jurídico-penal de la figura del comiso, cit.*, pg. 34; Choclán Montalvo, *El patrimonio criminal, cit.*, pg. 40; Cazorla Prieto, Soledad, "El comiso. Ganancias procedentes del delito en relación con la sentencia del 29 de julio de 2002: caso "Banesto"", en *Dogmática y ley penal: libro homenaje a Enrique Bacigalupo*, Vol. I, Coordinado por: José Miguel Zugaldía Espinar, Jacobo López Barja de Quiroga, Madrid, 2004, pgs. 79-88, pg. 80; Plaza Sanjuán, Vicente, "Tratamiento penal de las rentas o ganancias derivadas del delito", en *La Ley Penal*, nº 17, junio 2005 (versión electrónica); Vizueta Fernández, Jorge, "El comiso de las ganancias provenientes del delito y el de otros bienes por un valor equivalente a éstas", en *Revista penal*, Nº 19, 2007, pgs. 162-178, pg. 166.

66. Vizueta Fernández, "El comiso de las ganancias provenientes del delito y el de otros bienes por un valor equivalente a éstas", *cit.*, pg. 167.

67. Aguado Correa, *El comiso, cit.*, pg. 80.

68. *Cfr.* Mapelli caffarena, "Las consecuencias accesorias en el nuevo Código Penal", *cit.*, pg. 51.

un enriquecimiento injusto[69]. Con el decomiso de ganancias no se pretende castigar al sujeto por la realización del hecho antijurídico, sino corregir una situación patrimonial ilícita, y enviar un mensaje al delincuente de que el delito no es una actividad lucrativa (función preventiva)[70].

En cuanto al concepto de "*ganancias*"[71], es objeto de debate si comprende las ganancias brutas o las netas. A nuestro juicio, alude esencialmente al neto de lo obtenido del delito. Atribuirle el significado de ganancias brutas no se acomoda al *sentido literal* del concepto. Además, otros criterios sustentan la postura aquí mantenida. Así, una *interpretación teleológica* confirma el significado que se atribuye al término ganancias. Puesto que el decomiso de las ganancias provenientes del delito responde a la idea de *neutralizar un enriquecimiento ilícito*, este sólo se produce cuando tiene lugar un aumento efectivo del patrimonio del delincuente, es decir, cuando el patrimonio, tras el delito, tiene un valor superior al que tenía antes del mismo. Por otra parte, es significativo observar, en clave comparada, que algunos ordenamientos extranjeros que han tratado de adoptar el principio de ganancias brutas lo han hecho mediante una modificación legislativa y no apoyándose en una interpretación (analógica) de la norma, como ocurre en Alemania o en los Estados Unidos de América[72].

Ahora bien, corresponde ahora determinar si coincide el sentido de los términos *productos* y *ganancias*. Desde luego el concepto de ganancias explicado se aproxima mucho al concepto de productos utilizado en la Directiva

---

69. *Cfr.* JORGE BARREIRO, "El sistema de sanciones en el Código Penal español de 1995", *cit.*, pg. 120; MAPELLI CAFFARENA, "Las consecuencias accesorias en el nuevo Código Penal", *cit.*, pg. 50; OCTAVIO DE TOLEDO Y UBIETO, "El comiso", *cit.*, pg. 1566; GRACIA MARTÍN, *Tratado de las consecuencias jurídicas del delito*, *cit.*, pg. 569.

70. *Cfr.* sobre esta naturaleza preventivo general del comiso de ganancias, y pese a todo de carácter no penal, el Auto del Tribunal Constitucional alemán de 14 de enero de 2004 (*Bundesverfassungsgericht* - 2 BvR 564/95 -)

71. El CP alude a las ganancias en el art. 127, en el 301.5 relativo al comiso en casos de blanqueo de capitales, y en materia de drogas en los arts. 374 y art. 377. En ocasiones, sin embargo, utiliza el término *beneficios* en lugar de ganancias, cuando alude al comiso. Por ejemplo, el art. 127 quinquies, que contiene una modalidad de decomiso ampliado, señala en su nº 1 que es de aplicación cuando consten indicios fundados de que el sujeto ha obtenido, a partir de su actividad delictiva, un beneficio superior a 6.000 euros y en el nº 2 alude al "beneficio económico directo o indirecto". También aluden a las ganancias decomisables los artículos 319.3 y 362 sexies. El término beneficio se utiliza en muchos otros preceptos del CP: por ejemplo, los artículos 156bis, 177bis, 189bis, 270, 271, 274, 276, 284, 285, 286bis, 286ter, 286quáter, 288, 291, 318bis, 319, 353 nº 2, 366, 418, 427bis, 428, 429, 442. Desde un punto de vista semántico, el término beneficio es sinónimo del de ganancias, por lo que su empleo indistinto no plantea problemas de interpretación, si bien es necesaria una coordinación terminológica en el CP.

72. Ampliamente sobre este tema BLANCO CORDERO, Isidoro, "El comiso de ganancias: ¿brutas o netas?", *Diario La Ley*, Nº 7569, 2011; BLANCO CORDERO, Isidoro, "Las ganancias del delito y su decomiso. El debate en torno al principio de ganancias brutas o netas", en *Revista Peruana de Ciencias Penales*, nº 22, 2010, pgs. 89-138; BLANCO CORDERO, Isidoro, "El decomiso de las ganancias de la corrupción", en *Revista Eletrônica de Direito Penal AIDP-GB*, Ano 1, Vol 1, Nº 1, Junho 2013, pgs. 112-145.

entendido como "ventaja económica". El vocablo "ventaja" parece ser sinónimo de beneficio o ganancia, esto es, de incremento de patrimonio (¿neto?) del infractor. Sin embargo, el sentido del término ganancias no coincide con el del término productos utilizado en los Convenios internacionales de Naciones Unidas. Los productos en estos últimos abarcan todo lo obtenido del delito, tanto directa como indirectamente (incluidos los efectos). Las ganancias, por el contrario, constituyen un concepto más limitado, referido exclusivamente a los beneficios netos del delito. El significado de "productos" es muy extenso y se emplea a nivel internacional como comprensivo de las ganancias, y también de otros bienes, como las transformaciones que éstas puedan experimentar, los bienes sustitutivos, etc. España debería respetar los Convenios internacionales decomisando los productos, algo que ahora no hace al limitar el comiso sólo a las ganancias (y los efectos). Reclamamos una *reforma del Código penal* que opte expresamente por el criterio de ganancias brutas. Y para ello lo más razonable es sustituir el término ganancias por el de productos, y acoger de manera expresa la definición contenida en los instrumentos internacionales de Naciones Unidas. Esta incluye las ganancias del delito entre otros bienes susceptibles de decomiso. De esta manera se estará optando claramente por el principio de ganancias brutas, o mejor, de productos brutos.

2.1.2.2.2.2 El decomiso de las transformaciones que hubieren podido experimentar las ganancias

El apartado 1 del art. 127 CP obliga al decomiso no sólo de las ganancias, sino también de "*cualesquiera que sean las transformaciones que hubieren podido experimentar*". Quedan abarcadas las sustituciones de las ganancias por otros bienes, por ejemplo, el inmueble adquirido por el infractor con el dinero del delito. El decomiso alcanza así aquellos bienes en que se transforman los directamente derivados del delito a través de los más variados negocios, ingeniería financiera y técnicas de blanqueo. Pienso que es una referencia razonable y que permite cumplir claramente con lo dispuesto en los instrumentos internacionales. No creo, como en su día opinó *Mapelli Caffarena*, que sea "innecesaria e inexacta"[73]. A juicio de este autor, es innecesaria porque ya con carácter general se establece que pueden decomisarse los bienes, aunque pertenezcan en ese momento a una tercera persona. Sin embargo, el decomiso de las transformaciones no se dirige a por el bien directamente derivado del delito que se encuentra en manos de un tercero, sino a por aquel bien en manos del infractor que ha sustituido al originario (como veremos luego, habrá que entender que cuando se ha sido posible decomisar el bien en poder del tercero

73. Cfr. MAPELLI CAFFARENA, "Las consecuencias accesorias en el nuevo Código Penal", *cit.*, pg. 51.

por haber actuado este de buena fe). Esto podría solucionarse, como decimos, acogiendo el término productos y la definición contenida en los Convenios de Naciones Unidas, que comprende también los bienes indirectamente obtenidos del delito. También entiende *Mapelli Caffarena* que es una expresión inexacta porque las "transformaciones de las ganancias en manos de terceros de buena fe ya no podrán ser decomisadas". Precisamente por ello se permite el decomiso de las transformaciones que se encuentran en manos del infractor, porque las de los terceros de buena fe no se pueden decomisar.

Se discute acerca de si las transformaciones decomisables se refieren solo a las de las ganancias o también a las de los *efectos e instrumentos*. El art. 127 CP parece dar cabida a ambas interpretaciones. Ahora bien, lo más razonable es admitir el decomiso exclusivamente de las transformaciones de los efectos y de las ganancias, que son los bienes derivados u obtenidos del delito. No tanto de las transformaciones de los instrumentos, porque el fundamento del decomiso de estos se basa en la peligrosidad del bien y en la evitación de su utilización en futuros delitos. No tiene mucho sentido decomisar el bien que sustituye al instrumento si no se puede afirmar su peligrosidad. Con todo, como vamos a ver, se admite el decomiso por valor equivalente de los instrumentos cuando no se puedan decomisar, por lo que el criterio de la peligrosidad queda ciertamente debilitado[74].

2.1.2.2.2.3 El decomiso de los beneficios obtenidos de las ganancias del delito

El infractor puede decidir invertir las ganancias en actividades económicas lucrativas que le reportan una rentabilidad económica.

> Por ejemplo, el corrupto recibe una cantidad de dinero durante tres años en concepto de arrendamiento del piso adquirido con dinero procedente de un delito de cohecho. O el corrupto que invierte en bolsa el soborno y obtiene una gran cantidad de dinero, o simplemente deposita el dinero ilícito en una cuenta bancaria que le reporta intereses.

Con anterioridad a la reforma de 2015, la doctrina española debatía acerca de si el decomiso de ganancias y de sus transformaciones incluía los *rendimientos obtenidos* de dichas ganancias ilícitas. A juicio de *Vizueta Fernández*, el propio tenor literal del art. 127 CP permitía sostener que tales rendimientos quedaban excluidos del decomiso de las ganancias. Son dos los motivos que le llevaban a esta conclusión. En primer lugar, que el alquiler del piso, las ganancias de la bolsa o los intereses bancarios no son ganancias provenientes de la infracción penal, sino que proceden de comportamientos posteriores a

74. Junto al dato de que el decomiso de instrumentos es obligatorio con independencia de su peligrosidad.

ella[75]. Si se admitiera el decomiso de los mismos se alcanzarían bienes derivados de actividades que en sí mismas son lícitas. Ello supondría asimismo que se malograse el esfuerzo, trabajo e iniciativa de quien realiza tales actividades lícitas. En segundo lugar, recurría al fundamento, finalidad y naturaleza del decomiso de ganancias. Entiende que la razón de ser reside en el enriquecimiento generado por la realización de una conducta penalmente antijurídica, y persigue precisamente como finalidad eliminar dicho enriquecimiento. Si se decomisasen los rendimientos de actividades lícitas, decía este autor, se estaría asignando un contenido sancionador al decomiso de ganancias, algo que este autor rechazaba. En el mismo sentido, *Aguado Correa* excluía que se pudieran decomisar las "ganancias indirectas", cuyo decomiso solo era procedente en los casos en los que así se preveía expresamente por el legislador[76]. Era cierto, como decía esta autora, que, a diferencia de lo que ocurre en las legislaciones civiles de otros países como Alemania, en nuestro Código Civil no existía ni existe precepto alguno en el que se conceda la ganancia del gestor malicioso al dueño del negocio. Por lo que, si acaso, corresponderá indemnizar al dueño del negocio por los daños que se le hayan causado[77]. Ciertamente no le faltaba razón a esta autora cuando afirmaba esto, con lo que estaban excluidos del decomiso en España los rendimientos obtenidos por el infractor. Esta correcta interpretación determinaba que la normativa española incumplía la normativa internacional que, como sabemos, exige el decomiso de los productos directos e indirectos (que incluyen las transformaciones y los beneficios de las ganancias) del delito. Ya hemos indicado que, a nuestro juicio, es necesaria una reforma del CP que incluya el término productos entre los objetos del decomiso, y que los defina en la línea de los instrumentos internacionales[78].

La reforma del art. 127 CP mediante LO 1/2015 parece haber acogido tanto lo dispuesto en la normativa internacional como las propuestas doctrinales mencionadas, dando cabida, aparentemente, al decomiso de los rendimientos de los bienes objeto de decomiso. Así parece deducirse del art. 127.3 CP, que permite el comiso por valor equivalente "de otros bienes por una cantidad que corresponda al valor económico de los mismos, y al de las ganancias que se hubieran obtenido de ellos". La verdad es que, si esto es así, la forma de incluir el decomiso de ganancias indirectas o rendimientos es profundamente desacertada, porque incorporar esta modalidad en el precepto dedicado al decomiso de sustitución o por valor equivalente puede llevar al entendimiento de

---

75. Vizueta Fernández, "El comiso de las ganancias provenientes del delito y el de otros bienes equivalentes a éstas", *cit.*, pgs. 165/6.

76. Aguado Correa, Teresa, "Artículo 127", en Gómez Tomillo (Director), *Comentarios al Código penal,* 2ª ed. Lex Nova, Valladolid, 2011, pg. 505.

77. Aguado Correa, *El comiso, cit.*, pg. 96.

78. Blanco Cordero, "El comiso de ganancias: ¿brutas o netas?", *cit.*.

que dichas ganancias indirectas solo son decomisables cuando no sea posible decomisar las ganancias directas (u otros bienes mencionados en el art. 127 CP). Sobre todo, si solo se mencionan en el núm. 3 del art. 127 CP y no en el núm. 1, que parece más general. Quizás hubiese sido más acertado, como venimos proponiendo, acoger el término productos empleado por la normativa internacional en el art. 127.1 CP que, tal y como se define en ella, incluye también los productos indirectos. De esta manera, se estaría también a la definición de producto contenida en la Directiva.

2.1.2.3 El decomiso de sustitución o decomiso por valor equivalente (arts. 127.3 y 127 septies CP)

El apartado 1 del art. 4 de la *Directiva* regula el decomiso no solo de los instrumentos y del producto del delito, sino también de bienes *cuyo valor se corresponda a dichos instrumentos y producto*. El Considerando 14 de la Directiva señala que "los Estados miembros tienen la facultad de establecer el decomiso de bienes de valor equivalente, con carácter subsidiario o como alternativa al decomiso directo, según proceda de conformidad con el Derecho nacional." Constituye una peculiaridad de la normativa europea la posibilidad de decomisar el valor de los instrumentos, pues las Convenciones de Naciones Unidas limitan el decomiso del valor equivalente únicamente a los productos del delito (por motivos de proporcionalidad)[79] y no incluyen los instrumentos. El legislador europeo ha sido consciente de la amplitud de esta regulación, que comprende el decomiso del valor equivalente de los instrumentos, e introduce alguna cautela. Por eso, el Considerado 17 señala expresamente que "al aplicar la presente Directiva respecto del decomiso de bienes cuyo valor corresponda a instrumentos del delito, podrán ser aplicables las disposiciones pertinentes cuando, a la vista de las circunstancias concretas del asunto en cuestión, la medida sea proporcionada, habida cuenta en particular del valor de los instrumentos de que se trate. Para imposibilitar el decomiso de los instrumentos, los Estados miembros pueden tener en cuenta asimismo el hecho de que la persona condenada sea responsable o no de la imposibilidad de proceder al decomiso de los instrumentos, así como del alcance de esa responsabilidad". De esta manera, al estilo de algunos ordenamientos jurídicos extranjeros (como el alemán) se prevé tomar en cuenta determinadas circunstancias a la hora de proceder al decomiso de sustitución de los instrumentos, tales como su valor o el dato de que el condenado sea el responsable de la imposibilidad de decomisarlos[80].

En el *CP español*, cuando no puedan ser decomisados los efectos que

79. Aguado Correa, "La Directiva 2014/42/UE sobre embargo y decomiso en la Unión Europea (...)", *cit.*, pg. 14.
80. *Ibídem*, pg. 15.

provengan del delito o los bienes, medios o instrumentos con que se haya preparado o ejecutado, o las ganancias provenientes del mismo, así como cualesquiera que sean las transformaciones que hubieren podido experimentar, el juez *deberá acordar* (tiene carácter imperativo) el decomiso de otros bienes[81] por una cantidad que corresponda al valor económico de los mismos, y al de las ganancias que se hubieran obtenido de ellos (art. 127.3 CP). Se ha de proceder de la misma manera cuando, una vez acordado el decomiso de bienes, efectos o ganancias determinados, su valor sea inferior al que tenían en el momento de su adquisición. Por su parte, el artículo 127 septies CP se refiere a la *ejecución* del decomiso por sustitución o del valor equivalente ya decretado. Este precepto permite que, cuando no pueda llevarse a cabo el decomiso, en todo o en parte, a causa de la naturaleza o situación de los bienes, efectos o ganancias de que se trate (obsérvese que no se refiere expresamente a los instrumentos del delito, salvo que queden incluidos en el término bienes), o por cualquier otra circunstancia, el juez o tribunal puede acordar mediante auto el decomiso de otros bienes, incluso de origen lícito, que pertenezcan a los criminalmente responsables del hecho por un valor equivalente al de la parte no ejecutada del decomiso inicialmente acordado. En semejanza a lo dispuesto en el art. 127 nº 3 CP, señala este precepto que se ha de proceder del mismo modo cuando se acuerde el decomiso de bienes, efectos o ganancias determinados (nuevamente sin referencia a los instrumentos), pero su valor sea inferior al que tenían en el momento de su adquisición. De esta manera, el art. 127 septies CP permite modificar el decomiso decretado en sentencia firme cuando no sea posible su ejecución y decretarlo sobre otros bienes, incluso de origen lícito. Para ello, se procederá en el trámite de ejecución de sentencia a través de un incidente dirigido a incluir nuevos bienes en la resolución de decomiso.

> Durante años se había reivindicado la *necesidad* de incluir esta modalidad de decomiso, especialmente cuando el bien a decomisar había desaparecido (porque el sujeto había consumido, destruido u ocultado el objeto del comiso, o bien por cualquier otro motivo que hacía imposible proceder a su decomiso) o había sido transmitido a un tercero de buena fe en condiciones que lo hacían irreivindicable[82]. Asimismo, siguiendo el modelo alemán, se había propuesto que, en lugar de la privación de valor equivalente, se configurara el decomiso en estos casos como la obligación de pago de una cantidad de dinero correspondiente al valor del bien cuyo decomiso no se pudo materializar[83]. Una propuesta muy interesante en la medida en que

---

81. A diferencia del art. 127 nº 3 derogado en 2015, no se hace referencia en la versión vigente a que los bienes "pertenezcan a los criminalmente responsables del hecho".

82. Manzanares Samaniego, José Luis, "Notas sobre el comiso y la propiedad de terceros", *Actualidad Penal*, 1997, pg. 531; Aguado Correa, "La regulación del comiso en el proyecto de modificación del Código Penal", *cit.*, pgs. 5-6.

83. Ampliamente Manzanares Samaniego, José Luis, *Código Penal (Adaptado a la Ley Orgá-*

se incorporaría así una figura de carácter obligacional como alternativa al comiso de los bienes vinculados directamente con el delito, mediante la cual se impondría al responsable penal una *obligación de pago* por una suma de dinero correspondiente al valor de esos bienes. El legislador finalmente no optó por esta propuesta.

El art. 127. 3 CP permite el decomiso de sustitución de *efectos, instrumentos y ganancias* de la infracción penal dolosa (art. 127.1 CP), así como el decomiso en los delitos imprudentes (para los que la ley prevea la imposición de una pena privativa de libertad superior a un año, art. 127.2 CP). La Directiva, como hemos visto, admite también el decomiso por valor equivalente de instrumentos y de productos.

Merece cierta reflexión la figura del decomiso por valor equivalente al de los *instrumentos* del delito, especialmente si se tiene en cuenta la naturaleza jurídica del decomiso de instrumentos. Recordemos que es mayoritaria la posición que fundamenta la privación de los instrumentos en la peligrosidad de los mismos (aunque contrasta con la regulación del CP, que como sabemos impone su decomiso con independencia de su carácter peligroso). Si no es posible decomisarlos por cualquier circunstancia, parece que no tiene sentido sustituirlos por otros bienes del responsable penal, incluso de origen lícito, que no sean peligrosos[84]. Parece que subyace en esta modalidad de decomiso de sustitución de instrumentos la idea de sancionar al sujeto que hace desaparecer los bienes, castigando así una especie de frustración del comiso de instrumentos[85]. De ser

nica 5/2010, de 22 de junio). Comentarios y jurisprudencia. Tomo I Parte General (Artículos 1a 137), Comares, Granada, 2010, pgs. 929/930, quien se muestra partidario del modelo del Código penal alemán, en el que se contempla la obligación del pago del valor de la cosa a decomisar cuando antes de la firmeza de la sentencia se produzca la pérdida material de la cosa o el condenado la haya transmitido a otra persona.

84. Así, Puente Aba, "La nueva regulación del comiso en el Proyecto de Ley Orgánica, de 5 de mayo de 2003, por el que se modifica el Código Penal", *cit.*, pg. 994; en el mismo sentido, Sanchez García De Paz, Isabel, *La criminalidad organizada. Aspectos penales, procesales, administrativos y policiales*, Madrid, Editorial Dykinson, 2005, pg. 182; también Manzanares Samaniego, José Luis, *Código Penal (Adaptado a la Ley Orgánica 5/2010, de 22 de junio)*, *cit.*, pg. 930, que considera que la reforma que introdujo el comiso sustitutivo de los instrumentos era bien intencionada pero mal construida en sí misma; Vizueta Fernández, recurriendo al fundamento y finalidad del comiso sustitutivo de instrumentos, considera que no cabe respecto de cualquier bien de responsable penal, sino que solo puede recaer sobre bienes que contengan una peligrosidad semejante a la de los efectos o, sobre todo, instrumentos que no han podido decomisarse, interpretación que como él mismo advierte, no es la que parece derivarse del tenor literal del precepto. Vizueta Fernández, "El comiso de los efectos e instrumentos del delito y el de otros bienes por un valor equivalente a éstos", *cit.*, pg. 30; Vargas Gonzalez, *El comiso del patrimonio criminal*, *cit.*, pgs. 272/273.

85. Como acertadamente señalan Muñoz Conde, Francisco / García Arán, Mercedes, *Derecho penal. Parte General*, 9ª edición, Tirant lo Blanch, Valencia 2015, pg. 670, esta modalidad de comiso del valor equivalente no recae sobre objetos potencialmente peligrosos, sino sobre una cantidad de dinero o unos bienes equivalentes a su valor, lo que "lo aproxima a una pena pecuniaria, recuperándose parte de la naturaleza de pena que se había pretendido superar"; en el mismo sentido,

así, se estaría convirtiendo al decomiso en una institución de carácter sancionador[86] (no tanto, como dicen algunos, en una especie de pena), algo que no se acomoda muy bien a su naturaleza jurídica de consecuencia accesoria.

En cuanto al comiso por valor equivalente al de las *ganancias*, parece que puede justificarse adecuadamente si, como decimos, el fundamento radica, no en la peligrosidad de las ganancias, sino en la existencia no tolerable de un enriquecimiento ilícito derivado del delito y en la finalidad de neutralizarlo. Si el criminalmente responsable ha hecho desaparecer los bienes (son a él imputables los motivos de la imposibilidad del comiso), persiste la necesidad de suprimir tal beneficio dirigiéndose a por bienes lícitos por cuantía equivalente a la de las ganancias[87]. Como veremos a continuación, la naturaleza del comiso por valor equivalente al de las ganancias, si bien justificado teleológicamente como acabamos de decir, puede variar en función del motivo por el que no son decomisables aquellas. No cabe duda de que la finalidad de neutralizar un enriquecimiento ilícito es la que subyace cuando el responsable del delito hace desaparecer intencionalmente las ganancias para que no sean alcanzadas por el comiso. Pero cuando la imposibilidad de comiso de ganancias no es imputable al sujeto (por ejemplo, porque el bien se ha destruido de manera fortuita), la imposición de comiso por valor equivalente a las ganancias comienza a adquirir unas connotaciones sancionadoras, surge así un componente punitivo que, sin convertirlo formalmente en pena, lo acerca bastante a esta[88].

Es posible el decomiso de sustitución de las denominadas "*ganancias indirectas*"[89], esto es, aquellas que han generado las directamente obtenidas del delito y que no se han podido decomisar. Así lo dispone el art. 127 nº 3 CP al señalar que son decomisables "otros bienes por una cantidad que corresponda al valor económico de los mismos, y al de las ganancias que se hubieran obtenido de ellos".

García Arán, Mercedes, "Comentario al artículo 127 CP", en *Comentarios al Código Penal. Parte General*, Juan Córdoba Roda y Mercedes García Arán (Dirs.), Marcial Pons, Barcelona 2011, p. 958; también Vargas Gonzalez, *El comiso del patrimonio criminal, cit.*, pg. 273.

86. De "medida sancionadora" habla Vargas Gonzalez, *El comiso del patrimonio criminal, cit.*, pg. 188; por su parte, Roig Torres, "La regulación del comiso (...)", *cit.*, pg 231, señala que el decomiso del valor equivalente de los medios e instrumentos "parece perseguir un fin sancionador, puesto que no se priva del beneficio obtenido ni tampoco del objeto peligroso, sino que se sustituye por una cuantía económica".

87. Así Puente Aba, "La nueva regulación del comiso en el Proyecto de Ley Orgánica, de 5 de mayo de 2003, por el que se modifica el Código Penal", *cit.*, p. 994; también Vargas Gonzalez, *El comiso del patrimonio criminal, cit.*, pg. 273, se muestra favorable a esta modalidad de decomiso.

88. García Arán, "Comentario al artículo 127 CP, *cit.*, pg. 959; Vargas Gonzalez, *El comiso del patrimonio criminal, cit.*, pg. 189.

89. Aguado Correa, Teresa, "Comiso: crónica de una reforma anunciada: Análisis de la Propuesta de Directiva sobre embargo y decomiso de 2012 y del Proyecto de reforma del Código Penal de 2013", en *Indret: Revista para el Análisis del Derecho*, Nº. 1, 2014, pg. 15.

El decomiso por valor equivalente comprende también los bienes objeto del *decomiso ampliado* del art. 127 bis CP. El art. 127 bis nº 3 CP permite decomisar bienes por un valor equivalente a los que se presumen obtenidos de forma ilegal y a las ganancias que se hubieran obtenido de ellos, cuando no sea posible recuperarlos, o incluso por la cuantía en que se hubiesen depreciado. Esta disposición va más allá desde luego de lo dispuesto en la Directiva. La doctrina ha sido criticada esa posibilidad por su carácter desproporcionado, habida cuenta de que el origen ilícito de los bienes se deduce de indicios, no resultando acreditado con prueba directa[90].

Parece admitir el comiso de sustitución de bienes que se presumen de origen ilegal (especialmente la modalidad prevista en los *art. 127 quinquies y sexies* CP, actividad delictiva previa continuada) lo dispuesto en el art. 127 septies CP que, con una referencia muy genérica, y después de la regulación del comiso ampliado, se refiere al comiso por sustitución, que es de aplicación "si la ejecución del decomiso no hubiera podido llevarse a cabo, en todo o en parte"[91]. Dado que el decomiso ampliado cuando se trata de una *actividad delictiva previa continuada*, que tiene una regulación específica, es también una modalidad de decomiso, puede interpretarse que, cuando este no pueda llevarse a cabo, procede igualmente el decomiso por sustitución. Con todo, es cierto que esto es discutible y, por ello, algún autor interpreta que esta modalidad de decomiso ampliado no queda incluida en el paraguas del comiso por sustitución, algo que se valora como sorprendente y como un defecto de técnica legislativa[92]. Efectivamente, siendo tan nueva la legislación, hubiera sido deseable una técnica jurídica más depurada en cuanto a la regulación de esta cuestión.

Por su parte, el art. 127 quáter CP permite el decomiso por valor equivalente de *bienes en poder de terceros*, en los casos que se especifican en el mismo. Como veremos posteriormente, es posible privar al tercero de un valor equivalente a lo adquirido, siempre que conozca o tenga motivos para sospechar del origen ilícito de los bienes o de que obstruye el decomiso, y se presumen estas circunstancias en las adquisiciones a título lucrativo o por un precio inferior al real de mercado. Esta posibilidad ha sido acogida de manera crítica[93] por la doctrina, que la considera desproporcionada[94]. Desde luego que

90. Roig Torres, "La regulación del comiso (...)", *cit.*, pg. 251.

91. Así lo admite Roig Torres, *ibídem*, pg. 263.

92. Diez Ripolles, José Luis, *Derecho penal español. Parte general.* 4ª edición revisada, Tirant lo Blanch, Valencia, 2016, pg. 810.

93. Parece mostrarse crítica Vidales Rodríguez, Caty, "Consecuencias accesorias: decomiso (arts. 127 a 127 octies)", en González Cussac, J.L. (Dir.): *Comentarios a la Reforma del Código Penal de 2015*, Tirant lo Blanch, Valencia, 2015, pg. 403.

94. Contrario al principio de proporcionalidad y que busca "incrementar la eficacia" aun a costa de vulnerar el derecho a la propiedad dice Aguado Correa, "Comiso: crónica de una reforma anunciada (...)", *cit.*, pg. 48.

es desmedido[95] hacer pagar al tercero una cantidad por valor equivalente si al adquirir el bien no era consciente (ni hubiera debido serlo) de su procedencia ilícita y ha pagado el precio debido, disponiendo después de él al desconocer esa circunstancia. En caso contrario, el art. 127 quáter CP va a permitir el decomiso por valor equivalente de los bienes adquiridos por terceros, cuando no sea posible decomisarlos por cualquier circunstancia.

Ni el art. 127.3 CP ni el 127 septies CP señalan las *causas por las que no pueden decomisarse los bienes* conectados con el delito y que activan el decomiso sustitutivo o del valor equivalente. El art. 127.3 CP dispone que procede el comiso sustitutivo "si por cualquier circunstancia no fuera posible el decomiso de los bienes señalados en los apartados anteriores de este artículo". Por su parte, el 127 septies CP indica que dicho comiso es de aplicación "si la ejecución del decomiso no hubiera podido llevarse a cabo, en todo o en parte, a causa de la naturaleza o situación de los bienes, efectos o ganancias de que se trate, o por cualquier otra circunstancia". La norma general es que el comiso por valor equivalente es de aplicación cuando no es posible el comiso de bienes, efectos o ganancias cualquiera que sea el motivo (por cualquier circunstancia), y se nombra a título ejemplificativo el de la naturaleza o situación de los bienes. Habrá que imaginar que cuando se refiere a la *naturaleza*, se está refiriendo a situaciones en las que no es posible el decomiso ordinario porque, por ejemplo, son bienes perecederos que han desaparecido, o de consumo, etc. En cuanto a la *situación* de los bienes, podría estar aludiendo a supuestos en los que los bienes se encuentran en el extranjero, por ejemplo[96]. En todo caso, cualquier circunstancia que imposibilite el comiso permite recurrir a la modalidad sustitutiva. No existe legalmente ninguna restricción en cuanto a los motivos que no permitan decomisar los efectos, instrumentos o ganancias del delito. Con todo, un sector doctrinal propone acertadamente que se interprete la expresión legal "por cualquier circunstancia" como referida "exclusivamente a circunstancias imputables dolosa o imprudentemente al sujeto"[97], puesto que con ello se explica también que este comiso solo pueda acordarse sobre bienes sustitutivos pertenecientes a los "criminalmente responsables del hecho" (art. 127 septies CP)[98],

95. Roig Torres, "La regulación del comiso (...)", *cit.*, pg. 264.

96. Parece más razonable, de optar por dar ejemplos de circunstancias que puedan impedir la ejecución del decomiso, las mencionadas en la Circular nº 4/2010 sobre las funciones del Fiscal en la investigación patrimonial en el ámbito del proceso penal, 30 diciembre de 2010, pg. 62, que se refería a los casos de "pérdida, desaparición o irreivindicabilidad" de los bienes.

97. García Arán, "Comentario al artículo 127 CP", *cit.*, pg. 959.

98. El art. 127.3 CP ya no incluye expresamente la exigencia de que los bienes decomisados con carácter sustitutivo pertenezcan a los criminalmente responsables del hecho, fórmula que procede de la Decisión Marco 2001/500/JAI del Consejo, relativa al blanqueo de capitales, la identificación, seguimiento, embargo, incautación y decomiso de los instrumentos y productos del delito, a la que se remite la Directiva 2014/42/UE. Así lo indica Roig Torres, "La regulación del comiso (...)", *cit.*, pg. 241.

en una expresión del principio de personalidad de las penas[99]. Esta postura, que atribuye a esta modalidad de decomiso una naturaleza jurídica que la acerca a las penas, trata de restringir así los motivos que autorizan incautar bienes lícitos por valor equivalente de los criminalmente responsables de la infracción penal. Por lo que el comiso de sustitución no se activa ante cualquier circunstancia, sino solo ante aquellas en las que se frustra la ejecución del comiso de manera dolosa o imprudente. Actuaciones fortuitas quedan al margen de los motivos que autorizan el decomiso. En esta línea, se pone como ejemplo que, si el criminalmente responsable utiliza su vehículo para cometer un atraco y el mismo resulta destruido, esta circunstancia impedirá no sólo aplicar el decomiso de los instrumentos, sino cualquier otro[100]. En cualquier caso, parece claro que si no es posible ejecutar el decomiso a causa de una maniobra fraudulenta del afectado podrán ser de aplicación eventualmente otras figuras delictivas (frustración de ejecución, etc.).[101]

En cuanto al *valor de los bienes* decomisables por cuya cuantía se procede contra otros bienes del responsable penal, de acuerdo con el art. 127.3 CP será el "que tenían en el *momento de su adquisición*". La aplicación práctica de esta expresión puede ser problemática. Especialmente porque hace referencia expresa a que se haya producido una *adquisición*, algo que no siempre será posible acreditar. Parece más adecuado que el momento a tener en cuenta sea no tanto el de su adquisición cuanto el momento en el que se produce el hecho que permite su decomiso. Asimismo, la referencia a la adquisición puede no ser la más adecuada cuando se trata de los instrumentos del delito, como un vehículo, cuya adquisición puede haber tenido lugar hace muchos años. Nuevamente en estos casos parece que sería conveniente tener en cuenta el valor de tales bienes en el momento de comisión del delito que motiva la aplicación

99. De esta misma opinión Puente Aba, Luz María, "Novedades en la regulación del comiso según el Proyecto de Reforma del Código Penal", en *Panóptico: contra la cultura carcelaria*, Año 2003, Número 6. Dedicado a: La Contrarreforma Penal, pg. 129.

100. Mapelli caffarena, Borja, *Las consecuencias jurídicas del delito*, 5° edición, Civitas - Thomson Reuters, 2011, pg. 417.

101. Vidales Rodríguez, "Consecuencias accesorias: decomiso (arts. 127 a 127 octies)", *cit.*, pg. 410, considera que pueden venir en aplicación delitos tales como el alzamiento de bienes, el otorgamiento de contrato simulado o, incluso, el delito de blanqueo de capitales; Aguado Correa, Teresa, "Comentario al Artículo 127 septies", en *Comentarios prácticos al Código Penal. Tomo I. Parte general. Artículos 1-137*, Manuel Gómez Tomillo (director), Thomson Reuters Aranzadi, Cizur Menor, 2015. pg. 1048, alude al delito de frustración de ejecución, especialmente el art. 257 bis CP, no descartando otros; también Roig Torres, "La regulación del comiso (...)", *cit.*, pg. 265, indica que habrá que valorar la eventual aplicación de algún delito y cita el alzamiento de bienes; señala Luzón Cuesta, José María, *Compendio de Derecho penal Parte general*, Vigésimo Segunda edición, 2015 adaptado al programa de la oposición a ingreso en las carreras judicial y fiscal (BOE 30 de enero de 2015), adenda de actualización. Adaptado al programa publicado por el Consejo General del Poder Judicial el día 13 de julio de 2015 Dykinson S. L. Madrid Julio de 2015, pg. 13, que, de producirse alguna maniobra del autor del delito, ello "podrá determinar la comisión de un delito de alzamiento de bienes o de blanqueo de capitales."

del decomiso (cuestionable es si ha de tenerse en cuenta en este caso la depreciación del valor del bien por razón del uso durante los años que van desde su adquisición a su utilización delictiva). La referencia que realiza el CP al valor que tenían los bienes en el momento de su adquisición parece dejar claro que, en caso de depreciación desde su adquisición, el valor por el que se acordará el decomiso de sustitución será el de la diferencia que exista entre el valor del bien al momento de ser decomisado y el correspondiente al del momento de adquisición[102]. El patrimonio del responsable penal corre así con el riesgo de depreciación de los bienes del delito, algo que parece evidenciar de nuevo el carácter sancionador de la mayoría de las modalidades de comiso de sustitución (instrumentos, efectos, ganancias...). No se dice nada, sin embargo, en cuanto a los métodos para calcular el valor de los bienes desaparecidos o depreciados. Normalmente corresponderá a los peritos en la materia realizar dicha valoración y será el juez quien finalmente decida. Puede ocurrir que no sea posible determinar el valor exacto del bien o del margen de depreciación, situación esta para la que el legislador no ha incluido ninguna disposición similar a la que existe en ordenamientos extranjeros[103]. Recordemos que el §73 *b*) del Código penal alemán permite a juez realizar una estimación del valor, y el art. 70.5 del código penal suizo autoriza al Tribunal dicha estimación cuando el valor de los bienes no pueda ser determinado con precisión, o esta determinación requiera utilizar medios desproporcionados. Permitirle al juez una estimación en estos supuestos parece una medida razonable que agilizaría el procedimiento y evitaría incurrir en gastos excesivos[104].

> Una *cuestión procesal* de interés es hasta cuándo tiene el juez para dictar el auto que acuerde el decomiso de sustitución cuando no sea posible el comiso de los bienes al que se refiere el art. 127 septies. El Código no ofrece ninguna indicación al respecto. Sin embargo, como es evidente, no puede estar abierta indefinidamente esta posibilidad de dictar el auto, porque supondría una vulneración de derechos fundamentales. Recordemos, en este sentido, que la Sentencia del TEDH, de 1 de febrero de 2005, *Crowther vs. Reino Unido*[105], declaró la violación del art. 6.1 CEDH relativo al derecho de toda persona a que "su causa sea oída ... dentro de un plazo razonable", al haber transcurrido cuatro años y tres meses desde que se dictó la sentencia en la que se acordaba el decomiso, sin que en ese lapso se hubiese acordado ninguna medida para ejecutarlo por parte de las autoridades correspondientes[106].

---

102. Aguado Correa, Teresa, "Comentario al Artículo 127", en *Comentarios al Código penal*, *cit.*, pg. 1012; Aguado Correa, "Comiso: crónica de una reforma anunciada (...)", *cit.*, pg. 16.

103. Así lo explica Aguado Correa, "La regulación del comiso en el proyecto de modificación del Código Penal", *cit.*, pgs. 6 - 7.

104. *Ibídem*.

105. Echr, *Case of Crowther v. the United Kingdom*, no. 53741/00, 1 de febrero de 2005.

106. Aguado Correa, "Comiso: crónica de una reforma anunciada (...)", *cit.*, pg. 52; Aguado Correa, "Comentario al Artículo 127 septies", *cit.*, pg. 1048.

No se trata con esta modalidad de decomiso de hacer frente a las *responsabilidades civiles* del delito. Por lo que una cosa es la valoración del alcance de la responsabilidad civil, que deberá cubrirse en todo caso, y otra la valoración de los bienes objeto de decomiso y que han desaparecido o se han depreciado. Cuestión distinta es que los bienes cuyo decomiso se haya acordado puedan dedicarse a pagar indemnizaciones a las víctimas, cuando los responsables no dispongan de otros bienes con los que afrontar aquellas, tal y como dispone el art. 127 octies CP.

Esta regulación del comiso por valor equivalente ha sido criticada por *Aguado Correa*, por vulnerar derechos fundamentales. Rechaza esta autora que se mantenga su carácter imperativo, que no se limiten las circunstancias en las que se puede acordar, y que se pueda imponer en relación con cualquier tipo de delito[107].

2.2 Decomiso ampliado

2.2.1 El decomiso ampliado en la Directiva 2014/42/UE

El decomiso ampliado se reguló por vez primera[108] en la *Unión Europea* en la parcialmente derogada *Decisión Marco* 2005/212/JAI del Consejo de 24 de febrero de 2005 *relativa al decomiso de los productos, instrumentos y bienes relacionados con el delito*[109]. Este instrumento contenía en el artículo 3 lo que denominaba potestad de comiso ampliada, que obligaba a los Estados miembros a proceder al comiso total o parcial de los bienes que pertenecían a una persona condenada por delitos cometidos en el marco de una organización delictiva o de terrorismo (apartado 1) en determinadas situaciones[110].

La Directiva regula el "decomiso ampliado" en el art. 5. En cuanto a su ámbito de aplicación, dispone que ha de imponerse cuando se trate de una in-

---

107. Aguado Correa, "Comiso: crónica de una reforma anunciada (...)", *cit.*, pg. 16, respecto del proyecto del CP, que se mantiene inalterado en la versión vigente.

108. Ya en el año 2000 se recomendaba la inversión de la carga de la prueba en el documento de la Unión Europea titulado "*Prevención y control de la delincuencia organizada: - Estrategia de la UE para el comienzo del nuevo milenio*" (DO C 124, 3 mayo 2000). En la Recomendación nº 19 se alude a la necesidad de estudiar la posibilidad de mitigar la carga de la prueba (en el derecho civil, penal o en la legislación fiscal) en lo que se refiere al patrimonio de una persona condenada por un delito relacionado con la delincuencia organizada, siempre con el debido respeto de los principios jurídicos fundamentales.

109. Decisión Marco 2005/212/JAI del Consejo de 24 de febrero de 2005 relativa al decomiso de los productos, instrumentos y bienes relacionados con el delito, *Diario Oficial de la Unión Europea*, 15.3.2005, L 68.

110. Cfr. Sobre esta cuestión Blanco Cordero, Isidoro, "Comiso ampliado y presunción de inocencia", en *Criminalidad Organizada, Terrorismo e Inmigración*, Puente Aba, Luz María (Directora); Rodríguez Moro, Luis; Zapico Barbeito, Mónica (coordinadores), Editorial Comares, Granada, 2008, pgs. 69-106.

fracción penal de las enumeradas en su art. 3 siempre y cuando, de acuerdo con el instrumento europeo correspondiente o, en caso de que el instrumento de que se trate no contenga un umbral de pena, de conformidad con el Derecho nacional aplicable, esté castigada "con una pena privativa de libertad de al menos cuatro años". Junto a estos delitos, las letras *a*) a *d*) del art. 5.2 contienen un listado de infracciones penales para las que no rige este límite general de 4 años, de manera que el legislador europeo incluye así un "catálogo mínimo" de delitos que permiten acordar el decomiso ampliado[111].

A diferencia de la DM 2005/212/JAI (el art. 3.2. *a*) y *b*)) y de la Propuesta de Directiva (art. 4), que requerían que los bienes procedieran de actividades delictivas "similares" a aquellas por las que había sido condenado el sujeto, la Directiva suprime esta referencia y considera suficiente con que los bienes procedan de "*actividades delictivas*". Esto supone una clara ampliación del objeto del decomiso ampliado, pues no es necesario que proceda de actividades similares a las listadas, sino que puede también tener origen otras no listadas[112].

Son decomisables, total o parcialmente, los bienes pertenecientes a una persona condenada por una infracción penal que "*directa o indirectamente pueda dar lugar a una ventaja económica*" (art. 5.1). De acuerdo con el Considerando 20, para determinar si una infracción penal puede dar lugar a una ventaja económica, los Estados miembros pueden "tener en cuenta el modus operandi, por ejemplo, en caso de que una de las condiciones de la infracción consista en que se haya cometido en el contexto de la delincuencia organizada o con la intención de generar beneficios periódicos procedentes de infracciones penales".

Una de las cuestiones debatidas durante la tramitación de la Directiva fue el del *nivel de prueba de la procedencia delictiva de los bienes*. La redacción final rechaza una posible inversión de la carga de la prueba[113] y exige que el órgano jurisdiccional "haya resuelto considerando las circunstancias del caso, incluidos los hechos específicos y las pruebas disponibles, tales como que el valor del bien no guarda proporción con los ingresos lícitos de la persona condenada, que el bien que se trata procede de actividades delictivas" (art. 5.1). Durante la

111. Aguado Correa, "La Directiva 2014/42/UE sobre embargo y decomiso en la Unión Europea (...)", *cit.*, pg. 21.

112. *Ibídem*, pg. 23.

113. Durante la tramitación de la Directiva se presentó una propuesta transaccional fruto de las extensas deliberaciones mantenidas en los órganos preparatorios del Consejo, en la que se proponía una redacción de un considerando que señalaba expresamente "Los Estados miembros deben estar facultados para aplicar un sistema basado en la inversión de la carga de la prueba en casos de decomiso ampliado (considerando 10 bis)." Cfr. Propuesta de Directiva del Parlamento Europeo y del Consejo sobre el embargo preventivo y el decomiso de los productos de la delincuencia en la Unión Europea [primera lectura] - Orientación general. 17117/12 DROIPEN 178 COPEN 264 CODEC 2887.

tramitación se debatía si era necesaria la plena convicción del órgano jurisdiccional, tal y como exigía la anterior Decisión Marco 2005/212/JAI[114], o bastaba con la "presunción de probabilidad" que señalaba la Propuesta de Directiva[115]. La versión definitiva parece situarse en "en un término medio"[116]. Con todo, es cierto que los Estados pueden establecer un nivel de prueba inferior, tal y como se deduce de lo dispuesto en el Considerando 21: "el decomiso ampliado debe ser posible en caso de que un órgano jurisdiccional haya resuelto que el bien en cuestión procede de actividades delictivas. Esto no significa que deba probarse que el bien en cuestión procede de actividades delictivas. Los Estados miembros pueden estipular que sea suficiente, por ejemplo, con que el órgano jurisdiccional considere, habida cuenta de las distintas probabilidades, o pueda presumir razonablemente, que es sustancialmente más probable que el bien en cuestión se haya obtenido merced a actividades delictivas que merced a otras actividades". Asimismo, el Considerando 22 reconoce la posibilidad de "que los Estados miembros establezcan competencias más amplias en su Derecho nacional, incluso, por ejemplo, en relación con sus normas en materia de prueba".

Reiteramos que la Directiva no señala expresamente el criterio de la *inversión de la carga de la prueba*, pero, entre los hechos específicos y las pruebas disponibles que permiten al órgano jurisdiccional resolver que los bienes proceden de actividades delictivas, se alude de manera expresa a la desproporción entre el valor del bien y los ingresos lícitos de la persona condenada (art. 5.1). El Considerando 21 señala literalmente que "el hecho de que los bienes de la persona no guarden proporción con sus ingresos lícitos puede ser uno de los elementos que induzcan al órgano jurisdiccional a resolver que el bien procede de una actividad delictiva". No se invierte la carga de la prueba, porque se ha de acreditar la desproporción. Además se debe dar la oportunidad al condenado de presentar pruebas sobre la procedencia lícita de los bienes desproporcionados (lo que requerirá que este conozca que los bienes pueden ser decomisados y que tenga la posibilidad de impugnar las pruebas, derecho reconocido de manera expresa para el decomiso ampliado en el art. 8.8 de la Directiva).

En cuanto al *período* durante el que puede entenderse que un bien procede de una actividad delictiva, el art. 5 guarda silencio, a diferencia de lo que señalaban las letras *a*) y *b*) del art. 3.2 de la Decisión Marco 2005/212/JAI,

---

114. La DM 2005/212/JAI exigía que el "órgano jurisdiccional nacional, basándose en hechos concretos, está plenamente convencido de que los bienes de que se trata provienen de actividades delictivas..." (art. 3.2).

115. Art. 4.1 PD: "cuando un tribunal concluya, basándose en hechos concretos, que es considerablemente más que probable que los bienes en cuestión proceden de actividades delictivas similares cometidas por la persona condenada que de otro tipo de actividades" (art. 4.1 PD).

116. Aguado Correa, "La Directiva 2014/42/UE sobre embargo y decomiso en la Unión Europea (...)", *cit.*, pg. 21.

que se referían a actividades delictivas (similares) "desarrolladas por la persona condenada durante un período anterior a la condena por la infracción". Ahora bien, el Considerando 21 dispone que "los Estados miembros también pueden establecer un determinado plazo durante el cual pueda considerarse que el bien procede de una actividad delictiva."

2.2.2 El decomiso ampliado en el Código penal español

La reforma de 2015 ha introducido en el CP dos modalidades distintas de decomiso ampliado: el decomiso ampliado que podría denominarse básico (art. 127 bis), que permite su aplicación en caso de condena por algún delito de los listados, y el decomiso ampliado reforzado (arts. 127 quinquies y 127 sexies), para supuestos de condena por una actividad delictiva continuada[117].

2.2.2.1 El decomiso ampliado básico del artículo 127 bis.

De acuerdo con el Preámbulo de la LO 1/2015, "el decomiso ampliado se caracteriza, precisamente, porque los bienes o efectos decomisados provienen de otras actividades ilícitas del sujeto condenado, distintas a los hechos por los que se le condena y que no han sido objeto de una prueba plena". Sigue diciendo que la peculiaridad de esta modalidad de decomiso radica en que "no se fundamenta en la acreditación plena de la conexión causal entre la actividad delictiva y el enriquecimiento, sino en la constatación por el juez, sobre la base de indicios fundados y objetivos, de que han existido otra u otras actividades delictivas, distintas a aquellas por las que se condena al sujeto, de las que deriva el patrimonio que se pretende decomisar". Y termina señalando que: "véase que la exigencia de una prueba plena determinaría no el decomiso de los bienes o efectos, sino la condena por aquellas otras actividades delictivas de las que razonablemente provienen".

La ubicación sistemática del decomiso ampliado permite afirmar que se aplica no sólo respecto de los delitos dolosos, sino también respecto de los *imprudentes* (cuando la ley prevea la imposición de una pena privativa de libertad superior a un año). Así se deduce de su previsión en un artículo separado (art. 127 bis CP) y colocado a continuación del artículo (art. 127 CP) que regula el decomiso en los delitos dolosos e imprudentes[118].

En cuanto a su *naturaleza jurídica*, el Preámbulo de la LO 1/2015 señala expresamente que el decomiso ampliado no es una sanción penal, sino una ins-

117. Así, De Jorge Mesas, Luis Francisco "El decomiso ampliado en la Reforma del Código Penal de 2015", en *Revista Aranzadi Doctrinal*, num.7/2016, BIB 2016\3261 (consultada la versión electrónica).

118. Aguado Correa, "Comiso: crónica de una reforma anunciada (...)", *cit.*, pg. 20.

titución dirigida a poner fin a una situación patrimonial ilícita consecuencia de actividades delictivas, siendo, por tanto, su fundamento más civil o patrimonial[119]. Discrepa de ello *Aguado Correa*, para quien no son válidos los argumentos del legislador, de manera que el decomiso ampliado sigue teniendo naturaleza de sanción penal[120]. Por su parte, el TEDH ha señalado en reiteradas ocasiones que el decomiso ampliado no constituye una sanción penal[121]. A mi juicio, la naturaleza jurídica de esta modalidad de decomiso dependerá del objeto sobre el que recaiga, teniendo en cuenta, como vamos a ver, que se permite el decomiso ampliado de los "bienes, efectos y ganancias". Si se trata del decomiso de ganancias que han supuesto un incremento patrimonial motivado por el delito, el objetivo del mismo va a ser neutralizarlo, lo que lo aproxima a una naturaleza más civil. Si se trata, por ejemplo, del decomiso de instrumentos tendrá una naturaleza sancionadora por haber sido utilizados en la comisión del delito (sería mejor señalar, como hemos visto, que tiene naturaleza preventiva dirigida a hacer frente a la peligrosidad de los mismos). No podemos perder de vista que se permite el decomiso ampliado del valor equivalente a los instrumentos (bienes dice el CP), lo que como hemos dicho le dota de una naturaleza sancionadora.

El comiso ampliado tiene *carácter imperativo*, esto es, el juez "ordenará" el decomiso de los bienes. La obligatoriedad de la imposición del decomiso ampliado no supone que quede al margen del principio acusatorio, esto es, que no deba solicitarse por la acusación y que pueda acordarse de oficio por el Juez[122]. En todo caso, la acusación ha de pedir el decomiso de bienes y ha de ser sometido a debate en juicio[123].

El decomiso ampliado del art. 127 bis CP solo puede imponerse a una "*persona condenada*" por alguno de los delitos a los que alude el precepto. Es cierto, con todo, que el art. 127 ter CP permite el decomiso ampliado sin

---

119. Señala Díaz Cabiale, "El decomiso tras las reformas del Código Penal y la Ley de Enjuiciamiento Criminal de 2015", *cit.*, pg. 36, que de esta manera el decomiso pasa a ser una "una institución civil", lo que pone de de manifiesto "la tendencia a civilizar el proceso penal...".

120. Aguado Correa, "Comiso: crónica de una reforma anunciada (...)", *cit.*, pg. 29; Aguado Correa, Teresa, "Comentario al artículo 127 bis", en *Comentarios prácticos al Código Penal, cit.*, pg. 1016.

121. Ampliamente Blanco Cordero, "Comiso ampliado y presunción de inocencia", *cit.*, pgs. 69-106.

122. Esto es lo que permitiría la fórmula legal "deberá" que empleaba el derogado art. 127.3, señalaba Gallego Soler, Ignacio, en *Comentarios al Código Penal Reforma LO 5/2010*, Mirentxu Corcoy Bidasolo, Santiago Mir Puig (Directores), Tirant lo Blanch, Valencia, 2011, pg. 300. En cuanto a la regulación vigente, entiende Corcoy Bidasolo, Mirentxu, "Comentario al artículo 127 CP", en *Comentarios al Código Penal,* Mirentxu Corcoy Bidasolo / Santiago Mir Puig (Dir.), Tirant lo Blanch, Valencia, 2015, pg. 300, que el carácter imperativo de la fórmula legal permitiría interpretar que el Juez o Tribunal puede acordar de oficio el decomiso ampliado, si bien lo rechaza exigiendo sometimiento al principio de contradicción y motivación en la resolución judicial.

123. Así Aguado Correa, "Comiso: crónica de una reforma anunciada (...)", *cit.*, pgs. 20-21, citando diversas decisiones judiciales.

condena, si bien tiene un carácter facultativo. *Aguado Correa*, por el contrario, entiende que aplicar el decomiso ampliado sin condena vulnera derechos fundamentales y principios constitucionales (principios de presunción de inocencia y de proporcionalidad), por lo que el decomiso ampliado sólo debería acordarse en casos de condena a una persona declarada culpable por algún delito de los previstos en el art. 127 bis CP[124].

En cuanto a *lo decomisable*, el art. 5 de la Directiva 2014/42/UE exige a los Estados que decomisen, total o parcialmente, los "bienes pertenecientes a una persona condenada por una infracción penal que directa o indirectamente pueda dar lugar a una ventaja económica, cuando un órgano jurisdiccional haya resuelto..., que el bien de que se trata procede de actividades delictivas". La referencia a bienes y a la infracción penal que pueda dar lugar a una ventaja económica parece aludir a los productos del delito. Por su parte, el art. 127 bis CP se refiere inicialmente a los "bienes, efectos y ganancias" pertenecientes a una persona condenada por uno de los delitos que se enumeran y, a continuación, cuando se resuelva que los "bienes o efectos" provienen de una actividad delictiva. Como ya hemos señalado, no está claro si el término bienes alude a los instrumentos en el sentido del artículo 127.1 CP ("bienes, medios o instrumentos con que se haya preparado o ejecutado" el delito) o a los que "provienen de una actividad delictiva" [125], con lo que incluiría a las ganancias. La doctrina entiende que en Derecho español se admite el decomiso ampliado de los instrumentos utilizados en la preparación o ejecución de una actividad delictiva (en la línea de lo que permitía el derogado 127 nº 1 CP)[126], algo que parece ir más allá de lo exigido por el legislador europeo. Finalmente, es necesario señalar que el decomiso ampliado recae también sobre el valor equivalente a los bienes (¿instrumentos?), efectos y ganancias de acuerdo con lo señalado en el art. 127 bis nº 3 CP (que se remite al art. 127 nº 3 CP).

Lo decomisable ha de provenir de una "*actividad delictiva*". A diferencia del artículo 127 quinquies CP, para aplicar el art. 127 bis CP no se exige una continuidad, habitualidad o reiteración[127]. Como señala el Preámbulo de la LO 1/2015, esta modalidad de decomiso está pensada para "supuestos en los que es frecuente que se produzca una actividad delictiva sostenida en el tiempo de la que pueden derivar importantes beneficios económicos". Por lo que normalmente se tratará de delitos que, sin que sea necesaria una continuidad delictiva, generan de manera constante beneficios económicos.

124. *Ibídem*, pg. 22.

125. Roig Torres, "La regulación del comiso (...)", *cit.*, pg. 246.

126. *Ibídem*, pg. 247; también parece admitirlo así Aguado Correa, "Comiso: crónica de una reforma anunciada (...)", *cit.*, pg. 21, nota 74.

127. Roig Torres, "La regulación del comiso (...)", *cit.*, pg. 247.

No todos los delitos permiten aplicar el decomiso ampliado, sino que el art. 127 bis CP contiene un *listado de actividades delictivas*, que se ha ampliado notablemente respecto del derogado art. 127 nº 1 CP. Este limitaba su ámbito de aplicación a "actividades delictivas cometidas en el marco de una organización o grupo criminal o terrorista, o de un delito de terrorismo". El legislador de 2015, en teoría para cumplir con la Directiva, ha introducido ahora una lista de delitos entre los que se encuentran, por ejemplo, los delitos de corrupción[128] (en concreto, corrupción en los negocios, cohecho y malversación)[129], algo que había sido reclamado por la doctrina[130]. Durante el proceso de elaboración de la reforma de 2015 se fue ampliando el listado de delitos con el fin de extender esta modalidad de decomiso a actividades delictivas[131] distintas y no limitadas a los delitos de terrorismo y a los cometidos por organizaciones criminales. Como dice la exposición de motivos de la LO 1/2015, "ahora se extiende a otros supuestos en los que es frecuente que se produzca una actividad delictiva sostenida en el tiempo de la que pueden derivar importantes beneficios económicos (blanqueo y receptación, trata de seres humanos, prostitución, explotación y abuso de menores, falsificación de moneda, insolvencias punibles, delitos contra la hacienda pública y la seguridad social, corrupción en los negocios, delitos informáticos, cohecho, malversación o delitos patrimoniales en casos de continuidad delictiva o multirreincidencia)". Un sector doctrinal señala que

---

128. *Ibídem*, pg. 246.

129. Recordemos que el Anteproyecto aludía solo a la corrupción entre particulares y no mencionaba los delitos relativos a la corrupción pública, lo que fue objeto de críticas doctrinales, cfr. En este sentido, Puente Aba, Luz María, "Comiso en materia de tráfico de drogas: Art. 374 CP", en Álvarez García, F.J. (Dir.)/ Dopico Gómez-Aller, J. (Coord.): *Estudio crítico sobre el Anteproyecto de reforma penal de 2012*, Tirant lo Blanch, Valencia, 2013, pg. 918, quien además criticaba que el Anteproyecto obviaba otras figuras delictivas de carácter socioeconómico que resultan realmente más graves que el delito de corrupción privada; Zárate Conde, Antonio, "Consideraciones acerca de la nueva regulación del comiso prevista por el Anteproyecto de reforma del Código penal", *Diario La Ley*, Nº 8019, 8 Feb. 2013, pg. 3, advierte asimismo de la conveniencia de incluir delitos que tienen que ver con la corrupción pública, debería incluirse en general cualquier delito económico.

130. Blanco Cordero, "Comiso ampliado y presunción de inocencia", *cit.*, pg. 102.

131. El Art. 127 bis 1 del Anteproyecto de 2012 se refería a los siguientes delitos: "*a*) Delitos de terrorismo. *b*) Delitos contra la salud pública de los artículos 368 a 373 de este Código. *c*) Delitos cometidos en el seno de una organización criminal. *d*) Delitos de falsificación de moneda. *e*) Delitos de blanqueo de capitales. *f*) Delitos de receptación del artículo 298.2 de este Código. *g*) Delitos de trata de seres humanos. *h*) Delitos contra los derechos de los ciudadanos extranjeros. *i*) Delitos relativos a la prostitución y a la explotación sexual y corrupción de menores y delitos de abusos y agresiones sexuales a menores de trece años. *j*) Delitos informáticos de los artículos 197.2 y 3 ó 264 de este Código. *k*) Delitos de corrupción entre particulares".

El Anteproyecto de 2013, a sugerencia del Consejo Fiscal, amplía el catálogo de delitos que ya se preveía en el Anteproyecto de 2012, al que se incorporan: delitos contra el patrimonio y contra el orden socioeconómico en los que hubiera sido apreciada la circunstancia de profesionalidad (letra d); delitos contra la propiedad intelectual o industrial (letra e); delitos de corrupción en las transacciones comerciales internacionales (letra g); delitos de cohecho (letra m); delitos de malversación (letra n); y, finalmente, delitos cometidos en el seno de un grupo criminal (letra p). Sobre la tramitación de este proyecto, cfr. Aguado Correa, "Comiso: crónica de una reforma anunciada (...)", *cit.*, pgs. 23-24.

se ha ampliado "considerablemente"[132] el ámbito de aplicación del decomiso ampliado[133], de manera que el listado resulta "excesivo" [134] en relación con lo dispuesto en la Directiva 2014/42/UE[135] superando "con creces" los delitos que, como mínimo, debían admitir el decomiso ampliado[136]. Se critican tanto los excesos[137] como los defectos. Así, se cuestiona que se admita el decomiso ampliado en los casos de delitos cometidos en el seno de un grupo criminal[138]. El motivo es que se trata de una definición muy amplia y "poco precisa" de este fenómeno criminal (contenida en el art. 570 ter CP), que requiere ponerlo en relación con el concepto de organización criminal (art. 570 bis CP), y que "nada tiene que ver" con el concepto de "organización delictiva" prevista en la Decisión Marco 2008/841/JAI del Consejo, de 24 de octubre de 2008, relativa a la lucha contra delincuencia organizada[139]. Como advierte *Aguado Correa*, en la definición de grupo criminal del art. 570 ter CP no se exige estabilidad o tiempo indefinido ni tampoco se tiene en cuenta el límite de 4 años de pena privativa de libertad o medida de seguridad al que se refiere la DM 2008 y, menos aún, la finalidad del grupo, que en realidad es lo que caracteriza a

132. Siguiendo el lema "más vale que sobre que falte" dice Aguado Correa, "Comiso: crónica de una reforma anunciada (...)", *cit.*, pg. 23.

133. No solo en relación con el derogado art. 127 nº 1 CP, sino también en relación con el Anteproyecto inicial de reforma del CP de 2012 (Anteproyecto de Ley Orgánica por la que se modifica la Ley Orgánica 10/1995, de 23 de noviembre, del Código penal, de 16 de julio de 2012). Cuando se conoció la Propuesta de Directiva (Propuesta de Directiva del Parlamento Europeo y del Consejo, sobre el embargo preventivo y el decomiso de los productos de la delincuencia en la Unión Europea, de 12 de marzo de 2012) el prelegislador procedió a ampliar el número de delitos en dicho anteproyecto (Anteproyecto de Ley Orgánica por la que se modifica la Ley Orgánica 10/1995, de 23 de noviembre, del Código penal, de 11 de octubre 2012).

134. Hava García, Esther, "La nueva regulación del decomiso", en Quintero Olivares, G. (Dir.): *Comentario a la reforma penal de 2015*, Aranzadi, Pamplona, 2015, pgs. 213-223, pg. 217.

135. Jiménez-Villarejo Fernández, Francisco, "La nueva regulación del decomiso y la recuperación de activos delictivos en el ordenamiento jurídico español", en *Revista del Ministerio Fiscal*, 2015, núm. 0, pgs. 94-145, pg. 111, señala que el listado recoge las sugerencias del Informe del Consejo Fiscal del Consejo Fiscal.

136. Roig Torres, "La regulación del comiso (...)", *cit.*, pg. 248; también Gorjón Barranco, María Concepción, "El comiso ampliado como paradigma del moderno Derecho penal", en *Revista penal*, Nº 38, 2016, pgs. 127-146, pg. 135; Díaz Cabiale, "El decomiso tras las reformas del Código Penal y la Ley de Enjuiciamiento Criminal de 2015", *cit.*, pg. 35.

137. Gorjón Barranco, "El comiso ampliado como paradigma del moderno Derecho penal", *cit.*, pg. 135, señala que los delitos previstos en el listado del art. 127 bis CP que no se contienen en la directiva son los siguientes: *d*) Delitos contra el patrimonio y contra el orden socioeconómico en los supuestos de continuidad delictiva y reincidencia; *e*) Delitos relativos a las insolvencias punibles; *f*) Delitos contra la propiedad intelectual o industrial; *h*) Delitos de receptación del apartado 2 del artículo 298; *i*) Delitos de blanqueo de capitales; *j*) Delitos contra la Hacienda pública y la Seguridad Social; *k*) Delitos contra los derechos de los trabajadores de los artículos 311 a 313; *o*) Delitos de cohecho; *p*) Delitos de malversación.

138. Referencia que se incorporó en el Anteproyecto de Ley de reforma del Código Penal de abril de 2013.

139. Aguado Correa, "Comiso: crónica de una reforma anunciada (...)", *cit.*, pg. 25.

la delincuencia organizada: "obtener, directa o indirectamente, un beneficio económico u otro beneficio de orden material"[140]. En cuanto a los defectos, se cuestiona, por ejemplo, que el listado no aluda a la nueva figura delictiva de la financiación ilegal de partidos políticos[141], los delitos de contrabando o los delitos urbanísticos[142].

Asimismo, y respecto de la regulación anterior, llama la atención que el comiso ampliado procede tanto respecto de los delitos dolosos como de los imprudentes[143] e incluso de actos preparatorios cuando estén específicamente castigados, algo que alguna autora considera que podría resultar desproporcionado[144]. Así, por ejemplo, comprende los delitos de blanqueo de capitales, incluida la modalidad imprudente del art. 301 nº 3, e incluso actos preparatorios específicamente regulados como los de los arts. 304 CP en materia de blanqueo de capitales o 373 CP entre los delitos contra la salud pública.[145]

En cuanto a los *supuestos* en los que la comisión de los delitos listados da lugar al decomiso ampliado, la Directiva 2014/42/UE señala que procede "cuando un órgano jurisdiccional haya resuelto, considerando las circunstancias del caso, incluidos los hechos específicos y las pruebas disponibles, tales como que el valor del bien no guarda proporción con los ingresos lícitos de la persona condenada, que el bien de que se trata procede de actividades delictivas". Por su parte, el número 2 del art. 127 bis CP, siguiendo la doctrina del Tribunal Constitucional[146], recurre a la prueba indiciaria y contiene un catálogo abierto de indicios que han de valorarse "especialmente" y "entre otros", lo que no impide, por lo tanto, la apreciación de otros. Este precepto contiene un *listado de indicios*[147] a valorar "a los efectos de lo previsto en el apartado 1 de este artículo", dejando claro que solo son de aplicación a esta modalidad de comiso ampliado y no al resto de modalidades[148]. Es jurisprudencia reiterada que los

---

140. Ibídem, pg. 25, nota al pie 97.

141. Hava García, "La nueva regulación del decomiso", *cit.*, pg. 217.

142. Vidales Rodríguez, "Consecuencias accesorias: decomiso (arts. 127 a 127 octies)", *cit.*, pg. 396.

143. Aguado Correa, "Comiso: crónica de una reforma anunciada (...)", *cit.*, pg. 20; Gorjón Barranco, "El comiso ampliado como paradigma del moderno Derecho penal", *cit.*, pg. 135.

144. Gorjón Barranco, "El comiso ampliado como paradigma del moderno Derecho penal", *cit.*, pg. 135.

145. *Ibídem.*

146. Cfr. SSTC 219/2006, de 28 de julio (F.J.9), 220/2006, de 3 de julio (F.J.8), y 126/2011, de 18 de julio (F.J.14). Sobre las dos primeras sentencias cfr. Blanco Cordero, "Comiso ampliado y presunción de inocencia", *cit.*, pgs. 98 ss.

147. Fernández Pantoja, Pilar, "Las consecuencias accesorias", **en** *Estudios sobre el Código Penal reformado: (Leyes Orgánicas 1/2015 y 2/2015)*, Lorenzo Morillas Cueva (dir.), 2015, pgs. 269-307, pg. 288, se muestra muy crítica con las presunciones, que podrían vulnerar a su juicio "principios básicos y lesionar derechos fundamentales si no van acompañados de pruebas efectivas y reales que sustenten el 'indicio'".

148. Se acogió así la solicitud formulada por el Consejo Fiscal, en su informe, cfr. Informe del

indicios deben estar plenamente acreditados, ser plurales, o excepcionalmente uno, pero de una singular potencia acreditativa; deben ser concomitantes al hecho que se trate de probar; y estar interrelacionados, cuando sean varios, reforzándose entre sí. Asimismo, que a partir de esos indicios se deduzca el hecho consecuencia como juicio de inferencia razonable, es decir, que no solamente no sea arbitrario, absurdo o infundado; que la sentencia exprese cuáles son los hechos base o indicios en que apoye el juicio de inferencia, y que explicite el razonamiento. Es cierto, con todo, que la doctrina se muestra muy crítica con esta enumeración de indicios, considerando incluso que lesiona la presunción de inocencia[149].

1. El primero de los indicios se refiere a "la desproporción entre el valor de los bienes y efectos de que se trate y los ingresos de origen lícito de la persona condenada". La Directiva 2014/42/UE menciona de manera expresa y ejemplificativa este indicio aludiendo a que se puede aplicar el decomiso ampliado cuando "valor del bien no guarda proporción con los ingresos lícitos de la persona condenada". Se trata de una *desproporción* del valor, esto es, de la cuantía de los bienes y efectos de la persona condenada. Esto requiere realizar una valoración entre los ingresos lícitos y los bienes de los que es titular la persona condenada para determinar si existe discordancia cuantitativa y, de ser así, decomisar el exceso si concurren los demás requisitos. La desproporción ha de serlo entre el valor de los "bienes y efectos" del condenado y sus ingresos de origen lícito. Se alude a bienes y efectos, sin referencia expresa a las ganancias, que quizás se entiendan contenidas en la amplia referencia a los bienes, aunque es criticable esta omisión. A diferencia de la regulación anterior, en la que se valoraba el patrimonio del condenado por concretos delitos y sus ingresos obtenidos legalmente, ahora se comparan los bienes y efectos (conceptos más limitados que el patrimonio) y los ingresos de origen lícito, exigiéndose así, tal y como dice la Directiva, que se valoren los ingresos lícitos (y no tanto su legalidad, como se decía antes)[150].

2. Junto al indicio de la desproporción entre el valor de los bienes y efectos de que se trate y los ingresos de origen lícito de condenado, el CP añade otros dos indicios más que no se mencionan en la Directiva 2014/42/UE: a) "la ocultación de la titularidad o de cualquier poder de disposición sobre los bienes o efectos mediante la utilización de personas físicas o jurídicas o entes sin personalidad jurídica interpuestos, o paraísos fiscales o territorios de nula tributación que oculten o dificulten la determinación de la verdadera titularidad

Consejo Fiscal al Anteproyecto de Ley Orgánica por la que se modifica la LO 10/1995, de 23 de noviembre, del Código Penal, Madrid, 8 de enero de 2013, pg. 117.

149. Ampliamente Díaz Cabiale, "El decomiso tras las reformas del Código Penal y la Ley de Enjuiciamiento Criminal de 2015", *cit.*, pgs. 37 ss.

150. Aguado Correa, "Comiso: crónica de una reforma anunciada (...)", *cit.*, pg. 35.

de los bienes"; b) "La transferencia de los bienes o efectos mediante operaciones que dificulten o impidan su localización o destino y que carezcan de una justificación legal o económica válida". Advierte *Aguado Correa* que son indicios normalmente utilizados para acreditar de la comisión de un delito de blanqueo de capitales[151]. Como ha señalado alguna autora, esto puede dar lugar a "importantes problemas aplicativos"[152] consecuencia de la necesidad de determinar si en un caso como este procede el decomiso ampliado y, además, la sanción por delito de blanqueo de capitales, o solo la aplicación de uno de estos institutos y cuál. Si bien lo razonable es aplicar el delito de blanqueo, es cuestionable si una vez procedido al decomiso ampliado de todos los bienes cuyo origen no se pueda explicar razonablemente "subsiste el interés" por castigar por el delito[153].

El número 3 del art. 127 bis CP permite el decomiso ampliado de los *bienes por valor equivalente* de acuerdo con lo dispuesto en el número 2 del art. 127 CP. Es posible así decomisar bienes (efectos, instrumentos y ganancias) por un valor equivalente a los que, con base en la prueba indiciaria, se presumen obtenidos de forma ilegal y a las ganancias que se hubieran obtenido de ellos, cuando no sea posible su confiscación, e incluso por la cuantía en que se hubiesen depreciado respecto del momento de su adquisición. La doctrina advierte que esta disposición va más allá de lo dispuesto en la Directiva 2014/42/UE, donde no se alude a esta cuestión[154]. Se critica el "afán" del legislador español "por privar al condenado de cualquier beneficio de su acción delictiva" que le lleva a ir más allá de lo dispuesto en la Directiva 2014/42/UE introduciendo una disposición "desproporcionada", "habida cuenta que ese origen ilegítimo se deduce de indicios, pero no está acreditado con prueba directa"[155].

De acuerdo con el número 4 del art. 127 bis, si "posteriormente el condenado lo fuera por hechos delictivos similares cometidos con anterioridad, el juez o tribunal valorará el alcance del decomiso anterior acordado al resolver sobre el decomiso en el nuevo procedimiento". Se trata esta de una disposición no contenida expresamente en la Directiva 2014/42/UE, si bien alguna autora la pone en relación con la posibilidad de decomiso parcial[156] previsto en dicha norma europea. Asimismo, se ha dicho que parece estar inspirada en el § 73

151. Aguado Correa, *ibídem*, y le recuerdan, en parte, a los supuestos contemplados en el art. 3.3 DM 2005/212/JAI.

152. Vidales Rodríguez, "Consecuencias accesorias: decomiso (arts. 127 a 127 octies)", *cit.*, pg. 398; en el mismo sentido Gorjón Barranco, "El comiso ampliado como paradigma del moderno Derecho penal", *cit.*, pg. 136.

153. Vidales Rodríguez, "Consecuencias accesorias: decomiso (arts. 127 a 127 octies)", *cit.*, pg. 398.

154. Así Roig Torres, "La regulación del comiso (...)", *cit.*, pg. 251.

155. *Ibídem.*

156. Respecto del proyecto de Directiva, Aguado Correa, "Comiso: crónica de una reforma anunciada (...)", *cit.*, pg. 36

d, apartado 3 del Código penal alemán (StGB)[157]. Se ha criticado la expresión "hechos delictivos similares" por ser contraria al principio de legalidad. El Consejo Fiscal señaló en su momento que "no es apropiada en la definición de los tipos penales, donde se requiere la máxima concreción la describir los elementos que configuran las conductas"[158]. *Aguado Correa* interpreta esta cautela como un mecanismo para evitar su eventual inconstitucionalidad por vulneración de los principios *ne bis in ídem* y proporcionalidad[159]. Por su parte, con buen criterio, señala *Roig Torres* que no es la prohibición de doble sanción la que prohíbe decomisar bienes que han sido objeto de un proceso anterior, porque el decomiso ampliado no tiene naturaleza de sanción sino de "medida puramente patrimonial"[160]. En realidad, sigue esta autora, el fundamento de esta disposición descansa en la inexistencia o en la disminución del incremento patrimonial ilícitamente obtenido como consecuencia de la ejecución del primer decomiso, lo que deja sin justificación un segundo decomiso. Como sabemos, el decomiso ampliado recae sobre bienes que no tienen su origen en el delito por el que recae condena, sino sobre aquellos de conductas ilícitas pasadas. Si posteriormente se enjuician dichas conductas, no puede recaer un nuevo decomiso porque el enriquecimiento generado por ellas ya ha sido neutralizado, incluso mediante el decomiso por valor equivalente. Lo contrario supondría privar al condenado de su patrimonio lícito, lo que equivaldría a imponerle una especie de sanción pecuniaria[161]. Es conveniente, con todo, matizar que el decomiso ampliado puede tener naturaleza sancionadora en función del objeto sobre el que recaiga (instrumentos o valor equivalente de los instrumentos), por lo que en estos casos sí que se puede decir que es el *ne bis in ídem* el que impide el decomiso.

Por último, el número 5 del art. 127 bis CP dispone que no se acordará esta modalidad de decomiso "cuando las actividades delictivas de las que provengan los bienes o efectos hubieran prescrito o hubieran sido ya objeto de un proceso penal resuelto por sentencia absolutoria o resolución de sobreseimiento con efectos de cosa juzgada". Esta disposición no se encuentra expresamente en la Directiva 2014/42/UE, si bien tiene su origen en la Propuesta de Directiva de 2012, cuyo art. 4.2 excluía el decomiso ampliado cuando las actividades delictivas similares mencionadas en el apartado 1: "*a*) no puedan ser objeto de un proceso penal por haber prescrito con arreglo al Derecho penal nacional, o *b*) ya hayan sido objeto de un proceso penal resuelto con una sentencia firme absolutoria de la persona o en otros casos en los que se aplique el principio ne

157. Roig Torres, "La regulación del comiso (...)", *cit.*, pg. 251.

158. Informe del Consejo Fiscal al Anteproyecto de Ley Orgánica por la que se modifica la LO 10/1995, de 23 de noviembre, del Código Penal, Madrid, 8 de enero de 2013, pg. 116; también pedía su supresión Aguado Correa, "Comiso: crónica de una reforma anunciada (...)", *cit.*, pg. 36.

159. Aguado Correa, "Comiso: crónica de una reforma anunciada (...)", *cit.*, pg. 36.

160. Roig Torres, "La regulación del comiso (...)", *cit.*, pgs. 251-252.

161. *Ibídem*, pg. 252.

bis in ídem"[162]. Esta referencia, como decimos, no pasó a formar parte de la versión definitiva de la Directiva, si bien el legislador español la ha incorporado al CP. En relación con la *prescripción*, no va a ser suficiente con que de modo genérico y con base en los indicios, quede suficientemente probada la actividad delictiva, sino que va a ser necesario identificar las concretas actividades delictivas y su fecha de comisión para determinar que han transcurrido los plazos de prescripción. Y esto no parece acomodarse bien con la figura del decomiso ampliado que persigue decomisar los bienes de procedencia ilícita con independencia de las concretas conductas delictivas que los han generado. En cuanto a la referencia a la *absolución o sobreseimiento*, señala *Aguado Correa*[163] que se puede poner en relación con la doctrina jurisprudencial del TEDH elaborada en el caso *Geerings vs. Países Bajos* de 2007[164]. Con todo, parece una disposición ciertamente desconcertante, porque establece una vinculación entre la imposición del decomiso ampliado y la existencia de responsabilidad criminal por los delitos previos de los que proceden los bienes. Esto no casa bien con el propio Preámbulo de la LO 1/2015, que expresamente señala que "el decomiso ampliado no presupone ni conlleva una declaración de culpabilidad por la actividad delictiva desarrollada por el sujeto, pues el decomiso ni presupone tal declaración de culpabilidad ni es una pena". El decomiso ampliado no depende de la existencia de condena penal por las actividades delictivas previas, pues como veremos se admite incluso el decomiso ampliado sin condena en casos de exención o extinción de responsabilidad criminal en el art. 127 ter CP[165]. Sin embargo, el número 5 del art. 127 bis CP hace depender el decomiso ampliado de que la acción penal esté viva, pues de no estarlo por prescripción o absolución no procede su imposición (quizás es correcto para los casos de resolución de sobreseimiento)[166].

---

162. Propuesta de DIRECTIVA DEL PARLAMENTO EUROPEO Y DEL CONSEJO sobre el embargo preventivo y el decomiso de los productos de la delincuencia en la Unión Europea /* COM/2012/085 final - 2012/0036 (COD) */

163. AGUADO CORREA, Teresa, "Comentario al artículo 127 bis", en *Comentarios prácticos al Código*, *cit*, pg. 1024.

164. Ampliamente sobre este asunto, BLANCO CORDERO, "Comiso ampliado y presunción de inocencia", *cit.*, pgs. 87 ss.

165. Así parece deducirse del trabajo de SÁNCHEZ SISCART, José Manuel, "Cuestiones prácticas relativas al reconocimiento de resoluciones de decomiso", en *Reconocimiento mutuo de resoluciones penales en la Unión Europea: análisis teórico-práctico de la Ley 23/2014, de 20 de noviembre*, coord. por Coral Arangüena Fanego, Montserrat de Hoyos Sancho, Carmen Rodríguez-Medel Nieto, 2015, pgs. 409-440, pg. 432.

166. Es llamativa, con todo la STS 578/2012, de 26 de junio, en la que uno de los recurrentes alegaba que el dinero metálico (74.730 euros) ocupado y el vehículo Toyota se intervinieron en otro procedimiento que había finalizado con sentencia absolutoria. El TS, sin embargo, entiende que carece de relevancia el procedimiento en el que se incautan los bienes. "Lo relevante es constatar que se trata de ganancias procedentes de delitos contra la salud pública. En nada incide aquí la sentencia absolutoria dictada en otro procedimiento en el que también estaban aprehendidos tales bienes". Citada por AGUADO CORREA, "Comiso: crónica de una reforma anunciada (...)", *cit.*, pg. 37.

2.2.2.2 Artículos 127 quinquies y 127 sexies CP

Son disposiciones que suelen enmarcarse en el denominado decomiso ampliado porque permiten decomisar bienes, efectos y ganancias provenientes de la actividad delictiva previa del condenado. En su origen se trataba de una norma procesal regulada en la Disposición Adicional Segunda del Anteproyecto de reforma de la Ley de Enjuiciamiento Criminal[167]. Posteriormente se incorporó al Proyecto de reforma del Código penal como resultado de una enmienda del Grupo Parlamentario Popular en el Senado[168]. La justificación de la enmienda señalaba que parece "más razonable aprovechar la reforma del Código penal para incluir, lo que en definitiva es derecho sustantivo"[169]. Se alude asimismo a la Directiva 2014/42/UE, cuando se indica que "la materia del decomiso se mejora técnicamente como consecuencia de la transposición" de dicha Directiva 2014/42/UE. Sin embargo, ninguna referencia contiene el texto europeo a esta modalidad de decomiso[170].

Este decomiso tiene carácter *potestativo*, ("los jueces y tribunales podrán acordar"), por lo que el órgano judicial puede optar por no decretarlo pese a que concurran sus requisitos legales[171].

En cuanto a lo decomisable, se alude a *bienes, efectos y ganancias*, siempre y cuando consten indicios fundados de que el sujeto ha obtenido, a partir de su actividad delictiva, un beneficio superior a 6.000 euros. Esta limitación cuantitativa no se contiene en otras modalidades de decomiso. Por otro lado, a diferencia de lo dispuesto en el art. 127 bis, no se menciona expresamente (ni se explica el motivo) la posibilidad de aplicar este decomiso ampliado al valor equivalente de bienes, efectos y ganancias, por lo que parece que debe quedar excluido. Ya hemos dicho al tratar del decomiso por valor equivalente que lo dispuesto en el art. 127 septies CP, relativo a la ejecución del decomiso, puede abrir una puerta al decomiso por sustitución en este supuesto, si bien se critica que el legislador no haya tenido en cuenta expresamente esta cuestión.

Para poder decomisar bienes, efectos y ganancias provenientes de la actividad delictiva previa del condenado en este supuesto es preciso que concurran,

---

167. Anteproyecto de Ley Orgánica de modificación de la Ley de Enjuiciamiento Criminal para el fortalecimiento de las garantías procesales y la regulación de las medidas de investigación tecnológica, aprobado por el Consejo de Ministros el 5 de diciembre de 2014.

168. Sobre la tramitación parlamentaria, cfr. Hava García, "La nueva regulación del decomiso", *cit.*, pgs. 215-216.

169. Enmienda nº 964 del Grupo Parlamentario Popular en el Senado (GPP). *Boletín Oficial de las Cortes Generales. Senado. X Legislatura. 23 de febrero de 2015*, pg. 675.

170. Así Vidales Rodríguez, "Consecuencias accesorias: decomiso (arts. 127 a 127 octies)", *cit.*, pg. 406.

171. Roig Torres, "La regulación del comiso (...)", *cit.*, pg. 253.

cumulativamente, los siguientes *requisitos*: *a*) que el sujeto sea o haya sido condenado por alguno de los delitos a que se refiere el artículo 127 bis.1 del Código Penal; *b*) que el delito se haya cometido en el contexto de una actividad delictiva previa continuada; y *c*) que existan indicios fundados de que una parte relevante del patrimonio del penado procede de una actividad delictiva previa (art. 127 quinquies nº 1).

a) Se exige que el sujeto *sea o haya sido condenado* por alguno de los delitos a que se refiere el artículo 127 bis.1, que ya hemos analizado. No hay problema cuando se trata de delitos por los que el sujeto es condenado en el mismo proceso penal y que sean todos de los listados en el mencionado precepto. Sin embargo, no es necesario que todos los delitos por los que *es condenado* el sujeto sean de los listados, el precepto habla de "alguno" de ellos. Pero este requisito también se cumple cuando el sujeto es condenado por algún delito de los no listados, pero se constata que tiene antecedentes penales por algunos de los listados. Así se deriva de la exigencia de que el sujeto "*haya sido*" condenado por alguno de ellos, algo que no requiere que el delito por el que se condena sea de los del art. 127 bis.1[172], si se constata indiciariamente que una parte relevante del patrimonio procede de una actividad delictiva previa continuada. Precisamente cuando se define qué es una actividad previa continuada, uno de los supuestos, como vamos a ver a continuación, es el de que el sujeto sea condenado o haya sido condenado en el mismo procedimiento por tres o más delitos, o por un delito continuado que incluya, al menos, tres infracciones penales de las que haya derivado un beneficio económico directo o indirecto, sin exigir que sean de los listados.

b) Es necesario también que el delito se haya cometido en el contexto de una *actividad delictiva previa continuada*. El número 2 del art. 127 quinquies determina cuándo se considerará que la actividad delictiva se ha realizado en el contexto de una actividad delictiva continuada. Esto ocurre en dos supuestos: 1) cuando el sujeto sea condenado o haya sido condenado en el mismo procedimiento por tres o más delitos de los que se haya derivado la obtención de un beneficio económico directo o indirecto, o por un delito continuado que incluya, al menos, tres infracciones penales de las que haya derivado un beneficio económico directo o indirecto; 2) O cuando en el período de seis años anterior al momento en que se inició el procedimiento en el que ha sido condenado por alguno de los delitos a que se refiere el artículo 127 bis del Código Penal, hubiera sido condenado por dos o más delitos de los que hubiera derivado la obtención de un beneficio económico, o por un delito continuado que incluya, al menos, dos infracciones penales de las que ha derivado la obtención de un

172. En este sentido Roig Torres, *ibídem*, pgs. 254.

beneficio económico. Se trata de una enumeración tasada de supuestos en los que concurre la actividad delictiva continuada[173].

1) La actividad delictiva continuada exige que el sujeto *sea o haya sido condenado en el mismo procedimiento* por tres o más delitos de los que se haya derivado la obtención de un beneficio económico directo o indirecto. Esta redacción ha sido considerada "de difícil comprensión"[174], porque parece entenderse (con reservas) qué quiere decir que el sujeto *sea* condenado por tres o más delitos (¿habrá que entender que los tres del listado del 127 bis? ¿Sólo alguno? ¿O ninguno?) de los que ha obtenido un beneficio económico (directo o indirecto). Pero no se entiende muy bien qué significa que el sujeto "*haya sido* condenado", porque parece que debe haber existido algún proceso previo (o tres) que haya terminado en condena, si bien no está claro si estos delitos han de ser todos de los listados en el art. 127 bis, solo algunos o ninguno. En este último sentido, alguna autora entiende que la condena puede recaer sobre un delito de los no listados y, si se acredita que el condenado cuenta con antecedentes por alguno de ellos, se constata que posee bienes, efectos o ganancias de una actividad delictiva anterior continuada, y que una parte relevante de su patrimonio tiene naturaleza delictiva, se puede aplicar esta modalidad de decomiso ampliado[175]. Es llamativo que se puedan decomisar instrumentos (bienes dice el texto legal), efectos y ganancias, pero sólo si se han obtenido beneficios económicos. En caso contrario no son decomisables aquellos bienes a través de esta vía (quizás mediante el 127 bis).

El decomiso ampliado del art. 127 quinquies en los supuestos en los que ya hubo condena por los delitos que se citan puede ser problemático si en la sentencia *se ha decretado ya el comiso*. En efecto, lo habitual será que la sentencia decrete el decomiso de los bienes (ya sea el decomiso normal o el ampliado), por lo que ya no tendrá cabida el decomiso ampliado que estudiamos ahora. Podría aplicarse si en las sentencias previas no se ha decretado el comiso o cuando la condena recae en el propio proceso por varios delitos o por uno continuado. Hubiera sido conveniente, en cualquier caso, un precepto similar al del artículo 127 bis número 4 CP, en el sentido de que, si hay una resolución anterior, el juez o tribunal debe valorar el alcance del decomiso anterior acordado al resolver sobre el decomiso en el nuevo procedimiento[176].

---

173. ROIG TORRES, "La regulación del comiso (...)", *cit.*, pg. 255.

174. De "difícil comprensión" dice DEL CERRO ESTEBAN, José A., *La nueva regulación del decomiso (Ley Orgánica 1/2015 y Ley 41/2015)*, pg. 15, disponible en https://www.fiscal.es/fiscal/PA_WebApp_SGNTJ_NFIS/descarga/Ponencia del Cerro Esteban José A.pdf?idFile=7ef71072-1d5b-4eb6-83ef-5f7cb736162a).

175. ROIG TORRES, "La regulación del comiso (...)", *cit.*, pgs. 254-255.

176. ROIG TORRES, "La regulación del comiso (...)", *cit.*, pg. 255.

2. El segundo supuesto en el que existe una actividad delictiva continuada es aquel en el que en el *período de seis años anterior* al momento en que se inició el procedimiento en el que ha sido condenado por alguno de los delitos a que se refiere el artículo 127 bis del Código Penal: *a*) hubiera sido condenado por dos o más delitos de los que hubiera derivado la obtención de un beneficio económico; o *b*) por un delito continuado que incluya, al menos, dos infracciones penales de las que ha derivado la obtención de un beneficio económico. El período de seis años se cuenta desde el momento en que se inicia el procedimiento que resulta en condena. Si además se constata que ha habido condena anterior durante dicho periodo por dos o más delitos de los que hubiera derivado la obtención de un beneficio económico se puede aplicar esta modalidad de decomiso. No se requiere en este caso que exista ninguna relación entre los delitos, que pueden ser simplemente condenas por delitos aislados respecto de los que no se acredita ninguna conexión (en el sentido del delito continuado: plan preconcebido o aprovechamiento de idéntica ocasión). También si en el período indicado el sujeto ha sido condenado por un delito continuado que incluya, al menos, dos infracciones penales de las que ha derivado la obtención de un beneficio económico. Puede ocurrir que los antecedentes penales que se hayan generado en el período de seis años hayan quedado cancelados cuando se condene por algún delito de los listados en el art. 127 bis, por lo que parece que no deberían ser tenidos en cuenta a estos efectos. Se va a plantear si el plazo de seis años puede aplicarse de manera retroactiva desde el momento de entrada en vigor del art. 127 quinquies, a delitos enjuiciados antes de la entrada en vigor de este precepto. Imaginemos que en 2016 se inicia un procedimiento que resulta en condena en 2017 por un delito de los listados en el art. 127 bis. Como consecuencia, se inicia una investigación patrimonial que se retrotrae seis años desde el inicio del procedimiento, esto es, hasta 2010, y se constata que existen condenas por actividades delictivas continuadas (u otras listadas). ¿Se puede aplicar el decomiso ampliado de los arts. 127 quinquies y sexies? El TEDH, en el asunto *Welch c. Royaume-Uni* de 1995[177] se cuestionaba la legislación sobre drogas del Reino Unido entonces vigente que establecía una presunción de que los bienes o el dinero transmitido en los seis años anteriores a la acusación penal tenían origen delictivo, salvo que el procesado aportara prueba en contrario. En cuanto a la posibilidad de aplicar la ley a las transmisiones y adquisiciones de bienes llevadas a cabo los años anteriores a la entrada en vigor, consideraba suficiente con que el procedimiento penal se hubiese iniciado después de la entrada en vigor de la Ley. Entre otras cuestiones, se alegaba vulneración del art. 7 CEDH (prohibición de la irretroactividad), pues se habían decomisado bienes

177. Cour européenne des Droits de l'Homme, *Welch c. Royaume-Uni*, 9 febrero 1995, n° 1/1994/448/527.

con base en una legislación que entró en vigor después de los hechos y a la que se atribuía un efecto retroactivo. En aquella sentencia el TEDH consideró que el decomiso *constituía una pena* y, por lo tanto, se había vulnerado del art. 7 par. 1 CEDH al haberse aplicado retroactivamente. Lo que ocurre es que el TEDH ha modificado su opinión respecto a la naturaleza jurídica del decomiso ampliado, y ya no le atribuye el carácter de pena[178]. En el asunto *Dassa Foundation v. Liechtenstein*[179], que planteaba una cuestión en relación con el art. 7 del Convenio para la Protección de los Derechos Humanos y de las Libertades Fundamentales (CEDH) y la aplicación retroactiva del decomiso, consideró que el decomiso no basado en condena regulado en Liechtenstein no tiene naturaleza de pena en el sentido del CEDH, sino que se trata de una consecuencia de carácter civil. Constituye, dice el Tribunal, una institución similar a la restitución del Derecho civil en casos de enriquecimiento injustificado y persigue evitar que el delito resulte provechoso[180], por lo que su aplicación retroactiva no vulnera el CEDH. Evidentemente el decomiso ampliado no es equivalente al decomiso sin condena, si bien el TEDH considera que tiene una naturaleza jurídica similar. Hubiera sido deseable una regulación expresa de esta cuestión.

c) Es necesario que existan indicios fundados de que una *parte relevante* del patrimonio del penado procede de una actividad delictiva previa. Se ha criticado, por vulneradora del principio de legalidad y generadora de inseguridad jurídica, la referencia a la "parte relevante del patrimonio" del condenado[181]. En cuanto a la *prueba del origen delictivo*, al igual que en el decomiso ampliado del art. 127 bis CP se recurre de nuevo a la prueba indiciaria. De hecho, el listado de indicios relevantes coincide con el descrito en el artículo 127 bis CP. Se ha cuestionado que la expresión que se utiliza para hacer referencia a estos indicios no coincida con la del art. 127 bis CP. Este último dice que "se valorarán, especialmente, entre otros, los siguientes indicios (...)", mientras que el art. 127 quinquies CP dispone que "son indicios relevantes". Alguna autora se cuestiona si esta diferente redacción significa que el listado del art. 127 bis es abierto y el del 127 quinquies CP es cerrado, no admitiéndose, en consecuencia, otros indicios[182]. No creo que la finalidad del legislador sea cer-

---

178. Blanco Cordero, "Comiso ampliado y presunción de inocencia", *cit.*, pgs. 77 ss.

179. *Dassa Foundation v. Liechtenstein*, ECHR, Aplicación No. 696/05 (Julio 10, 2007).

180. Cfr. Blanco Cordero, Isidoro, "El decomiso sin condena en la Unión Europea. Análisis de la propuesta de directiva sobre el embargo preventivo y el decomiso de los productos de la delincuencia", en el Libro *Crisis financiera y derecho penal económico,* coord. Por Manuel Maroto Calatayud; Eduardo Demetrio Crespo (dir.), 2014, pgs. 149-210, pg. 172.

181. Así Aguado Correa, "Comentario a los artículos 127 quinquies y sexies", en *Comentarios prácticos al Código Penal, cit.*, pg. 1044; también advierte de la "imprecisión" que supone esta expresión Vidales Rodríguez, "Consecuencias accesorias: decomiso (arts. 127 a 127 octies)", *cit.*, pg. 407.

182. Aguado Correa, "Comentario a los artículos 127 quinquies y sexies", en *Comentarios prácticos al Código Penal, cit.*, pg. 1044.

rar la vía a otros posibles indicios que, de existir, pueden ser valorados por el juzgador. La redacción, con todo, de la referencia a los bienes y a la prueba indiciaria es algo "confusa"[183]. Así, el primer párrafo del número 1 faculta a los jueces y tribunales para decretar el decomiso de bienes, efectos y ganancias "provenientes" de la actividad delictiva previa del condenado. La letra c, por su parte, exige que existan "indicios fundados de que una parte relevante del patrimonio del penado procede de una actividad delictiva previa". Parece necesario aclarar si lo que se puede decomisar aquí es cualquier bien que forme parte del patrimonio cuyo origen lícito no pueda acreditarse o, en semejanza con el decomiso ampliado del 127 bis, solo los bienes, efectos o ganancias que procedan de la actividad delictiva previa[184].

El *artículo 127 sexies* CP contiene una serie de *presunciones* de las que se infiere que ciertos bienes proceden de la actividad delictiva del condenado. Son presunciones que, de concurrir los requisitos del art. 127 quiquies CP, autorizan al órgano judicial a decomisar los bienes en el plazo de seis años al que se alude sin tener que demostrar, ni siquiera indiciariamente, su conexión delictiva[185]. Si bien ni el artículo 127 quinquies CP ni el 127 sexies CP aluden de manera expresa a la posibilidad de acreditar el origen lícito de los bienes, efectos o ganancias, es necesario señalar que se trata de presunciones *iuris tantum*[186]. Lo contrario, esto es, entender que se trata de presunciones *iuris et de iure* (recordemos que el art. 127 sexies emplea el imperativo "se presumirá"), que no admiten prueba en contrario, supondría una clara vulneración del derecho de defensa. Alguna autora critica que en estos supuestos se exima a la acusación de cualquier prueba, incluso indirecta, porque supondría "una vulneración del derecho a la tutela judicial efectiva que el Tribunal Constitucional ha declarado como principal garantía del decomiso" y que se contiene entre las garantías señaladas en la Directiva 2014/42/UE[187]. Este precepto podría enmarcarse, en principio, en lo dispuesto en el Considerando 22 de la Directiva, que dispone que la misma contiene normas mínimas, que no impiden que los Estados miembros vayan más allá "incluso, por ejemplo, en relación con sus normas en materia de prueba". La doctrina, sin embargo, se ha mostrado crítica al entender que

---

183. Roig Torres, "La regulación del comiso (...)", *cit.*, pg. 255.

184. Vidales Rodríguez, "Consecuencias accesorias: decomiso (arts. 127 a 127 octies)", *cit.*, pg. 409, considera deseable una mayor precisión a la hora de determinar su ámbito de aplicación con el fin de evitar que se solapen ambas modalidades de decomiso ampliado. Coincido con Roig Torres, "La regulación del comiso (...)", *cit.*, pg. 255, en "que la exigencia de esos indicios se refiere al patrimonio en general y no a los concretos elementos decomisados".

185. Roig Torres, "La regulación del comiso (...)", *cit.*, pg. 257.

186. *Ibídem*; Aguado Correa, Teresa, "Comentario a los artículos 127 quinquies y sexies", en *Comentarios prácticos al Código Penal. Tomo I. Parte general. Artículos 1-137*, Manuel Gómez Tomillo (director), Thomson Reuters Aranzadi, Cizur Menor, 2015.pg. 1045.

187. Roig Torres, "La regulación del comiso (...)", *cit.*, pg. 257.

el art. 127 sexies contiene presunciones legales "que vulneran derechos fundamentales y principios constitucionales como el de proporcionalidad" y pueden "atentar contra el derecho a la presunción de inocencia"[188].

En cuanto a los *indicios*, el primero dice que "se presumirá" (imperativo) que "todos" los bienes que el condenado haya adquirido en un período de tiempo que se inicia seis años antes de la fecha de apertura del procedimiento penal, proceden de su actividad delictiva. Se entiende a estos efectos que los bienes han sido adquiridos en la fecha más temprana en la que conste que el sujeto ha dispuesto de ellos. Se trata de una presunción prevista en algunas legislaciones europeas, especialmente en relación con el tráfico de drogas[189]. De hecho, la propia Directiva, en el Considerando 21, señala expresamente que "los Estados miembros también pueden establecer un determinado plazo durante el cual pueda considerarse que el bien procede de una actividad delictiva", algo que parece haber acogido de buena gana el legislador español. Se ha señalado que la redacción es algo incoherente, porque se refiere a la "actividad delictiva" sin que se matice que deba ser "continuada"[190]. Los otros dos indicios se refieren a la presunción de que todos los gastos realizados por el penado durante los seis años anteriores se han pagado con fondos procedentes de su actividad delictiva y a la presunción de que todos los bienes fueron adquiridos libres de cargas. Cuando estas presunciones, en las circunstancias concretas del caso, se revelen incorrectas o desproporcionadas, el juez puede no aplicarlas con relación a determinados bienes, efectos o ganancias[191]. Esta redacción ha sido objeto de un "serio reproche" por *Vidales Rodríguez*, por la "indeterminación" que supone y porque "sume al intérprete en un absoluto desconcierto"[192]. Como acertadamente dice esta autora, lo desproporcionado no son las presunciones (que pueden resultar incorrectas), sino las consecuencias de su aplicación[193]. Quizás aquí lo complicado sea determinar el criterio para ponderar el carácter desproporcionado de la aplicación de las presunciones, en concreto, si ha de tomarse como punto de referencia la naturaleza y gravedad de las infracciones

188. En palabras de Aguado Correa, "Comentario a los artículos 127 quinquies y sexies", en *Comentarios prácticos al Código Penal*, *cit.*, pg. 1045. También se muestra crítica con este precepto Vidales Rodríguez, "Consecuencias accesorias: decomiso (arts. 127 a 127 octies)", *cit.*, pg. 408.

189. Así, por ejemplo, en su momento la legislación del Reino Unido, cfr. Blanco Cordero, "Comiso ampliado y presunción de inocencia", *cit.*, pgs. 69-106.

190. Aguado Correa, "Comentario a los artículos 127 quinquies y sexies", en *Comentarios prácticos al Código Penal*, *cit.*, pg. 1046.

191. Fernández Pantoja, "Las consecuencias accesorias", ***cit.***, pg. 288, cuestiona el sentido de esta norma, e incluso que su lugar sea el CP.

192. Vidales Rodríguez, "Consecuencias accesorias: decomiso (arts. 127 a 127 octies)", *cit.*, pg. 408.

193. Vidales Rodríguez, "Consecuencias accesorias: decomiso (arts. 127 a 127 octies)", *cit.*, pg. 408. En el mismo sentido, Aguado Correa, "Comentario a los artículos 127 quinquies y sexies", en *Comentarios prácticos al Código Penal*, *cit.*, pg. 1046.

penales previamente cometidas o del nuevo delito que permite decomisar bienes procedentes de delitos ya enjuiciados[194] (o ambos criterios).

Se ha criticado que el art. 127 quinquies CP es "*confuso*", porque sus disposiciones se *solapan* y son *reiterativas* de las contenidas en el art. 127 bis para el decomiso ampliado normal[195]. La existencia de dos modalidades de decomiso ampliado plantea la cuestión de la *delimitación del ámbito de aplicación* de cada una de ellas. Con carácter general, puede decirse que si se condena por un delito previsto en el artículo 127 bis CP que presenta carácter aislado, el juez debe decretar el decomiso ordinario conforme a lo dispuesto artículo 127 CP, en el propio proceso en el que recaiga la sentencia condenatoria. Si en este procedimiento se comprueba que el condenado tiene instrumentos (bienes), efectos o ganancias de otras actividades delictivas anteriores, sean o no de esa clase, será obligatoria la aplicación del decomiso ampliado del artículo 127 bis CP. Si se condena al sujeto por alguno de los delitos listados, o por alguno distinto, pero se aprecia que tiene antecedentes por otros de los listados, y se constata que posee bienes, efectos o ganancias de una actividad delictiva anterior continuada[196], y que una parte relevante de su patrimonio tiene naturaleza delictiva, podrá ser aplicado el art. 127 quinquies CP[197]. Este es de aplicación cuando concurran los requisitos tasados, algo que dota de cierto significado a la coexistencia de dos modalidades de decomiso ampliado de los artículos 127 bis y 127 quinquies CP y aporta así seguridad jurídica[198]. Quizás la diferencia más significativa entre ambas modalidades es la "definición cerrada" de *actividad delictiva continuada* contenida en el apartado 2 del artículo 127 quinquies CP, que no se exige en el art. 127 bis CP[199]. A ello se unen otras peculiaridades del decomiso del artículo 127 quinquies CP, como que lo que procede de una actividad delictiva previa sea "una parte relevante del patrimonio del penado", ganancias mayores de 6000 euros y posibilidad de que la condena no sea por uno de los delitos enumerados, siempre que el condenado tenga antecedentes por alguno de ellos[200].

---

194. Así lo pone de manifiesto Vidales Rodríguez, "Consecuencias accesorias: decomiso (arts. 127 a 127 octies)", *cit.*, pg. 408.

195. Así Del Cerro Esteban, *La nueva regulación del decomiso (Ley Orgánica 1/2015 y Ley 41/2015)*, *cit.*, pg. 15; de "patente confusión" lo califica Vidales Rodríguez, "Consecuencias accesorias: decomiso (arts. 127 a 127 octies)", *cit.*, pg. 409.

196. Hava García, "La nueva regulación del decomiso", *cit.*, pg. 219; Vidales Rodríguez, "Consecuencias accesorias: decomiso (arts. 127 a 127 octies)", *cit.*, pg. 407, señala que únicamente son decomisables los bienes que proceden de una actividad delictiva previa respecto de la que haya recaído sentencia condenatoria, siendo entonces cuando debió procederse al decomiso. En el mismo sentido, Gorjón Barranco, "El comiso ampliado como paradigma del moderno Derecho penal", *cit.*, pg. 137.

197. Roig Torres, "La regulación del comiso (...)", *cit.*, pgs. 254/255.

198. *Ibídem*, pg. 255.

199. *Ibídem*, pgs. 258.

200. *Ibídem*.

3. El decomiso sin condena

3.1 El decomiso sin condena en la Directiva 2014/42/UE

La incorporación del decomiso sin condena fue muy discutida durante el proceso legislativo para la adopción de la Directiva 2014/42/UE[201]. Finalmente el art. 4.2 de la misma introduce una importante novedad respecto a las Decisiones Marco anteriores: el decomiso no basado en condena en circunstancias limitadas. Este permite privar de los bienes de origen delictivo sin necesidad de que exista una resolución condenatoria emitida por un órgano jurisdiccional penal. Se trata así de dar una solución a aquellos casos en los que no es posible una condena penal, permitiendo pese a ello el decomiso de los bienes procedentes de una actividad delictiva. De acuerdo con los considerandos de la Directiva, "cuando no sea posible el decomiso basado en una resolución judicial firme, debería no obstante seguir siendo posible, en determinadas circunstancias, decomisar esos instrumentos y producto, al menos en los casos de enfermedad o fuga del sospechoso o acusado."[202].

> La Propuesta de Directiva incluía en el art. 5 lo que denominaba decomiso no basado en condena[203]. El *Comité de las Regiones* expresó sus "reticencias" a esta modalidad de decomiso[204] con base en diversos los motivos, entre ellos, que en la mayoría de los Estados miembros el decomiso es una sanción vinculada a una condena penal. Asimismo, señaló el Comité que esta modalidad de decomiso vulnera las tradiciones jurídicas de algunos Estados miembros, como Francia, en los que el derecho de propiedad tiene rango constitucional. Pero quizás el motivo más relevante al que se refiere es la naturaleza jurídica de este decomiso, que dice el Comité que se basa en un procedimiento civil, por lo que no encaja en la base jurídica que fundamenta la Directiva[205]. No entra dentro de lo dispuesto en el artículo 82. 2 TFUE,

---

201. Simonato, "Directive 2014/42/EU and non-conviction based confiscation: a step forward on asset recovery?", *cit.*, pgs. 213 ss.

202. Considerando 15.

203. Artículo 5: Decomiso no basado en condena. "Los Estados miembros adoptarán las medidas necesarias para poder proceder al decomiso de productos e instrumentos sin que medie resolución penal condenatoria, tras un proceso que podría haber dado lugar a una resolución penal condenatoria si el sospechoso o acusado hubiera podido comparecer en juicio, cuando:

a) el fallecimiento o enfermedad crónica del sospechoso o acusado impida su procesamiento; o

b) la enfermedad, incomparecencia en el proceso o fuga de los sospechosos o acusados impida su procesamiento efectivo dentro de un plazo razonable y suponga un riesgo grave de prescripción".

204. Dictamen del Comité de las Regiones-Paquete sobre la protección de la economía lícita, DOUE C 391 de 18.12.2012, pg. 138, apartado 34.

205. En contra se posiciona Aguado Correa, "Comiso: crónica de una reforma anunciada (...)", *cit.*, pg. 38, para quien está clara la naturaleza civil del decomiso sin condena, y además la propia Exposición de Motivos de la Propuesta de Directiva permitía a los Estados miembros decidir si el decomiso debe ser ordenado por los tribunales penales y/o civiles/administrativos.

que tan solo se refiere a las sanciones en el ámbito penal. Ni tampoco en el ámbito de aplicación del artículo 83, apartado 1, del TFUE[206], de acuerdo con el cual el Parlamento Europeo y el Consejo podrán establecer "normas mínimas relativas a la definición de las infracciones penales y de las sanciones en ámbitos delictivos que sean de especial gravedad y tengan una dimensión transfronteriza"[207]. Por último, el Comité de las Regiones expresa sus reparos al decomiso sin condena desde el punto de vista del principio de subsidiariedad: "en virtud del principio de subsidiariedad, la Propuesta a examen debe así dejar a los Estados la elección de introducir o no el decomiso no basado en condena, desde el momento en que estén en disposición de demostrar que su ordenamiento jurídico es plenamente eficaz y que no se opondrán al principio de reconocimiento"[208].

En la versión definitiva de la Directiva ha desaparecido la indicación que realizaba la Comisión en la Exposición de Motivos de la Propuesta de Directiva, en el sentido de que aun cuando el TEDH "ha evitado pronunciarse sobre la cuestión de la compatibilidad de los regímenes de decomiso no basado en condena y decomiso ampliado con la Convención Europea de Derechos Humanos, el Tribunal Europeo de Derechos Humanos ha dictado varias sentencias que respaldan su aplicación en determinados casos". Trataba así de dejar claro que esta modalidad de decomiso respetaba los derechos humanos.

Los análisis realizados por la doctrina europea partidaria de incluir el decomiso sin condena evidencian que el resultado es *decepcionante*[209]. Se ha dicho que el motivo es que el precepto que lo regula fue adoptado en el contexto de un debate no trasparente que tuvo lugar en un periodo de tiempo muy breve para llegar a una solución de compromiso[210]. Al margen de esto, se puede decir claramente que tal disposición es algo totalmente diferente a lo que se conoce en Derecho comparado como decomiso sin condena (lo que se conoce en el ámbito del *Common Law* como decomiso civil (*civil forfeiture* y en América Latina lleva

206. Dictamen del Comité de las Regiones-Paquete sobre la protección de la economía lícita, DOUE C 391 de 18.12.2012, pg. 138, apartado 35.

207. No parece admitir este argumento Aguado Correa, "Comiso: crónica de una reforma anunciada (...)", *cit.*, pgs. 38-39, pues este precepto no se habla de sanciones penales sino tan solo de sanciones, y no está claro que el decomiso sin condena sea de naturaleza civil.

208. Dictamen del Comité de las Regiones-Paquete sobre la protección de la economía lícita, DOUE C 391 de 18.12.2012, pg. 138, apartado 38.

209. Alagna, Federico, "Non-conviction based confiscation: why the EU directive is a missed opportunity", en *Eur. J. Crim. Policy Res.* 21(4), 447-461 (2015).

210. Rui, Jon Petter / Sieber, Ulrich "Chapter 10. Non-conviction-based confiscation in Europe. Bringing the picture together", en Rui, J.P., Sieber, U. (eds.) *Non-Conviction-Based Confiscation in Europe. Possibilities and Limitations on Rules Enabling Confiscation Without a Criminal Conviction*, Duncker & Humblot, Berlin, 2015, pgs. 245-304, pg. 277; Fernandez-Bertier, Michaël, "The confiscation and recovery of criminal property: a European Union state of the art", en ERA Forum (2016) 17, pgs. 323-342, pg. 335.

el nombre de extinción de dominio))[211]. Se han listado las razones por la que esto es así[212]. En primer lugar, si bien el decomiso sin condena generalmente se impone en un procedimiento *in rem* (patrimonial o real, dirigido contra el bien)[213], el contenido en la Directiva es manifiestamente *in personam*, ya que exige que se hayan iniciado procedimientos penales contra el acusado[214]. Además, es un mecanismo "híbrido" que combina procedimientos penales y no penales: sólo cuando la vía de la condena es imposible el tribunal puede abrir el camino al decomiso sin condena[215], lo que ha sido calificado como un "semi-decomiso sin condena" ("*semi-non-conviction based confiscation*")[216]. Sin embargo, la característica principal (y, para algunos, también la ventaja) del decomiso sin condena es precisamente poder eludir los procedimientos penales[217]. También cabe preguntarse si la redacción del texto no da lugar a una presunción de culpabilidad, ya que vincula el decomiso al hecho de que el procedimiento inicial podría haber llevado a una condena penal[218].

El considerando 15 de la Directiva sólo añade a la confusión al disponer que "en esos casos de enfermedad o fuga, la existencia en los Estados miembros de procedimientos en ausencia del acusado sería suficiente para respetar esta obligación". Los procedimientos (penales) *in absentia* se entienden tradicionalmente como la posibilidad de condenar a un acusado que no ha comparecido ante el tribunal, por lo tanto, no se ha defendido. En tal situación, el decomiso impuesto una vez declarada la culpabilidad en la sentencia está basado en una condena. Huelga decir que los sistemas jurídicos de los Estados que prevén procedimientos penales en ausencia tienen muy poco (por no decir nada) que ver

---

211. Rui, Jon Petter, "Non-conviction based confiscation in the European Union—an assessment of Art. 5 of the proposal for a directive of the European Parliament and of the Council on the freezing and confiscation of proceeds of crime in the European Union", en *ERA Forum*, November 2012, Volume 13, Issue 3, pgs. 349-360, pg. 354; Fernandez-Bertier, "The confiscation and recovery of criminal property: a European Union state of the art", *cit.*, pg. 336. Sobre la propuesta de Directiva, ya lo decía, Así Maugeri, "Proposta di direttiva in materia di congelamento e confisca dei proventi del reato: prime riflessioni", *cit.*, pg. 195.

212. Cfr. dicho listado en Fernandez-Bertier, "The confiscation and recovery of criminal property: a European Union state of the art", *cit.*, pg. 336.

213. En aquellos países del *Common Law* que lo prevén el decomiso sin condena se impone por tribunales civiles (en el Reino Unido por la *High Court* y también en Irlanda por la *High Court*), Cfr. Rui, "Non-conviction based confiscation in the European Union", *cit.*, pg. 354.

214. Rui, Sieber, "Chapter 10. Non-conviction-based confiscation in Europe. Bringing the picture together", *cit.*, pg. 278.

215. Simonato, "Directive 2014/42/EU and non-conviction based confiscation: a step forward on asset recovery?", *cit.*, pgs. 222.

216. Alagna, "Non-conviction based confiscation: why the EU directive is a missed opportunity", *cit.*, pg. 457.

217. Fernandez-Bertier, "The confiscation and recovery of criminal property: a European Union state of the art", *cit.*, pg. 336.

218. Simonato, "Directive 2014/42/EU and non-conviction based confiscation: a step forward on asset recovery?", *cit.*, pgs. 225.

con lo que dispone el art. 4 (2) de la Directiva, porque en ellos existe sentencia condenatoria, algo que posibilita el decomiso. En cuanto a los demás Estados, queda por ver cómo lo van a implementar en su ordenamiento jurídico: el art. 4 (2) simplemente exige la creación de un procedimiento en ausencia que no conduce a una condena sino (sólo) a una decisión de decomiso[219]. Por lo tanto, si un Estado miembro no quiere incorporar a su ordenamiento jurídico procedimientos en ausencia aplicables de manera general, basta con que cree un procedimiento en ausencia "restringido" que sólo permita el decomiso, pero no la condena en rebeldía[220]. En definitiva, se ha dicho que el art. 4 (2) es poco útil en lo que respecta a la armonización, que tendrá un valor limitado en la práctica[221], y de ninguna manera constituye un paso adelante para encontrar formas eficientes de decomiso de bienes delictivos[222]. Hasta la fecha, la UE no ha podido aplicar un verdadero modelo de decomiso sin condena.

Los partidarios del decomiso sin condena se lamentan de la oportunidad perdida para incluirlo en el ordenamiento jurídico europeo[223] y, como dice algún autor utilizando un símil bélico, pueden haber perdido una batalla, pero no la guerra.[224].

3.1.1 Naturaleza y requisitos del decomiso sin condena

De acuerdo con el art. 4.2 de la Directiva, se puede proceder en determinadas situaciones al "decomiso de productos e instrumentos en aquellos casos en los que se hayan incoado procedimientos penales en relación con una infracción penal que pueda dar lugar, directa o indirectamente, a una ventaja económica," y si "dichos procedimientos podrían haber conducido a una resolución penal condenatoria si el sospechoso o acusado hubiera podido comparecer en juicio". Por lo tanto, para que se pueda proceder al decomiso sin condena han de estar presentes cuatro *requisitos*[225]:

---

219. Rui, Sieber, "Chapter 10. Non-conviction-based confiscation in Europe. Bringing the picture together", *cit.*, pg. 280.

220. *Ibídem*, pg. 281.

221. Fernandez-Bertier, "The confiscation and recovery of criminal property: a European Union state of the art", *cit.*, pg. 337.

222. Simonato, "Directive 2014/42/EU and non-conviction based confiscation: a step forward on asset recovery?", *cit.*, pgs. 222-223; Rui, Sieber, "Chapter 10. Non-conviction-based confiscation in Europe. Bringing the picture together", *cit.*, pg. 283; Fernandez-Bertier, "The confiscation and recovery of criminal property: a European Union state of the art", *cit.*, pg. 337.

223. Alagna, "Non-conviction based confiscation: why the EU directive is a missed opportunity", *cit.*, pg. 449.

224. Fernandez-Bertier, "The confiscation and recovery of criminal property: a European Union state of the art", *cit.*, pg. 337.

225. Rui, "Non-conviction based confiscation in the European Union", *cit.*, pgs. 352-354.

a) Un *proceso* que podría haber dado lugar a una *resolución penal condenatoria*, lo que parece indicar que debe tratarse de un proceso llevado a cabo de acuerdo con el Derecho procesal penal nacional.

b) Que el proceso tenga relación con una *infracción penal* que pueda dar lugar, directa o indirectamente, a una ventaja económica. Es extraño este requisito, pues esta modalidad permite el decomiso no sólo de los productos (donde pueden incluirse las ventajas económicas) sino también los instrumentos. Por lo que una interpretación estricta (que sería absurda) permitiría afirmar que, si la infracción penal no ha generado ventajas económicas, aun cuando sí que existan instrumentos, no va a ser posible la aplicación del decomiso sin condena ni, por lo tanto, el decomiso de los instrumentos. Carece de sentido un entendimiento en esa línea.

c) El proceso ha de dirigirse *contra el sospechoso o acusado* que no pueda comparecer en juicio.

d) Por último, se precisa que, en caso de que hubiera podido comparecer, el sospechoso o acusado *hubiera sido condenado*. Esto requiere que el Tribunal determine que el sospechoso o acusado ha cometido un delito, si bien finalmente no es condenado (por enfermedad, fuga o incomparecencia). Por lo que para imponer el decomiso sin condena es necesario que se establezca la existencia de una infracción penal y se determine la autoría de la misma, que ha de imputarse al sospechoso o acusado que habría sido condenado si hubiera comparecido al juicio[226].

3.1.2 Bienes sobre los que recae: productos e instrumentos del delito

La norma dispone que son decomisables los instrumentos y productos del delito, pero sin incluir expresamente el *decomiso ampliado*, por lo que este no entra en el ámbito de aplicación del decomiso sin condena.

> La exclusión de la posibilidad de aplicar el decomiso ampliado en ausencia de condena también se preveía en la Propuesta de Directiva. Esto, a juicio de algunos, limitaba algo su eficacia, en contraste con la lógica y el fundamento que se desprendía de dicha propuesta de Directiva de ofrecer instrumentos eficaces para luchar contra la acumulación de capital ilícito por parte de la delincuencia organizada. *Maugeri* señalaba que se podría intentar una interpretación diferente partiendo de que la norma tiene por objeto garantizar la aplicación sin condena de todas las formas de decomiso previstas en la propuesta, tanto del decomiso de productos y de instrumentos como

226. Balsamo, "Il "Codice antimafia" e la proposta di direttiva europea sulla confisca: quali prospettive per le misure patrimoniali nel contesto europeo?", *cit.*, pg. 24.

del decomiso ampliado de los productos[227]. Con todo, esta interpretación era y es de difícil encaje en la letra de la propuesta y de la versión definitiva de la Directiva.

3.1.3 Supuestos en los que procede: enfermedad o fuga del sospechoso o acusado

La Directiva no es la única norma de carácter supranacional que se refiere al decomiso sin condena. El artículo 54(1)(c) de la *Convención de las Naciones Unidas contra la corrupción* también alude al mismo y ejemplifica algunos supuestos en los que procede imponerlo: *a*) cuando el delincuente no pueda ser enjuiciado por motivo de fallecimiento, fuga o ausencia, o; *b*) en otros casos apropiados. Esta última referencia a otros casos apropiados deja la puerta abierta a que los Estados incluyan otros supuestos.

Por su parte, el *Grupo de Acción Financiera Internacional* (GAFI), en su documento de mejores prácticas, señala que el decomiso sin condena debería aplicarse, como mínimo, cuando se localizan bienes pero no puede procederse a la condena penal de una persona porque ha fallecido (o muere antes de la condena), es un fugitivo, está fuera del territorio nacional (fuera de la jurisdicción) o no se ha concretado su identidad[228]. Además, el decomiso sin condena es una herramienta útil en otras circunstancias. Entre ellas, alude el GAFI, de manera no exhaustiva:

- a aquellos supuestos en los que se localizan los bienes, pero no se puede condenar a los responsables del delito por razones procesales o técnicas (por ejemplo, por prescripción del delito);
- si existen pruebas para acreditar que los bienes tienen origen en una actividad delictiva, pero no son suficientes para satisfacer la carga de la prueba penal;
- cuando una investigación o un proceso penal no es realista o es imposible;
- cuando el autor ha sido absuelto del delito por falta de pruebas admisibles o por imposibilidad de cumplir con la carga de la prueba;
- cuando el bien ha sido generado en otras o similares actividades delictivas de la persona condenada (decomiso ampliado);
- cuando el presunto responsable goza de inmunidad[229].

---

227. Así MAUGERI, "Proposta di direttiva in materia di congelamento e confisca dei proventi del reato: prime riflessioni", *cit.*, pg. 195.

228. Grupo de Acción Financiera Internacional (GAFI). Documento guía de GAFI, *Mejores prácticas. Confiscación (Recomendaciones 3 y 38)*, 19 febrero 2010, nº 16.

229. *Ibídem*, nº 17.

La Directiva no menciona todos los posibles casos en los que cabe el decomiso no basado en condena, sino que solo lo admite cuando no se pueda obtener una condena penal por una serie limitada de motivos, en concreto, la *enfermedad* o la *fuga* del sospechoso o acusado. La propuesta de Directiva aludía también al fallecimiento o enfermedad crónica, así como a la incomparecencia[230]. De acuerdo con el Considerando 16 de la Directiva, la «*enfermedad*» "debe entenderse en el sentido de imposibilidad del sospechoso o acusado de comparecer en el proceso penal durante un período prolongado de tiempo, y ello conlleve como consecuencia que el procedimiento no pueda proseguir en condiciones normales. Se podrá exigir a los sospechosos o acusados que demuestren estar enfermos, por ejemplo mediante certificado médico, del que el tribunal debe poder hacer caso omiso si lo juzga insuficiente. No debe menoscabarse el derecho de la persona a estar representada por un abogado en el proceso".

3.2 El decomiso sin condena en el art. 127 ter CP

3.2.1 Naturaleza jurídica del decomiso sin condena: restitución del enriquecimiento ilícito

El decomiso sin condena ya estaba regulado en el derogado apartado 4 del artículo 127 CP[231]. En la reforma del CP de 2015 el legislador consideró oportuno "introducir algunas mejoras técnicas en su regulación e introducir las

230. Propuesta de Directiva del Parlamento Europeo y del Consejo sobre el embargo preventivo y el decomiso de los productos de la delincuencia en la Unión Europea", [COM(2012) 85 final — 2012/0036 (COD)], 2012/C 299/23, 12/03/2012, pg. 13. La propuesta de Directiva señalaba expresamente que, para satisfacer el requisito de proporcionalidad, no introducía en todos los casos el decomiso no basado en condena, sino que lo posibilitaba solo cuando no se pudiera obtener una condena penal por una serie limitada de motivos. En concreto, cuando el sospechoso o acusado no podía ser juzgado porque su "*fallecimiento o enfermedad crónica [...] impida su procesamiento; o la enfermedad, incomparecencia en el proceso o fuga de los sospechosos o acusados impida su procesamiento efectivo dentro de un plazo razonable y suponga un riesgo grave de prescripción*".

231. El legislador dice en el Preámbulo de la Ley Orgánica 1/2015 que "el decomiso sin sentencia ya estaba regulado en el apartado 4 del vigente artículo 127". Ya hemos señalado lo incorrecto de la expresión "decomiso sin sentencia", algo que se confirma en esta afirmación. En efecto, el derogado apartado 4 del derogado artículo 127 permitía acordar el decomiso cuando no se impusiera pena a alguna persona por estar exenta de responsabilidad criminal. Hasta la incorporación de este precepto mediante la LO 15/2003, de 25 de noviembre (en el número tercero del art. 127, que con la Ley 5/2010 se convirtió en apartado cuarto) el decomiso solo había sido consecuencia accesoria de la pena. Con su entrada en vigor se permitía también el decomiso como consecuencia accesoria de una medida de seguridad en los casos de exención de la responsabilidad, la cual debía de ser declarada en sentencia (así, DEL CERRO ESTEBAN, José A., *La nueva regulación del decomiso (Ley Orgánica 1/2015 y Ley 41/2015)*, *cit.*, pg. 19). Pero no solo eso, también en los casos de sentencia absolutoria por exención de responsabilidad criminal total o por extinción de la misma, era posible decretar el decomiso. Como vemos, el decomiso se declaraba siempre en sentencia, aun cuando fuese absolutoria.

normas procesales necesarias para hacer posible su aplicación"[232]. Por ello, incorporó el art. 127 ter CP que, en realidad, amplía los supuestos en los que se puede acordar el decomiso sin condena en relación con el derogado art. 127.4 CP, que lo limitaba a los casos de exención o de extinción de la responsabilidad penal[233]. No solo eso, sino que va más allá de lo que dispone la propia Directiva 2014/42/UE, que obliga a los Estados a recurrir a esta modalidad de decomiso, al menos, en los casos de enfermedad o fuga del sospechoso o acusado (art. 4).

El propio legislador explica en el Preámbulo de la reforma la *naturaleza jurídica* de esta modalidad de decomiso. Citando la jurisprudencia del Tribunal Europeo de Derechos Humanos (TEDH), señala que el decomiso sin condena carece de naturaleza propiamente penal, pues no tiene como fundamento la imposición de una sanción ajustada a la culpabilidad por el hecho. Siguiendo al Tribunal europeo, señala el legislador español que esta modalidad de decomiso «es más comparable a la restitución del enriquecimiento injusto que a una multa impuesta bajo la ley penal» pues «dado que el decomiso se limita al enriquecimiento (ilícito) real del beneficiado por la comisión de un delito, ello no pone de manifiesto que se trate de un régimen de sanción»[234].

El decomiso sin condena penal del art *127 ter CP* tiene carácter *facultativo*. Llama la atención que esto sea así, porque la Directiva utiliza un lenguaje imperativo ("tomarán las medidas necesarias para posibilitar el decomiso"), obligando a los Estados miembros a decretarlo cuando estén presentes los requisitos a los que alude. Alguna autora entiende que el carácter facultativo que le concede el legislador español responde a la necesidad de respetar el principio de proporcionalidad[235].

En cuanto al ámbito de aplicación, este precepto alude al "decomiso previsto en los artículos anteriores", por lo que *tiene cabida también el decomiso ampliado* del art. 127 bis CP (pero no el del art. 127 quinquies CP). Por el contrario, la Directiva, como hemos dicho, se refiere al decomiso si condena de instrumentos y productos derivados del propio delito enjuiciado, pues el art. 4.2 se refiere al nº 1 ("en caso de que no sea posible efectuar el decomiso sobre la base del apartado 1") y se regula con anterioridad al decomiso ampliado. La norma española va más allá de los dispuesto en la Directiva. También un importante sector de la doctrina, siguiendo la letra de la ley, parece admitir que cabe el decomiso ampliado sin condena respecto del art. 127 bis CP[236]. Por ello,

232. Preámbulo de la Ley Orgánica 1/2015, de 30 de marzo, por la que se modifica la Ley Orgánica 10/1995, de 23 de noviembre, del Código Penal, BOE núm. 77, de 31 de marzo de 2015.

233. Roig Torres, "La regulación del comiso (...)", *cit.*, pg. 259.

234. Cita en este sentido la Decisión 696/2005, *Dassa Foundation vs. Liechtenstein.*

235. Aguado Correa, "Comiso: crónica de una reforma anunciada (...)", *cit.*, pg. 42.

236. Parece admitirlo Hava García, "La nueva regulación del decomiso", *cit.*, pg. 220, aunque rechaza que este precepto vulnera de manera evidente el principio de presunción de inocencia;

en caso de fallecimiento, enfermedad crónica o rebeldía del sujeto se podrán decomisar no sólo los instrumentos, efectos o ganancias del hecho concreto enjuiciado sino también los que se presumen derivados de una actividad delictiva de las listadas en el art. 127 bis CP. Será necesario que exista una acusación o imputación por alguno de los delitos listados y ha de estar acreditada la situación patrimonial ilícita. Desde sectores doctrinales críticos se dice que admitir el decomiso sin condena en relación con el art. 127 bis CP es contradictorio con el requisito del decomiso ampliado de que exista una sentencia condenatoria y, además, que lo sea por alguno de los delitos indicados en el artículo[237]. Ello ha motivado que *Aguado Correa* entienda que, si bien formalmente es admisible el decomiso ampliado sin condena, este debe quedar excluido del CP porque solo debe acordarse el decomiso ampliado cuando haya una persona condenada y declarada culpable de una infracción penal. Lo contrario supondría una vulneración de derechos fundamentales y principios constitucionales[238].

Constituye un *presupuesto* para acordar esta modalidad del decomiso que quede acreditada la *situación patrimonial ilícita* en un proceso contradictorio. Se trata de una exigencia que ya se contenía en el derogado art. 127.4 CP[239], precepto que únicamente se refería a los supuestos de extinción de la responsabilidad criminal[240]. Como hemos visto, la exigencia de la prueba de la situación patrimonial ilícita en un proceso contradictorio no se contiene expresamente en la Directiva, que exige la incoación de "procedimientos penales en relación con una infracción penal que pueda dar lugar, directa o indirectamente, a una ventaja económica" y que dichos procedimientos "podrían haber conducido a una resolución penal condenatoria si el sospechoso o acusado hubiera podido comparecer en juicio." Como vemos, la Directiva requiere que la infracción penal haya generado algún tipo de ventaja económica (que habrá que entender que es ilícita), algo que deberá quedar acreditado. No creo, por ello, que el CP se desmarque considerablemente de lo dispuesto en la Directiva a este respecto.

El decomiso sin condena solo puede dirigirse "contra quien haya sido formalmente *acusado* o contra el *imputado* con relación al que existan indicios racio-

Manzanares Samaniego, "Comentarios a la reforma de la parte general del Código penal conforme al nuevo Anteproyecto de Ley Orgánica (y IV)", *cit.*13; Manzanares Samaniego, *Comentarios al Código Penal*, *cit.*, pg. 505; Roig Torres, "La regulación del comiso (...)", *cit.*, pg. 260.

237. Vidales Rodríguez, "Consecuencias accesorias: decomiso (arts. 127 a 127 octies)", *cit.*, pg. 401.

238. Aguado Correa, "Comiso: crónica de una reforma anunciada (...)", *cit.*, pg. 22.

239. *Ibídem*, pg. 42.

240. Esta referencia a los supuestos de extinción de la responsabilidad criminal que contenía la legislación derogada había sido criticada por García Arán, "Comentario al artículo 127 CP", *cit.*, pg. 965, para quien esta limitación constituía "un nuevo desacierto de redacción", dado que la situación patrimonial ilícita debería ser acreditada en otros muchos y no solo en los de extinción, pareciendo querer "destacar su importancia en este supuesto, antes que negarlo para el caso de la exención de responsabilidad mencionada inmediatamente antes".

nales de criminalidad". Se mantiene en este aspecto una terminología anticuada, porque recordemos que en octubre de 2015 se sustituyó en la LECr el término "imputado" por los términos, según los casos, "investigado" o "encausado"[241]. En cualquier caso, no coincide con lo dispuesto en la Directiva, que se refiere al sospecho o acusado, cuando se haya incoado un procedimiento penal.

El artículo 127 ter CP es de aplicación "cuando la situación patrimonial ilícita quede acreditada en un proceso contradictorio". Este *proceso contradictorio* al que se refiere el precepto constituye una de las novedades de la Ley 41/2015, de 5 de octubre, *de modificación de la Ley de Enjuiciamiento Criminal para la agilización de la justicia penal y el fortalecimiento de las garantías procesales*, que ha introducido el nuevo Capítulo II del Título III ter del Libro III de la LECrim titulado *"Procedimiento de decomiso autónomo" (art. 803 ter e a 803 ter u)*. Como se señala expresamente en la Exposición de Motivos de la Ley 41/4015, este proceso especial tiene como finalidad permitir "la privación de la titularidad de los bienes procedentes del delito pese a que el autor no pueda ser juzgado".

En cuanto a las *situaciones* en las que puede decretarse el decomiso sin condena, el CP alude básicamente a tres: fallecimiento o enfermedad crónica del formalmente acusado o imputado, que se encuentre en rebeldía y la concurrencia de alguna causa de exención o extinción de la responsabilidad criminal. Esta modalidad de decomiso solo puede dirigirse contra quien haya sido formalmente acusado o contra el imputado con relación al que existan indicios racionales de criminalidad cuando las situaciones a que se refiere el apartado anterior hubieran impedido la continuación del procedimiento penal *(art. 127 ter nº 2 CP)*. Por tanto, de acuerdo con esta disposición, no es admisible el decomiso sin condena respecto de terceros no acusados formalmente o imputados (tampoco lo permite el propio art. 127 ter cuando ser refiere a los artículos anteriores, entre los que no se encuentra el art. 127 quáter, relativo al decomiso de bienes en poder de terceros).

3.2.2 Supuestos en los que procede: fallecimiento o enfermedad crónica del sospechoso o acusado, que se encuentre en rebeldía y exención o extinción de la responsabilidad criminal

El art. 127 ter CP va más allá del ámbito de aplicación previsto en la Directiva (si bien es algo que esta autoriza cuando emplea la expresión "al menos"), pues no limita los supuestos de decomiso sin condena a los casos de enferme-

241. Ley Orgánica 13/2015, de 5 de octubre, de modificación de la Ley de Enjuiciamiento Criminal para el fortalecimiento de las garantías procesales y la regulación de las medidas de investigación tecnológica, BOE núm. 239, de 6 de octubre de 2015.

dad o fuga, sino que los amplía -en la línea de lo dispuesto en la normativa derogada- a otros casos de exención o extinción de la responsabilidad penal[242]. Veamos someramente los supuestos a los que se alude en el CP.

3.2.2.1 Fallecimiento o enfermedad crónica del sospechoso o acusado que impida su procesamiento

La regla general en muchos países es que únicamente se pueden decomisar los bienes en el marco de un proceso penal. Y el decomiso sólo se puede declarar si el delincuente se encuentra vivo, vive lo suficiente para ser juzgado y condenado o se encuentra en condiciones físicas que le permitan ser juzgado. Para evitar que estas circunstancias puedan impedir el decomiso, el art. 127 ter CP lo autoriza en caso de fallecimiento o enfermedad crónica del sospechoso o acusado.

a) El *fallecimiento* del sospechoso o acusado (que se contenía en la propuesta de Directiva de 2012)[243] constituye una causa de extinción de la responsabilidad criminal prevista en el art. 130 nº 1.1 CP (muerte del reo). Se regula así esta causa de extinción de la responsabilidad criminal de modo separado al resto de causas, aunque bien podría haber quedado abarcada por ellas. Si no estuviese regulada esta cuestión, el fallecimiento del condenado extinguiría la responsabilidad penal, si bien lo habitual será que la sentencia condenatoria decrete el decomiso que debe ejecutarse. La muerte del sospechoso o acusado aún no condenado extingue la acción penal (art. 115 LECr) y, por lo tanto, impide un proceso penal, de manera que no va a haber sentencia en la que se imponga el decomiso (salvo que hayan intervenido otras personas en calidad de coautores o partícipes)[244]. Esto podría motivar que los bienes ilícitos pudieran ser adquiridos (*mortis causa*) por los herederos[245]. La regulación expresa evita esta situación. El reciente Procedimiento de decomiso autónomo" (art. 803 ter e a 803 ter u) regulado en la LECr permite el decomiso en estos casos de fallecimiento.

b) La *enfermedad crónica* del sospechoso o acusado solo se tendrá en cuenta cuando impida su enjuiciamiento. La Directiva hace referencia a la enferme-

---

242. Veremos más adelantes que paradójicamente los casos de exención o extinción de la responsabilidad penal no se mencionan en la legislación procesal en el ámbito del decomiso autónomo.

243. Cfr. Blanco Cordero, Isidoro, "El decomiso sin condena en la Unión Europea. Análisis de la propuesta de directiva sobre el embargo preventivo y el decomiso de los productos de la delincuencia", en el Libro *Crisis financiera y derecho penal económico,* coord. Por Manuel Maroto Calatayud; Eduardo Demetrio Crespo (dir.), 2014, pgs. 149-210.

244. Ampliamente Vizueta Fernández, Jorge, "El comiso: ¿consecuencia accesoria de una pena?", en *La Ley*, Número 6643, viernes, 2 de febrero de 2007 (consultada la versión electrónica).

245. Sobre las regulaciones extranjeras que impiden que la adquisición de los bienes de origen delictivo por causa de muerte cfr. Blanco Cordero, "El decomiso sin condena en la Unión Europea (...)", *cit.*, pgs. 149-210.

dad, no tanto a la enfermedad "crónica", adjetivo que procede del proyecto de Directiva de 2012. La Directiva alude a una enfermedad que imposibilite al acusado comparecer en el proceso penal durante un prolongado periodo de tiempo. El CP añade el adjetivo "crónica", esto es, un padecimiento de larga duración y generalmente de progresión lenta. Merece cierto rechazo esta calificación. Es cierto que una enfermedad crónica no necesariamente va a impedir el procesamiento de una persona, por lo que no daría lugar a la aplicación de este precepto. Pero puede haber enfermedades no crónicas que sí que impidan el procesamiento, pero que van a quedar fuera de la letra de la ley. Sería recomendable una redacción más acorde a la Directiva que aluda a enfermedades que impidan el enjuiciamiento del sujeto.

No basta solo con que el acusado o imputado haya fallecido o padezca una enfermedad crónica que impida su enjuiciamiento, sino que además se exige que exista el *riesgo de que puedan prescribir* los hechos[246]. De no estar presente, no será posible proceder al decomiso sin condena. Corresponderá al juez valorar cuándo esto es así, algo que será fácil en los supuestos de fallecimiento (para los que no tiene mucho sentido esta referencia), pero no tanto cuando se trate de una enfermedad crónica que tenga curación o respecto de la que exista expectativa de mejora y, por lo tanto, de enjuiciamiento próximo. Se ha criticado la expresión "prescribir los hechos" porque lo que prescriben son los delitos, no los hechos, de acuerdo con lo dispuesto en el art. 130.1.6º CP[247]. Asimismo, el empleo del plural "hechos", si se interpreta en el sentido de delitos, puede generar dudas acerca de si el peligro de prescripción debe recaer sobre todos los delitos o es suficiente con que afecte solo a uno[248].

3.2.2.2 Cuando se encuentre en rebeldía y ello impida que los hechos puedan ser enjuiciados dentro de un plazo razonable

La necesidad de que exista una condena penal, o incluso un proceso penal, puede ser un obstáculo para el decomiso de los bienes cuando no se pueda procesar y condenar al presunto delincuente porque no comparece o se encuentra fugado. Para resolver esta situación, el decomiso sin condena, en su versión tradicional, permite proceder contra los bienes de origen delictivo pese a que el presunto delincuente esté fugado. Algunas legislaciones prevén que se pueda

---

246. Esta referencia se encontraba en el proyecto de Directiva (que ser refería al riesgo "grave" de prescripción), especialmente para los casos de enfermedad, incomparecencia o fuga.

247. Así MANZANARES SAMANIEGO, "Comentarios a la reforma de la parte general del Código Penal conforme al nuevo anteproyecto de Ley Orgánica (y IV)", *cit.*, (consultada la versión digital), MANZANARES SAMANIEGO, *Comentarios al Código Penal, cit.*, pg. 505; también AGUADO CORREA, "Comentario al artículo 127 ter", en *Comentarios prácticos al Código Penal, cit.*, pg. 1028.

248. Como acertadamente advierte AGUADO CORREA, "Comentario al artículo 127 ter", en *Comentarios prácticos al Código Penal, cit.*, pg. 1028.

proceder al decomiso sin condena cuando la fuga tiene lugar dentro de una serie de *plazos*. Así, en algunos países se permite el decomiso si el presunto responsable se fuga después de que la investigación haya comenzado; en otros una vez que se hayan proferido los cargos y, finalmente, están aquellos en los que se exige que se haya realizado el juicio penal y se haya anunciado una condena[249].

El CP opta por el término "rebeldía" del formalmente acusado o imputado, en lugar del vocablo "fuga" que emplea la Directiva. Como ha indicado *Manzanares Samaniego*, este término no es el más apropiado, porque la rebeldía propiamente dicha se circunscribe en el art. 834 LECr al procesado[250].

> Un importante problema de los procesos de decomiso sin condena que se observa en Derecho comparado es si se puede conceder al fugitivo el *derecho a contestar y personarse* en el proceso mediante sus representantes legales, pese a que se encuentre huido. Conceder esta posibilidad puede ralentizar enormemente el proceso. Para evitar este problema y otros semejantes, algunas legislaciones autorizan al fugitivo a personarse mediante sus representantes legales, siempre y cuando esté dispuesto a entregarse para hacer frente al proceso penal[251]. En cualquier caso, recordemos que el art. 8 nº 7 de la Directiva obliga a que la persona cuyos bienes se vean afectados por la resolución de decomiso tenga derecho durante todo el procedimiento a un abogado con el fin de ejercer sus derechos.

El requisito de que impida que los hechos puedan ser enjuiciados dentro de un *plazo razonable* es ciertamente mejorable[252]. No se entiende bien por qué en el supuesto anterior relativo al fallecimiento o la enfermedad crónica la referencia sea el riesgo de prescripción, y en este que el enjuiciamiento no pueda realizarse dentro de un plazo razonable. Hubiera sido conveniente establecer un criterio temporal de carácter procesal, al estilo del Derecho comparado al que hemos aludido, para valorar cuándo se ha de activar el procedimiento de decomiso sin condena.

---

249. GREENBERG / SAMUEL / GRANT / GRAY, *Recuperación de activos robados, cit.*, pg. 30.

250. Aunque las requisitorias se extienden en el art. 835 LECr. a los detenidos o presos que se fugan del establecimiento en que se encuentran, y a quienes, hallándose en libertad provisional, dejen de concurrir a la presencia judicial cuando proceda, MANZANARES SAMANIEGO, "Comentarios a la reforma de la parte general del Código Penal conforme al nuevo anteproyecto de Ley Orgánica (y IV)", *cit.*, (consultada la versión digital), MANZANARES SAMANIEGO, *Comentarios al Código Penal, cit.*, pg. 506; también AGUADO CORREA, "Comentario al artículo 127 ter", en *Comentarios prácticos al Código Penal, cit.* pg. 1028.

251. Así, respecto de los Estados Unidos de América, cfr. CASSELLA, Stefan D., "The case for civil forfeiture: Why in Rem proceedings are an essential tool for recovering the proceeds of crime", *Journal of Money Laundering Control*, Vol. 11 Iss: 1, 2008, pgs.8 - 14, pgs. 12-13.

252. FERNÁNDEZ PANTOJA, "Las consecuencias accesorias", *cit.*, pg. 281, se muestra crítica con esta expresión por la "inseguridad jurídica que crea".

3.2.2.3 Exención o extinción de la responsabilidad criminal

Se admite el decomiso de los bienes en todos los casos en los que no se imponga una pena por estar el sujeto exento de responsabilidad criminal o haberse ésta extinguido. La doctrina se ha mostrado crítica con la posibilidad de decretar el decomiso incluso aunque el sujeto esté *exento de responsabilidad criminal* por la concurrencia de alguna causa de justificación del art. 20 CP. Parece así que no es necesario un hecho típico y antijurídico para decretar el decomiso, basta solo con el elemento de la tipicidad[253]. Sin embargo, es conveniente realizar una interpretación restrictiva en el sentido de que la exención de responsabilidad criminal solo comprenda aquellas causas que no excluyen la antijuridicidad del hecho, que al menos debe ser típico y antijurídico para acordar esta modalidad de comiso[254].

Tratándose de casos en los que se ha *extinguido la responsabilidad criminal*, se parte de la existencia previa de un delito en el que concurren todos sus elementos. Para poder decretar el decomiso en este caso, además de la comisión del delito y la determinación de sus responsables, es necesario, como en todos los supuestos de este artículo, que se demuestre la situación patrimonial ilícita consecuencia del mismo.

4. Decomiso de terceros

Para evitar el decomiso de los bienes los delincuentes tratan de distanciarse al máximo de los mismos y de su origen delictivo. Suelen así transferir la propiedad u otros derechos sobre los bienes a terceras personas, por lo general familiares, parejas y otros amigos cercanos, con la intención de impedir que sean decomisados. La regla general ha sido durante muchos años que el decomiso solo recaiga sobre los bienes propiedad de los criminalmente responsables del delito. Sin embargo, en los últimos años se está tratando de exceptuar este criterio general, permitiendo que sea posible decomisar bienes de origen delictivo que se encuentran en poder de terceros que no son sospechosos de ser penalmente responsables de la infracción penal. Estos terceros (personas físicas y jurídicas) suelen ser habitualmente testaferros o sociedades interpuestas, que son utilizados

---

253. Aguado Correa, "La regulación del comiso en el proyecto de modificación del Código Penal", *cit.*, pg. 7. También el TS, en la STS 1146/2006, de 22 de noviembre, muestra su rechazo a esta regulación, cuando señala que "cabe reflexionar desde el punto de vista exclusivamente técnico acerca de la finalistica desnaturalización de la naturaleza del comiso, que extiende sus efectos sin la debida conexión típica con la responsabilidad penal, bien extinguida, bien declarada afecta de alguna exención, con lo que parece ampliarse la naturaleza represora del comiso (...)"

254. Así García Arán, en *Comentarios al Código*, *cit.*, pg. 964; Aguado Correa, "La regulación del comiso en el proyecto de modificación del Código Penal", *cit.*, pg. 7; Vizueta Fernández, Jorge, "El comiso: ¿consecuencia accesoria de una pena?", en *La Ley*, Número 6643, viernes, 2 de febrero de 2007 (consultada la versión electrónica).

recurriendo a mecanismos de ingeniería financiera cuya finalidad es ocultar la titularidad de los bienes e impedir su decomiso.

4.1 El decomiso de bienes de terceros en la Directiva 2014/42/UE

La parcialmente derogada Decisión Marco 2005/212/JAI permitía (carácter facultativo) el decomiso ampliado de bienes de terceros, pero no de cualquiera, sino de allegados y personas jurídicas (art. 3.3). Posibilitaba este precepto el decomiso ampliado "de bienes adquiridos por los allegados de la persona de que se trate y de bienes transferidos a una persona jurídica sobre la que la persona de que se trate ejerza un control efectivo individualmente o junto con sus allegados". El vigente artículo 6 de la Directiva 2014/42/UE[255], que lleva como rúbrica "decomiso de bienes de terceros"[256], obliga a los Estados a introducir esta modalidad de decomiso como una medida subsidiaria o alternativa al decomiso directo[257]. Tercero a efectos de la Directiva puede serlo tanto una persona física como una persona jurídica (Considerando 24).

La *justificación* de esta nueva modalidad de decomiso se encuentra en el dato de que es común y está cada vez más extendida la "práctica de que un sospechoso o persona acusada transfiera activos delictivos a un tercero con su conocimiento con el fin de evitar el decomiso" (Considerando 24 de la Directiva). Precisamente señala la Directiva que la normativa de la UE "no contiene normas vinculantes sobre el decomiso de bienes transferidos a terceros. Por lo tanto, resulta cada vez más necesario permitir el decomiso de bienes transferidos a terceros o adquiridos por ellos" (Considerando 24).

En cuanto a los *requisitos* para poder decomisar los bienes de terceros, es suficiente con que hayan sido *transferidos*, directa o indirectamente, por un "sospechoso o acusado", o que hayan sido adquiridos por un tercero de un "sospecho o acusado" [258].

255. Sobre las diferencias entre la versión definitiva de la Directiva y el Proyecto, cfr. Aguado Correa, "La Directiva 2014/42/UE sobre embargo y decomiso en la Unión Europea (...)", *cit.*, pg. 24.

256. Artículo 6 "Decomiso de bienes de terceros. 1. Los Estados miembros adoptarán las medidas necesarias para posibilitar el decomiso de productos del delito u otros bienes cuyo valor corresponda a productos que, directa o indirectamente, hayan sido transferidos a terceros por un sospechoso o un acusado, o que hayan sido adquiridos por terceros de un sospechoso o un acusado, al menos cuando esos terceros tuvieran o hubieran debido tener conocimiento de que el objetivo de la transferencia o adquisición era evitar el decomiso, basándose en hechos y circunstancias concretas, entre ellas la de que la transferencia o adquisición se haya realizado gratuitamente o a cambio de un importe significativamente inferior al valor de mercado. 2. El apartado 1 no perjudicará los derechos de terceros de buena fe".

257. Considerando 25 de la Directiva 2014/42/UE.

258. Ampliamente Blanco Cordero, "Modern Forms of Confiscation and Protection of Third Parties", *cit.*, pgs. 139-154.

Los bienes deben haber sido transferidos al tercero o este debe haberlos *adquirido*. El Considerando 24 señala que la adquisición se refiere "a situaciones en las que, por ejemplo, el bien ha sido adquirido por el tercero, directa o indirectamente, por ejemplo, mediante un intermediario, de un sospechoso o persona acusada, incluso cuando la infracción penal haya sido cometida en su nombre o para su beneficio, en caso de que el acusado carezca de bienes que puedan decomisarse". *Aguado Correa* opina que este entendimiento de la adquisición "amplía desmesuradamente los supuestos en los que cabe acordar" el decomiso de un tercero, aun cuando pretende limitar su ámbito de aplicación al entenderlo solo como subsidiario del decomiso directo "en caso de que el acusado carezca de bienes que puedan decomisarse".[259]

La previsión expresa del decomiso de terceros (y del eventual embargo de sus bienes a efectos de un posible decomiso que permite el art. 6.2 Directiva), requiere como contrapartida una rigurosa regulación de sus *derechos*[260]. En concreto, deben quedar a salvo los derechos de los terceros de buena fe, como reconocen el apartado 2 del art. 6 Directiva y el Considerando 24[261]. Con todo, es cierto que la posibilidad de abusos en estos casos es importante, por lo que, a fin de otorgar garantías, se reconoce expresamente el derecho que tienen los terceros a "reclamar la titularidad de un bien u otros derechos de propiedad, incluso en los casos a los que hace referencia el artículo 6" (art. 8.9 Directiva).

El respeto a los derechos del tercero de buena fe[262] podría justificar la idea de limitar los casos en los que cabe acordar el decomiso de bienes de terceros. Sin embargo, la Directiva amplía notablemente el ámbito de aplicación de esta modalidad de decomiso[263] permitiendo la privación de los bienes en los casos en los que el tercero adquirente *tuviera o hubiera debido tener* "conocimiento de que el objetivo de la transferencia o adquisición era evitar el decomiso". El tercero debería llegar (o debido llegar) a ese conocimiento "basándose en hechos y circunstancias concretas", "entre ellas", señala la Directiva, "la de que la transferencia o adquisición se haya realizado gratuitamente o a cambio de un importe significativamente inferior al valor de mercado"

Durante la tramitación de la Directiva el Comité de las Regiones (CDR)

---

259. Aguado Correa, "La Directiva 2014/42/UE sobre embargo y decomiso en la Unión Europea (...)", *cit.*, pg. 25.
260. Cfr. Blanco Cordero, "Modern Forms of Confiscation and Protection of Third Parties", *cit.*, pgs. 139-154.
261. Señala expresamente el Considerando 24: "En cualquier caso, no deberían verse perjudicados los derechos de los terceros que actúen de buena fe".
262. Y también el respeto al principio de proporcionalidad dice Aguado Correa, "Comiso: crónica de una reforma anunciada (...)", *cit.*, pg. 45.
263. Aguado Correa, "La Directiva 2014/42/UE sobre embargo y decomiso en la Unión Europea (...)", *cit.*, pg. 24.

> sugirió introducir algún concepto que permitiera acreditar que el tercero se comporta como el verdadero propietario y/o el único beneficiario económico[264]. El CDR decía expresamente que varios indicios pueden aportarse para probar estos datos: "actos de gestión -de Derecho o de hecho- de una persona jurídica con fines personales, financiación del bien, puesta a disposición del bien sin contrapartida financiera, etc." Y ponía como ejemplo la legislación de Luxemburgo, donde se emplea este mecanismo para determinar el beneficiario real de una sociedad y viene así a completar el principio de responsabilidad de las personas jurídicas[265].

Para acordar el decomiso es suficiente con que los productos o su valor equivalente hayan sido transferidos, directa o indirectamente, por un "*sospechoso o acusado*", o que hayan sido adquiridos a un "sospechoso o acusado". No es necesario, por tanto, aguardar a que exista una sentencia condenatoria, lo que contrasta con la Propuesta de Directiva que exigía expresamente que se tratara de una persona "condenada" (art.6.1.a de la Propuesta de Directiva)[266]. Esto supone ampliar la efectividad del decomiso ampliado, que se aplica a terceros incluso cuando no haya sido condenado quien transfiere el bien. En todo caso, será necesario que en el proceso por decomiso de terceros se acredite el origen delictivo de los bienes (productos, o su valor equivalente). *Aguado Correa* ha criticado la referencia al "sospechoso o acusado" porque, si bien puede ser más eficaz para decomisar bienes de terceros, es menos "respetuoso, entre otros, con el principio de proporcionalidad y con el derecho a la propiedad"[267].

Se pueden decomisar los *productos* del delito o el *valor equivalente* a dichos productos. Quedan fuera, por lo tanto, los instrumentos, así como su valor equivalente, si bien es cierto que los Estados pueden decidir decomisar también estos cuando hayan sido transferidos a un tercero de mala fe o adquiridos por este[268].

4.2 El decomiso de bienes de terceros en el artículo 127 quáter CP

Entre las novedades que introduce la Ley Orgánica 1/2015, de 30 de marzo, se encuentra el decomiso de bienes en poder de terceros. Se pretende así

---

264. Dictamen del Comité de las Regiones-Paquete sobre la protección de la economía lícita, DOUE C 391 de 18.12.2012, pg. 138, apartado 33.

265. Aguado Correa, "Comiso: crónica de una reforma anunciada (...)", *cit.*, pgs. 45-46, explica que esta propuesta se acerca al concepto de "poder de disposición" que utilizan algunos legisladores penales europeos, como el suizo o el austríaco.

266. Aguado Correa, "La Directiva 2014/42/UE sobre embargo y decomiso en la Unión Europea (...)", *cit.*, pgs. 24-25, entiende que la exigencia de condena sería "más respetuoso, entre otros, con el principio de proporcionalidad y con el derecho a la propiedad", aunque quizás podría restar eficacia a esta modalidad de decomiso.

267. *Ibídem.*

268. Blanco Cordero, "Modern Forms of Confiscation and Protection of Third Parties", *cit.*, pgs. 139-154.

incorporar lo dispuesto en el artículo 6 de la Directiva 2014/42/UE que obliga a los Estados a introducir esta modalidad de comiso bien como una medida subsidiaria o alternativa al decomiso directo[269]. El legislador español ha optado por configurarlo como una medida principal[270]. Esto puede ser problemático cuando se trata de bienes transferidos a terceros de mala fe, pues no está claro si el decomiso procede de manera exclusiva sobre el bien delictivo en manos del tercero, al tratarse de una medida principal, y solo en caso de no ser posible este aplicar el decomiso por sustitución respecto del transmitente. O bien es posible ir a la vez a por el bien delictivo en poder del tercero y a por el valor equivalente respecto del transmitente (o si se va a por el valor equivalente del transmitente no se puede ir a por el bien delictivo en poder del tercero). E incluso no se sabe si en caso de que por cualquier circunstancia no sea posible el decomiso del bien ilícito transferido al tercero se va a poder aplicar el decomiso de sustitución respecto del mismo y respecto del transmitente (o solo respecto de uno de ellos). Lo más razonable es evitar la situación en la que se decomisen los bienes tanto del tercero como del transmitente simultáneamente (aunque quizás procesalmente lo más adecuado es solicitar ambos decomisos), para lo cual los tribunales deberán determinar en el caso concreto cuáles son las ganancias delictivas (o los instrumentos), quién dispone de ellas y frente a quién se debe decretar el decomiso para evitar enriquecimientos ilícitos[271].

El artículo 127 quáter CP autoriza el decomiso de *bienes, efectos y ganancias* transferidas a terceros, cuando conocieran o tuvieran motivos para sospechar que procedían de una actividad ilícita o que eran transferidas para evitar su decomiso. A diferencia de la regulación derogada del artículo 127.1 CP, que ordenaba (carácter imperativo) el decomiso de bienes, efectos y ganancias del delito, aunque pertenecieran a un tercero no responsable del mismo, salvo que los hubiese adquirido legalmente y de buena fe, el nuevo art. 127 quáter CP faculta al juez (tiene carácter *potestativo*) para privar al tercero de los bienes que le hayan sido transferidos ("los Jueces y Tribunales podrán acordar...")[272].

La Directiva se refiere exclusivamente al decomiso del producto o del valor

---

269. Considerando 25 de la Directiva 2014/42/UE.

270. Decisión esta criticada porque puede implicar la "vulneración del derecho a la propiedad del tercero y del principio de proporcionalidad", así Aguado Correa, "Comiso: crónica de una reforma anunciada (...)", *cit.*, pg. 47; Aguado Correa, "Comentario al Artículo 127 quáter", en *Comentarios al Código penal*, *cit.*, pg. 1033.

271. *De lege ferenda*, en caso de que no pueda determinarse de manera certera sobre qué patrimonio actuar, parece conveniente que se pueda establecer la responsabilidad solidaria de transmitente y tercero de mala fe (y de otras personas cuando se trate de una pluralidad de responsables penales y no se pueda acreditar qué ha ocurrido con los bienes).

272. Indica Aguado Correa, "Comiso: crónica de una reforma anunciada (...)", *cit.*, pg. 47; Aguado Correa, "Comentario al Artículo 127 quáter", en *Comentarios al Código penal*, *cit.*, pg. 1033, que el este cambio "responde a la necesidad de respetar el principio de proporcionalidad".

equivalente a este, dejando fuera los instrumentos. El CP español utiliza la fórmula *bienes, efectos y ganancias*, confusa en lo que a los bienes se refiere. No está claro si esta referencia incluye o no también a los *instrumentos*, con lo que iría más allá de lo exigido por la Directiva. Como vamos a ver más adelante, el propio precepto alude a los efectos y ganancias, por un lado, y a los bienes distintos de los efectos y ganancias, lo que parece apuntar a los instrumentos. Además, esta modalidad de decomiso comprende no solo los bienes, efectos y ganancias a que se refieren los artículos 127 a 127 ter CP transferidos a terceras personas, sino también el de un "*valor equivalente a los mismos*". Recordemos que el decomiso por valor equivalente en el caso de los terceros está previsto en la Directiva exclusivamente respecto de los productos, pero no respecto de los instrumentos, por lo que el CP va más allá de lo exigido por la norma europea. Asimismo, el hecho de que el artículo 127 quáter CP se remita a los artículos anteriores permite la aplicación de esta modalidad tanto al *decomiso sin condena* como al *decomiso ampliado* del art. 127 bis CP. Por lo que cuando exista condena por alguno de los delitos listados en el artículo 127 bis CP se podrán decomisar bienes, efectos y ganancias procedentes de actividades delictivas distintas al hecho sancionado, incluso aunque hayan sido transferidos a un tercero y, de no ser posible, se procederá al decomiso de bienes de tercero por una cantidad económica por valor equivalente (como hemos dicho, no está claro si cabría también en este caso el decomiso por sustitución respecto del transmitente). Esta posibilidad cabe incluso en el caso de que no haya recaído sentencia condenatoria en las situaciones previstas en el artículo 127 ter CP[273].

A diferencia de la Directiva, el art. 127 quáter CP no exige que el transmitente sea un "sospechoso o un acusado". Pero como está concebido como un decomiso que se construye por referencia a los "artículos anteriores", quien transfiere podrá serlo un *condenado* e incluso un *formalmente acusado o imputado* cuando se trate de un decomiso sin condena del art. 127 ter CP.

La nueva regulación no hace ninguna referencia a la *buena fe* del tercero, que incluía la normativa penal derogada y a la que alude expresamente la Directiva 2014/42/UE. En efecto, desaparece la referencia al "tercero de buena fe que los haya adquirido legalmente" contenida en el derogado art. 127.1 CP[274], que impedía la aplicación del comiso cuando concurriese en el tercero que hubiera adquirido los bienes legalmente[275]. Asimismo, el art. 6.2 de la Directiva 2014/42/

273. Roig Torres, "La regulación del comiso (...)", *cit.*, pg. 263.

274. Manzanares Samaniego, "Comentarios a la reforma de la parte general del Código Penal conforme al nuevo anteproyecto de Ley Orgánica (y IV)", *cit.*, (consultada la versión digital), duda de lo acertado del abandono de esta breve redacción. A pesar de que en su día este autor se mostró algo reacio con la misma, Manzanares Samaniego, José Luis, "Notas sobre el comiso y la propiedad de terceros", en *Actualidad Penal*, 1997, pg 521.541, pg. 532.

275. Sobre el decomiso de bienes propiedad de terceros con anterioridad a la reforma de 2015 cfr.

UE señala expresamente que el decomiso de bienes de terceros "no perjudicará los derechos de terceros de buena fe". Y esto no puede ser de otra manera, es decir, el tercero de buena fe no responsable de delito que haya adquirido los bienes legalmente no puede ser privado de los mismos. Por ello, y pese a la falta de mención expresa en el CP al respecto, los terceros de buena fe deben ser protegidos frente al comiso.

> Más discutible es qué debe entenderse por *buena fe*. La jurisprudencia ha identificado la buena fe con "la creencia de la inexistencia en el título de vicio alguno que lo invalide (artículos 433 y 1950 CC)"[276]. El TS suele señalar que "la jurisdicción penal tiene facultades para delimitar situaciones fraudulentas y para constatar la verdadera realidad que subyace tras una titularidad jurídica aparente empleada para encubrir la realidad del tráfico jurídico y para enmascarar el origen ilícito del dinero empleado en su adquisición"[277]. En esta línea, dice el Alto Tribunal que, a diferencia de las penas que tienen un carácter personalísimo y sólo pueden imponerse al culpable de un hecho delictivo, "la aplicación del comiso en el proceso penal no está vinculada a la pertenencia del bien al responsable criminal (...), sino únicamente a la demostración del origen ilícito del producto o las ganancias, o de su utilización para fines criminales"[278]. Por ello, en principio, "aun habiendo sido absuelto una persona o perteneciendo el bien a un tercero, podría acordarse el comiso del dinero intervenido, desvirtuando la presunción de buena fe de los arts. 433 y 434 C.Civil y acreditando que era un tercero aparente o limitado para encubrir su origen ilícito"[279].

La Directiva parece entender que no existe buena fe, cuando los terceros conozcan o hubieran debido conocer que "el objetivo de la transferencia o adquisición era evitar el decomiso". Para determinar este extremo el juez o tribunal debe basarse en hechos y circunstancias concretas, citando a título puramente ejemplificativo "que la transferencia o adquisición se haya realizado gratuitamente o a cambio de un importe significativamente inferior al valor de mercado".

MANZANARES SAMANIEGO, José Luis, "Notas sobre el comiso y la propiedad de terceros", Actualidad Penal, 1997-1, pgs. 521 ss.; VILATA MENADAS, Salvador, "Sobre el comiso de bienes propiedad de tercero: (Comentario a la STC 151/2002, de 15 de julio)", Repertorio Aranzadi del Tribunal Constitucional, N° 3, 2002, pgs. 2233-2246¸ CHOCLÁN MONTALVO, *El patrimonio criminal, cit.*, pgs. 55 ss.; YZQUIERDO TOLSADA, M., *Aspectos civiles del Nuevo Código Penal*, Madrid 1997, pgs. 429 ss. AGUADO CORREA, *El comiso, cit.*, pgs. 47 ss; MARTÍN PÉREZ, José Antonio, "'El comiso de bienes propiedad de "tercero': análisis del respeto de las reglas sobre titularidad por las sentencias penales (A propósito del Auto TC 125/2004, de 19 de abril)", en *Derecho privado y Constitución*, N° 19, 2005, pgs. 225-258.

276. STS n° 1030/2003, 15 de Julio de 2003.

277. SSTS 16/2009 de 27 de enero; 11/2011, de 1 de febrero; 600/2012, de 12 de julio; 969/2013, de 18 de diciembre; 877/2014, de 22 de diciembre; 533/2016, de 16 de junio.

278. Sentencia 16/2009, de 27 de enero de 2009; STS 974/2012, 05/12/2012; STS 499/2013 de 11 de junio.

279. STS 499/2013 de 11 de junio; STS n° 442/2013, de 23 de mayo de 2013.

El art 127 quáter CP, aparte de no mencionar la protección de los terceros de buena fe, convierte los hechos o circunstancias mencionadas en la Directiva en presunciones *iuris tantum* contra la buena fe del tercero, invirtiendo así la carga de la prueba. Estas presunciones parecen evidenciar, a ojos del legislador, la falta de buena fe, esto es, la mala fe del tercero que adquiere los bienes.

Así, se pueden decomisar los activos en poder de terceras personas cuando, tratándose de *efectos y ganancias*, "los hubieran adquirido con conocimiento de que proceden de una actividad ilícita o cuando una persona diligente habría tenido motivos para sospechar, en las circunstancias del caso, de su origen ilícito". En el caso de *otros bienes*, "cuando los hubieran adquirido con conocimiento de que de este modo se dificultaba su decomiso o cuando una persona diligente habría tenido motivos para sospechar, en las circunstancias del caso, que de ese modo se dificultaba su decomiso"[280]. El precepto introduce una *presunción*, que admite prueba en contrario, de que el tercero ha conocido o ha tenido motivos para sospechar que se trataba de bienes procedentes de una actividad ilícita o que eran transferidos para evitar su decomiso, "cuando los bienes o efectos le hubieran sido transferidos a título gratuito o por un precio inferior al real de mercado". Se presume así la mala fe, no solo cuando la adquisición se realiza a título gratuito, sino también a título lucrativo, por un precio inferior al real del mercado, y sin que se exija una previa declaración de nulidad[281]. En definitiva, solo el tercero de buena fe que haya adquirido los bienes a título oneroso quedará excluido del procedimiento de decomiso. El tercero de buena fe que adquiere el bien a título gratuito (donación) puede verse involucrado en un proceso penal debiendo acreditar la ausencia de mala fe en la adquisición[282].

En realidad, lo que hace este precepto es permitir el decomiso de bienes de sujetos que ha cometido un *delito de blanqueo de capitales*, doloso o imprudente, sin que sea necesario proceder penalmente contra ellos[283]. Si el tercero conoce la procedencia delictiva o sabe que han sido transferidos para evitar su decomiso, su conducta podría calificarse como constitutiva de un delito de blanqueo de capitales doloso del art. 301 nº 1 ó 2 CP. Si hubiera tenido motivos para sospechar que procedían de una actividad ilícita o que eran transferidos para

---

280. Ya en 1997 Mapelli caffarena, Borja, "Las consecuencias accesorias en el nuevo Código Penal", en *Revista Penal* núm. 1, 1997, pgs. 43-53, pg. 52, había abordado el grado de conocimiento que debía exigirse al tercero sobre el origen de los bienes y del propio delito para poder decomisar los bienes, y se había pronunciado en favor de requerir un conocimiento directo del origen delictivo y del delito concreto del que provenían.

281. Conforme a lo dispuesto en los arts. 6.3 y 1.305 y concordantes del CC, dice Aguado Correa, "Comiso: crónica de una reforma anunciada (...)", *cit.*, pg. 48.

282. Cfr. Blanco Cordero, "Modern Forms of Confiscation and Protection of Third Parties", *cit.*, pgs. 139-154.

283. Aguado Correa, "Comiso: crónica de una reforma anunciada (...)", *cit.*, pg. 50.

evitar su decomiso, podría ser de aplicación el delito de blanqueo de capitales imprudente del art. 301.3 CP[284]. Pero, en lugar de ser enjuiciados como responsables criminales directos de un delito de blanqueo, son considerados "terceros" respecto del delito antecedente del que proceden los bienes, lo que permite así el decomiso de sus bienes. De esta manera, la figura del tercero permite recurrir a "una estrategia de política criminal encaminada a lograr el máximo decomiso con el menor esfuerzo (procesal) posible", dando así prioridad al decomiso frente al castigo penal en sentido estricto. Por ello, los sujetos encargados de la dirección y/o del impulso de la investigación penal (el Juez de Instrucción o la Fiscalía) pueden entender más practicable atribuir a un sujeto la condición de tercero que la de encausado (e incluso, como vamos a ver a continuación, la de partícipe a título lucrativo)[285].

El decomiso de bienes de terceros difumina en parte la línea que lo distingue de la figura del *partícipe a título lucrativo* prevista en el artículo 122 CP en el marco de la responsabilidad civil derivada del delito. Recordemos que este es el mecanismo que se ha empleado en la práctica para acceder al patrimonio ilícito en poder de sujetos no responsables del delito del que proceden los bienes, ni de un blanqueo de capitales (o receptación), porque no se puede probar el dolo o la imprudencia. El art. 122 CP parece entender que su ganancia es la que determina la cuantía del resarcimiento, por lo que obliga a restituir la cosa o resarcir el daño hasta la cuantía de su participación. En estos casos pueden surgir discrepancias entre juez de instrucción, fiscal y/o acusación en cuanto al estatus que deba tener el sujeto que dispone de los bienes de origen delictivo, como tercero a efectos del decomiso o partícipe a título lucrativo. Esto tiene consecuencias esencialmente de naturaleza procesal en relación con sus derechos y facultades[286]. En cualquier caso, parece que el ámbito de aplicación del art. 122 CP debería limitarse exclusivamente a las adquisiciones a título lucrativo que hayan tenido lugar con absoluto desconocimiento[287], y sin tener el deber de tenerlo, del origen delictivo de los bienes.

No se dice nada en el CP acerca de la posibilidad de declarar la *nulidad de los actos o negocios jurídicos* en virtud de los cuales se hayan transmitido, gravado o modificado la titularidad real o derechos relativos a los bienes y efectos, algo que permitía el derogado art. 374 nº 3 CP. En cualquier caso, los tribunales penales podrán declarar la nulidad de los mismos cuando los terceros

---

284. Blanco Cordero, "Modern Forms of Confiscation and Protection of Third Parties", *cit.*, pgs. 139-154.

285. Así, Gascón Inchausti, "Las nuevas herramientas procesales para articular la política criminal de decomiso total (...)", *cit.*, pg. 14.

286. Ampliamente Gascón Inchausti, "Las nuevas herramientas procesales para articular la política criminal de decomiso total (...)", *cit.*, pgs. 15 ss.

287. Así Aguado Correa, "Comiso: crónica de una reforma anunciada (...)", *cit.*, pg. 50.

actúen de mala fe de acuerdo con el Código civil (entre otros, los arts. 1305, 6.3 y 1275 CC) por ser un negocio con causa ilícita (el delito)[288].

Finalmente es conveniente señalar que el legislador español ha introducido el Capítulo I del nuevo Título VIII del Libro IV de la LECr bajo la rúbrica "De la intervención en el proceso penal de los terceros que pueden resultar afectados por el comiso" (artículos 803 ter a) a 803 ter d) a través de la cual se regula la *participación del tercero en el proceso penal* y la condición en la cual debe comparecer con el fin garantizar la defensa de sus derechos en el procedimiento en el que se resuelve el decomiso.

5. Conclusiones

El repaso realizado de la regulación del decomiso en el CP evidencia la profunda reforma operada mediante LO 1/2015, cuyo objetivo ha sido acomodar la legislación española a la Directiva 2014/42/UE sobre embargo y decomiso en la UE. Con todo, es cierto que existen determinados excesos (y algunos defectos) respecto de esta norma europea que evidencian que el legislador español trata de ir más allá de lo dispuesto en la Directiva. Recordemos, con todo, que ello no constituye un incumplimiento de la misma, porque los Estados miembros, si respetan los mínimos requeridos por la Directiva, pueden ir más allá de lo dispuesto en la misma. Veamos algunas de los aspectos destacados.

1. Hubiera sido conveniente desterrar la *terminología* tradicional empleada en el CP que alude a los efectos y las ganancias e incluir el término productos, cuyo contenido debería ser el que se contiene en los instrumentos internacionales de Naciones Unidas a los que se ha aludido en el texto.

2. En cuanto al *decomiso ampliado*, el legislador español va más allá de lo dispuesto en la Directiva al permitir que recaiga sobre los instrumentos del delito. Además, el listado de delitos al que se aplica esta modalidad de decomiso supera lo exigido en la normativa europea. Y desde luego que en la Directiva no se contiene ninguna disposición relativa al decomiso ampliado similar a la de los arts. 127 quinquies y sexies CP.

3. En cuanto al *decomiso sin condena*, el legislador español lo configura en el art. 127 ter CP como un mecanismo de carácter facultativo, algo que contrasta con el lenguaje imperativo que utiliza la Directiva. Asimismo, la norma española admite el decomiso ampliado sin condena, por lo que va más allá de

---

288. Nieva Fenoll, Jordi, "El procedimiento de decomiso autónomo. En especial sus problemas probatorios", en *Diario La Ley*, N° 8601, Sección Doctrina, 9 de septiembre de 2015, Ref. D-322 (consultada la versión electrónica); Portal Manrubia, José, "Aspectos sustantivos y procesales del decomiso", en *Revista Aranzadi Doctrinal*, num.3/2016, Estudio, BIB 2016\750 (consultada la versión electrónica).

lo dispuesto en la Directiva. Por otro lado, a diferencia de lo dispuesto en la Directiva que limita el decomiso sin condena a los casos de enfermedad o fuga, el CP español amplía estos supuestos a otros casos de exención o extinción de la responsabilidad penal (entre ellos, el fallecimiento y la enfermedad "crónica" dice el art. 127 ter CP).

4. En cuanto al *decomiso de terceros*, el legislador va más allá de lo dispuesto en la Directiva al admitirlo respecto de los instrumentos del delito. Además, el art 127 quáter CP, aparte de no aludir de manera expresa a la protección de los terceros de buena fe a la que sí alude la Directiva, convierte los hechos o circunstancias mencionadas en la norma europea a título ejemplificativo en presunciones contra la buena fe del tercero. Invierte así el CP español la carga de la prueba y crea una serie de presunciones *iuris tantum* que permiten decomisar bienes de terceros.

REFLEXÕES SOBRE O ESTATUTO CONSTITUCIONAL E CONVENCIONAL DO CONFISCO "DE PREVENÇÃO" NO ORDENAMENTO ITALIANO[(*)] [(**)] [1]

Francesco Viganó

Abstract:

Qual é – além do rótulo que lhe é atribuído pelo legislador – a verdadeira natureza jurídica do confisco "de prevenção", nos termos do art. 24 do Código Antimáfia, segundo o qual os bens pertencentes a particulares são transferidos para o Estado com base na provável proveniência criminosa desses bens? Trata-se, mais

(*) O artigo reproduz a contribuição do autor em C.E. PALIERO, F. VIGANÒ, F. BASILE, G.L. GATTA (a cargo de), *La pena, ancora: fra attualità e tradizione.* (A pena, mais uma vez: entre atualidade e tradição. Estudos em homenagem a Emilio Dolcini), Giuffrè, Milão, 2018. As referências normativas, jurisprudenciais e doutrinárias foram atualizadas em janeiro de 2018. N.T.: Assim como nesta nota, a tradução de nomes de obras e instituições no presente texto realizou-se, quando necessário, livremente pela tradutora e segue a denominação original.

(**) Muitas das contribuições desenvolvidas nesse trabalho são frutos de longas e animadas discussões com os doutores Tommaso Trinchera e Stefano Finochiaro, à época doutorandos – respectivamente – na Universidade Bocconi e na Universidade de Milão, cujas teses de doutorado (T. TRINCHERA, *Lo statuto costituzionale e convenzionale della confisca della ricchezza illecita,* 2016 – O estatuto constitucional e convencional do confisco da riqueza ilícita; S. FINOCHIARO, *Confisca di prevenzione e* civil forfeiture. *Verso un nuovo modello di "confisca civile" della ricchezza illecita*, 2017 – Confisco de prevenção e *civil forfeiture*. Rumo a um novo modelo de "confisco civil" da riqueza ilícita) tive a sorte de orientar. Portanto, é difícil estabelecer individualmente a autoria das passagens argumentativas deste trabalho, razão pela qual eu o compartilho integralmente com eles. Naturalmente, apenas eu sou responsável por todos os erros e omissões que o leitor especialista do assunto não terá dificuldade em descobrir.

1. Trad. Rinuccia Faria La Ruina

concretamente, de uma "pena mascarada", destinada a impor uma pena patrimonial contra o autor de crimes não apurados no âmbito de um processo penal? Ou se trata de uma medida de natureza não sancionatória, que se limita a negar proteção jurídica à relação de disponibilidade sobre o bem constituído pelo sujeito mediante uma atividade (o crime) que não se enquadra nas formas legítimas de aquisição da propriedade? Responder essas questões cruciais é essencial para a determinação do estatuto das garantias, constitucionais e convencionais, aplicável a essa forma de confisco, que está experimentando um êxito cada vez maior na prática legislativa e judiciária italiana, mas que, ao mesmo tempo, suscita preocupações crescentes devido à sua imponente carga restritiva dos direitos fundamentais do indivíduo, sem qualquer das garantias características do processo penal.

Some Observations on the Constitutional and Conventional Rules on "Preventive Confiscation" in the Italian Legal System

Abstract:

What is the nature of "preventive confiscation" as governed by Article 24 of the so-called Italian "Anti-Mafia Code", which can be ordered on money and assets of (likely) criminal origin? Is it some kind of "disguised penalty" aimed at punishing offences that have not been proven, beyond any reasonable doubt, in a criminal trial? Or is it simply a measure that denies any legal protection to the ownership on such money and assets, in as far as such ownership was obtained through an activity - the commission of a criminal offence - that is not recognized among the legitimate means to acquire a property? The answer to these crucial questions is the key to identifying the constitucional and conventional guarantees that are applicable to this specific form of confiscation, which is enjoying growing success among law enforcement agencies, but - at the same time - raises serious concerns as to the protection of fundamental rights of the individuals involved.

Sumário:

1. *Introdução*: No âmbito das diversas formas de confisco que têm gradualmente acompanhado a figura primordial prevista pelo Código Rocco no artigo 240 c.p., o chamado confisco de prevenção, introduzido no ordenamento jurídico italiano pela Lei n° 646 de 1982 (também chamada de Lei Rognoni-La Torre) e regulado - atualmente - pelo artigo 24 do Decreto Legislativo n° 159 de 2011 ou "Código Antimáfia" (a seguir, c.a.) ocupa um lugar muito particular.

Como grande parte dos outros confiscos, a medida patrimonial em questão visa a encontrar as receitas provenientes de atividades criminosas e os bens que constituem o seu reemprego; mas diferentemente do que sucede com qualquer outra forma de confisco, a expropriação patrimonial acontece completamente fora do processo penal. O órgão que propõe a medida é frequentemente - ainda que não necessariamente - o Ministério Público; todavia, o procedimento aplicável correspondente não é regulado pelo Código de Processo Penal, mas pelas disposições estabelecidas pelo Código Antimáfia, que desenham, em suas lacunas, um processo mil vezes distante das garantias características da jurisdição criminal: um processo essencialmente documental, sem nenhuma indicação obrigatória acerca da tipologia das provas utilizáveis, e que contempla como hipótese ordinária a inversão de uma parte do ônus probatório para o potencial sujeito destinatário da medida, chamado a demonstrar positivamente a origem lícita dos bens cujo confisco o Estado pede.

O confisco de bens de proveniência criminosa não baseado em condenação penal - instituto com pouquíssima correspondência nas legislações dos países da Europa ocidental continental - deve suscitar uma questão de fundo sobre sua *natureza jurídica* e, consequentemente, seu *estatuto constitucional e convencional*.

As suas raízes históricas marcaram a sua classificação atual, no nosso ordenamento jurídico, como *medida de prevenção*. A disciplina do confisco em questão (e aquela do sequestro que antecipa seus efeitos) foi inserida pela Lei Rognoni-La Torre no corpo da Lei Antimáfia n° 575 de 1975, que havia estendido as medidas de prevenção pessoais já previstas na Lei n° 1423 de 1956 aos indiciados por pertencimento a associações de tipo mafioso; e, em suas configurações originárias, o sequestro e o confisco antimáfia poderiam ser requeridos e apresentados exclusivamente no curso do procedimento para a aplicação de uma dessas medidas de prevenção pessoais. O legislador de 2008 quebrou, na verdade, o nexo necessário entre medida patrimonial e pessoal;[2] mas quando, em 2011, se prosseguiu com a reorganização orgânica das leis antimáfia e das medidas de prevenção, o sequestro e o confisco em questão foram

---

2. Em particular, com o art. 10 do Decreto Legislativo n° 92/2008, que acrescentou o parágrafo 6°-*bis* ao art. 2°-*bis* da Lei n° 575/1965, segundo o qual "as medidas de prevenção pessoais e patrimoniais podem ser solicitadas e aplicadas separadamente".

expressamente rotulados, no título II do Código Antimáfia, como "medidas de prevenção patrimoniais".

Uma classificação similar é, entretanto, firmemente contestada por uma parte da doutrina, que, pelo contrário, atribui ao confisco antimáfia - atualmente, na verdade, aplicável aos indiciados de muitos outros crimes que nada têm a ver com as máfias - uma natureza claramente sancionatória, ou seja, punitiva. Tratar-se-ia, aliás, de uma pena "do suspeito", porque fundada em uma averiguação apenas indiciária e, portanto, parcial e incompleta da responsabilidade por crimes *já cometidos* pela pessoa afetada pela medida. Uma *pena mascarada* que, contudo - como qualquer pena digna deste nome - olha para o passado, em vez de para o futuro, como se esperaria de uma medida de prevenção.

Não se trata de uma discussão apenas teórica. Reconhecer ao confisco em questão uma natureza substancial de pena significa, ao mesmo tempo, afirmar que a sua previsão normativa e a sua aplicação no caso concreto devem submeter-se às garantias que a Convenção Europeia dos Direitos Humanos (CEDH) e, antes disso, a própria Constituição estabelecem em matéria penal: o princípio da legalidade em todos os seus corolários (desde a precisão da norma que estabelece os pressupostos da medida até a proibição da aplicação retroativa), garantias do "justo processo" em matéria penal, fixadas cumulativamente pelos artigos 111 da Constituição e artigo 6° da CEDH; princípio da vedação ao duplo processo pelo mesmo fato nos termos do artigo 4° do prot. 7 da CEDH; e assim sucessivamente. Mas, se fosse assim, o castelo das nossas medidas de prevenção patrimoniais, que tem tanto êxito na prática e na opinião pública, correria o risco de desmoronar literalmente em pedaços: a disciplina atual do "confisco de prevenção" não respeita praticamente nenhuma dessas garantias e deveria, portanto, ser julgada incompatível tanto com a Constituição como com a Convenção Europeia.

A recente sentença *De Tommaso v. Itália*, proferida pela Grande Câmara do Tribunal Europeu de Direitos Humanos (TEDH) em fevereiro de 2017,[3] soa, nesse contexto, como um preocupante sinal de alerta. A sentença tinha como objeto, de fato, exclusivamente as medidas de prevenção pessoais; no entanto - ao declarar a incompatibilidade das concepções normativas atuais dos "tipos caracterizadores de periculosidade genérica" nos termos das alíneas *a)* e *b)* do artigo 1° c.a. com a Convenção, considerando-as insuficientemente precisas e, portanto, inaptas a fornecer uma base legal adequada, nos termos

3. TEDH, Grande Câmara, sentença de 23 de fevereiro de 2017, *De Tommaso v. Itália* (oportunidade em que me permito fazer referência a F. Viganó, *La Corte di Strasburgo assesta un duro colpo alla disciplina italiana delle misure di prevenzione personali* (O Tribunal de Estrasburgo dá um duro golpe na disciplina italiana de medidas de prevenção pessoais), em Dir. Pen. Cont., fasc. 3/2017, p. 370 ss.).

do art. 2° prot. 4 da CEDH, à restrição da liberdade de circulação que resulta da aplicação dessas medidas -, o Tribunal censurou, pela primeira vez depois de 37 anos,[4] não esta ou aquela *aplicação concreta* das medidas de prevenção, mas a sua própria *disciplina normativa*, afetando uma das normas que identificam os sujeitos tanto destinatários das medidas de prevenção pessoais como das medidas de prevenção patrimoniais. Por ora, estas últimas foram poupadas pelo Tribunal; mas é muito fácil imaginar que, confrontados com uma questão semelhante de imprecisão tendo como objeto um confisco de prevenção, os juízes de Estrasburgo possam considerar aqueles mesmos tipos caracterizadores de periculosidade genérica inaptos a fornecer uma base legal adequada à restrição do direito de propriedade determinada pela medida ablativa, dessa vez prevista no artigo 1° do prot. adicional da CEDH.

E mais: não apenas os tipos caracterizadores de periculosidade genérica, mas todo o sistema normativo das medidas de prevenção regulamentadas pelo Código Antimáfia correria o risco de colapso se o TEDH aceitasse no futuro as perspectivas doutrinárias mencionadas acima e configurasse as medidas de prevenção italianas - pessoais *e* patrimoniais - como medidas *substancialmente punitivas* e, por isso, sujeitas não apenas aos limites derivados do art. 2° do prot. 4 ou do art. 1° do prot. adicional da CEDH, mas também - e em primeiro lugar - do conjunto de garantias que auxiliam a matéria penal: art. 6° na sua vertente penal[5], art. 7°, bem como os artigos 2°-4° do prot. 7 CEDH. Tal perspectiva não parece iminente: mas o fato de que, nesse sentido, ao menos o juiz Pinto de Albuquerque tenha declarado abertamente sua opinião parcialmente dissidente em *De Tommaso* deveria constituir outro significativo sinal de alarme, igualmente preocupante, para os *louvadores* italianos da situação atual.

Nesta contribuição, tentarei lançar alguma luz sobre a questão da natureza jurídica desse instituto estranho - um tipo de ornitorrinco do mundo do Direito, um pouco ave e um pouco mamífero, como disse Glauco Giostra há alguns anos sobre a prescrição.[6] Com a ambição talvez de, mais do que formular minha tese, esclarecer pelo menos os termos essenciais da questão, encarando a realidade sem muitos bizantinismos: também correndo o risco de dizer coisas desagra-

4. Ou seja, após a sentença do TEDH de 6 de novembro de 1980, *Guzzardi v. Itália*, que considerou a medida assecuratória *(misura di sicurezza,* no original*)* pessoal, prevista pela legislação então em vigor, e que impunha a residência em um determinado município incompatível com o artigo 5° da CEDH.

5. N.T.: O artigo 6° da CEDH garante o processo penal justo.

6. G. Giostra, *La prescrizione: aspetti processuali* (A prescrição: aspectos processuais), em *Per una giustizia penale più sollecita: ostacoli e rimedi ragionevoli* (Por uma justiça criminal mais ágil: obstáculos e remédios razoáveis), em Atas da Conferência de Estudos "Enrico de Nicola" organizado pelo *Centro Nazionale di Prevenzione e Difesa Sociale* (Centro Nacional de Prevenção e Proteção Social), 2006, p. 79.

dáveis um pouco a todos, como sempre acontece quando se fala de máfias e contra as máfias na Itália.

Ao realizar esta tarefa, gostaria de me inspirar, *si parva licet componere magnis*[7], tanto no rigor metodológico como na honestidade intelectual e paixão cívica que sempre caracterizaram o itinerário científico e humano de Emilio Dolcini: o maior estudioso italiano do regime de sanções e também, para mim, mestre e amigo fraterno nos muitos anos de vida que passamos juntos, aos quais essas linhas são afetuosamente dedicadas.

2. *A estrutura essencial do "confisco de prevenção" no ordenamento jurídico italiano* – Às vezes, a melhor maneira de entender a estrutura essencial de um instituto jurídico é tentar explicá-lo a um interlocutor estrangeiro: o qual será instintivamente levado a prestar pouca atenção a rótulos e questões de posicionamento sistemático, inevitavelmente influenciados por coordenadas históricas e culturais de cada ordenamento, e a concentrar-se na substância do instituto e em sua função real no sistema.

Fiz esse experimento muitas vezes com o confisco de prevenção italiano, resumindo suas características fundamentais nos seguintes termos:

a) Em primeiro lugar, trata-se de uma medida ablativa do direito de propriedade, que, como qualquer outro confisco, envolve a transferência definitiva ao Estado dos bens pertencentes ao sujeito afetado ou, se for o caso, daqueles dos quais ele disponha de fato;

b) A medida afeta pessoas e bens de pessoas indiciadas por *já* terem *cometido* atividades criminosas subsumíveis a uma das numerosas categorias identificadas por lei (e, em particular, ao artigo 4° c.a.);[8]

c) Ela pode abranger *todos* os bens de que o sujeito tenha disponibilidade direta ou indireta e que i) sejam *desproporcionais* à sua receita declarada ou à sua atividade econômica, e dos quais ele não possa justificar a origem legítima, isto é ii) *"resultem de atividades ilícitas ou constituam o seu reemprego"* (art. 24 c.a.);

d) A medida pode ser requerida, alternativamente, pelo Ministério Público ou pela Polícia, e é adotada pelo tribunal após um procedimento de natureza *não penal*, que encontra a sua regulamentação específica (aliás, extremamente insuficiente) no mesmo Código Antimáfia.

Na minha experiência, os interlocutores estrangeiros não ficam particularmente surpresos com a característica que indiquei no ponto *c)*: o modelo do

---

7. N.T.: Tradução livre: Se for lícito comparar as coisas pequenas com as grandes.
8. Salvo no caso muito particular a que se refere o artigo 16 par. 1° alínea *b)* c.a.

confisco de prevenção é na sua essência o do *confisco alargado*, ou dos "poderes alargados do confisco", que se difunde cada vez mais também nos sistemas jurídicos vizinhos - basta pensar no *erweiterter Verfall* previsto[9] no § 73d do Código Penal alemão[10] ou no art. 127-*bis* do Código Penal espanhol -, e que hoje é objeto de uma regulamentação específica no âmbito da União Europeia nos termos da Diretiva 2014/42/UE, que no art. 5° exige que os Estados--Membros tomem "*as medidas necessárias para permitir o confisco, total ou parcial, dos bens pertencentes a pessoas condenadas por uma infração penal que possa ocasionar direta ou indiretamente um benefício econômico, caso um tribunal, com base nas circunstâncias do caso, inclusive em fatos concretos e provas disponíveis, como as de que o valor dos bens é desproporcional em relação ao rendimento legítimo da pessoa condenada, conclua que os bens em causa provêm de comportamento criminoso*".

O que, em vez disso, surpreende os interlocutores (pelo menos aqueles que não provêm de um contexto anglo-saxônico) é a combinação das características mencionadas nos ítens *b)* e *d)*: o fato de que se trata de um confisco que pressupõe o *cometimento de infrações* pelo sujeito por ele afetado, e que, no entanto, se estipula totalmente *à margem do processo penal*, não exigindo que o sujeito tenha sido condenado penalmente por esses crimes, ou ao menos por um deles (como acontece no modelo consolidado do confisco alargado, normalmente destinado a atingir uma pessoa "*condenada* por uma infração capaz de produzir uma vantagem econômica", de acordo com a fórmula utilizada na diretiva supracitada).

A propósito, é precisamente nisso que reside a diferença essencial entre o confisco de prevenção e o confisco alargado regulamentado, no sistema jurídico italiano, pelo art. 12-*sexies* do d.l. n° 306 de 1992, convertido na Lei n° 356 de 1992, que também atinge todos os bens de que o sujeito seja titular ou disponha com valor desproporcional à sua renda ou à sua atividade econômica, e cuja proveniência legítima ele não possa justificar. O confisco previsto no art. 12-*sexies*, de fato, é aplicado pelo *juiz criminal* como resultado de um processo no qual o titular dos bens confiscados tenha sido *condenado* por um dos inúmeros crimes pressupostos indicados no art. 12-*sexies* e, portanto, constitui medida que atualmente implementa a obrigação da União Europeia proveniente do art. 5° da

---

9. N.T.: A *Gesetz zur Reform der strafrechtlichen Vermögensabschöpfung* (Lei destinada à reforma das expropriações patrimoniais em âmbito penal) aboliu, ao entrar em vigor em 1° de julho de 2017, o regime autônomo do confisco alargado no direito penal alemão e fundiu-o com as regras gerais do confisco.

10. Sobre este assunto, recomendo as análises muito elaboradas de L. Fornari, *Criminalità del profitto e tecniche sanzionatorie* (Criminalidade lucrativa e técnicas sancionatórias), 1997, p. 194 ss. e A.M. Maugeri, *Le moderne sanzioni patrimoniali tra funzionalità e garantismo* (As modernas sanções patrimoniais entre funcionalidade e garantismo), 2001, p. 177 ss.

referida diretiva; já o confisco de prevenção atinge os mesmos bens na presença, substancialmente, dos mesmos requisitos, mas *não pressupõe a condenação* do interessado, e é ordenado pelo tribunal no âmbito de um procedimento bastante distinto da lógica processual penal.

Nessa situação específica, a medida em questão difere significativamente das hipóteses do *confisco sem condenação* ("*non-conviction based confiscation*", na linguagem internacional já consolidada) também regido pela diretiva da UE (art. 4°) (2)), e já previsto, por exemplo, no Código Penal espanhol (art. 127-*ter*), como resultado de uma alteração recente, que se refere essencialmente às hipóteses em que, *tendo sido iniciado um procedimento penal* contra um sujeito, o procedimento não pode ser concluído devido a morte, doença ou fuga do acusado, desde que os fatos nos quais o confisco se baseia sejam, no entanto, comprovados. No mundo do confisco de prevenção italiano, no entanto, o início de um procedimento penal contra o titular do bem não é de modo algum um pré-requisito para a medida. Na prática, é claro, é bem possível que contra o sujeito estejam sendo conduzidas também investigações ou um processo penal; mas a circunstância é um mero *accidens* na economia do procedimento que conduz ao confisco: o qual desenvolverá longos caminhos paralelos àqueles das investigações criminais, envolverá juízes diferentes daqueles que podem ser, porventura, chamados a julgar a sua responsabilidade penal, e acabará por ser insensível ao destino daquele potencial processo penal, bem podendo o confisco de prevenção ser estabelecido também em caso de *absolvição* das acusações penais eventualmente formuladas contra o titular dos bens.

Essa independência mútua dos procedimentos (especialmente consagrada no artigo 29 c.a.) não exclui, por outro lado, que o *objeto de verificação* seja, ao menos em larga medida, *comum*; nem deve fazer o observador perder de vista que o que pode ser confiscado sob a perspectiva da medida de prevenção permanece, ao mesmo tempo, possível objeto de um confisco alargado nos termos do artigo 12-*sexies* no caso em que se condene criminalmente o titular dos bens. Pressuposto *subjetivo* do confisco de prevenção é, de fato, a existência de evidências - que o Código Antimáfia define tanto como "indícios", como "elementos de fato" - relativas a *atividades criminosas pregressas* do sujeito requerido;[11] atividades criminosas que, obviamente, bem poderiam dar lugar a procedimentos penais correspondentes. Pressupostos *objetivos* do confisco de prevenção, por outro lado – juntamente com o pressuposto alternativo representado

11. Cf. art. 1°, referido no art. 4° alínea *c)* c.a.: "*tráficos criminosos*", "*atividades criminosas*" ou simplesmente "*crimes*"; art. 4° alínea *a)* c.a.: "*filiação a organizações mafiosas*"; art. 4° alínea *b)* c.a.: "*crimes*" previstos no art. 51, par. 3°-*bis*, c.p.p. e "*crime de transferência fraudulenta de valores*" a que se refere o artigo 12-*quinquies* do Decreto Legislativo n° 306/1992; art. 4°, alínea *d)* c.a.: "*crimes de terrorismo e contra a personalidade do Estado*", bem como "*epidemia, envenenamento de água, sequestro de pessoas simples e extorsivo*"; etc.

pela avaliação do juiz de que os bens a confiscar "resultem" ser fruto daquelas atividades criminosas –, consistem na *desproporção* dos bens em comparação com as receitas declaradas ou a atividade econômica do sujeito, e na *impossibilidade de este justificar a sua proveniência legítima*: portanto, exatamente os mesmos pressupostos que justificam o confisco previsto no artigo 12-*sexies*.[12]

Tampouco se pode desconsiderar, na ilustração da função concreta do confisco de prevenção no ordenamento jurídico italiano, que o principal órgão com o poder de solicitar a medida é o *Ministério Público*: esse é o mesmo órgão competente para realizar investigações sobre os fatos constituintes do crime e ajuizar a respectiva ação penal. Portanto, não é surpreendente que, na prática, frequentemente *uma mesma investigação criminal* gere *tanto* um pedido de medidas de prevenção (pessoais e patrimoniais) *como* um processo criminal correspondente: os quais seguirão formalmente por caminhos separados e autônomos, mas que se basearão *in concreto* em evidências amplamente comuns, embora submetidas a diferentes regimes de admissibilidade e de valoração.

3. *A natureza do confisco previsto no artigo 24 do Código Antimáfia: realmente uma medida de prevenção?* – Já esclarecidas as características essenciais do nosso instituto, podemos finalmente nos ocupar com sua *natureza jurídica*, questionando-nos, antes de tudo, se a sua classificação entre as *medidas de prevenção* – até este momento endossada pela jurisprudência do Tribunal Europeu de Direitos Humanos relativa ao confisco italiano em questão[13] e recentemente

---

12. F. Caprioli, *Fatto e misure di prevenzione* (Fato e medidas de prevenção), em AA.VV., *Misure patrimoniali nel sistema penale: effettività e garanzie* (Medidas patrimoniais no sistema penal: efetividade e garantias), 2016, p. 57.

13. TEDH, sentença de 22 de fevereiro de 1994, *Raimondo v. Itália*, § 43; decisão de 5 julho de 2011, *Arcuri v. Itália*; decisão de 16 de março de 2006, *Bocellari e Rizza v. Itália* (trecho da decisão: *"rappelle que les mesures de prévention prévues par les lois italiennes de 1956, 1965 e 1982 n'impliquent pas un jugement de culpabilité, mais visent à empêcher l'accomplissement d'actes criminels [...]. En outre, leur imposition n'est pas tributaire du prononcé préalable d'une condamnation pour une infraction pénale (voir, a contrario et sous l'angle de l'article 7 de la Convention, l'arrêt Welch v. Royaume-Uni du 9 février 1995 [...], §§ 28-29). Dès lors, elles ne sauraient se comparer à une peine. Dès lors, la procédure y relative ne porte pas sur le 'bien-fondé' d'une 'accusation en matière pénale' [...]. Les deuxième et troisième paragraphes de l'article 6, qui garantissent respectivement le principe de la présomption d'innocence et les droits des personnes accusées, ne trouvent donc pas à s'appliquer en l'espèce."* [Tradução livre: "recordemos que as medidas de prevenção previstas nas leis italianas de 1956, 1965 e 1982 não implicam um julgamento de culpabilidade, mas visam a impedir a prática de atos criminosos [...]. Além disso, a sua imposição não depende de uma condenação prévia por uma infração penal (ver, em sentido contrário e à luz do artigo 7° da Convenção, o acórdão *Welch v. Reino Unido* de 9 de fevereiro de 1995 [...], §§ 28-29). Então, não podem ser comparadas a uma pena. Por conseguinte, o procedimento relevante não diz respeito ao 'mérito' de uma 'acusação em matéria penal' [...]. Portanto, o segundo e o terceiro parágrafos do artigo 6°, que respectivamente garantem o princípio da presunção de inocência e os direitos das pessoas acusadas, não se aplicam neste caso."]). Mais recentemente, no memo sentido, v. TEDH, sentença de 5 de janeiro de 2010, *Bongiorno v. Itália*, § 34; sentença de 17 de maio de 2011, *Capitani e Campanella*, § 37.

reiterada por uma decisão notória das Seções Unidas[14] - é aceitável: enquadramento que, conforme já anunciado, o legislador hoje empreende expressamente, colocando a disciplina do nosso confisco no título II do Código Antimáfia, dedicado precisamente às "medidas de prevenção patrimoniais".

Como igualmente já foi sublinhado, a classificação é o resultado da história normativa dessas medidas, cuja regulação foi incluída, em 1982, no mesmo *corpus* legislativo então dedicado às medidas de prevenção pessoais. Além disso, a aplicação no caso concreto das medidas patrimoniais permaneceu sujeita - até 2008 - à aplicação *conjunta* de uma medida de prevenção pessoal ao mesmo sujeito afetado pelo confisco.

A *ratio*, ou melhor, as *rationes* geralmente atribuídas ao instituto também têm alcance *preventivo:* o confisco dos proveitos ilícitos provenientes de atividades criminosas - e em particular dos proveitos das máfias, o primeiro e ainda essencial *target* da medida na prática - serve, ao mesmo tempo, para privar os criminosos dos recursos necessários para levar a cabo novas condutas criminosas, assim como para retirar do circuito legal bens e capitais que distorcem a livre concorrência, favorecendo indevidamente quem disponha de dinheiro "fácil" em relação aos concorrentes, forçados a recorrer ao mercado legal de crédito.[15]

Todavia, reconhecer uma finalidade preventiva à medida ainda não nos diz nada sobre a sua natureza: como todos aprendem logo nas primeiras aulas de direito penal, a pena também serve para *prevenir* o cometimento de novos crimes por parte do réu (prevenção especial) e por terceiros (prevenção geral). O que distingue as penas das medidas dotadas de natureza preventiva *stricto sensu*, como as medidas assecuratórias (*misure di sicurezza*, no original), é antes a presença - entre os elementos constitutivos destas últimas - de pressupostos essenciais de *periculosidade* do sujeito ao qual tais medidas devem ser aplicadas, mais precisamente a possibilidade/probabilidade de que o sujeito em questão cometa crimes futuramente: possibilidade ou probabilidade que as medidas de natureza preventiva pretendem, precisamente, neutralizar.

Tal pressuposto - exigido pelo art. 6° par. 1° c.a. para a aplicação da

---

14. Tribunal de Cassação, Seções Unidas, sentença de 26 de junho de 2014, n° 4880/15, *Spinelli*, pp. 25, 29, com observações de A.M. Maugeri, *Una parola definitiva sulla natura della confisca di prevenzione? Dalle Sezioni Unite Spinelli alla sentenza Gogitidze della Corte EDU sul civil forfeiture* (Uma palavra final sobre a natureza do confisco de prevenção*?* Da sentença *Spinelli* das Seções Unidas à sentença Gogitidze do TEDH sobre o *civil forfeiture)*, nesta Revista, 2015, p. 942 ss. e F. Mazzacuva, *Le Sezioni Unite sulla natura della confisca de prevenzione: un'altra occasione persa per un chiarimento sulle reali finalità della misura* (As Seções Unidas sobre a natureza do confisco de prevenção: outra oportunidade perdida para um esclarecimento dos reais propósitos da medida), em Dir. pen. cont. - Revista trimestral, fasc. 4/2015, p. 231 ss.

15. Nesse sentido, cf. Tribunal de Cassação, Seções Unidas, sentença de 26 de junho de 2014, *Spinelli*, já citada, pp. 4-5.

vigilância especial de segurança pública - não é mais necessário, a partir de pelo menos 2009, para a aplicação de medidas de prevenção patrimoniais e do confisco, em particular. O art. 18 par. 1° c.a. estabelece não apenas que as medidas de prevenção pessoais e patrimoniais podem ser requeridas e aplicadas separadamente; mas também que estas últimas podem ser empregadas "*independentemente da periculosidade social do sujeito requerido para a sua aplicação no momento do pedido de medida de prevenção*".[16] *Portanto*, elas podem afetar um sujeito que, no momento do pedido, e *a fortiori* no da imposição da própria medida, *não é socialmente perigoso*: isto é, ele não manifesta nenhum quadro sintomático relativo à probabilidade de cometer (novos) crimes no futuro. Tanto é assim que os parágrafos subsequentes ao art. 18 permitem que o confisco seja requerido e aplicado também em relação a bens pertencentes a uma pessoa *morta*, na condição - é claro - de que ela tenha correspondido em vida a uma das categorias subjetivas indicadas no art. 4° e que, portanto, se afigure (agora) que ela realizou (à época) uma das atividades criminosas analiticamente indicadas no mesmo art. 4°.

No entanto, uma pessoa morta não pode representar um perigo de realização de novos crimes, diria o senhor de Lapalisse; nem a lei exige - e esta observação é um pouco menos trivial - que os "sucessores legítimos a título universal ou singular", contra os quais o art. 18 permite que o procedimento prossiga ou continue, sejam *eles próprios* pessoas socialmente perigosas.

Por outro lado, também para o confisco em análise deve valer a tradicional objeção feita ao enquadramento legislativo do confisco nos termos do art. 240 c.p. entre as medidas assecuratórias (*misure di sicurezza*, no original), ou seja, entre as sanções posteriores ao crime que deveriam se caracterizar - na ótica do legislador histórico - por seu caráter preventivo e não repressivo, esse último característico da pena. Uma medida que visa a prevenir crimes, frequentemente criticada, faz sentido se estiver condicionada à evidência de uma periculosidade *atual* do indivíduo afetado; o que se contrapõe à natureza *definitiva* da ablação patrimonial que se realiza com qualquer confisco,[17] cujos efeitos permanecem mesmo quando a periculosidade do sujeito esteja permanentemente cessada, transferindo-se, na verdade, aos seus herdeiros inocentes.

Por esse mesmo motivo, não é válido, para salvar a natureza *preventiva* do confisco agora em consideração, o requisito jurisprudencial, *a contrario sensu* da redação do parágrafo primeiro do art. 18 ("*independentemente da periculosidade*

16. O texto tem origem no art. 2°, par. 22 da lei n° 94/2009, que o introduziu no final do par. 6°-*bis* do art. 2°-*ter* da lei n° 575/1965, o qual já previa - devido a uma alteração datada do ano anterior - o princípio da aplicação dissociada das medidas de prevenção pessoais e patrimoniais.

17. Para essa observação, com referência ao confisco referido no artigo 240 do Código Penal, A. Alessandri, *Confisca* (Confisco), em Dig. disc. pen., Tomo III, 1994, p. 46.

social do sujeito [...] *no momento da solicitação*"), que subordina a aplicação da medida à avaliação da periculosidade do sujeito no momento da aquisição do objeto confiscado.[18] Voltaremos adiante à verdadeira razão e função desse requisito de origem pretoriana; mas já aqui deve ser salientado que uma medida destinada à *prevenção de novos crimes* não pode, logicamente, basear-se na evidência de uma *periculosidade passada*, hoje *não mais atual*. Em tal situação, não há mais nada a prevenir.

Essas observações óbvias poderiam ser taxadas de ingênuas: para neutralizá-las, argumentar-se-á (e muitas vezes se argumentou no passado) que não é tanto a atual periculosidade deste ou daquele titular dos bens, mas a *periculosidade dos próprios bens*, que – se deixados em circulação – provavelmente serão usados para cometer novos crimes e, em qualquer caso, para contaminar a economia lícita e a livre concorrência.

No entanto, por trás de tal argumentação se esconde uma incrível falácia *non sequitur*. Nem o art. 24, nem qualquer outra disposição do Código Antimáfia, exige que a "periculosidade dos bens" sujeitos a confisco seja verificada pelo juiz; e como os bens podem se tornar "perigosos" se alguém os utilizar de modo ilícito,[19] deve-se concluir que – como o legislador não requereu que seja demonstrada processualmente a atual propensão do sujeito, cujos bens devem ser confiscados, a cometer crimes – a medida ablativa pode ser ordenada mesmo na ausência total de prova sobre a probabilidade ou a possibilidade de um futuro uso ilícito do bem por aqueles que têm sua disponibilidade, ou mesmo apenas de um uso por aquele que pode determinar alguma distorção futura da

18. Tribunal de Cassação, Seções Unidas, sentença de 26 de junho de 2014, *Spinelli*, acima citada, pp. 22, 24 ss.

19. No que se refere a essa observação óbvia, mas aparentemente inesperada, ver também: A. Alessandri. *Confisca* (Confisco), op. cit., p. 46; no mesmo sentido, mais recente: F. Caprioli, *Fatto e misure di prevenzione* (Fato e medidas de prevenção), op. cit., p. 52. Em vez disso, as Seções Unidas argumentaram na sentença *Spinelli*, citada várias vezes, que o requisito da periculosidade do sujeito afetado pela medida no momento da compra do bem garantiria que o objeto de confisco seja apenas *res* intrinsecamente perigosa, devido às modalidades ilícitas da sua compra. Em suma, a periculosidade de quem adquire a coisa de forma ilícita acabaria por se traduzir em um "atributo objetivo ou 'qualidade' própria do bem, capaz de influenciar a sua condição jurídica"; de modo que o bem "presumivelmente resultante de um método de aquisição ilícito" se tornaria "objetivamente perigoso", devendo, portanto, ser "retirado, por si só, do sistema de circulação legal" (p. 26). Confesso, francamente, que não entendo o argumento. Que o ordenamento possa legitimamente negar proteção jurídica à relação que o sujeito tem com o bem mediante uma atividade criminosa, me parece, sem dúvida alguma, plausível, como direi em breve (v. *infra*, § 5); mas para alcançar tal objetivo, não é necessário obrigar-se a demonstrar o indemonstrável, ou seja, que a periculosidade de um objeto possa, quase magicamente (nesse sentido, e com razão, A. Mangione, *La 'situazione spirituale' della confisca di prevenzione* (A 'situação espiritual' do confisco de prevenção), nesta Revista, 2017, p. 623), transferir-se para a coisa comprada com o crime, de maneira a gravar na própria coisa uma marca *indelével* de periculosidade, destinada a subsistir ao fim da periculosidade do seu titular ou de seus herdeiros.

livre concorrência.[20] Como no caso do confisco de um imóvel valioso que já pertencera a um fraudador ou corruptor, agora falecido há anos, e agora usado como residência por seu filho, uma pessoa muito respeitável que não seguiu os passos do pai.

Em suma: a prevenção de futuros crimes e/ou de distorções da economia lícita e da livre concorrência também podem constituir as razões mais significativas de nosso confisco, nascido e projetado como um instrumento para combater a grande criminalidade mafiosa após os ataques do início dos anos oitenta; mas *não se refletem nos requisitos normativos* a que hoje se subordina a aplicação do referido confisco, os quais não fazem referência alguma à necessidade de neutralizar as situações atuais de perigo e, assim, *prevenir* a perpetração de futuros crimes.[21]

O enquadramento legislativo do confisco em questão como "medida de prevenção" é, portanto, o resultado de uma *encenação* intolerável,[22] que de-

---

20. Com toda a razão, F. Mazzacuva, *Le pene nascoste. Topografia delle sanzione punitive e modulazione dello statuto garantistico* (As penas ocultas. Topografia das sanções punitivas e modulação do estatuto de garantias), 2017, p. 179.

21. A mesma conclusão foi também tirada pelo brilhante estudo monográfico de A. Mangione, *La misura di prevenzione patrimoniale* (A medida de prevenção patrimonial), op. cit., p. 75, em uma época na qual a aplicação de medidas de prevenção patrimoniais era ainda necessariamente combinada com a aplicação de uma medida de prevenção pessoal. No sentido do absurdo da qualificação do confisco previsto no art. 24 c.a. pelas Seções Unidas em *Spinelli*, ver também A.M. Maugeri, *Una parola definitiva* (Uma palavra definitiva), op. cit., p. 955 ("não faz sentido falar de pura finalidade preventiva, entendida como prevenção de futuras atividades criminosas, relativamente a uma medida definitiva que pode ser aplicada independentemente da atualidade do prognóstico de periculosidade, àqueles que já não são mais considerados perigosos e que, talvez, tenham investido o produto do crime em uma atividade absolutamente lícita, ou estejam mortos ou, talvez, nunca tenham sido perigosos") e F. Mazzacuva, *Le pene nascoste* (As penas ocultas), op. cit., p. 180, que fala a propósito de "artifício retórico sem qualquer comprovação fatual".

22. Que o assim denominado confisco 'antimáfia' introduzido em nosso sistema jurídico pela lei Rognoni-La Torre não poderia ser considerado como uma verdadeira e própria medida de prevenção já era claro há muito tempo, afinal, para a jurisprudência italiana, pelo menos a partir da decisão fundamental do Tribunal de Cassação, Seções Unidas, de 3 de julho de 1996, n° 18, Simonelli. Diante da embaraçosa questão de saber se um confisco a se pronunciar contra um sujeito falecido na pendência do procedimento de aplicação poderia ser considerado uma medida de prevenção (*rectius*, às custas dos herdeiros deste último, não relacionados ao procedimento de prevenção), as Seções Unidas declararam textualmente: "A devolução ao Estado dos bens confiscados [...] e as finalidades inquestionavelmente 'ablativas' das providências correspondentes não permitem [...] qualificá-las, em sentido técnico-jurídico, como medidas de prevenção, junto àquelas, especificamente previstas, como 'pessoais': e isto para além das expressões formais usadas pelo legislador. Trata-se, na verdade, na opinião do Colégio, de improbabilidade lexical, no que diz respeito ao conteúdo normativo propriamente dito, inadequado para modificar a natureza da ordem de confisco – certamente "ablativo" – em uma 'medida de prevenção' no sentido técnico e, portanto, 'condicionar' o intérprete". A medida foi então enquadrada pelas Seções Unidas – e depois pela constante jurisprudência posterior até a sentença de *Spinelli* – em um obscuro "*terceiro gênero* constituído por uma *sanção administrativa*, comparável (quanto ao conteúdo e aos efeitos) às medidas assecuratórias previstas no art. 240 *cpv.* (N.T.: Cada *capoverso* (*cpv.*) corresponde, por exemplo, a uma parte de um artigo de lei, à excessão

veria ser abandonada ao menos a nível científico, para evitar a perpetuação de mal-entendidos por meio do uso inescrupuloso de rótulos. Em vez de confisco de "prevenção", seria mais apropriado falar de confisco "previsto no artigo 24 c.a.", sem prejuízo da questão sobre sua (real) natureza jurídica.

4. *Configuraria essa modalidade de confisco uma pena mascarada*? – Verificado o enquadramento indevido do nosso confisco como medida de prevenção, o caminho parece aberto para uma possível solução diferente para a questão da sua natureza jurídica: a de interpretá-lo como uma medida substancialmente *punitiva*, que, na verdade, *reage a fatos referentes a crimes cometidos no passado,*[23] baseando-se, entretanto, em uma *semiplena probatio*, que se satisfaz com indícios e não provas.[24] Uma medida, em suma, comparável a uma 'pena do suspeito', ou – na linguagem das práticas medievais – a uma *poena extraordinaria*, que responderia à lógica antiga segundo a qual a um menor grau de prova deve corresponder um menor grau de punição.[25] Afinal, tal 'penalidade'

da primeira.) c.p.": *terceiro* gênero, portanto, *distinto tanto da pena como da medida de prevenção*, mas atribuível ao conjunto mais amplo das "sanções administrativas ".

23. Que a aplicação das medidas de prevenção exige necessariamente uma "verificação judicial incidental [...] de comportamentos ilícitos *já praticados*" é, hoje, geralmente reconhecido também pelos magistrados mais sensíveis que tratam dessa matéria, que concebem, porém, tal avaliação como estritamente funcional à formulação de um juízo de periculosidade do requerido, sobre o qual se deve basear a aplicação da medida: não diferentemente, em suma, do que acontece na avaliação incidental de periculosidade prevista no artigo 274, parágrafo 1°, alínea *c)* c.p.p. (nesse sentido, em particular, R. Magi, *Sul recupero di tassatività nelle misure di prevenzione personali. Tecniche sostenibili di accertamento della pericolosità* (Sobre a recuperação de taxatividade nas medidas de prevenção pessoais. Técnicas sustentáveis de avaliação da periculosidade), nesta Revista, p. 503). Tal esquema argumentativo, no entanto, não pode ser válido para o confisco previsto no art. 24 c.a. que – como vimos no parágrafo anterior – não contempla, de modo algum, entre seus pressupostos, a formulação de *prognósticos* quanto à prática futura de crimes pelo requerido, e que, no entanto, exige expressamente a existência de indícios relativos à já ocorrida prática de crimes por essa pessoa.

24. F. Caprioli, *Fatto e misure di prevenzione* (Fato e medidas de prevenção), op. cit., p. 55.

25. Nesse sentido, A. Alessandri, *Confisca* (Confisco), op. cit, p. 50 e, mais recentemente, A. M. Maugeri, *Le moderne sanzione patrimoniale* (As modernas sanções patrimoniais), op. cit., pp. 526, 528. No sentido da natureza substancialmente punitiva do confisco "de prevenção", ver também P. Comucci, *Il sequestro e la confisca nella legge "antimafia"* (O sequestro e o e confisco na lei "antimafia"), nesta Revista, 1985, p. 100; S. Moccia, *La perenne emergenza* (A emergência perpétua), 2ª edição, 1997, p. 76 ss. (as medidas de prevenção constituiriam "tipos indiciários de suspeição que atuam como substitutos dos verdadeiros e próprios tipos criminais, e foram considerados inaplicáveis por falta de provas necessárias: uma verdadeira fraude das etiquetas" e, ao mesmo tempo, um "atalho probatório em relação ao apuramento dos fatos do crime"); A. Mangione, *La misura di prevenzione patrimoniale* (A medida de prevenção patrimonial, op. cit., p. 31, p. 80 ss., p. 87; D. Fondaroli, *Le ipotesi speciali di confisca nel sistema penale* (As hipóteses especiais de confisco no sistema penal), 2007, p. 179; T. Padovani, *Misure di sicurezza e misure di prevenzione* (Medidas assecuratórias e medidas de prevenção), 2013, p. 250, p. 321, p. 342 ss.; V. Maiello, *Confisca, CEDU e Diritto dell'Unione tra questioni risolte ed altre ancora aperte* (Confisco, CEDH e Direito da União Europeia: questões resolvidas e outras ainda em aberto), em Dir. pen. cont. – Rev. trim., fasc. 3-4/2012, p. 54;

afeta apenas o patrimônio, e não a pessoa, como no caso paradigmático da pena privativa de liberdade.

Os argumentos, desde há muito tempo utilizados por parte da doutrina, são conhecidos.

Os pressupostos normalmente - mas de forma fraudulenta - definidos como "subjetivos" da medida, a saber, aqueles descritos no art. 4° c.a., são, na verdade, os *tipos abstratos* - os *Tatbestände*, na linguagem da Teoria do Direito de matriz alemã - que exigem documentação comprobatória no caso concreto para a aplicação de tal medida; e tais tipos abstratos, longe de representarem "tipos caracterizadores de periculosidade", como às vezes se afirma, *correspondem*, na maioria dos casos, *exatamente a precisos tipos concretos do crime*, devidamente identificados no art. 4° c.a.: os crimes referidos no art. 51, parágrafo 3°-*bis*, do Código de Processo Penal italiano; os crimes de terrorismo e contra a personalidade do Estado; o sequestro simples e qualificado de pessoas; etc. Outras vezes, tais tipos encontram-se descritos de modo apenas aproximadamente coincidente com uma figura de crime (por exemplo, no que diz respeito às hipóteses de "pertencimento às associações referidas no artigo. 416-*bis* do Código Penal", cláusula em conformidade com a jurisprudência *lato sensu* e que contempla tanto a participação como o concurso externo). Outras vezes, novamente, nas hipóteses previstas no art. 1° c.a., referido no art. 4° alínea *c)*, os elementos constitutivos em questão fazem referência genérica à prática de uma *pluralidade de delitos*. No entanto, tais tipos fazem alusão ao *prévio cometimento de crimes* pelo sujeito atingido pela medida.

A diferença essencial entre os distintos tipos previstos no art. 4° c.a. e os tipos penais nele mais ou menos precisamente mencionados não está, portanto, na tipologia da conduta a ser comprovada para que o juiz possa aplicar, respectivamente, o confisco referido no art. 24 c.a. ou a pena; mas, acima de tudo, no *diferente padrão probatório* que deve basear a condenação do juiz na avaliação da evidência das circunstâncias de fato mencionadas nos tipos do crime que de vez em quando são levados em consideração. Para que uma pena seja aplicada, é necessária uma prova "independentemente de qualquer dúvida razoável" que integre a descrição normativa dos tipos de crime (art. 533 do Código de Processo Penal italiano); para que o confisco possa ser ordenado nos termos do

V. Manes, *L'ultimo imperativo della politica criminale: nullum crimen sine confiscatione* (O último imperativo da política criminal: *nullum crimen sine confiscatione*), em AA.VV., *Misure patrimoniali nel sistema penale: effettività e garanzie* (Medidas patrimoniais no sistema penal: efetividade e garantias), 2016, p. 144 (e nesta Revista, 2015, p. 1277); C. Cupelli, G. De Sanctis, *L'intervento sul patrimonio come strumento di contrasto all'economia illecita* (A intervenção no patrimônio como instrumento contra a economia ilícita), em M. Montagna (a cargo de), *Sequestro e confisca* (Sequestro e confisco), 2017, p. 136.

art. 24, por outro lado, são suficientes - em termos gerais - "indícios" capazes de sustentar a convicção do juiz de que o sujeito requerido tenha efetivamente cometido, no passado, os delitos que a autoridade requerente lhe atribui.[26]

Igualmente diversa é a *estrutura do procedimento* no qual a autoridade requerente deve provar o cometimento dos delitos por parte do sujeito requerido. A diversidade já começa a ser apreciada na *falta de uma imputação formal* relativa a tais delitos, que não precisam necessariamente ser identificados em suas precisas coordenadas históricas (com indicações pontuais dos horários e locais de prática de conduta criminosa, como é exigido em qualquer imputação em processo penal). A diferença, em seguida, desenrola-se gradualmente ao longo de todo o processo, em que a demonstração dos crimes cometidos pelo requerido é essencialmente confiada a documentos escritos, em cuja apreciação o princípio do livre convencimento do juiz não está sujeito a nenhuma das limitações consagradas no Código de Processo Penal e, em primeiro lugar, no art. 111 da Constituição. E a diversidade culmina na disciplina distinta do agravo de cassação: aqui restrito às hipóteses de violação da lei (art. 10 par. 3° c.a.), com a exclusão de todas as demais hipóteses previstas, no processo penal, pelo art. 606 c.p.p.

No entanto, é o *procedimento* que muda, não o *objeto da prova*. O *thema probandum* - pelo menos, a primeira e essencial parte do *thema probandum*: isto é, a que faz referência à pregressa atividade criminosa do sujeito - é essencialmente o mesmo no processo criminal e no procedimento de prevenção. É verdade que, neste último, seu objeto é *mais genérico*, bastando evidenciar, precisamente, uma "atividade" criminosa realizada no passado: sem referência, portanto, às *específicas coordenadas temporais e espaciais* em que uma determinada conduta criminosa foi realizada.[27] Mas, ainda assim, se discute o cometimento de crimes no passado, em ambos os casos.

Por isso, não parece nada estranha a conclusão de que a natureza de uma medida que pressupõe uma verificação - ainda que apenas sumária - de crimes anteriores, sem exigir nenhum prognóstico sobre o futuro, seja de fato a de uma *sanção pelo cometimento daqueles crimes*: um mal infligido ao seu autor, em termos de prejuízo financeiro, de natureza inteiramente semelhante àquela que caracteriza a pena pecuniária e qualquer outra forma de confisco pronunciada

---

26. F. Caprioli, *Fatto e misure di prevenzione* (Fato e medidas de prevenção), op. cit., p. 58.

27. Mas quem tem experiência em processos penais por crime organizado sabe que tais coordenadas são muitas vezes evanescentes também nesses casos: e basta pensar em certas imputações muito gerais por concurso externo, nas quais se limita a indicar um período de tempo de anos, ou de dezenas de anos, em que o imputado teria "apoiado" a atividade da máfia ou teria estado "permanentemente à sua disposição".

pelo juiz criminal com base no mesmo pressuposto do cometimento, no passado, de um ou mais crimes. Em suma, uma autêntica *pena.*[28]

O Juiz Pinto de Albuquerque também chegou a tal conclusão em relação às medidas de prevenção *pessoais* em seu voto parcialmente dissidente (já citado em *De Tommaso)*, com a qual os Juízes Sajó e Vučinić concordaram:

As medidas de prevenção pessoais foram aplicadas nos termos da Lei de 1956 contra indivíduos suspeitos de terem cometido um crime antes da sua condenação, e mesmo em caso de absolvição por provas insuficientes ou contraditórias contra eles. Apesar da separação formal entre procedimentos penais, regulados pelo Código de Processo Penal, e procedimentos para a aplicação de medidas de prevenção, regulados pela Lei de 1956, as provas recolhidas nos primeiros procedimentos poderiam ser utilizadas no segundo para demonstrar a necessidade de medidas de prevenção. Isso obviamente favorecia uma utilização instrumental das medidas de prevenção para "punir", no entanto, aqueles que tinham sido absolvidos em processos penais. Em circunstâncias semelhantes, as medidas de prevenção não passavam de sanções penais de «segunda classe» ou de "penas do suspeito». Mesmo após a reforma implementada pela Lei n° 327/1988, uma *probatio minus plena* permaneceu suficiente para colocar o sujeito sob o radar do sistema de justiça criminal, com o seu arsenal de medidas restritivas previstas na Lei de 1956.[29]

As considerações do Juiz Pinto poderiam valer, com mais razão ainda, para o confisco previsto no art. 24 c.a., que nem sequer está subordinado à verificação de qualquer requisito de periculosidade atual do sujeito por ele afetado.

E, no entanto, sobre um ponto temos de ser claros. Reconhecer a natureza *substancialmente penal* do confisco previsto no art. 24 do c.a., como também fez recentemente o Tribunal de Cassação[30] em notório acórdão, significaria

28. Nesse sentido, A. Mangione, *La misura di prevenzione patrimoniale* (A medida de prevenção patrimonial), op. cit., p. 394.

29. TEDH, *De Tommaso v. Itália*, já citada, opinião parcialmente dissidente do juiz Pinto de Albuquerque, § 4.

30. Argumentando, em particular, a caducidade - devido aos 'pacotes assecuratórios' de 2008 e 2009 - do requisito da periculosidade atual do requerido, com a consequente insustentabilidade da equiparação - anteriormente realizada pela jurisprudência - entre confisco de prevenção e medida assecuratória: ver Tribunal de Cassação, Seção V, sentença de 13 de novembro de 2012 (depositada em 25 de março de 2013), n° 14044, Occhipinti, com observação de A. Maugeri, *La confisca misura di prevenzione ha natura "oggettivamente sanzionatoria" e si applica il principio di irretroattività: una sentenza "storica"?* (O confisco como medida de prevenção tem natureza "objetivamente sancionatória" e aplica-se o princípio da não retroatividade: uma sentença "histórica"?), em Dir. pen. cont. - Rev. trim., fasc. 4/2013 , p. 352 ss. Para críticas a essa sentença, ver F. Menditto, *Le Sezioni Unite verso lo statuto della confisca di prevenzione: la natura giuridica, la retroattività e la correlazione temporale* (As Seções Unidas sobre o estatuto do confisco de prevenção: natureza jurídica, retroatividade e correlação temporal), em Dir. pen. cont., 26 de maio de 2014. Anteriormente, ao menos uma outra decisão do Tribunal de Cassação havia reconhecido a natureza sancionatória

necessariamente reconhecer a sua radical incompatibilidade com as garantias que a Constituição[31] e o direito internacional dos direitos humanos estabelecem em matéria penal.

O problema não diz respeito apenas às garantias *substanciais*, objeto do litígio do referido acórdão do Tribunal de Cassação, em que foi discutida, nomeadamente, a possibilidade de aplicar *retroativamente* o confisco em questão especialmente a sujeitos suspeitos de condutas delituosas que, no momento da prática dos fatos, ainda não eram consideradas pressupostos idôneos para a aplicação da medida; garantias às quais convém acrescentar, pelo menos, o princípio da *responsabilidade penal subjetiva* (art. 27, parágrafo primeiro, Constituição), evidentemente questionado pela possibilidade de aplicar o confisco aos herdeiros ou a terceiros. O problema mais grave - um enorme fardo, aliás - diz antes respeito às garantias *processuais* que deveriam cercar a verificação daqueles fatos e dos pressupostos remanescentes da medida, que estão muito longe das normas exigidas em um verdadeiro processo penal.

A atenção da jurisprudência, também constitucional, assim como do legislador tem se centrado até agora em aspectos marginais, como o problema da *publicidade* do procedimento, que agora é assegurada nas instâncias de mérito.[32] Mas as fricções com o quadro de garantias oferecidas pelos artigos 111 da Constituição e 6° da CEDH em seu *criminal limb* começam sem uma clara «acusação penal» contra a qual o sujeito possa se defender: de uma *imputação*, isto é, de fatos precisos e claramente ligados a um dos fatos de crime mencionados no artigo 4° c.a., colocados de maneira suficientemente unívoca no

da hipótese particular de confisco de prevenção por equivalente, igualmente introduzida pelo pacote assecuratório de 2008 (Tribunal de Cassação, Seção I, sentença de 28 de fevereiro de 2012, n° 11768, Barilari). A colocação desses pronunciamentos foi, como é sabido, radicalmente refutada pelas Seções Unidas na sentença *Spinelli*.

31. No sentido, com efeito, da radical incompatibilidade das medidas de prevenção patrimoniais com o complexo das garantias substanciais e processuais estabelecidas pela Constituição para a matéria penal, e em particular com os artigos 25 e 27 da Constituição, vide A. Mangione, *Le misure di prevenzione patrimoniale* (As medidas de prevenção patrimoniais), já citado, p. 183 ss. A mesma conclusão radical é hoje alcançada por M. Ceresa-Gastaldo, *Misure di prevenzione e pericolosità sociale: l'incolmabile deficit di legalità della giurisdizione senza fatto* (Medidas de prevenção e periculosidade social: o déficit intransponível de legalidade da jurisdição sem fato, em Dir. pen. cont., 3 de dezembro de 2015, p. 8 e, ao que parece, F. Mazzacuva, *Le pene nascoste* (As penas ocultas), op. cit., p. 200.

32. A jurisprudência de Estrasburgo declarou repetidamente que o artigo 6°, § 1°, da CEDH foi violado pela falta de publicidade do procedimento de prevenção: ver, por exemplo, TEDH, sentença de 13 de novembro de 2007, *Bocellari e Rizza v. Itália,* § 39-41; sentença de 8 de julho de 2008, *Perre v. Itália*, § 23-28; sentença de 5 de janeiro de 2010, *Bongiorno v. Itália*, § 27-31. Sobre essa questão, realizou-se uma consulta, que, com a sentença n° 93/2010, declarou a ilegitimidade constitucional das disposições em matéria de procedimento de prevenção que não permitem, a pedido dos interessados, que o procedimento para a aplicação das medidas de prevenção se realize na forma de audiência pública. O artigo 7°, par. 1°, c.a. estabelece agora que o procedimento seja realizado em público quando o interessado assim solicitar.

tempo e no espaço.[33] Uma imputação, ainda, cujo mérito seja responsabilidade da parte requerente demonstrar, através de *provas* – e não de "suspeitas" ou "indícios" – que permitam superar a *presunção de inocência*, que deve ajudar o sujeito contra o qual a medida é requerida (mais simplesmente: o imputado, em termos penais).

No que concerne às provas, é facílimo apontar as lacunas da disciplina vigente em relação aos padrões criminais. Limitemo-nos às garantias constitucionais: o art. 111, parágrafo terceiro, da Constituição exige que quem seja acusado de um crime tenha o direito, perante o juiz, de interrogar ou mandar interrogar as pessoas que façam declarações contra ele, de obter a intimação e a oitiva de pessoas em sua defesa nas mesmas condições que a acusação, assim como qualquer outro meio de prova em seu favor; o quarto parágrafo da mesma disposição exclui que a culpa do imputado possa ser provada com base em declarações feitas por aqueles que voluntariamente sempre se furtaram a serem questionados pelo imputado ou pelo seu defensor; o quinto parágrafo disciplina os casos *excepcionais* nos quais a produção da prova não tenha sido realizada em contraditório, pressupondo como normal a obtenção de provas em juízo.

Nenhum desses princípios se aplica ao procedimento de prevenção na sua forma atual, no qual a prova é produzida em qualquer lugar, exceto em juízo, e por meios que não contemplam a participação necessária do sujeito ao qual a medida deverá ser aplicada: o qual, pelo contrário, permanecerá na sua maior parte estranho ao processo de produção das provas relativas à sua atividade criminosa pregressa, exceto nas hipóteses em que tais provas sejam extraídas de atas de um processo penal no qual ele mesmo tenha participado como réu (defendendo-se nessa ocasião, aliás, de uma acusação precisa, distinta daquela – mais genérica – na qual se fundamenta o pedido de confisco previsto no art. 24 c.a.). Para fundamentar um confisco, bastarão, portanto, declarações acusatórias de supostos corréus recebidas pelo Ministério Público, por parte daqueles que, assim, eximiram-se de qualquer contraexame e, além disso, na ausência das provas que seriam necessárias, conforme previsto no art. 192, terceiro parágrafo, do Código de Processo Penal, para fundamentar até mesmo apenas uma medida cautelar.[34] E, como sempre se salienta nesses casos,

---

33. Sobre a distinção entre imputações penais e "proposta preventiva", ver as considerações perspicazes de R. Orlandi, *La 'fattispecie di pericolosità'. Presupposti di applicazione delle misure e tipologie soggettive nella prospetiva processuale.* (O 'tipo caracterizador de periculosidade'. Pressupostos de aplicação das medidas e tipologias subjetivas na perspectiva processual), nesta Revista, 2017, p. 476 ss.

34. A.m. Maugeri, *La legittimità della confisca di prevenzione come modello di "processo" al patrimonio tra tendenze espansive e sollecitazioni sovrannazionali* (A legitimidade do confisco de prevenção como modelo de "processo" para o patrimônio entre tendências expansivas e solicitações supranacionais), nesta Revista, 2017, p. 574. Também nesta Revista encontram-se as necessárias referências jurídicas.

o confisco poderá até mesmo ser decretado no caso de *absolvição* da pessoa afetada pela acusação penal correspondente,[35] porque os standards probatórios são completamente diferentes: basta uma dúvida razoável sobre a culpabilidade para determinar a medida.

Mesmo sem ir além - interrogando-nos, por exemplo, sobre a viabilidade, à luz do *ne bis in idem,* de um procedimento 'de prevenção' paralelo ou posterior ao procedimento penal relativo ao mesmo comportamento criminoso,[36] ou mesmo sobre a compatibilidade com a *presunção de inocência* da inversão probatória que impõe ao 'sujeito requerido' a comprovação da origem legítima dos bens -, a sorte da medida parece estar selada, uma vez desmascarada a sua natureza substancialmente penal, que se esconde sob a etiqueta (falsa, como já vimos) de uma medida de prevenção: o confisco previsto no art. 24 deve ser declarado, o mais rapidamente possível, constitucionalmente (mesmo antes de convencionalmente) ilegítimo, e eliminado com ignomínia do nosso sistema jurídico.

5. *Ou seria essa modalidade de confisco uma limitação legítima do direito de propriedade?* - No entanto, antes de confirmar tal assertiva, que derrubaria uma das pedras angulares em que se baseou a política antimáfia italiana nos últimos 35 anos, penso que seria oportuno refletir sobre um possível caminho alternativo, já há algum tempo à mesa dos peritos na matéria, mas ainda - na minha opinião - não explorado em profundidade, de uma forma orgânica, pela doutrina e muito menos pela jurisprudência. A alternativa possível é, parece-me, pensar no confisco dos proveitos oriundos de crime fora do processo penal não como uma sanção penal mascarada pelo crime, mas como uma mera *limitação do direito de propriedade*, legitimada diretamente pelo artigo 42 da Constituição.[37] Note-se que outros sistemas jurídicos contemporâneos, em particular os de tradição anglo-saxônica, há muito familiarizados com esse tipo de ablação patrimonial, consideram-no - precisamente - como uma medida *não penal* e, por essa razão, compatível com os respectivos princípios constitucionais.

---

35. Cf. A.M. Maugeri, *La legittimità* (A legitimidade), op. cit., p. 574.

36. Nesse sentido, cf. F. Caprioli, *Fatto e misure di prevenzione* (Fato e medidas de prevenção), op. cit., p. 59.

37. Nesse sentido, G. Fiandaca, *Misure di prevenzione: (profili sostanziali)* (Medidas de prevenção (perfis substanciais)), em Dig. disc. pen., Tomo VII, 1994, p. 114, também evoca o art. 41 da Constituição, que proíbe à iniciativa econômica privada desenvolver-se de modo a causar danos à segurança, à liberdade e à dignidade humana. O mesmo A. relançou mais recentemente essa perspectiva, de forma problemática, em G. Fiandaca, *Le misure patrimoniali nelle fonti internazionali ed europee ed il sistema penale italiano* (As medidas patrimoniais nas fontes internacionais e europeias e o sistema penal italiano), em AA.VV., *Misure patrimoniale nel sistema penale: effettività e garanzie* (Medidas patrimoniais no sistema penal: efetividade e garantias), 2016, p. 16: as medidas patrimoniais em causa poderiam "encontrar uma base de legitimação substancial precisamente dentro dos limites que a mesma Constituição coloca ao exercício da atividade econômica e ao direito de propriedade", e harmonizar-se com o objetivo - identificado ao nível da "Constituição Econômica" - de "prevenir a infiltração criminal como fator de contaminação do sistema econômico e distorção do funcionamento do mercado".

O ponto de partida de todo o raciocínio é a seguinte observação, que é em si absolutamente trivial: *o crime não pode ser considerado um modo legítimo de aquisição da propriedade.*[38] Consequentemente, o sistema jurídico pode muito bem intervir para declarar *ilícita* a aquisição do produto resultante da prática de um delito e, por conseguinte, para desapossar o detentor do dinheiro ou do bem no qual esse proveito se consubstancia.[39] No caso de o crime ter prejudicado uma determinada pessoa, causando-lhe um empobrecimento indevido, o montante lhe deve ser restituído; caso contrário, o produto do crime - que o autor do crime não terá direito a reter - deve ser confiscado pelo Estado, que terá então o dever de reutilizá-lo para fins de interesse geral, de acordo com o mandamento constitucional.

Todo o argumento assenta, evidentemente, no pressuposto de que a ablação dos bens ou do dinheiro que constituem o proveito do próprio crime não deve ser considerada como uma *pena*, mas simplesmente como uma *medida repristinatória:*[40] uma medida, mais especificamente, destinada a eliminar um

---

38. No sentido de que o crime não pode ser considerado um título válido de aquisição da propriedade, ver A.M. Maugeri, *Confisca* (Confisco), em Enc. dir. - Anais, VIII, 2015, p. 203 ss. A esse respeito, ver também as observações muito recentes de F. Mazzacuva, *Le pene nascoste* (As penas ocultas), op. cit., que argumenta (na nota 183) que o direito civil conhece situações em que a ilicitude penal da conduta que conduz à estipulação de um contrato não determina necessariamente a invalidade do próprio contrato e, portanto, a nulidade da aquisição do bem, que pode permanecer perfeitamente válida. A argumentação merece, de fato, um exame analítico, que os limites do presente trabalho não permitem desempenhar. Basta notar, no entanto, que a tese que defendi no texto não postula necessariamente a invalidade da aquisição do bem *já* com base nas normas civis *hoje* em vigor, mas configura cenários normativos *futuros* - e consequentes reconstruções dogmáticas ainda em parte por imaginar nos seus contornos precisos - em que as regras sobre o confisco dos proveitos do crime devam ser concebidas como regras *civis sobre a invalidade originária* da aquisição de dinheiro ou de bens mediante determinadas atividades criminosas, que, como tal, são *acompanhadas*, em particular, pelas regras já previstas no Código Civil sobre a nulidade e a anulabilidade do contrato.

39. A essa conclusão também chegam as Seções Unidas na referida sentença *Spinelli*, depois de terem tentado laboriosamente demonstrar o caráter preventivo do confisco aqui analisado, na passagem em que - quase *en passant* - afirmam que não se pode considerar compatível com a função social dos direitos à iniciativa econômica e à propriedade privada "a aquisição de bens *contra legem*, de modo que uma aquisição contaminada por meios ilícitos nunca é oponível ao ordenamento estatal" (p. 34). Em sentido semelhante, ver também as observações de um autor que também apoia, em princípio, a natureza puramente preventiva da medida, como F. Menditto, *La sentenza* De Tommaso c. Italia: *verso la piena modernizzazione e la compatibilità convenzionale del sistema della prevenzione* (A sentença *De Tommaso v. Itália*: rumo à plena modernização e compatibilidade convencional do sistema de prevenção), em Dir. pen. cont., fasc. 4/2017, p. 173, que propõe uma "revisão orgânica de uma instituição cuja razão consiste não só em conter a periculosidade da pessoa, privando-a dos bens com os quais poderia cometer um crime, mas também em eliminar do circuito econômico patrimônios adquiridos ilicitamente (ou melhor, 'geneticamente ilícitos') que contaminam a economia legal" (grifo nosso).

40. Para uma conceituada opinião a esse respeito, com referência específica ao confisco previsto no artigo 19 do Decreto Legislativo 231/2001, ver M. Romano, *Confisca, responsabilità degli enti, reati tributari* (Confisco, responsabilidade dos entes, delitos fiscais), nesta Revista, 2015, p.1683: O confisco também poderá ser considerado uma "sanção", "no sentido da reação do ordenamento jurídico à violação de uma norma que prevê o ilícito", mas não uma "pena" autêntica, pelo menos

status de posse ilegítima - poderíamos também dizer: de 'enriquecimento sem causa' - dos bens ou do dinheiro por aqueles que deles atualmente dispõem. Uma medida, portanto, que não inflige *um mal* - a *perda de um direito* -, como é característico de qualquer sanção punitiva, mas que simplesmente *tira do sujeito algo que originalmente ele não tinha o direito de adquirir ou reter.*[41]

Enquanto medida essencialmente repristinatória, a medida ablativa não terá sequer um conteúdo particular de *estigma* - de 'repreensão' -, sem prejuízo da possibilidade de um procedimento penal, e de uma verdadeira sanção punitiva - em termos de privação de um direito, patrimonial ou pessoal, do qual o condenado era efetivamente titular -, pela conduta criminosa que constitui seu pressuposto, sem qualquer violação do direito ao *ne bis in idem.*

Dentro desses limites, a medida poderia muito bem ser adotada no quadro de um procedimento *não penal* e, como tal, não necessariamente assistida pelas garantias que a Constituição e o direito internacional dos direitos humanos reservam para as questões penais. As garantias relevantes devem ser, antes, as que decorrem da lógica da legalidade que também assiste ao direito de propriedade (art. 42 da Constituição e 1° do prot. adicional da CEDH), bem como ao direito de defesa (art. 24 da Constituição) e ao direito a um "processo justo" em matéria civil e administrativa (art. 111, parágrafos 1°, 2° e 6°, art. 6° da CEDH na sua vertente civil): garantias, estas últimas, compatíveis com

até que seja entendido como uma pena (e tenha expressão na aplicação jurisprudencial) uma medida que não possa "expandir-se além do que o crime trouxe concretamente e, portanto, agravar a situação patrimonial do ente antes do ilícito": uma consequência, esta última, que caracteriza a pena pecuniária. O mesmo A. também aponta (ver nota de rodapé 20, *ibidem*), com base no que tem sido afirmado pela doutrina alemã, que a conclusão deve necessariamente mudar se for reconhecida a aptidão do confisco para afetar bens por um montante superior ao incremento patrimonial provocado pelo crime. Sobre a necessidade de aderir, *de lege lata*, ao 'princípio do valor líquido' na aplicação de qualquer forma de confisco, na ausência de indicações legislativas expressas em sentido contrário, cf. as considerações agradáveis e sempre atuais de A. Alessandri, *Criminalità economica e criminalità del profitto* (Criminalidade econômica e criminalidade do proveito), em Estudos em homenagem a Giorgio Marinucci, III, 2006, p. 2146 ss., especialmente p. 2154 ss. Além disso, a jurisprudência é, precisamente em matéria de confisco a cargo do ente, atualmente orientada no sentido do 'princípio do valor bruto', ainda que no contexto de uma solução de compromisso e de escassa plausibilidade lógica, sobre a qual não é possível debruçarmo-nos aqui: cf. Tribunal de Cassação Penal, Seções Unidas, 27 de março de 2008, n° 26654, que recebe fortes considerações críticas por V. Mongillo, *La confisca del profitto nei confronti dell'ente in cerca d'identità: luce e ombre della recente pronuncia delle Sezione Unite* (O confisco do proveito contra o ente em busca de identidade: luzes e sombras da recente decisão das Seções Unidas, nesta Revista, 2008, p. 1758 ss.

41. Para uma perspectiva análoga, ver A.M. Maugeri, *Le moderne sanzioni patrimoniali* (As modernas sanções patrimoniais), op. cit., p. 517 (porém em relação, em geral, ao confisco "penal" do produto ou do proveito do crime): o confisco "respond[e] a uma finalidade de compensação da ordem econômica violada, restabelecendo a situação patrimonial do réu nas condições em que se encontrava antes da consumação do crime [...]. Com efeito, a subtração de bens roubados não conduz a uma diminuição do seu patrimônio e, portanto, não apresenta um caráter aflitivo, mas sim compensatório, na medida em que diz respeito a coisas adquiridas ilicitamente, que não lhe pertencem legitimamente".

standards probatórios inferiores aos exigidos para a condenação penal, com a consequente admissibilidade, por exemplo, de inversão do ônus da prova, ou de diferentes regras de admissibilidade e valoração da prova.

Conforme esquema conceitual similar, medidas ablativas do produto de crimes adotadas em decorrência de procedimentos não criminais, e que não pressupõem a condenação penal do sujeito afetado pela medida, são usualmente legitimadas em ordenamentos diferentes do italiano. O exemplo mais conhecido é representado pelo modelo americano de *civil forfeiture*, ou confisco *in rem.*[42]

Com base na mesma lógica, o TEDH reconheceu recentemente a legitimidade do confisco sem condenação prévia previsto na legislação georgiana, que visa a atingir patrimônios ilegalmente acumulados por funcionários públicos ou antigos funcionários mediante a prática de uma lista de crimes graves, incluindo corrupção, lavagem de dinheiro, peculato e evasão fiscal.[43] Esse confisco, regido por uma lei de 2004, pressupõe a instauração de um procedimento penal contra a pessoa em causa por um destes delitos, mas depois percorre uma via processual completamente distinta, presidida por um juiz civil; e a sua aplicação não depende da condenação penal do indivíduo por qualquer crime. O confisco em questão é, em vez disso, ordenado sempre que o Ministério Público tiver apresentado uma prova documental suficiente da prática de crimes pelo funcionário público, e este não consiga demonstrar a origem legítima dos bens ou do dinheiro em sua posse.

O TEDH rejeitou por unanimidade as reivindicações do recorrente, que já não obtiveram êxito perante o Tribunal Constitucional da Geórgia, classificando o confisco em questão como uma *medida civil in rem* e não como uma *sanção penal.* Desta qualificação decorre imediatamente a inaplicabilidade tanto do artigo 6° da CEDH na sua vertente (incluindo a presunção de inocência) como do artigo 7° da CEDH do ponto de vista da proibição da aplicação retroativa da medida. Além disso, o Tribunal rejeitou as demais alegações de violação dos princípios do *processo equitativo* em matéria civil e do direito de propriedade referido no artigo 1° do prot. adicional da CEDH. O Tribunal chegou a esse resultado não só recordando a sua jurisprudência anterior sobre o confisco na ausência de condenação, que foi formada sobretudo em relação às medidas de prevenção patrimoniais italianas e às ações *in rem* previstas no ordenamento inglês; mas também – e este é provavelmente o contorno de maior interesse

---

42. Para uma análise extensiva, ainda que não atualizada, do *civil forfeiture* na legislação federal dos Estados Unidos, ver L. FORNARI, *Criminalità del profitto* (Criminalização do proveito), op. cit., p. 153 ss. e A.M. MAUGERI, *Le moderne sanzioni patrimoniali* (As modernas sanções patrimoniais), op. cit., p. 279 ss. e p. 471 ss.

43. TEDH, sentença de 12 maio de 2015, *Gogitidze v. Georgia*, sobre a qual vale a pena conferir A.M. MAUGERI, *Una parola definitiva* (Uma palavra definitiva), op. cit., p. 960 ss.

da sentença - fazendo referência aos numerosos documentos internacionais adotados pelas Nações Unidas, pelo Conselho da Europa, pelo Grupo de Ação Financeira contra a Lavagem de Dinheiro e pela Organização para a Cooperação e o Desenvolvimento Econômico, que há 25 anos recomendam aos Estados que considerem a possibilidade de adotar - como instrumentos para combater crimes graves como corrupção, lavagem de dinheiro e tráfico de drogas - formas de *confisco 'civil' dos produtos de crime não baseados na condenação*, que preveem formas de inversão do ônus da prova sobre a origem legítima dos bens, que se aplicam também aos bens derivados da transformação dos proventos originais e que podem afetar também os bens adquiridos de má-fé por terceiros.[44]

O TEDH avalizou assim essa tendência internacional, à qual muitos países da Europa Oriental já se alinharam sem hesitação, consagrando o princípio da legitimidade da adoção de tais medidas qualificadas desde o início como *não penais;* medidas que - salientou o Tribunal - visam a, em vez de punir o autor da infração pelo seu comportamento anterior, assegurar "*a restituição dos bens ilegitimamente adquiridos ao seu anterior proprietário legítimo ou, em sua ausência, ao Estado*", bem como a "*enviar uma mensagem aos potenciais futuros infratores de que os seus atos ilícitos, mesmo que poupados de jurisdição penal, não podem assegurar a si próprios ou às suas famílias qualquer vantagem patrimonial*".[45]

Poderia um esquema conceitual semelhante - e a qualificação em que se baseia, em termos de medida que reage a um *vício genético* da propriedade - também ser adotado para efeitos de confisco nos termos do artigo 24 c.a.?

Um exame pouco cuidadoso da disciplina do instituto, como o que acabou de ser realizado, certamente parece sugerir uma resposta afirmativa.

Toda a atividade cognitiva do juiz projetada pelo art. 24 é direcionada, em boa substância, à apuração de um único *thema probandum* fundamental, representado pela *origem ilícita do bem* a ser confiscado; e, mais precisamente, pela sua procedência de um dos delitos referidos no art. 4º. Por outro lado, verificar, de fato, a "periculosidade social" do requerido no momento da aquisição do bem, como agora exigem as Seções Unidas em *Spinelli*, não significa senão demonstrar - com base nos "indícios" tradicionais, ainda que sérios, precisos e consensuais - a prática de atividade criminosa por esse indivíduo naquele momento.[46] E a verificação da desproporção do bem em relação às capacidades legítimas de ganho do requerido, associada à impossibilidade deste em justificar

---

44. Cf. o § 105 da sentença, também para todas as referências pontuais.
45. Cf. o § 102 da sentença.
46. Assim, o mesmo acórdão *Spinelli*, que vincula expressamente a exigência da periculosidade do requerido no momento da aquisição à "apreciação do mesmo pressuposto que justifica o confisco

a sua origem legítima, não passa de um *esquema preliminar* - elaborado pelo legislador - baseado em uma *presunção relativa* (que pode ser obtida por prova em contrário do interessado) para demonstrar que o bem *provém de atividades ilícitas* (provavelmente, as mesmas atividades que o indivíduo parece ter realizado no momento da sua aquisição): ou seja, para demonstrar, novamente, que o juiz tem, como alternativa, a possibilidade de considerar a existência de provas por um caminho argumentativo diferente, chegando diretamente à conclusão de que, em qualquer caso, "revela-se" a origem ilícita do bem.

O regime essencial de funcionamento da medida é, pois, semelhante ao dos confiscos civis, ou *in rem*, bem conhecido pelo direito comparado e agora pela própria jurisprudência do TEDH, com os quais o nosso confisco partilha a função essencial *de retirar do réu o enriquecimento indevido obtido pela prática do crime*: a função, isto é, de lhe retirar *uma propriedade que não lhe pertence*, porque adquirida mediante a prática de crimes - e, portanto, mediante uma modalidade que já o direito civil pode legitimamente recusar-se a tutelar, totalmente em sintonia com os princípios constitucionais que reconhecem e, ao mesmo tempo, limitam o direito de propriedade (e o direito conexo de iniciativa econômica).

Se for esse o caso, realmente valeria a pena explorar em profundidade a possibilidade de reconstruir o estatuto constitucional (e convencional) do confisco previsto no art. 24 c.a. em torno dessa perspectiva central: isto é, como medida de natureza *restaurativa* e não *sancionatória*, que não prejudica o sujeito afetado mas, simplesmente, retira dele o que ele não tem o direito de reter, porque adquirido de maneiras reconhecidamente ilícitas para o próprio direito civil, e em particular mediante a prática de crimes. E experimentar, desta forma, a capacidade de desempenho de um enquadramento similar.

6. *Algumas contribuições para uma reforma futura* - Evidentemente, nem mesmo a perspectiva indicada por último resolveria, imediatamente, as muitas incongruências e os contornos de ilegitimidade, constitucionais e convencionais, da disciplina em vigor do confisco previsto no art. 24 c.a.

Vale lembrar, de fato, que a negação do caráter de sanção penal 'mascarada' ao nosso confisco não deixaria a medida sem qualquer proteção de caráter constitucional e convencional: as garantias aplicáveis seriam, pura e simplesmente, aquelas que auxiliam o direito de propriedade protegido pelos artigos 42 da Const. e 1° do prot. adicional da CEDH, bem como - a nível processual - as proporcionadas pelo artigo 6° da CEDH na sua *vertente civil*. Garantias, em vários aspectos, não tão afastadas das que vigoram em matéria penal.

de prevenção, ou seja, da presunção razoável de que o bem tenha sido adquirido com os proveitos de atividade ilícita (permanecendo, por assim dizer, afetado pela genética ilícita ou, como se diz na doutrina, pela 'patologia ontológica')", p. 32.

Na incapacidade de realizar uma análise exaustiva dos muitos pontos de atrito da atual disciplina em relação a estas garantias, aqui está uma breve referência a algumas questões cruciais que o legislador deveria resolver: a demonstração da necessidade de empreender o mais rapidamente possível um caminho de estudo - necessariamente coletivo - sobre as linhas desejáveis da reforma legislativa, capaz de redesenhar um sistema racional de confisco 'civil' dos produtos do crime.

a) O ponto de partida só poderia ser a identificação precisa e razoável dos *crimes pressupostos*: ou seja, os delitos que o sujeito deve ter cometido para poder ser afetado por uma ordem de confisco.

Todas as legislações que preveem formas de confisco 'civil' dos produtos do crime limitam tais medidas aos casos em que se verificou que a pessoa em causa cometeu *crimes graves, que normalmente produzem riqueza ilícita*. Nenhum legislador razoável pensaria em aplicar o confisco em questão a uma pessoa que é o autor de agressões ou violências sexuais, mesmo que em série, pela razão óbvia de que esses crimes não são geradores de qualquer produto ilícito.

No entanto, a situação normativa italiana é, em muitos aspectos, incompatível com esse princípio óbvio. O vício histórico do confisco hoje regulado pelo art. 24 c.a. está - como temos sublinhado repetidamente - na sua ligação artificial com as medidas de prevenção pessoais, que, no entanto, respondem a uma lógica completamente distinta.

A dissociação, agora normativamente estabelecida, entre os relativos procedimentos aplicáveis, não deve induzir a erro: os sujeitos contra os quais o confisco pode ser aplicado nos termos do art. 24 são os mesmos sujeitos contra os quais se pode ordenar uma medida de prevenção pessoal, ou seja, os contemplados pelas categorias enumeradas no art. 4°. É uma lástima, entretanto, que nessa lista figurem sujeitos indiciados por crimes contra a personalidade do Estado ou de terrorismo, crime de reconstituição do partido fascista, crimes em matéria de posse de armas, e mesmo de crimes violentos ligados a acontecimentos desportivos: todas figuras criminosas talvez também de grande gravidade, mas que, normalmente, não produzem qualquer produto ilícito. As inconsistências foram, inclusive, agravadas pela recente reforma do Código Antimáfia pela Lei n° 161/2017, segundo a qual o confisco, nos termos do art. 24, é hoje aplicável também aos autores de assistência aos associados (como tais não membros de associações mafiosas), de atos preparatórios ou executórios de incêndios ou outros desastres, bem como de atos persecutórios: crimes, todos eles, pelos quais também será razoável intervir com a vigilância especial de segurança pública contra os indivíduos em questão, mas certamente não com o confisco (de *quais* proveitos?).

Mas o problema não diz respeito apenas à necessidade de uma reformulação autônoma da lista dos crimes pressupostos, em relação àqueles a que se referem os "tipos caracterizadores de periculosidade" pressupostos das medidas de prevenção (pessoais). As exigências de *legalidade*, que devem ser respeitadas também na previsão de medidas ablativas do direito de propriedade, impõem que a base legal das mesmas medidas - e, portanto, a descrição normativa dos *pressupostos* a que as medidas estão condicionadas - seja *suficientemente precisa*, de modo a tornar a aplicação de tal medida *previsível* para o sujeito.[47] Tal requisito essencial, como é sabido, foi considerado violado pelo TEDH - em relação às exigências paralelas de tutela do direito à liberdade de circulação previsto no artigo 2° do prot. 4 da CEDH, posto em causa pelas medidas de prevenção pessoais - pela descrição normativa dos chamados "tipos caracterizadores de periculosidade genérica" previstos no art. 1º, alíneas *a)* e *b)* c.a., a que se refere o art. 4º, alínea *c)*, nos quais é bem possível fundamentarem-se - e, na prática, muitas vezes, se fundamentam - também medidas de confisco.

Os conceitos de "tráficos delituosos" (art. 1°, alínea *a)*) e de "atividades delituosas" (art. 1°, alínea *b)*) são, com efeito, completamente indeterminados, referindo-se, em última análise, à totalidade das leis penais (*intra* e *extra codicem*) em vigor no nosso ordenamento. Também não é muito mais precisa a referência na alínea c*)* do art. 1º à totalidade dos "crimes que ofendem ou colocam em perigo a integridade física ou moral de menores, a saúde, a segurança ou a paz pública", que não identifica de forma precisa nenhuma classe de crimes, deixando assim o intérprete completamente livre na determinação dos pressupostos da medida.

Neste ponto, precisamos realmente ter a determinação de Ockham, eliminando impiedosamente essas verdadeiras relíquias do passado, incompatíveis com qualquer exigência mínima de legalidade que deve também acompanhar medidas não penais e incidentes apenas sobre o patrimônio. Se o legislador considera que os patrimônios acumulados mediante prática de fraude ou roubo em série devem ser afetados pelo confisco, deve assumir a responsabilidade por essa escolha - expondo-se ao controle ordinário de razoabilidade exercido pelo Tribunal Constitucional - e incluir expressamente esses crimes na lista de

47. Mesmo na perspectiva - aqui criticada - da natureza substancialmente punitiva do confisco previsto no art. 24 c.a., compartilha a lamentação sobre a intolerável evanescência dos tipos substanciais, cujo reconhecimento legitima a aplicação da medida, F. Caprioli, *Fatto e misure di prevenzione* (Fato e medidas de prevenção), op. cit., p. 60 s., que também destaca como nenhuma recuperação de garantias no plano processual poderia remediar a violação dos direitos de defesa inerentes à necessidade de ter que se defender de uma mera suspeita (ainda que "objetivamente fundamentada") de prática de um crime, ou de meras indicações de "contiguidade funcional" aos interesses de uma associação mafiosa. No mesmo sentido, ver também M. Pelissero, *I destinatari della prevenzione praeter delictum: la pericolosità da prevenire e la pericolosità da punire* (Os destinatários da prevenção *praeter delictum*: a periculosidade para prevenir e a periculosidade para punir), nesta Revista, 2017, p. 449 ss.

crimes pressupostos; mas evitar deixar a sua determinação para o intérprete, a partir de cláusulas inaceitavelmente gerais como as do artigo 1° c.a.

b) Uma medida que vise à ablação de bens derivados de certos tipos de delito deveria então contemplar expressamente entre os seus requisitos o da *origem delituosa dos bens a confiscar*. Incrivelmente, a disciplina italiana não se constrói de forma coerente em torno dessa exigência, que constitui também a verdadeira razão de ser do nosso instituto.

De acordo com a regulamentação em vigor, não há ligação necessária entre os crimes que o sujeito tenha cometido e os bens que a autoridade requerente pretende confiscar. Uma vez demonstrado que o sujeito cometeu extorsão, realizou atos de violência por ocasião de eventos desportivos ou ainda - após a última reforma do Código Antimáfia - atos de perseguição contra a sua ex-namorada, todos os seus bens que sejam desproporcionais aos seus rendimentos legítimos e cuja proveniência legítima ele não possa justificar podem ser confiscados; e isso com a única condição - proposta pelas Seções Unidas em *Spinelli* - de que os bens em questão tenham sido adquiridos no momento em que era "socialmente perigoso". Pouco importa, desse ponto de vista, se os bens foram adquiridos por ele a partir do fruto do trabalho 'clandestino' desempenhado por um membro da família, sem qualquer relação com esses crimes.

Nem mesmo o requisito alternativo que condiciona o confisco à circunstância de os bens «serem fruto de atividades ilícitas ou constituírem a sua reutilização» garante, por outro lado, o nexo em questão. As atividades referidas na norma são atividades "ilícitas" *genéricas*, não necessariamente constituintes do crime, nem necessariamente constitutivas *daqueles* crimes que estabelecem o pressuposto para a aplicação da medida.

Um legislador racional deve, em vez disso - como fazem os legisladores estrangeiros na regulamentação das *actiones in rem* previstas nos respectivos ordenamentos -, exigir expressamente que o bem *provenha de atividades criminosas relacionadas com o paradigma de um ou mais dos crimes pressupostos,* ou constitua a reutilização dos benefícios derivados *dessas* atividades criminosas; evitando assim atingir bens derivados - em particular - de atividades de trabalho 'clandestino', relativamente às quais a legislação em voga permite, entre outras coisas, o confisco da totalidade da receita não declarada (e não apenas da percentagem não paga às autoridades fiscais) - com um resultado incongruente de natureza sancionatória/punitiva para aqueles que tenham cometido, em qualquer momento no passado, um dos crimes indicados pelo artigo 4°.

c) Uma questão crucial que deveria ser abordada pelo legislador, e resolvida de forma expressa, diz respeito ao standard probatório aplicável na determinação do nexo de causalidade entre os bens a confiscar e os crimes pressupostos.

A vantagem para o sistema de *law enforcement* de um confisco 'civil' dos produtos do crime em relação ao confisco comum decretado pelo juiz penal em consequência de uma condenação reside precisamente na possibilidade de aplicar a medida na presença de uma prova menos rigorosa do que a exigível em sede penal. Uma vez que se trata de uma medida de natureza não punitiva, e portanto *não penal*, a presunção de inocência e o corolário que dela frequentemente se extrai, relativo à necessidade de uma prova *para além de qualquer dúvida razoável* dos pressupostos fatuais em que assenta a afirmação da responsabilidade penal do imputado, não serão aplicáveis; com a consequente legitimidade tanto de standards probatórios inferiores aos exigidos em sede penal, como da repartição do ônus da prova entre a autoridade requerente e o sujeito requerido para a aplicação da medida.

Mas neste ponto, que é realmente crucial, precisamos de clareza por parte do legislador.

A normativa atual fala, confusamente, ora de "indícios", ora de "elementos de fato" com referência à prova dos crimes presumidos; enquanto que, com referência aos bens a confiscar, exigem que estes "resultem" de origem ilícita ou constituam a sua reutilização, indicando ao juiz, então, um caminho possível - baseado no binômio "desproporção» (a ser comprovada pela autoridade requerente) *mais* "ausência de fundamentação" da origem ilícita (por parte do requerido) - para chegar, de forma presuntiva, à mesma conclusão.

Uma solução consideravelmente mais simples poderia ser a de enunciar diretamente o *thema probandum* - ou seja, a origem dos bens a serem confiscados devido a um ou mais crimes que o legislador julgue elencar - e de indicar de forma clara o respectivo standard probatório, que poderia ser simplesmente o da "*plena convicção*" do juiz: expressão com a qual o legislador aludiria à necessidade de que a hipótese da proveniência dos bens por esses crimes pareça *certamente mais plausível do que a hipótese alternativa*, com base em evidências adquiridas em juízo sob iniciativa de ambas as partes. Um critério, portanto, *civilista*, ainda que mais elevado do que a mera *preponderance of evidence*.

Que a prova relativa deve basear-se em "elementos de fato" (e não, por exemplo, em meros "rumores" ou "suspeitas") é tão evidente que não merece qualquer menção por parte do legislador. Quanto à expressão «indícios», ela deveria, em minha opinião, ser evitada devido ao seu caráter semanticamente equívoco e, portanto, prenunciador de perigosos mal-entendidos.

Por um lado, de fato, a expressão "indício" alude a um determinado tipo de evidência, relativa a fatos diferentes daqueles que se procura comprovar, mas que permitem chegar a eles - juntamente com outras provas - mediante um raciocínio inferencial. Nesse sentido, "indício" contrapõe-se a "prova direta" e está sujeito a regulamentação especial tanto pelo Código de Processo Civil como pelo Código de Processo Penal, ambos enunciando os requisitos de seriedade, precisão e concordância[48] para que os indícios possam constituir "prova" no processo: requisitos que, evidentemente, não podem deixar de ser válidos também no procedimento de aplicação de um confisco 'civil'. Desse ponto de vista, contudo, não faria qualquer sentido admitir, no procedimento de aplicação do confisco, apenas "indícios" e não "provas diretas" dos pressupostos da medida.

Por outro lado, a expressão "indícios" - ora definida pelo adjetivo "grave", ora pelo adjetivo "suficiente" - é também utilizada nas regras processuais que regem as medidas cautelares ou de investigação. Nesses casos, a expressão alude a limiares de prova mais baixos do que os necessários para a condenação, relativos, no entanto, a um quadro de evidência ainda *fluido* e em formação, a respeito do qual o julgamento sobre os *indícios* (graves ou suficientes) terá uma natureza *prognóstica* no que diz respeito à adequação daquela mesma evidência a se tornar *prova plena* da responsabilidade do imputado no quadro de um julgamento hipotético *futuro*. A posição do juiz responsável pelo confisco é completamente diferente. Ele se vê obrigado a decidir, *como resultado do julgamento*, com base em um quadro probatório já *definitivo* e cristalizado. Falar aqui - como acontece hoje relativamente a muitas hipóteses regidas pelo artigo 4º c.a. - genericamente de "indícios", sem sequer especificar sua conotação em termos de gravidade ou suficiência, não só deixa completamente indeterminado o standard probatório ao qual o juiz deve aderir, como cria um paralelismo impróprio com os standards em vigor em matéria de medidas cautelares e de investigação - finalizadas com a adoção de medidas provisórias - em um procedimento no qual se discute a aplicação de uma medida definitiva como, precisamente, o confisco: para o qual, pelo contrário, é lógico solicitar uma *prova* (completa), em vez de meros "indícios".

Melhor, então, utilizar, sem qualquer receio, a linguagem do *convencimento do juiz*, no âmbito, porém, de um processo que - precisamente pela sua natureza civil - pressupõe, naturalmente, a adoção de um critério *civil* - e não penal.

Pelo contrário, um problema que um legislador racional deve enfrentar é o da *qualidade das provas* que deveriam ser a base da convicção do juiz.[49] Ainda

48. Arts. 192, par. 2°, c.p.p e 2729 c.c.

49. Sobre a situação atual - decepcionante - em que "toda informação é boa para construir os tipos judiciários de prevenção, considerando que a lei não estabelece limites explícitos a esse respeito" (com consequente admissibilidade de fontes provenientes da atividade da polícia de prevenção, das agências de inteligência, bem como - naturalmente - de materiais oriundos de procedimentos penais), ver R. Orlandi, *Le fattispecie di pericolosità* (Os tipos caracterizadores de periculosidade), op. cit., p. 474 ss.

que seja certamente necessário evitar que vigorem, em procedimento não penal, os princípios e as regras previstos nos artigos 111, parágrafos 3°-5°, Const. e 6° da CEDH na sua vertente penal, para os processos penais, precisamente, parece entretanto também recomendável, a meu ver, que as regras fundamentais de admissibilidade e valoração da prova que vinculam também os juízes das medidas cautelares (antes de tudo, aquelas referidas no art. 192, c.p.p.) devam ser válidas da mesma forma para efeitos do procedimento de aplicação do confisco, que se caracteriza, no que lhe diz respeito, pela sua definitividade. Se, por exemplo, a regra dos 'elementos de prova' da "chamada de corréu" (*chiamate in correitá*) prevista no parágrafo terceiro do artigo 192 c.p.p. tem um fundamento epistemológico preciso – para contrabalancear a escassez intrínseca de confiabilidade desse tipo de declaração -, não vejo nenhuma razão plausível para afirmar a sua aplicabilidade para fins de adoção de medida de prisão domiciliar ou de obrigação de assinar e lhe negar, em vez disso, a aplicabilidade em matéria de confisco de um imóvel: o risco de a medida afetar uma pessoa inocente deve, se possível, ser evitado com ainda mais razão na segunda hipótese do que na primeira.

No entanto, o *objeto* da prova só poderá ser definido em termos *mais gerais* do que seria em um processo penal, a menos que se queira negar à medida qualquer valor adicional em comparação com um confisco adotável no âmbito de um procedimento 'penal'. O *thema probandum* deveria, na verdade, ser identificado na mera origem do bem de uma *atividade criminosa* (referente a um dos tipos de crime enumerados na lei) realizada pelo sujeito em um determinado período de tempo, e não necessariamente em um *fato criminoso específico*, que poderia ser objeto de um processo criminal paralelo. O dinheiro ou o bem podem, portanto, ser confiscados mesmo que a origem do crime não seja comprovada por um fornecimento *específico* de drogas, que teve lugar em data e local específicos, mas apenas a origem da *atividade* de tráfico de droga que o sujeito requerido possa ter realizado em um determinado período: atividade demonstrada – eventualmente – pelas provas recolhidas e/ou utilizadas em processos penais que tenham por objeto *fatos específicos* de tráfico por ele praticados.

Por último, tal prova pode ser alcançada também mediante um raciocínio *presuntivo* como o atualmente regulado pelo art. 24 c.a.: uma vez provada a atividade criminosa no momento em que o bem foi adquirido e demonstrada a desproporção entre o mesmo bem e os rendimentos legítimos do requerido à época, será o ônus do requerido falsificar a inferência (natural) relativa à origem do dinheiro dessa atividade criminosa, mediante a produção de provas adequadas a demonstrar a origem diferente desse dinheiro (não necessariamente lícita, mas em qualquer caso não decorrente da prática de crimes pressupostos à medida).

d) Por último, o reconhecimento da natureza civil do confisco em questão serve para identificar o quadro de garantias constitucionais e contratuais aplicáveis, mas não implica de modo algum que o respectivo procedimento deva seguir as regras estabelecidas no Código de Processo Civil. O legislador poderá então disciplinar um procedimento *ad hoc*, com regras e princípios próprios, que levem devidamente em conta a peculiaridade representada pela presença de uma parte pública requerente, dotada, entre outras coisas, de poderes de investigação capazes de influenciar significativamente a esfera jurídica do sujeito requerido, bem como a especificidade do *thema probandum*, que inclui também a prática de *crimes* por este último.

Ainda em uma perspectiva de reforma de acordo com as diretrizes aqui indicadas, poderia então encontrar confirmação a escolha, recentemente feita pelo legislador na reforma do Código Antimáfia, de instituir seções ou colégios especializados em cada tribunal de primeira instância da capital competente para os processos em matéria de sequestro e confisco "não penais" ("de prevenção", segundo a terminologia atual; "civis", segundo a perspectiva aqui traçada), e nos quais deve ser garantida a presença de juízes especialistas tanto em matéria penal como em matéria civil, falimentar e societária.[50] Um "tribunal de confisco", em suma, destinado a gerir procedimentos em uma matéria cujos - numerosos - aspectos civis e de tutela de terceiros estão interligados com as questões penais que inevitavelmente surgirão na determinação dos crimes pressupostos.

Muitos outros aspectos devem ser focados e estudados, em um caminho que poderia levar a uma reforma legislativa orgânica do confisco dos produtos ilícitos do crime, coerentemente construída em torno da ideia de um procedimento de ablação patrimonial de natureza civil: começando pela questão da oportunidade de identificar um prazo de *prescrição* da ação, a partir do momento da aquisição dos bens, com o duplo objetivo de evitar impor ao seu proprietário um ônus de prova excessivamente pesado na reconstrução da sua origem lícita[51] e de reconhecer - em conformidade com as regras e princípios gerais do direito civil - a eficácia curativa do tempo também no que diz respeito à aquisição ilícita dos bens. Mas os limites desta contribuição não nos permitem continuar por este caminho, e exigem agora que eu avance para conclusões rápidas.

---

50. Cf. a nova redação do par. 2°-*sexies* do art. 7°-*bis* do ordenamento judiciário disciplinado pelo Decreto Real n° 12 de 30 de janeiro de 1041 realizada pelo artigo 33 da lei 161/2017.

51. O argumento é utilizado pelo TEDH em um caso recente (sentença de 3 de março, *Dimitrovi v. Bulgaria*, par. 46) no qual foi detectada a violação do art. 1° do prot. adicional CEDH em relação à aplicação de um confisco sem condenação tendo como objeto bens de origem potencialmente ilícita, sem nenhuma limitação temporal acerca de sua aquisição. Sobre a sentença, cf. também A.M. Maugeri, *La tutela della proprietà nella C.E.D.U e la giurisprudenza della Corte Europea in materia di confisco (*A tutela da propriedade na CEDH e a jurisprudência do TEDH em matéria de confisco, em M. Montagna (a cargo de), *Sequestro e confisca* (Sequestro e confisco), 2017, p. 49.

7. *Conclusões* – Uma tomada de posição clara sobre a *natureza* do confisco previsto no art. 24 c.a. é agora uma tarefa inevitável para a doutrina italiana. Não só em relação à necessidade de dar finalmente um *nome* a esse instituto, uma vez que se tenha tornado clara a insustentabilidade da sua qualificação como "confisco de prevenção" (assim como se tenha definitivamente interiorizado a consciência de que não se trata mais, exclusivamente, de um confisco "antimáfia»); mas também, e sobretudo, de estabelecer, de modo coerente e cientificamente mais consciente, o problema da designação do estatuto de garantias, constitucionais e convencionais, aplicáveis a um instituto acompanhado por um crescente sucesso na prática, e no qual a política criminal italiana centra-se cada vez mais. A intensa carga repressiva do confisco – e das demais medidas, provisórias e definitivas, reguladas pelo c.a., que afetam o patrimônio e a liberdade de iniciativa econômica – coloca questões cruciais em relação à garantia dos *direitos fundamentais* dos sujeitos destinatários de tais medidas; questões às quais as mais altas jurisdições nacionais e internacionais serão brevemente chamadas a dar respostas precisas. Respostas que exigirão, no entanto, que se tenha alcançado clareza quanto à *natureza* do instituto, que constitui, por sua vez, condição para a identificação dos princípios e dos direitos, constitucionais e convencionais, com base na qual deve ser examinada a legitimidade das escolhas feitas pelo próprio legislador.

Das considerações acima, deveria ser verificado que *a* questão fundamental colocada hoje ao legislador e aos juízes italianos é se o confisco previsto no art. 24 c.a. deve ser considerado uma "penalidade do suspeito", como sustenta uma parte importante da doutrina italiana. Se assim fosse, o seu destino seria afetado: uma pena sem condenação, e sem processo penal digno desse nome, não poderia ter qualquer direito de cidadania no nosso ordenamento, de acordo com os princípios que a Constituição e o direito internacional dos direitos humanos reservam à matéria penal.

No entanto, essa conclusão não é inevitável. Como a sentença *Gogitidze* do TEDH, acima referida, resumiu efetivamente, nas últimas décadas tem havido uma proliferação de instrumentos internacionais que recomendam aos Estados-Membros considerar a possibilidade de prever formas de confisco dos produtos ilícitos de crimes graves mesmo na ausência de condenação (e de processo penal), inclusive mediante inversão parcial do ônus da prova; com efeito, muitos Estados introduziram *ex novo* ou reforçaram consideravelmente formas de *confiscos civis* dos produtos desses crimes já existentes nas respectivas tradições jurídicas.

Nesse contexto internacional, o nosso confisco "de prevenção" já existe há algum tempo: opera igualmente, de um ponto de vista funcional, como um instrumento de ablação dos proveitos ilícitos provenientes de crimes graves, tem lugar fora do processo penal e não depende da condenação penal da pessoa em causa. Um instrumento, porém, que ainda está em busca de um estatuto de garantia, que o rótulo (falso) de medida de prevenção não lhe assegura.

A experiência internacional, endossada como vimos pela mesma jurisprudência do TEDH, sugere fortemente que este estatuto deva ser identificado na proteção, constitucional e convencional, do mesmo direito de propriedade: um direito sujeito a limites precisos, do qual a medida em questão constitui uma concretização específica. Os limites assegurados serão talvez menos intensos do que aqueles que derivam do *nullum crimen* e do 'justo processo' penal; mas não serão de forma alguma limites negligenciáveis; e o seu efetivo respeito por parte da regulamentação atual, tanto do ponto de vista material como processual, terá ainda de ser demonstrado. A experiência de outros ordenamentos - em especial do sistema federal americano, em que as posições do Suprema Corte concernentes ao *civil forfeiture* foram adotadas ao longo das últimas duas ou três décadas - poderia então ser de extremo interesse para um melhor enfoque, mesmo no nosso ordenamento, nas margens de manobra do legislador em relação à necessidade de proteger os direitos fundamentais em jogo.

Falar abertamente sobre um *confisco civil de proveitos oriundos de crime* ajudaria, por outro lado, a melhor integrar o modelo do nosso confisco sem condenação no panorama internacional, e contribuiria, desse modo - mesmo no seio da União Europeia - para a definição de instrumentos de cooperação judiciária que abram caminho ao reconhecimento das nossas medidas de confisco - notoriamente, um *punctum dolens* para as autoridades judiciárias italianas. A adoção de uma linguagem cientificamente adequada constitui frequentemente o primeiro passo para uma abordagem mais eficaz dos problemas práticos.

Seja como for, a tese que aqui tentei esboçar - e submeter à avaliação crítica da comunidade científica - não pretende, de modo algum, resolver o passado, nem pretende revolucionar o atual quadro legislativo. O pressuposto político-criminal que está na base das minhas reflexões é, pelo contrário, o reconhecimento da eficácia do instrumento de confisco do produto dos crimes na ausência de condenação: um instrumento que, por um lado, reforça a mensagem crucial de que o produto do crime não é objeto de proteção do ordenamento e, portanto, poderá ser legitimamente retirado do réu ou dos seus sucessores legítimos, mesmo fora do processo penal; e que, por outro lado, visa a evitar novos crimes gerados pelo reinvestimento desse proveito, e a consequente contaminação da economia lícita. Trata-se apenas de calibrar melhor essa medida, assegurando um equilíbrio sustentável entre a necessidade de efetividade na luta contra a criminalidade e a necessidade igualmente imprescindível de garantias: e isso através de um processo de reforma um pouco mais consciente das restrições constitucionais e internacionais em jogo.

QUESTÕES FUNDAMENTAIS DO CONFISCO DE BENS(*) [1] [2]

Frank Saliger

I. Dimensões do tema

Em 12 de abril de 2017, o Congresso Alemão aprovou uma nova lei sobre a reforma do confisco penal de bens.[3] A lei entrou em vigor em primeiro de julho e vale, contrariando o princípio da irretroatividade (§ 2 Inc. 5 StGB), também para delitos pretéritos, desde que ainda não haja decisão sobre a perda dos proveitos do crime (Art. 316h EGStGB n.R[4].). Com essa lei, o legislador reescreve completamente a regulamentação do confisco penal de propriedade.

A principal mudança consiste na dissolução da vinculação, muitas vezes alcunhada de "coveiro do confisco", da perda de bens às pretensões de ressarcimento da vítima (§ 73 Inc. 1 F[5]. 2 StGB a.R.) e na substituição do conceito de ação indenizatória (reformada em 2006) com direito estatal de aquisição do restante por um modelo de ressarcimento do lesado no processo de execução (cf. §§ 459h ss. StPO n.R.). Nesse sentido, a nova lei segue um projeto interpartidário de 1998, que caíra em descontinuidade[6].

(*) Publicado pela primeira vez na Revista Zeitschrift für die gesamte Strafrechtswissenschaft (ZStW), ZSTW 2017; 129(4): 995-1034.

1. Trad. Adriano Teixeira

2. N.T: O termo original é "Vermögensabschöpfung", cuja tradução mais literal corresponderia a "expropriação de bens". No entanto, a partir da reforma mencionada no texto, utiliza-se no direito alemão o termo "Einziehung", mais próximo a "confisco". Na tradução, utilizaremos, para ambos os termos, a palavra "confisco".

3. BGBl. I p. 872 (Diário oficial)

4. N.R = Nova redação.

5. F = Frase.

6. BT-Drucks (Materiais do Bundestag, equivalente ao nosso Senado). 13/9742 p. 2, 4, 17 p., 21.

Das alterações de direito material da nova lei destacam-se a "concretização" do princípio bruto (Bruttoprinzip) (§§ 73, 73d StGB n.R.); a nova redação da perda em desvafor de terceiros (Dritteinziehung) - com fixação legal da jurisprudência do BGH (Bundesgerichtshof, equivalente ao STJ brasileiro) sobre os casos de transferência e extensão a herança e condôminos (§ 73b StGB n.R.); a extensão do confisco alargado a qualquer fato antijurídico como delito-base (§ 73a Inc. 1 StGB n.R.); a exclusão da restrição do confisco autônomo a impeditivos persecutórios e sancionatórios fáticos (§ 76a Abs. 1 StGB n.F.); e a introdução de um novo confisco autônomo independente de condenação (verurteilungsunabhängige selbständige Einziehung) na hipótese de delitos da criminalidade organizada e do terrorismo, desde que o Juízo se convença que o objeto provenha de um fato ilícito (non-conviction-based-confiscation; § 76a Abs. 4 StGB n.F. c/c § 437 StPO n.R.). Não menos graves são as extensas mudanças processuais, como a transformação do arresto em regra geral na presença de razões urgentes (cf. §§ 111b Inc. 1 StPO n.R., 111e Inc. 1 StPO n.R.);

Além disso, a reforma parece apta a elevar o confisco de propriedade à terceira via do direito penal. Ele representa, portanto, a lei mais importante e incisiva no campo do direito penal (material) da legislatura ainda corrente[7], a qual, como todos sabemos, produziu e segue produzindo não poucas inovações jurídico-penais. Essa constatação coloca a questão acerca das razões para uma reforma tão ampla como essa.

A implementação do direito europeu não é uma resposta para isso. É verdade que a lei traz para o direito interno a Diretiva do Parlamento Europeu e do Conselho sobre o asseguramento e confisco de instrumentos e produtos de crime na União Europeia, de 2014[8].[9] Como veremos, porém, a partir de exemplos neurálgicos[10], a reforma vai muito além da Diretiva europeia.[11]

Os motivos mencionados na exposição legal de motivos não auxiliam muito. Primeiramente, alude-se à necessidade de reforma por parte dos aplicadores do direito e da ciência. O direito vigente não faria justiça à "alta importância político-criminal" do confisco penal de propriedade, que seria altamente complexo, inabarcável, prenhe de dúvidas e, por isso, altamente exposto a erros.

O legislador também cita queixas semelhantes de parte da doutrina, a qual critica o direito de confisco de propriedade que, por conta de sua complexidade,

---

7. Por todos, *Bittmann*, NZWiSt 2016, 131.
8. RL 2014/42/EU, ABl. L 127 v. 29.04.2014, p. 39.
9. Ver BT-Drucks. 18/9525 p. 2.
10. Especialmente em II. 3 e II. 4.
11. Cf. também o Posicionamento da Associação de Defensores sobre o Projeto de Lei de Confisco de Bens (Stellungnahme der Strafverteidigervereinigungen zum Entwurf eines Gesetzes zur strafrechtlichen Vermögensabschöpfung) de 31. Mai 2016, p. 3 (Redatores Meißner, Schütrumpf).

seria "um monstro legislativo" ou instrumento que encontra pouca aceitação na prática.[12]

Contudo: Como o próprio legislador concede, essa crítica ao direito vigente nessa área do confisco de bens já é feita há decadas.[13]

Além disso, o legislador não apresenta nenhum dado concreto a demonstrar a alegada insuficiência das regras atuais. Pelo contrário, ele aponta que falta uma "base de dados que acuse" a insuficiência do confisco de propriedade de acordo com o direito vigente.[14]

Disso resulta: Na medida em que os motivos concretos para essa reforma ampla se empalidecem, a força de manobra da Grande Coalisão nessa questão torna-se clara - o que não é por si só evidente no direito confiscatório[15]. De fato, os parceiros da coalisão combinaram, em acordo formal, simplificar o confisco de propriedade, facilitar o asseguramento cautelar de valores, possibilitar um confisco de propriedade retroativo, bem como, no caso de bens de origem não esclarecida, estabelecer uma inversão do ônus probatório para a aquisição legal de bens[16]. A força dessa vontade transformadora mostra-se sobretudo no fato de que a abordagem reformatória original[17] endureceu-se duas vezes de maneira significativa durante o processo legislativo.[18]

Com essa resolução de desenvolver o direito do confisco de propriedade no sentido de um efetivo instrumento de combate á criminalidade, essa nova reforma na Alemanha alinha-se à tendência jurídica internacional. Vários países da União Europeia recrudesceram as regras do confisco de bens nos últimos anos. Inúmeros países dentro e fora da União Europeia em parte já conhecem há décadas um confisco de propriedade independente de uma condenação (por exemplo, EUA, Reino Unido, Itália, Irlanda, Noruega)[19]. Na doutrina discute-se mundialmente como essa última modalidade de confisco pode desenvolver-se[20]. O fato de as opiniões divergirem é normal. Também a nova reforma na Alemanha

12. Cf. BT-Drucks. 18/9525 p. 45 em referência a *Achenbach* e *Rönnau*.

13. Cf. BT-Drucks. 18/9525 p. 45.

14. BT-Drucks. 18/9525 p. 3 s.; criticamente o Posicionamento da Associação dos Defensores (Coment. 8), p. 3.

15. Sobre a história legislativa e tentativas malogradas de reforma anteriores *Saliger*, in: Nomos--Kommentar StGB, 5. Ed. 2017, antes de §§ 73 ss. Nm. 3; *Sotiriadis*, Die Entwicklung der Gesetzgebung über Gewinnabschöpfung und Geldwäsche, 2010, p. 83 ss.

16. Pacto de coalização entre CDU, CSU e SPD, 18. Legislatura, p. 145; essencialmente reproduzido de forma textual sob o título „objetivo do Projeto" no Projeto do Ministério (Refentenentwurf), p. 53 e no Projeto do Governo -BT-Drucks. 18/9525 p. 48.

17. Projeto do Ministério da Justiça e da Proteção dos Consumidores sobre o Projeto de Lei de Reforma do Confisco Penal de março de 2016.

18. BT-Drucks. 18/9525, BT-Drucks. 18/11640.

19. *Rui*, in: *Rui/Sieber* (org.), Non-Conviction-Based Confiscation in Europe, 2015, p. 2 ss.

20. Ver os artigos em *Rui/Sieber*, cit.

produziu distintos ecos. Ao passo que uns comemoram a reforma como "um grande passo"[21], outros a rejeitam dizendo que não é adequada para a prática[22] e que é, em muitos pontos, inconstitucional[23].

Tendo em vista essa onda legislativa e controversos pontos de discussão, afigura-se proveitoso e, a meu ver, indispensável, para orientação e valoração dessa alteração legislativa, que nos ocupemos com questões fundamentais do confisco de propriedade.

II. Questões fundamentais do confisco de propriedade

Já em 1969, em sua tese de livre-docência sobre o confisco de propriedade, *Eser* apresentou a gama de problemas dogmáticos penais, processuais penais e de direito civil que o tema provoca[24]. Em vista desse cenário multifacetário, a discussão dos fundamentos do confisco não é autoevidente.

O que entendo por fundamentos do confisco de propriedades são os problemas que afetam as estruturas básicas de cada ato confiscatório (por exemplo: pressupostos, modalidade e extensão, destinatário, procedimento), nas quais, além disso, os interesses dos atingidos colidem em grande medida com a consequência da mais forte litigiosidade e os quais se colocam independentemente de peculiaridades de cada ordem jurídica nacional. Participantes do processo confiscatório podem ser considerados os potenciais lesados, o Estado ou o terceiro beneficiário da ação do réu[25].

Eu me concentrarei, a seguir, em quatro problemas fundamentais, todos altamente controversos: primeiramente na questão fundamental acerca do ramo jurídico no qual se localiza o confisco estatal de propriedade, no direito penal, no direito civil e/ou no direito administrativo; segundo na questão acerca da extensão do confisco (palavras-chave: confisco bruto ou líquido); terceiro, na problemática da perda alargada; quarto na intricada questão dos fundamentos e dos limites de um confisco autônomo, independente de uma condenação.

---

21. *Bittmann,* NZWiSt 2016, 131, 136.

22. Ver, por exemplo, o Posicionamento da Federação Alemã Juízes Nr. 9/16 de Junho de 2016, p. 1 e Nr. 19/16 de Outubro de 2016, p. 1.

23. Por exemplo os Posicionamentos Nr. 15/2016 da Ordem Federal de Advogados de junho de 2016, p. 4 ss. e Nr. 39/2016 de novembro de 2016, p. 4 s. (Relatores: Dierlamm, Krause, Park, Saliger); Posicionamento das Associações de Defensores Criminais Strafverteidigervereinigungen... cit, p. 5 ss.

24. *Eser*, Die strafrechtlichen Sanktionen gegen das Eigentum, Dogmatische und rechtspolitische Untersuchungen zu Einziehung, Unbrauchbarmachung und Gewinnverfall, 1969; cf. também *Eberbach,* NStZ 1987, 486, 486 e 492.

25. Sobre a colisão de interesses *Eser*, cit., p. 294 ss.; retomado, por exemplo, por *Herzog*, KJ 1987, 321, 324 s.

1. O locus do confisco de propriedade - direito penal, direito civil e/ou direito administrativo?

A questão nuclear de toda ação de estatal de confisco é esclarecer em qual campo jurídico esse instituto se aloca. Da perspectiva alemã, essa indagação afigura-se estranha, pois na Alemanha o confisco de propriedade é regulado tradicionalmente pelo direito penal e pelo direito processual penal - o que permanece depois da reforma. Internacionalmente, porém, isso não é óbvio. Por exemplo, os EUA e o Reino Unido já conhecem há muito tempo - com diferenças parciais significativas - um confisco civil ao lado do confisco penal[26].

Na Itália, como parte da legislação antimáfia, desenvolveu-se um confisco preventivo fora do direito penal[27]. Também na Suíça encontram-se normas sobre o confisco de bens no código penal, em leis penais esparsas e em atos normativos do direito administrativo[28].

Ao olhar mais de perto, essa questão jurídico-sistemática também se coloca para o direito alemão, e por duas razões. Primeiro porque o legislador e a jurisprudência apreendem o confisco de proveitos do crime como um instituto *sui generis*, com significativos elementos de direito civil.[29] Segundo, também na Alemanha, de modo isolado, já foram propostos modelos de confisco extrapenais, como em 1994, por parte da bancada do SPD (Sozialdemokratische Partei Deutschlands) na Câmara dos Deputados.[30] E também de *lege lata* pugna-se, de certo modo, por um confisco preventivo no direito policial-administrativo[31].

a) Modelos penal, civil administrativo de confisco

Voltemo-nos agora primeiramente às características dos modelos penais, civis e administrativos de confisco de propriedade em forma pura.[32] O que caracteriza um modelo penal de confisco é conceber a perda de propriedade como sanção criminal. Isso significa, segundo o entendimento corrente[33], que o confisco de propriedade - ao lado da pena privativa de liberdade e da multa - é um mal adicional, que é imposto ao réu em forma de censura ético-social

26. Sobre isso, de parte dos EUA, *Cassella*, in: RUI/SIEBER, cit., p. 13 ss.; para o Reino Unido *Smith*, in: RUI/SIEBER, cit., p. 31 ss.

27. A respeito *Panzavolta/Flor*, in: RUI/SIEBER, cit., p. 111 ss.

28. Sobre isso *Ackermann/Heine*, Wirtschaftsstrafrecht in der Schweiz, 2013, § 11 Nm. 5 ss.

29. A respeito, com mais detalhes, infra II. 1. b.

30. BT-Drucks. 12/6784 de 04.02.1994, p. 3 s.

31. Sobretudo o Direto Criminal *Hunsicker*, Ländervergleich: Präventive Gewinnabschöpfung usw., 2009, p. 5, 9 ss.; contrariamente, por exemplo, *Winterhoff*, jM 2015, 80 ss.

32. Cf. RUI/SIEBER, cit., p. 249 ss.; *Vogel*, in: RUI/SIEBER, cit., p. 226 ss.; *Esser*, in: RUI/SIEBER, cit., p. 78 s.; também F. MEYER, ZStW 2015, 241, 243 ss.; cf. ainda *Eser*, cit., p. 53 ss., trazendo, entretanto, uma outra sistematização completamente diferente.

33. Ver apenas BVerfG NJW 2004, 2073 s. e BVerfG NJW 2004, 739, 744 s.; cf. ainda BVerfG NJW 1969, 1059, 1061; BVerfG NJW 2009, 2267, 2287.

devido à prática de um delito. Enquanto uma reação repressiva a um delito passado, o confisco penal vincula-se a um sujeito (*ad personam*) e idealmente[34] a uma condenação judicial. O confisco possui, portanto, elementos ligados à culpabilidade em sentido amplo, como, por exemplo, o requisito do dolo para a decretação da ordem confiscatória[35]. O confisco pode perseguir todas as reconhecidas finalidades da pena, tanto repressivas quanto preventivas. Do ponto de vista processual, o confisco penal realiza-se no processo penal, sendo que a comprovação da presença dos pressupostos do confisco submete-se à livre apreciação do magistrado, que deve estar completamente convencido disso, para além de qualquer dúvida razoável.

De outro lado, característico do modelo civilista de confisco é a restituição de transferências ilegais de patrimônio, oriundas de ou realizadas para cometimento de crimes. Devido a essa função de restituição, o modelo civil é centrado no objeto (*ad rem*), não se vincula, a princípio, à culpabilidade e limita-se à perda do enriquecimento. A orientação desse modelo à reparação liga-o à ideia da justiça distributiva. Todavia, a função de eliminar distúrbios da ordem de propriedade liga-se a finalidades preventivas. Do ponto de vista processual, o confisco civil de propriedade ocorre tipicamente no processo civil, que permite presunções como critério probatório, bem como inversão do ônus da prova.

O modelo administrativo ou policial orienta-se exclusivamente por perseguir uma finalidade preventiva[36] e tem um puro foco no objeto. Trata-se de impedir que novos delitos sejam praticados com bens ou valores supostamente adquiridos de maneira ilegal. O confisco preventivo serve à manutenção dos direitos de propriedade dos legitimados e da remoção de coisas do "circuito criminoso"[37]. A culpabilidade e a condenação do envolvido são completamente dispensáveis[38]. Processualmente, o confisco policial realiza-se idealmente no processo administrativo. Nesse contexto, na hipótese de o envolvido não apresentar informações plausíveis acerca da origem e do futuro uso do objeto apreendido, as autoridades, por meio de indícios e considerações de senso-comum, podem manter a ordem de confisco com base na atual periculosidade do objeto[39].

Tendo como premissa a estrutura básica dos modelos penal, civil e administrativo de confisco, resultam duas importantes considerações. Primeiro, fica claro que os requisitos legais para a admissibilidade de cada modelo divergem

---

34. No sentido de Max Weber, em: Die „Objektivität" sozialwissenschaftlicher und sozialpolitischer Erkenntnis (1904), in: Gesammelte Aufsätze zur Wissenschaftslehre, 1922, p. 146, 190 ss.

35. Cf. sobre a relação entre princípio da culpabilidade e pena pro toto BVerfG NJW 2004, 2073 s.

36. Cf. também BVerfG NJW 2004, 2073, 2074 s.

37. Hunsicker, cit., p. 10 s.

38. Hunsicker, cit., p. 16.

39. Cf. criticamente *Winterhoff*, jM 2015, 80, 81.

fortemente. A moldura jurídica de longe mais rígida, que envolve o direito constitucional, a Convenção Europeia dos Direitos Humanos e a Carta dos Direitos Fundamentais da União Europeia, vale para o modelo penal. Devem ser observados os parâmetros do princípio da culpabilidade, da presunção de inocência, da proibição de retroatividade e do princípio do *ne bis in idem*, bem como do direito fundamental à propriedade e ao trabalho[40].

Por outro lado, a moldura legal dos modelos civil e administrativo é muito mais maleável. Esses modelos precisam respeitar apenas o direito de propriedade e a liberdade de trabalho de modo proporcional.

A segunda consideração também é evidente. O esboço dessas figuras ideais e estáticas indicam que dificilmente elas serão encontradas de forma pura na realidade do direito. A maioria das ordens jurídicas contém, na verdade, formas híbridas[41].

De fato, o confisco civil nos EUA ocorre no mesmo Juízo no qual o processo penal se desenvolve. E o confisco civil não se destina somente à reparação do dano, mas também cumpre uma função sancionatória, como a pena criminal [42].

A regulação alemã do confisco de produtos e instrumentos do crime pode ser considerada uma forma híbrida (§§ 74 ff. StGB a.R.). Enquanto ao confisco de ferramentas do crime pertencentes ao criminoso (§ 74 Inc. 2 Nr. 1 StGB a.R.) se atribui majoritariamente natureza penal, classifica-se a perda de instrumentos do crime perigosos para a coletividade (§ 74 Abs. 2 Nr. 2 Alt. 1 StGB a.R.) como uma medida de segurança.[43]

Isso nos remete à pergunta acerca da natureza jurídica do confisco de vantagens do crime na Alemanha.

b) A natureza jurídica do confisco na Alemanha

Essa questão, como é sabido, é controversa. Sobretudo o legislador e a jurisprudência não enxergam o confisco como pena ou medida a ela assemelhada. O confisco teria como objetivo, na verdade, promover ordem nas relações de propriedade e estabilidade normativa, corrigindo uma perturbação no sistema de propriedade criada a partir de um delito. Nessa medida, o confisco constituiria

40. Ver da Constituição apenas Art. 1 Inc. 1 c/c Art. 2 Inc. 1, Art. 20 Inc. 3, Art. 14, Art. 12, Art. 103 Inc. 2 e Inc. 3; da Convenção Europeia dos Direitos Humanso Art. 6 Inc. 2, 7 Inc. 1 e Art. 1 1. Protocolo Adicional; da Carta dos Direitos Humanos Art. 15, 17, 48 Inc. 1, 49 Inc. 1, 50, 52 Inc. 1. A respeito *Esser,* in: Rui/Sieber, cit., p. 77 ss., 91 ss., 101 ss.

41. Ver anteriormente *Eser*, cit., p. 57.

42. *Cassella,* in: Rui/Sieber, p. 14.

43. Exemplarmente Saliger, in: NK, cit., comentários anteriores aos §§ 73 ss. Nm. 6 ss, com ulteriores referências.

uma medida *sui generis* contra o locupletamento ilícito. Isso vale mesmo depois da implementação do princípio bruto. [44]

Na doutrina penal, contudo, pelo menos desde a introdução do princípio bruto, o confisco é visto como pena ou, ao menos como medida assemelhada à pena. Isso porque o confisco, conforme o princípio bruto, vai muito além da compensação de perturbações na ordem de propriedade, pois ele pode produzir consequências para o atingido que ameaçam sua subsistência.[45]

Quem tem razão? Para o Tribunal Constitucional, o que caracteriza a sanção criminal é a imposição de um mal, com expressão de censura, para uma violação culpável da norma. O fato de uma medida estatal envolver uma restrição à liberdade ou à propriedade não é suficiente para declará-la uma pena ou medida assemelhada. O Tribunal Constitucional estipula outros critérios valorativos, como o fundamento jurídico do decreto confiscatório e a finalidade pretendida pelo legislador com a medida[46]. Tais parâmetros são semelhantes ao Critérios-Engel do Tribunal Europeu de Direitos Humanos usados para qualificar uma sanção jurídico-penal (ou uma ação penal). Segundo esses critérios, são de relevância a classificação das medidas segundo o direito interno, sobretudo a natureza da infração ou da norma e – menos importante e alternativo ao segundo critério – o grau de severidade da sanção cominada[47].

Conforme esses parâmetros, em pelos menos alguns aspectos, deve-se aderir à visão que não atribui caráter penal ao confisco. No Código Penal alemão, o confisco de vantagens do crime não é classificado como pena, senão como medida assecuratória (cf. § 11 Inc. 1 Nr. 8 StGB).

O fato de o confisco, sem sombra de dúvidas, representar um mal para o atingido não implica necessariamente sua natureza penal[48]. Além disso, a favor de uma compreensão civilística do confisco diz a circunstância de ele se referir a fatos ilícitos (cf. §§ 73 ff. StGB) e, com isso, a princípio não exigir um comportamento culpável, tal qual um modelo estritamente penal exigiria[49].

Também o legislador não deu sinais que a finalidade do confisco é estabelecer uma reprovação em reação a um malfeito ético-social. "O crime não

---

44. BVerfG NJW 2004, 2073, 2074 ss.; BGHSt 47, 369, 373 ss.; BGH NStZ-RR 2015, 281, 282; BT-Drucks. 11/6623 p. 7; BT-Drucks. 18/9525 p. 48, 58, 65.

45. Por todos *Eser,* in: Schönke/Schröder, StGB, 29. ed. 2014, comentários anteriores aos §§ 73 ss. Nm. 19; Saliger, in: NK, cit., comentários anteriores ao §§ 73 ss. Nm. 5, com ulteriores referências; Hoyer, GA 1993, 406 ss.; Geiger, Die Rechtsnatur der Sanktion, 2004, p. 302 ss.

46. Pars pro toto BVerfG NJW 2004, 2073 s.

47. TEDH, 08.06.1976 - 5100/71 (Engel e outros. v. Niederlanden), Nm. 82 = TUDH-E 1, 178, 190; TEDH v. 21.02.1984 - 8544/79 (Öztürk v. Deutschland), Nm 50, 53; sobre isso Rui/Sieber, cit., p. 256 s. e *Esser,* in: Rui/Sieber, cit., p. 93 ss.

48. Concedendo Saliger, in: NK, cit., antes dos §§ 73 ss. Nm. 5.

49. Veja acima II. 1. a.

deve compensar" é um lugar-comum de tamanha profundidade bíblica ("Quem semeia a injustiça colhe a maldade")[50], que também embasa as leis confiscatórias na Alemanha. Nesse contexto, o legislador manejou o confisco de propriedade, desde o princípio, como meio de combate à criminalidade. Sem esse instrumento, desde seu ponto de vista, não somente a confiança da população na justiça e na integridade da ordem jurídica seria abalada, como a tolerância por parte do poder público de estados de propriedade criminalmente ilícitos constituiria um estímulo para a prática de delitos financeiramente rentáveis e para o reinvestimento das vantagens do crime em outras ações criminosas[51].

Essas mencionadas finalidades do confisco não precisam necessariamente ser interpretadas como de natureza penal. Do mesmo modo que se pode vislumbrar aspectos de prevenção geral negativa e postiva, bem como de prevenção especial[52], tais finalidades também podem ser combinadas com uma leitura civilística, de ordenação da propriedade e de estabilização normativa. Pois a perseguição de finalidades preventivas não é estranha ao direito civil (vejam o direito de restituição e a regulação do enriquecimento sem causa)[53]. O que é, portanto, decisivo para a determinação da natureza jurídica do confisco é a intensidade da intervenção estatal por meio do confisco de propriedade[54]. Concretamente questiona-se se a possibilidade de confisco para além dos ganhos com o crime (ou também na ausência de ganhos), com base no princípio bruto, não o transforma em um instituto de natureza penal.

A analogia com o direito civil, na área do enriquecimento sem causa, não é capaz de afastar essa possibilidade,[55] pois os institutos não são comparáveis. Principalmente porque o Estado, que ajuda a vítima a fazer valer suas pretensões por meio do confisco, não aparece na posição de lesado.[56]

De todo modo, essa questão pode permanecer em aberto, porque, ao menos no direito constitucional alemão, a seguinte máxima jurídica conta provavelmente com o suporte da maioria: Quanto mais intensiva e duradouramente o confisco,

50. Livremente das palavras de *Salomão* (10, 2): "Quem permanece na justiça viverá, mas quem sai em busca do mal corre para a morte".

51. BT-Drucks. 11/6623 p. 1; BT-Drucks. 18/9525 p. 45.

52. Cf. *Eberbach,* NStZ 1987, 486, 490. O Tribunal Constitucional questiona que o confisco alargado persiga uma finalidade de prevenção geral. Diferentemente, apesar de ser cético em geral, *Julius*, ZStW 1997, 58, 90 s.

53. BVerfG NJW 2004, 2073, 2075, sobretudo sobre a prevenção geral positiva; criticaente sobre topos de legitimação do confisco de propriedade *Herzog*, JR 2004, 494. Sobre o direito do locupletamento ilícito SCHWAB, in: Münchener Kommentar, BGB, 7. Ed., 2017, § 817 Nm. 10 com ulteriores referências; RÖNNAU/BEGEMEIER, GA 2017, 1, 11 s.

54. Nesse sentido, por exemplo, já HOYER, GA 1993, 406, 414 s.

55. Criticamente HOYER, GA 1993, 406, 414 s.; DANNECKER, NStZ 2006, 684; *Gebauer*, ZRP 2016, 102; Deutscher Richterbund, Stellungnahme Nr. 9/2016, cit., p. 4; SALIGER, in: NK...cit., § 73 Nm. 13.

56. De outra opinião, aparentemente BURGHART, wistra 2011, 241, 244.

que vai além do equivalente aos ganhos obtidos com o crime, penetra na esfera do direito de propriedade do atingido, tanto mais ele se reveste de um caráter penal[57]. Contra essa premissa não depõe o fato de o Tribunal Constitucional defender que a intensidade da intervenção em geral não constitui um elemento caracterizador de uma sanção criminal. A existência de medidas não sancionatórias como a da prisão preventiva (Untersuchungshaft - §§ 112 ss. StPO) ou a da internação em instituição psiquiátrica em caso de perigo para terceiros ou para si próprio corroboram essa afirmação[58]. Afinal, com a crescente intensidade da intervenção com o confisco para além da perda das vantagens do crime, a analogia com a regulação do enriquecimento sem causa desvanece e elementos penais vêm à tona de modo inexorável.[59]

O Tribunal Constitucional também declarou, de forma taxativa, inconstitucional a "pena de propriedade" (*Vermögensstrafe* - § 43a StGB a.R[60]), embora tal sanção tenha sido designada no processo legislativo como um instrumento preventivo da perda de vantagens do crime[61].

Nesse contexto, é relevante o fato de que a pena de propriedade atinge todo o patrimônio do condenado e, devido a esse efeito confiscatório, poderia "facilmente entrar em conflito com o princípio da culpabilidade"[62]. A relação entre intensidade da intervenção e penalidade é reforçada por um exemplo atual estrangeiro: segundo o art. 72 do Código Penal suíço, todo o patrimônio sob disposição de uma organização criminosa pode ser confiscado, sem necessidade de comprovação de sua origem delituosa [63]. Esse confisco total constitui, sem sombra de dúvidas, uma sanção penal.

c) A alocação jurídico-penal do confisco

A controvérsia acerca da natureza jurídica do confisco de vantagens do

57. Igualmente Rui/Sieber, cit., p. 253 e 264; *Gericke*, Stellungnahme zum Regierungsentwurf eines Gesetzes zur Reform der strafrechtlichen Vermögensabschöpfung für die Anhörung am 23. November 2016, p. 4 s.; WisteV, Stellungnahme zum Referentenentwurf „Reform der strafrechtlichen Vermögensabschöpfung", p. 3; Hoyer, GA 1993, 406, 417 ss., 421; no mesmo sentido *Dannecker*, NStZ 2006, 683, 684 para a determinação da vantagem no caso de uma cadeia de ações. Posição diversa por F. Meyer, StV 2017, 343, 351.

58. Por todos BVerfG NJW 2004, 739, 746 sobre medida de segurança.

59. *Hoyer*, GA 1993, 406, 414 s., 421.

60. N.T: Esse dispositivo previa que o juiz poderia aplicar ao réu, ao lado de uma pena privativa de liberdade, uma pena patrimonial (Vermögensstrafe) de dois anos, cuja extensão seria determinada pelo juiz e limitada pelo valor do patrimonio do réu. O Tribunal Constitucional considerou que essa norma violava, de um lado, o principio da legalidade, pois relegava ao arbítrio do juiz a determinação do montante da sanção, e, de outro, o princípio da culpabilidade, eis que a pena se orientaría mais pelas condições financeiro-pessoais do acusado do que pelo crime praticado

61. BVerfG NJW 2002, 1779, 1781.

62. BVerfG NJW 2002, 1779, 1782; a respeito também *Perron*, JZ 1993, 918; sobre o problema do confisco total, especialmente J. Meyer, ZRP 1990, 87.

63. Ackermann/Heine, cit., § 11 Nm. 3.

crime tem consequências para a questão da topografia jurídica desse instituto. Na Alemanha, essa questão é pouco tematizada. A razão para isso deve ser a circunstância de que a doutrina alemã enxerga no confisco orientado pelo princípio bruto uma pena ou medida afim, automaticamente localizando-o no Código Penal e no Código de Processo Penal.

A questão toma outra figura para aqueles que veem o confisco de propriedade como uma medida compensatória. Eles colocam-se perante a alternativa de conformar o confisco de proveitos do crime de acordo com um modelo pura ou primariamente civil ou no âmbito de um modelo basicamente jurídico penal. A existência de um confisco civil autônomo na Grã-Bretanha[64] mostra que essa questão não é meramente teórica. A resposta a ela deve derivar mais de considerações pragmáticas do que de principiológicas[65].

Assim, sob uma leitura do confisco como uma (quase) medida compensatória, resulta óbvio regulá-lo por meio do direito civil. Isso é demandado, por exemplo, na crítica que se faz à nova regulamentação do confisco autônomo prevista no § 76a Inc. 4 StGB n.R., que não apresenta a coragem de proceder "a um salto quântico rumo a um estatuto próprio com dispositivos sobre competência e procedimento"[66] e que faz depender a "subsistência de qualquer forma de non-conviction-based confiscation" da existência de uma "clara concepção civil ou administrativa"[67]. De fato, uma regulação civilistíca do confisco de propriedade afigura-se apropriada para produzir efeitos por meio de presunções, afrouxamento do padrão probatório, inversão do ônus da prova ou de novos órgãos confiscatórios. Ela evitaria também tensões criadas com a inserção de regras civilísticas no direito penal[68].

Ao final, contudo, as considerações pragmáticas apontam para a alocação do confisco, ainda que de caráter restituitório, no direito penal[69]. A favor disso militam a competência e a experiência dos órgãos de persecução penal em localizar, quantificar e bloquear proveitos de crimes; e também a possibilidade de utilização de medidas processuais penais altamente eficazes, o acesso a recursos jurídico-penais em casos com conexão no exterior, bem como a fácil mudança de um confisco *ad personam* para um confisco *ad rem*, e vice-versa, conforme a

64. Sobre isso Smith, in: Rui/Sieber, cit., p. 31 ss.
65. Vgl. Rui/Sieber, cit., p. 299; F. Meyer, ZStW 2015, 241, 245.
66. F. Meyer, StV 2017, 343, 344.
67. F. Meyer, StV 2017, 343, 350 ss.; já anteriormente *idem*, ZStW 2015, 241, 262 ss. § 76 Abs. 4 StGB n.F. Gebauer, ZRP 2016, 101, 104 também considera o novo § 76 Inc. 4 StGB sistematicamente mal localizado.
68. F. Meyer StV 2017, 343, 344.
69. Chegando ao mesmo resultado Weßlau, in: Aktuelles Verfassungsrecht und Strafverteidigung, 20. Strafverteidigertag 1996, p. 145 s.; Esser in: Rui/Sieber, cit., p. 77 ss.; Heger, cit., p. 6; Deutscher Richterbund, Stellungnahme Nr. 19/16, p. 3; Bittmann, NZWiSt 2016, 131 ss.; também *Julius*, ZStW 1997, 58, 94 ss.

necessidade do caso [70]. Esse último aspecto é de suma importância, porque, por exemplo, no direito alemão o confisco referido à pessoa tem preponderância[71]. Assim, trilhando-se de antemão os caminhos do confisco civil ou administrativo, previne-se o risco de que a custosa persecução penal não seja executada com primazia por estar ocupada com o esclarecimento da origem criminosa de bens.

Escolhendo-se o caminho jurídico-penal, como o legislador e a jurisprudência atualmente fazem na Alemanha, resta, todavia, o *problema cardinal* de como os diferentes nichos jurídicos - civil e penal - podem, com seus distintos e por vezes antagônicos imperativos, conviver harmonicamente em um sistema misto. [72]

2. A extensão do confisco: limites do confisco bruto

Uma segunda controversa, e fundamental, questão diz respeito ao objeto e à extensão do confisco de proveitos do crime.

a) Princípio líquido versus princípio bruto

O poder legislativo encontra-se perante a alternativa de confiscar apenas as vantagens decorrentes do crime (princípio líquido) ou todo o montante sem desconto dos gastos e contraprestações (princípio bruto)[73]. O legislador alemão, em 1992, procedeu à transição do princípio líquido para o bruto. Razões para isso foram as intenções dos órgãos de persecução de se verem poupados do nem sempre fácil cálculo do saldo líquido, bem como de estabelecer um paralelo com a ordem normativa do § 817, segunda parte, do BGB (Código Civil)[74], a respeito da perda irreparável do investimento em negócios ilegais[75]. Além disso, para um número relevante de pessoas parecia muito pouco, do ponto de vista político-criminal, ameaçar o infrator apenas com o risco de apreensão e da perda de seus ganhos[76].

---

70. A respeito dessas vantagens, ver principalmente Rui/Sieber, cit., p; 299; concedendo também F. Meyer StV 2017, 343, 344.

71. Cf. BGH NStZ 2010, 85 s. e BGH NStZ-RR 2013, 207 a respeito da relação entre §§ 73 e § 73d StGB a.R.; BGHSt 21, 55 sobre a relação entre §§ 73 e § 76a StGB a.R.; sobre o tema em geral Saliger, in: NK, cit., § 73d Nm. 14 s., § 76a Nm. 2 com ulteriores referências.

72. *Esser,* in: Rui/Sieber, cit., p. 77 não considera impensável uma integração de princípios civilísticos no direito alemão; criticamente F. Meyer, ZStW 2015, 241, 279 ss., a respeito da introdução de uma *non-conviction-based confiscation*.

73. Exemplarmente Rönnau, Vermögensabschöpfung in der Praxis, 2. Ed. 2015, Nm. 52 ss.

74. N.T: Trata-se da norma que estabelece que uma prestação deve ser devolvida pelo receptor quando é obtida violando-se a lei ou os bons costumes, a não ser que o prestador também esteja implicado na mesma violação.

75. BT-Drucks. 12 /899 S. 4 s., 11; BT-Drucks. 12/1134 p. 12.

76. Assim BGHSt 47, 369, 374, acentuando o efeito preventivo da perda de bens; também BGH NStZ 2009, 275, 277.

No entanto, no importante campo dos negócios bilaterais, a introdução do princípio bruto na Alemanha não trouxe segurança jurídica[77]. O Primeiro Senado do BGH entendia por princípio bruto o amplo confisco de todos os valores que fluíram para o autor durante o delito - ou seja, numa venda, todo o preço -, levando em consideração questões de equidade apenas na hipótese da cláusula de barreira (Härteklausel) conforme o § 73c StGB a.R[78]. De outro lado, o Terceiro e Quarto Senados do BGH distinguiam entre objeto e extensão do confisco, aplicando apenas sobre o último o princípio bruto. Por exemplo, para o caso de contratos de serviços celebrados de modo corrupto, isso teria como consequência o confisco não de todo o preço do contrato, senão apenas o lucro obtido com o contrato.[79] As divergências interpretativas, com diferenças práticas a certo ponto graves (por exemplo, no caso de uma tentativa de estelionato) e grande prejuízo para a segurança jurídica, continuaram a existir, pois não foram levadas ao Grande Senado para que este as esclarecesse.

b) A nova regulação como compromisso entre os Senados do BGH

A nova regulação entra em cena para, sem dúvidas, eliminar a insegurança jurídica produzida pelas diferenças interpretativas dos Senados do BGH[80]. Depois da reforma, o confisco bruto deve realizar-se em duas etapas: primeiro, a vantagem deve ser determinada de modo puramente material, abarcando todos os valores afluídos para o autor durante a empreitada delitiva. Para tanto, o legislador substituiu a antiga expressão "para o delito ou algo dele obtido" (für die Tat oder aus ihr etwas erlangt) (§ 73 Inc. 1 StGB a.R) pela nova formulação "por meio do delito ou algo para ele obtido" (durch eine Tat oder für sie etwas erlangt). Com isso, quis ele expressamente desvencilhar-se do critério, usado pela jurisprudência, da relação direta entre delito e vantagem, adotando uma mera relação causal, orientada pelas regras do enriquecimento ilícito[81]. Esse primeiro nível reforça, segundo o legislador, "o principio bruto enquanto ponto de partida" [82].

Apenas na segunda etapa o legislador leva em consideração critérios que correspondem ao caráter (quase) compensatório-civil do confisco e à base axiológica do § 817 P. 2 BGB (= Perda do investimento em negócios ilícitos), em que a interpretação restritiva do BGH (= limitação da proibição de desconto

77. Uma panorama em *S. Heine*, NStZ 2015, 127 ss.
78. BGH NStZ 2011, 83, 85 (Nm. 39) e 86 (Nm. 50).
79. BGHSt 50, 299, 310 ss.; BGH NJW 2012, 1159, 1160.
80. BT-Drucks. 18/9525 S. 46 f.; também p. 56.
81. BT-Drucks. 18/9525 S. 56, 62 e 67. e de acordo Heger, Stellungnahme... cit., p. 2 s. e - em princípio - também WisteV, Stellungnahme... cit., p. 3; criticamente Deutscher Richterbund, Stellungnahme Nr. 19/16... cit., p. 4.
82. BT-Drucks. 18/9525 p. 62.

às transações ilegais levadas a cabo consciente e voluntariamente, ou seja, desconto de gastos relativos à prestações legais) é tomada em conta. Assim, na determinação do "valor obtido", devem ser deduzidos os gastos do infrator ou do terceiro (§ 73d Inc. 1 P. 1 StGB n.R.). Isso não se aplica para gastos realizados para a prática ou preparação do crime, a não ser que se trate de prestações para satisfação de uma obrigação para com a vítima (§ 73d Abs. 1 S. 2 StGB n.R). O legislador enxerga essa segunda etapa como "concretização do princípio bruto"[83].

Essa segunda etapa representa claramente um compromisso entre as tendências jurisprudenciais dos Senados do BGH. Apenas à primeira vista, o legislador, com sua análise em duas etapas, segue o método dos terceiro e quinto Senados. Pois, ao passo que a primeira etapa do método dos Senados do BGH restringe normativamente o objeto do confisco e, apenas na segunda etapa, aplica o amplo princípio bruto, o legislador reformador procede justamente de forma oposta. De fato, a primeira etapa de análise da nova lei corresponde à jurisprudência do primeiro Senado Criminal, ou seja, aplica o princípio bruto de forma pura[84]. Por outro lado, a Lei, na segunda etapa normativa e restritiva, acomoda-se à posição dos terceiro e quinto Senados. Com esse segundo passo, o legislador reformador implicitamente renuncia ao objetivo da mudança de 1992 do princípio líquido para o bruto, qual seja, poupar a justiça penal da difícil determinação dos custos e contraprestações deduzíveis do confisco.[85] No geral, portanto, a nova lei tem como base um princípio bruto limitado[86] (ou um princípio líquido ampliado).

c) Futuros problemas de interpretação?

Como a nova regulamentação deve ser apreciada? O legislador entende que a nova regulação representa um relevante ganho em segurança jurídica[87]. Com efeito, a lei termina a controvérsia interpretativa entre os Senados do BGH sobre o confisco na hipótese de negócios bilaterais.

Durante o processo legislativo, o Senado Federal Alemão (Bundesrat) criticou que futuramente, em casos de estelionato, o estelionatário poderia ter descontada do confisco a prestação realizada à vítima, contrariamente à posição da atual jurisprudência [88]. Isso confronta tanto os anseios preventivos-gerais

83. BT-Drucks. 18/9525 S. 55 s., 67 s., em referência a *Schwab*, in: MüKo, BGB, 6. Ed 2013, § 817 Nm. 9 (= 7. Ed. 2017, § 817 Ed. 10), BGHZ 75, 299-306, Ed. 24 (= BGH NJW 1980, 452, 453) e *Sprau*, in: Palandt, cit., § 817 Nm. 11; também p. 62.

84. Corretamente *WisteV*, Stellungnahme... cit.,, p. 3.

85. Criticamente Deutscher Richterbund, Stellungnahme Nr. 9/16.... cit., p. 4. Por isso Burghart, in: *Satzger/Schluckebier/Widmaier*, StGB, 3.Ed. 2017, § 73 Nm. 12 refere um abandono do princípio bruto.

86. Rönnau/Begemeier, GA 2017, 1, 4.

87. BT-Drucks. 18/9525 p. 56.

88. Vgl. BGHSt 52, 227; BGH NStZ 2011, 83.

do projeto reformador quanto a proibição de desconto nos casos em que o autor utiliza os valores para a preparação ou para a prática do delito. Por isso, investimentos em negócios proibidos ou anuláveis deveriam ser tratados de forma igual[89].

Essa argumentação, contudo, não procede. A vontade do legislador é clara e deve ser respeitada no desejo de evitar um confisco excessivo em casos de estelionato. [90] Além disso, a proibição de desconto cessa se o lesado denunciar o contrato até o final da audiência de instrução e julgamento, porque assim a obrigação que vincula o autor do delito torna-se inválida[91].

Todavia, a crítica ao tratamento legal dos casos de estelionato indica que a reforma poderia trazer novos problemas hermenêuticos. Assim, em relação ao critério objetivo de desconto dos gastos para a preparação ou para a prática do crime, teme-se não sem razão que sua aplicação conduza a resultados problemáticos, devido às temporalmente distintas zonas típicas dos delitos. Esses problemas poderiam colocar em xeque a adequação do instrumento usado para um delito enquanto critério de desconto e conduzir à adoção do (velho) nexo do fim de proteção (Schutzzweckzusammenhang)[92]. Questões interpretativas colocam-se também em relação ao critério subjetivo de dedução da proibição "consciente e intencional" de lesão, que tem como consequências o confisco total na hipótese de dolo e o confisco líquido em caso de culpa[93]. Assim, na exposição de motivos[94], na hipótese de um "desconhecimento culposo do caráter proibido de um negócio" por parte do autor, que abre uma possibilidade de dedução, fica em aberto também se erros de proibição são abarcados. A favor dessa possibilidade militaria o tratamento equivalente para erros sobre circunstâncias do fato, pois em ambos os casos o agente não possui a consciência de estar contribuindo para um enriquecimento baseado em um fato ilícito[95].

Mas essas são questões dogmáticas que não afetam a constitucionalidade

---

89. BT-Drucks. 18/10146 p. 2; da mesma maneira Holznagel, Stellungnahme für die Anhörung des Ausschusses für Recht und Verbraucherschutz am 23. November 2016 zum Gesetz zur Reform der strafrechtlichen Vermögensabschöpfung, p. 10 s.; cf. também Burghart, wistra 2011, 241, 245 s., 248 s., no entanto, com possibilidades de correção conforme § 73c StGB a.R.

90. BT-Drucks. 18/9525 p. 68. Da mesma maneira DAV, Stellungnahme Nr. 59/2016, p. 5 s.; Heger, Stellungnahme, cit., p. 3 s.; Gericke, cit., p. 4 ss. Rönnau/Begemeier, GA 2017, 1, 18 procuram obter uma restrição através do nexo do fim de proteção da norma.

91. BT-Drucks. 18/10146, p. 90; *Gericke*, cit., p. 6 s.

92. *Gebauer,* ZRP 2016, 101, 103; Rönnau/Begemeier, GA 2017, 1, 16 ss.; cf. também Deutscher Richterbund, Stellungnahme Nr. 19/16, cit., p. 4; criticamente, de modo geral, também Burghart, in: SSW, cit., § 73 Nm. 13.

93. Cf. BT-Drucks. 18/9525, p. 55, 68 s.; de acordo *Heger*, Stellungnahme, cit., p. 4; criticamente Burghart, in: SSW, cit., § 73 Nm. 13.

94. BT-Drucks. 181/9525 p. 69.

95. De modo convincente Rönnau/Begemeier, GA 2017, 1, 14 s. Outras críticas em Bittmann, NZWiSt 2016, 131, 132 s.; WisteV, Stellungnahme, cit., p. 2 ss.

da nova regulação, pois esta justamente restringe o princípio bruto[96]. Isso ainda tendo em vista que a reforma, em relação aos critérios subjetivos restritivos, produz um equilíbrio entre as regras civis e penais (exceção: erro de proibição). De todo modo, o Tribunal Constitucional não questionou o antigo confisco orientado pelo - ilimitado - princípio bruto[97]. Também no plano europeu não existe pressão nesse sentido, pois a Diretiva sobre Confisco de 2014 prevê apenas um confisco líquido (cf. Art. 2 inc. 1)[98].

3. Limites do confisco alargado

Cronicamente controverso e questionável, já sob o direito vigente, é o instituto jurídico do confisco alargado.

a) A problemática do confisco alargado

Referimo-nos aqui às hipóteses em que o juízo, quando se tratar de determinados delitos, também pode determinar o confisco quando houver circunstâncias que apontem que os objetos derivam de outros crimes (possivelmente não mais processáveis) (§ 73d Inc. 1 StGB a.R). Em comparação com a perda simples, a perda alargada produz uma facilitação de atribuição, pois facilita o confisco ao dispensar a exigência de verificação de um delito de origem concreto e permite ao juiz realizar uma análise probatória indireta[99]. Como no exemplo: A é condenado por tráfico de drogas a uma pena privativa de liberdade de sete anos; segundo a jurisprudência, um saldo de 20.000 € na sua conta deve ser objeto do confisco alargado mesmo sem a comprovação de um concreto delito originário, se A recebe um saláro mensal de 425 €, tem que pagar 300 € de aluguel e os custos de seu automóvel e demais despesas domésticas[100].

A ideia de que o confisco de bens sem a comprovação de sua origem delitiva é extremamente problemático impõe-se de plano. Mesmo assim o Tribunal Constitucional não questionou sua constitucionalidade. Do ponto de vista da ausência de caráter penal do confisco alargado, de forma consequente o Tribunal teve de negar a violação de princípios jurídico-penais específicos (princípio

96. Ao mesmo resultado chega Heger, Stellungnahme, cit., p. 2 ss.; Rönnau/Begemeier, GA 2017, 1, 18 s.

97. Cf. BVerfG NJW 2004, 2073, 2075 s.

98. Cf. RL 2014/42/EU v. 29.4.2014, Abl. L 127/45.

99. Saliger, in: NK, cit., § 73d Nm. 8; BVerfG NJW 2004, 2073, 2077.

100. Assim os fatos em BGH NJW 1995, 470; não questionado pelo Tribunal Constitucional em NJW 2004, 2073. Criticamente *Weßlau*, cit., p. 152 Nota 4, que criticou o fato de o BGH não ter excluído ocm segurança qualquer outra possibilidade de origem do dinheiro (o que só raramente seria possível), mas apenas ter negado que a remuneração „oficial“ do réu poderia ser a fonte do dinheiro; cf. ainda Saliger, in: NK, cit., § 73d Nm. 3 e 8 s.

da culpabilidade, presunção de inocência). Contudo, o Tribunal Constitucional – tal qual antes o BGH – determinou que a perda ampliada só é compatível com o direito de propriedade se o juiz, por meio da uma análise exaustiva de todos os meios de prova disponíveis, se convencer sem restrições do "se" da origem delitiva do bem. Assim lhe toca integrar a comprovação do delito em seu convencimento[101]. Não basta, portanto, uma probabilidade preponderante da origem ilícita, tampouco meras presunções[102].

É esclarecedora a fundamentação por meio da qual o Tribunal Constitucional adota a interpretação restritiva do BGH. O Tribunal Constitucional vê na limitação do § 73d StGB a.R. uma expressão do conteúdo e dos limites impostos pelo Art. 14 GG (direito de propriedade), o qual emerge como uma ferramenta de equilíbrio entre interesses do bem-comum na efetiva correção de acúmulo ilícito de propriedade e os interesses dignos de proteção dos proprietários[103]. Assim, a interpretação restritiva do BGH não corre o risco de prejudicar a propriedade adquirida legalmente, pois o juiz deve convencer-se da origem delitiva do objeto do confisco. Nessa medida, essa interpretação não viola o direito de não-autoincriminação do condenado, que não é obrigado a se expressar sobre o crime em questão ou sobre outras eventuais condutas puníveis. Para o Tribunal Constitucional, portanto, o nível probatório exigido para o convencimento do juiz torna o confisco alargado previsível da perspectiva do agente. Finalmente, a limitação do confisco alargado a determinados infratores da criminalidade organizada não vai de encontro ao princípio da igualdade, porque esse tratamento diferenciado justifica-se pelas especiais dificuldades probatórias nesses casos e pelas finalidades do confisco assumidas pelo legislador[104].

Segundo essa interpretação, regulações estrangeiras da matéria, mais amplas, não seriam compatíveis com o direito constitucional alemão. Isso vale, por exemplo, para o § 20b Inc. 2 do CP austríaco, que regula a perda alargada de bens e valores adquiridos em conexão temporal com determinados delitos, desde que se possa assumir plausivelmente que a propriedade provenha de crime e sua origem exata não possa ser comprovada[105]. Uma tal inversão do ônus da prova no confisco alargado contraria a jurisprudência do Tribunal Constitucional alemão. Também a (contraditável) presunção probatória do Art. 72 P. 2 do CP austríaco sobre o poder de disposição de uma organização criminosa sobre os bens de seus membros, que leva ao confisco, é incompatível com o art. 14 GG.

Não está claro se a Diretiva Europeia sobre Confisco significaria uma

---

101. BVerfG NJW 2004, 2073, 2077 ff.; anteriormente BGH NJW 1995, 470.
102. Cf. BGH NJW 1995, 470.
103. BVerfG NJW 2004, 2073, 2078 s.
104. BVerfG NJW 2004, 2073, 2079.
105. Sobre isso *Kert*, NZWiSt 2016, 203, 207.

atenuação do padrão probatório para a prática judicial alemã. Por exemplo, o Art. 5 inc. 1 da Diretiva exige o convencimento do juízo acerca da origem criminosa dos bens para a decretação do confisco alargado[106], o que militaria contra a atenuação do padrão probatório[107]. Por outro lado, na consideração Nr. 21 da Diretiva, diz-se que o convencimento do juízo não precisa significar a determinação da origem delitiva. Pode ser suficiente que o juízo, conforme uma ponderação de probabilidades, decida ou parta da premissa que a origem criminosa do bem é sensivelmente mais provável do que sua origem legal[108]. Isso é entendido, junto com o sentido literal do Art. 5 Inc. I da Diretiva, no sentido de uma "clara flexibilização do padrão probatório"[109]. Contudo, essa inferência não é obrigatória[110]. Afinal, a Diretiva sobre Confisco, primeiro, apenas prevê dispositivos que devem ser adotados minimamente[111]. Ademais, da gênese do Art. 5 Inc. 1 da Diretiva resulta que uma redação que originalmente baseava-se numa ponderação probabilística[112] foi censurada, por ser incompatível com alguns sistemas jurídicos, e, por isso, substituída pelo critério do "convencimento judicial"[113].

De todo modo, a restrição constitucional feita ao confisco alargado pela jurisprudência alemã não altera em nada a estrutural contradição do instituto. Isso porque se deve perguntar como um juízo pode obter um convencimento positivo acerca da origem criminosa de um bem se o delito anterior permanece desconhecido[114].

Isso mormente o fato de que a jurisprudência alemã, na tarefa de implementar o programa do legislador[115], não compreende a formação do convencimento

---

106. Diretiva sobre Confisco 2014/42/EU v. 03.04.2014, ABl. EU L 127/39, 46.

107. Do mesmo modo *Brodowski*, ZIS 2013, 455, 467.

108. Diretiva sobre Confisco 2014/42/EU v. 03.04.2014, ABl. EU L 127/39, 42.

109. *Kilchling*, in: SIEBER/SATZGER/*v. Heintschel-Heinegg* (Org.), Europäisches Strafrecht, 2. Ed. 2014, § 16 Nm. 21.

110. Como aqui, do ponto de vista da conclusão: *Brodowski*, ZIS 2013, 455, 467; RÖNNAU, in: Festschrift für Ostendorf, 2015, p. 713 ss., 717.

111. Veja o Fundamento 22 da Diretiva sobre Confisco, Abl. EU L 127, 39, 42.

112. Ver Art. 4 Inc. 1 da Sugestão de Diretiva da Comissão Europeia de 12.03.2012, KOM (2012) 85, p. 22; acerca disso *Brodowski*, ZIS 2012, 558, 564.

113. Cf. a Sugestão de Compromisso do Senado da União Europeia, Ratsdokument 17117/12 v. 03.12.2012, p. 3 e p. 17; sobre isso BRODOWSKI, ZIS 2013, 455, 467 e em detalhes RÖNNAU, in: Festschrift für Ostendorf, p. 713 ss.

114. WEßLAU, cit., p. 143; SALIGER, in: NK, § 73d Nm. 3; RÖNNAU, in: Festschrift für Ostendorf, p. 712. Já consideravam inconstitucional o § 73d StGB a.R., por exemplo, *Perron*, JZ 1993, 918, 925, por desproporcionalidade, e *Julius*, ZStW 1997, 58, 94 ss., 99 ss. por lesão do princípio acusatório.

115. Ver BT-Drucks. 11/6623 p. 7: "Na verdade, é suficiente que fontes legais não sejam verificáveis, que a origem ilícita dos bens se imponha perante um observador objetivo em vista da situação do infração e sua vida pregressa"; citado em BVerfG NJW 2004, 2073, 2077, com a afirmação: "Essas finalidades legislativas levam em conta a interpretação do § 73d I 1 StGB feita pelo BGH."

do magistrado no sentido de exclusão de todas as fontes legais pensáveis, mas sim já deduz o "campo cinzento" (não concreto) das fontes criminosas a partir da discrepância entre o "campo claro" dos proventos legais e conhecidos do agente e dos valores de fato descobertos com ele[116].

b) Inconstitucionalidade do § 73a Inc. 1 StGB n.R.

Apesar dessa contradição, a reforma do confisco de propriedade amplia novamente a perda alargada. Até 30.06.2017, o confisco alargado vinculava-se a determinados delitos-base, os quais se caracterizavam por agudas dificuldades probatórias (por exemplo terrorismo, crimes de droga, furto praticado por bandos etc. – típicas manifestações da criminalidade organizada). A nova regulação abre o confisco alargado para todos os crimes.

O legislador fundamenta essa relevante ampliação com a necessidade de implementação do Art. 5 Inc. 2 da Diretiva Europeia sobre Confisco. Tendo em vista que na Diretiva prevê-se a incorporação de novos delitos-base que não mais se relacionam tipicamente com a criminalidade organizada[117], seria consequente para a efetivação do confisco alargado a "completa quebra da sistemática" e sua extensão a todos os tipos penais[118].

Essa violenta implementação não é sustentável e conduz à inconstitucionalidade do § 73a Inc. 1 StGB n.R., devido à violação do Art. 14 GG (direito de propriedade). O legislador fica devendo a explicação por que se deve solucionar o problema da relação afrouxada entre os novos delitos-base da Diretiva e as dificuldades probatória da criminalidade organizada abandonando qualquer conexão entre crime-base e crime de origem. Isso é desproporcional e incompatível com a *ratio* do confisco alargado.

Até 30.06.2017, o legislador enxergava a relação entre delito-base e delito de origem como um fundamento de legitimação indispensável do confisco alargado. Em suas palavras: "os atenuados requisitos referentes à prova da origem delitiva devem valer apenas para determinados, restritos crimes", em relação aos quais haja, de um lado, "um relevante interesse público" em impedir o reinvestimento de proventos criminosos e, de outro, significativos problemas práticos de elucidação[119].

Logo, para o confisco alargado existe um nexo de legitimação entre específicos delitos-base e delitos de origem (não concretos). Uma vez que as

116. Herzog, JR 2004, 494, 497; *Saliger,* in: NK, cit., § 73d Nm. 3.
117. Cf. Art. 5 Inc. 2 da Diretiva sobre Confisco 2014/42/EU v. 03.04.2014, ABl. EU L 127/39, 47.
118. BT-Drucks. 18/9525, p. 65.
119. BT-Drucks. 11/6623 p. 5.

infrações-base, no caso da ausência de conexão com a criminalidade organizada, designam elas mesmas delitos relacionados a lucro, presume-se que os bens e valores descobertos com o delito-base também provêm de crimes originários lucrativos, mesmo que estes não possam ser determinados concretamente. Apenas devido a essa conexão com específicos delitos-base voltados para o lucro, o legislador, no caso do confisco alargado, determina o afrouxamento da prova em relação delito de origem. Caso se verifique que este de fato não se relaciona lucro, isso é irrelevante[120]. Somente em razão dessa específica relação é permitido ao juiz incluir a prova do crime-base em seu convencimento, tal como exige a jurisprudência[121].

Esse nexo legitimador dissolve-se completamente com a reforma, porque agora qualquer delito serve como infração-base para o confisco alargado. Se ainda faz sentido considerar como infração-base o furto simples e qualificado para o confisco alargado[122], não faz qualquer sentido, no caso de uma lesão corporal simples, realizar buscas na casa do autor com vistas a apreender valores. Delitos-base, destituídos de qualquer busca de lucro, não contribuem em nada para a formação do convencimento do juiz. Nesses casos, a análise probatória indireta no confisco alargado pende no ar, porque sequer se pode construir uma hipótese de partida na forma de um (provado) delito-base. Isso atrai o risco de a prova da origem do bem ser substituída por uma inaceitável presunção de origem e, com isso, confiscarem-se bens que não foram adquiridos por meio de crimes.

Até mesmo regulações estrangeiras extensivas, que desembocam numa perda alargada, não prescindem de uma conexão entre o crime-base e o crime de origem. Assim, confiscos ampliados podem ocorrer em casos de condenações por determinadas infrações de *lifestyle* como tráfico de drogas, lavagem de dinheiro, tráfico de seres humanos e de armas[123] ou de condenações por pertencimento a uma organização criminosa[124]. Nessa medida, o § 73a Inc. 1 n.R, permitindo que todos os tipos penais qualifiquem-se como crimes-base, não se amolda nem mesmo a essas regulações amplas.

O problema de legitimação criado pela reforma revela-se ainda na questão sobre se e em que medida o ilimitado confisco alargado tangencia de modo proporcional os direitos de potenciais lesados/vítimas. Quando o Tribunal Constitucional, em 2004, formulou sua decisão sobre a constitucionalidade do confisco alargado, o legislador não havia garantido prioridade às pretensões de

---

120. Cf. Saliger, in: NK, cit., § 73d Nm. 6.

121. BVerfG NJW 2004, 2073, 2077 em referência a BGH NJW 1995, 470.

122. Cf. BT-Drucks. 18/9525 p. 65.

123. Ver Proceeds of Crime Act 2002 (UK), section 75 c/c schedule 2; a respeito e em geral sobre confisco alargado na hipótese de um criminal lifestyle no direito inglês F. Meyer, ZStW 2015, 241, 268. Ver aina Art. 131-21 Inc. 5 Code penal; sobre isso F. Meyer, ZStW 2015, 241, 269.

124. Detalhadamente F. Meyer, ZStW 2015, 241, 269.

ressarcimento de vítimas em relação ao confisco penal, no caso do confisco alargado - diferentemente do confisco simples. A validade da cláusula de barreira do § 73 Inc. 1 P. 2 StGB a.R foi introduzida no § 73d Inc. 1 P. 3 StGB a.R. apenas com a Lei sobre Fortalecimento de Recuperação de Bens (Gesetz zur Stärkung der Rückgewinnungshilfe) de 2006[125]. Por isso, em 2004, o Tribunal Constitucional apontou para o seguinte problema: na medida em que o legislador continuamente amplia o rol dos delitos-base do confisco alargado, o prejuízo para os direitos de propriedade e indenização das vítimas torna-se cada vez mais provável. Por essa razão, o legislador deveria, segundo o Tribunal Constitucional, também sob aspectos sócio-estatais, analisar se "os direitos de lesados pelo crime ainda são devidamente garantidos no confisco alargado após a ampliação de seu campo de incidência"[126]. A abertura do confisco alargado para todos os delitos representa uma intervenção indevida nesses direitos. Já no direito anteriormente vigente, apesar do § 73d Inc. 1 P. 3 StGB, duvidava-se se as pretensões dos lesados eram devidamente levadas em consideração no confisco alargado. Isso porque, por meio do confisco alargado, também são contemplados bens e valores provenientes de fatos não julgados e pouco conhecidos. Desse modo, permanece obscuro se os bens assegurados provêm de delitos com vítimas individuais [127]. Na medida em que o campo de aplicação do confisco alargado em delitos econômicos é estendido a todos os tipos penais, cresce exponencialmente o círculo de potenciais vítimas. Isso aumenta em demasia o perigo anunciado pelo Tribunal Constitucional de o confisco alargado representar um menoscabo dos direitos de propriedade e de indenização das vítimas. A nova regra do confisco alargado é, consequentemente, desproporcional e inconstitucional[128].

4. Confisco de propriedade de origem não esclarecida por meio da perda não baseada numa condenação (non-conviction-based confiscation)

As concepções jurídico-civis e policiais colidem de forma mais aguda com princípios jurídico-penais no confisco não baseado numa condenação (o chamado *non-conviction-based confiscation*). No confisco simples, o delito-base e o delito de origem são idênticos. No confisco alargado, eles não se confundem, mas ainda assim o delito-base precisa ser concretamente delimitado e comprovado. No novo confisco alargado autônomo, conforme § 76a Inc. 4 P.1 StGB n.R,

125. Sobre isso, de modo exempla, *Eser,* in: *Schönke/Schröder*, cit., § 73d Nm. 6, 15a.

126. BVerfG NJW 2004, 2073, 2078 s.

127. Cf. sobre o problema *Saliger,* in: NK, cit., § 73 Rn. 29 com diversas referências.

128. Com a mesma conclusão *Löffelmann*, Recht und Politik v. 20.6.2016, 2 s.; Rönnau/Begemeier, NZWiSt 2016, 260, 261 ss.; Stellungnahme Nr. 15/2016 der BRAK...cit, S. 4 f.; Stellungnahme Strafverteidigervereinigungen... cit., p. 5 ss.; *Meißner*, Stellungnahme zur öffentlichen Anhörung am 23. November 2016 zu dem Entwurf eines Gesetzes zur Reform der strafrechtlichen Vermögensabschöpfung, p. 12 ss. De outra opinião Heger, cit., p. 5; Gericke, cit., p. 10; Holznagel, cit., p. 12; apesar da crítica, também o Stellungnahme WisteV...cit., p. 16 s.

contudo, nem o crime de origem nem o crime-base precisam ser objeto de condenação. Basta que se inicie um processo criminal em razão do delito-base, ao passo que o agente não precisa sequer ser processado devido ao delito de origem. O confisco autônomo é, portanto, a forma clássica do confisco objetivo *ad rem*[129], que faz parte, como vimos, dos modelos civil e administrativo de perda de propriedade[130]. Nessa medida, não surpreende o nível das tensões que se instalam quando se quer integrar no direito penal o confisco não baseado numa condenação.

a) A ampliação do confisco autônomo com a reforma

Isso pode ser verificado claramente na ampliação que o confisco autônomo sofreu com a reforma. Conforme a legislação vigente até 30.06.2017, a decretação autônoma do confisco só era permitida se uma determinada pessoa, por razão fáticas (fuga, paradeiro desconhecido), não pudesse ser processada ou condenada (§ 76a Inc. 1 P. 1 StGB a.R)[131]. Entravam em consideração também casos bem especiais como os de delitos prescritos ou de impedimentos legais (§ 76a Inc. 2 StGB a.R).

A reforma estende consideravelmente esse estreito regramento. Primeiramente, a partir de agora, um confisco autônomo e retroativo é possível tanto na hipótese de impedimentos legais de processamento e condenação (§ 76a Inc. 1 P.1 StGB n.R) quanto no caso de prescrição (§ 76a Inc. 2 (§ 76a Inc. 2 StGB n.R). O confisco autônomo e alargado recebe, com base em regra de direito civil[132], um novo prazo prescricional de 30 anos a contar do exaurimento do delito (§ 76b Inc. 1 StGB n.R.)[133]. Para determinados crimes, como homicídio qualificado e outros do § 5 do código penal internacional (Völkerstrafgesetzbuch), não há sequer prescrição para o novo instituto (§ 76b Inc. 2 StGB n.R.). A medida mais controversa é a introdução de um novo confisco (alargado) autônomo de bens de origem desconhecida independente da comprovação de um fato ilícito concreto, o que não está previsto na Diretiva sobre Confisco[134]. Segunda esta, um objeto proveniente de um fato ilícito[135], apreendido no âmbito

129. Assim, explicitamente, BT-Drucks. 18/9525 p. 92 para o § 76a Inc. 4 StGB n.R.

130. Supra II. 1. a.

131. Nessa modalidade de confisco autônomo, delito-base e delito originário se confundem, tal qual no confisco simples.

132. Cf. BT-Drucks. 18/11640 p. 92.

133. De acordo F. Meyer, StV 2017, 343, 344.

134. Cf. Art. 4 Inc. 2 da Diretiva sobre Confisco 2014/42/EU v. 03.04.2014, ABl. EU L 127/39, 46, que se refere apenas a determinadas formas do confisco autônomo retroativo; detalhadamente sobre essa lacuna Rui/Sieber, cit., p. 276 ss. O Art. 5 da Diretiva sobre confisco refere-se apenas ao confisco alargado.

135. Para isso deve-se apoiar no conceiro de „proveniência‘ (Herrühren) no § 261 StGB (lavagem de dinheiro), principalmente nos princípios da „contaminação parcial“ (BT-Drucks. 18/9525

de um processo envolvendo delitos do rol taxativo no campo do terrorismo ou da criminalidade organizada, deve ser confiscado se o agente não pode ser processado ou condenado pelo crime (§ 76a Inc. 4 P. 1 StGB n.R.). O juízo pode, nesse contexto, formar seu convencimento acerca da contaminação do objeto a partir de uma desproporção grosseira entre o seu valor e a remuneração lícita do agente (§ 437 P.1 StPO n.R.). Além disso, nesse processo podem ser levados em conta o resultado da investigação acerca do delito-base (delito do rol), as circunstâncias da descoberta e da apreensão do objeto, bem como as relações pessoais e econômicas do indivíduo (§ 437 P. 2 StPO n.R.).

Essas regras têm como alvo casos nos quais, em fiscalização em aeroportos ou no trânsito, são apreendidos volumes altos de dinheiro em espécie aparentemente provenientes da criminalidade organizada, cujo vínculo com um delito concreto normalmente não se pode provar devido ao seu caráter internacional.

Com esse novo instrumento o legislador quer evitar que o dinheiro em espécie tenha que ser devolvido ao último possuidor, embora, conforme todas as circunstâncias, "não haja dúvida razoável de que o dinheiro provenha de (algum) crime"[136]. O legislador orienta-se explicitamente por regras estrangeiras análogas como o instituto angloamericano do "confisco não baseado numa condenação" ou na "misure di prevenzione" do direito italiano anti-máfia[137].

A nova regulação é aplicável sobretudo em casos de não comprovação do dolo, de não comprovação de participação em um delito concreto apesar de indícios de atividade criminosa e de não constatação de um delito prévio concreto (dentro do rol) na hipótese de suspeita de lavagem de dinheiro.[138]

b) Inconstitucionalidade da regra sobre confisco de propriedades de origem não conhecida?

Várias das regras apresentadas foram incluídas apenas um pouco antes do final do processo legislativo. De forma autoconsciente, o legislador aponta que com isso teria atingido "completamente o âmbito do constitucionalmente possível"[139]. Contudo, há dúvidas em relação a essa tese.

aa) Sobre a relação entre delito-base e delito de origem

Tais dúvidas referem-se já à relação entre delito-base e delito de origem, a qual, como vimos no caso do confisco alargado[140], não é constitucionalmente

p. 73). Com relação ao último aspecto, vê-se um problema de proporcionalidade no sentido de um confisco excessivo; assim GEBAUER, ZRP 2016, 101, 104; também F. MEYER, StV 2017, 343, 345.

136. BT-Drucks. 18/9525 p. 48.
137. BT-Drucks. 18/9525 p. 58, 73.
138. BT-Drucks. 18/9525 p. 92 s.
139. BT-Drucks. 18/11640 p. 92.
140. Supra II. 3. b.

irrelevante. A partir da redação dos dispositivos § 76a Inc. 4 P. 1 StGB n.R. e § 437 P. 2 Nr. 1 StPO n.R. extrai-se tão-somente que delito-base e delito de origem podem divergir e que o delito-base limita-se ao catálogo do 76a Abs. 4 P. 3 StGB n.R, que compreende crimes da criminalidade organizada e do terrorismo. O que não se extrai da letra da lei é se o delito de origem também deve pertencer ao (outro) catálogo, como alguns propõem (interpretação restrita)[141], ou se basta qualquer tipo penal, o que também se defende (interpretação ampla)[142].

Meyer afirma que a sistemática e a exposição de motivos do projeto de lei deixam entrever que o objeto apreendido tem de vir de delito do rol.[143] Essa explicação não convence. É certo que o novo dispositivo objetiva complementar o aparato confiscatório relacionado a delitos graves do crime organizado e do terrorismo e, com isso, satisfazer uma necessidade político-criminal[144]. No entanto, disso resulta que os delitos do rol (terceira frase) precisam ser delitos-base e, assim, resta restringido o campo da aplicação do § 76a Inc. 4 StGB n.R., mas não que crimes do rol também precisem ser delitos de origem. Lendo-se a exposição de motivos, é a interpretação extensiva que se afigura mais plausível. Pois segundo ela, o juízo precisa meramente estar convencido de que "o objeto apreendido provenha de um (qualquer) fato ilícito", ao passo que os delitos do rol são classificados como meros delitos-base[145]. Além disso, a favor dessa interpretação mais larga milita a circunstância de que ela realiza a finalidade do novo instrumento confiscatório de maneira mais efetiva.

É questionável se essa interpretação lata representa uma desproporcional e inconstitucional intervenção no direito de propriedade previsto no Art. 14 GG. Diversamente do confisco alargado, diante das necessidades politico-criminais existentes, derivadas de dificuldades probatórias, o legislador restringiu o âmbito de incidência do § 76a Inc. 4 StGB n.R. através do estabelecimento do rol de delitos[146]. Por meio dessa restrição, diferentemente do que ocorre no confisco alargado, os resultados da investigação sobre os delitos-base podem ser valorados como indícios significativos no processo de formação do convencimento do juiz conforme o § 437 P.2 Nr. 1 StPO n.R. Ambos aspectos afastam a pecha de uma interpretação inconstitucional do Art. 14 GG.

---

141. F. Meyer, StV 2017, 343, 345; Stellungnahme Strafverteidigervereinigungen, cit., p. 15; assim também aparentemente *Löffelmann*, Recht und Politik v. 20.6.2016, 2, 5.

142. Burghart, in: SSW, cit., § 73 Nm. 14; Rönnau/Begemeier, NZWiSt 2016, 260, 263 fs.; também Heger, cit., p. 6; *Gebauer,* ZRP 2016, 101, 104; *Gericke*, cit., 8.

143. F. Meyer, StV 2017, 343, 345.

144. BT-Drucks. 18/9525 p. 73.

145. BT-Drucks. 18/9525 p. 73.

146. De acordo Heger, cit., p. 6.

bb) Aplicação do confisco autônomo a crimes prescritos

Por outro lado, é mais que duvidoso se o que foi dito nos parágrafos anteriores também vale para a extensão da aplicação do confisco autônomo a crimes já prescritos. Primeiramente, deve-se dar razão ao legislador em relação ao fato de que a desvinculação do confisco autônomo da prescrição do delito de origem está dentro da lógica de um processo confiscatório de natureza real--civil. Isso já é repetidamente assinalado e propagado[147]. Entretanto, é notável que o próprio legislador tenha alterado sua posição quanto à relevância da proibição de retroatividade em relação a essa questão durante o processo legislativo. No projeto de lei constava: "A proibição de retroatividade exige que o confisco autônomo conforme § 76 Inc. 4 StGB-E só possa ser decretado se o delito (do qual se obtiveram os bens) tenha sido praticado após a entrada em vigor da nova redação"[148]. Pouco tempo depois, a Comissão Jurídica libertou o confisco autônomo da amarra da proibição de retroatividade apontando para o caráter não-penal do confisco de propriedade, para a ausência de tutelável confiança na perenidade da ordem jurídica[149] e para as lacunas que resultariam da possibilidade de o infrator se livrar do confisco autônomo sob o argumento (de difícil contraposição) de que o objeto em questão teria como origem um delito já prescrito[150].

As razões para tanto não são, porém, novas. O legislador, já no projeto apresentado pelo governo, perseguia uma concepção de confisco de propriedade de origem desconhecida que, em seu núcleo, apresentava-se como civilística[151]. As alegadas lacunas não se afiguram insuportavelmente abjetas. Por certo não se deve ignorar a facilitação trazida para os confiscos alargado e autônomo, consistentes no fato de que os juízos apenas devem convencer-se se o (não concretamente verificável) delito de origem não data de mais de 30 anos[152]. Porém, coloca-se a questão fundamental a respeito de onde reside a imprescindível necessidade de intervenção tardia no direito de propriedade do atingido e de terceiros relacionados, conforme § 76a Inc. 1, 2, 4 StGB n.R., até 30 anos depois do delito de origem (não detectável concretamente). É preciso ponderar que, primeiro, o risco de erro em uma intervenção como essa cresce exponencialmente como o passar do tempo. De outro lado, é problemático que o tamanho do prazo prescricional no § 76 Inc. 1 P. 1 StGB n.R., de 30 anos

---

147. Cf. por exemplo F. Meyer, ZStW 2015, 241, 256 ss.; *idem*, StV 2017, 343, 354; cf. também supra II. 1. a.

148. BT-Drucks. 18/9525 p. 74 em referência BGH NJW 2001, 2239 s. e BGHSt 41, 278 ss., respectivamente sobre o confisco alargado § 73d StGB a.R.

149. BT-Drucks. 18/11640 p. 93.

150. BT-Drucks. 18/11640 p. 91.

151. Cf. BT-Drucks. 18/9525 p. 58, 73, 92.

152. Assim BT-Drucks. 18/11640 p. 92.

para a correção de um estado patrimonial ilegal penalmente não mais tutelável, oriente-se pelo prazo prescricional máximo de crimes cominados com longas penas privativas de liberdade.[153]

Essas objeções especificamente penais são de se considerar na medida em que o legislador insiste em regular o confisco autônomo não dependente de uma condenação como um instituto civilístico em um contexto jurídico-penal (§ 76a Inc. 4 StGB n.R., §§ 435 ss. StPO n.R.)[154].

Por isso, a desvinculação do confisco não baseado em uma condenação da prescrição do delito fulmina a função de garantia da paz e da estabilidade jurídicas, ínsita do instituto da prescrição[155]. Não ajuda aqui a afirmação do legislador de que os ministérios públicos irão promover conscientemente o interesse público na hipótese de delitos prescritos.[156]

cc) Constitucionalidade do § 437 StPO n.R.?

É de duvidosa constitucionalidade também o processo probatório relacionado ao confisco de propriedade de origem desconhecida. O legislador indica abertamente que, com o § 437 StPO n.R, introduz um procedimento que se orienta pelas "regras civis de padrão e de divisão de ônus probatório". Assim, se o ministério público realiza um pedido de confisco aludindo a fatos que comprovariam a discrepância entre os rendimentos legítimos e o patrimônio real do réu - o que indicaria a ilicitude dos bens em questão -, o juízo poderia decretar o confisco caso o indivíduo não conteste substancialmente a origem delitiva e não ofereça suficientes provas para tanto. Um mero calar-se ou um contestar alegando desconhecimento não bastam, segundo o legislador, para evitar a ordem confiscatória[157].

Como se deve avaliar essa regra do ponto de vista constitucional? Primeiro se deve determinar o caráter da nova norma. Verifica-se que a regra - ao contrário das intenções do contrato de coalização[158] - não representa nem uma presunção probatória nem um deslocamento de ônus probatório[159]. Normas desse tipo previa o mencionado[160] Projeto de Lei de Confisco de Propriedade

153. Ver BT-Drucks. 18/11640 p. 92 em referência a § 78 Inc. 3 Nr. 1 StGB, § 197 BGB e § 852 BGB.

154. Cf. também - no entanto com outra finalidade - F. Meyer, StV 2017, 343, 344 s., 349 ss.

155. Assim ainda o Projeto do Governo, BT-Drucks. 18/9525 p. 72 em referência ao objeto da prescrição persecutória. Sobre isso, por todos Saliger, in: NK, ci.t, Vor §§ 78 ff. Nm. 4 ff. Opinião diversa de F. Meyer, StV 2017, 343, 354.

156. Cf. BT-Drucks. 18/11640 p. 91.

157. BT-Drucks. 18/9525 p. 92.

158. Supra I.

159. Assim também Gericke, cit., p. 9 s.; Heger, cit., p. 6; F. Meyer, StV 2017, 343, 346 ss., que, contudo, não exclui dogmaticamente a construção de regras legais de presunção.

160. Supra II. 1.

de 1994. Segundo esse projeto, poderia ser confiscada, sem qualquer tipo de compensação, uma propriedade de pelo menos 15.000 marcos alemães, que, baseado em evidências fáticas, apresentasse alta probabilidade de contaminação, ao passo que cumpria ao proprietário refutar essa presunção de contaminação[161]. Ao contrário, o § 437 StPO n.R não contém uma norma legal de presunção, pois as circunstâncias lá mencionadas, incluindo a principal[162] relativa à relevante discrepância entre os rendimentos legais e reais do acusado, não são aptas sozinhas a provar a contaminação dos bens e, além disso, não compõem um rol exaustivo ("especialmente")[163]. A nova regulação importa, na verdade, em uma facilitação do processo probatório, no sentido de fornecer indícios típicos para a formação do convencimento do juiz. A rigor, porém, trata-se, ao menos tendencialmente, de uma redução do standard probatório.[164] Uma inversão do ônus probatório não caracteriza o § 437 StPO, porque a norma pressupõe um pedido de confisco fundamentado de parte do ministério público e não exige dos atingidos uma completa prova em contrário, mas apenas um abalo na prova[165]. E o juízo deve construir seu convencimento acerca da contaminação dos bens fazendo referência tanto ao pedido de confisco quanto à não-alegação (silêncio) ou à alegação não substanciada dos atingidos (alegação de não-conhecimento, alegações implausíveis etc.)[166].

Regras sobre presunção legal ou inversão do ônus probatório no processo penal não violam os direitos humanos, mas podem ser consideradas, como sempre na jurisprudência da Corte Constitucional, inconstitucionais[167]. De fato, a CEDH repetidamente não criticou, do ponto de vista dos direitos humanos, presunções e regras de inversão do ônus probatório[168]. Em uma decisão recente,

---

161. BT-Drucks. 12/6784 p. 4, 15. Além disso, o legislador pretendia restringir o Art. 14 Inc. 1 GG (ver *idem* p. 3).

162. BT-Drucks. 18/9525 p. 92.

163. Cf. BT-Drucks. 18/9525 S. 92; F. Meyer, StV 2017, 343, 346. Diferentemente, o Projeto Ministerial, cit., p. 15. 62 e 99 falava da „prova de um primeiro indício", onde se consignava: „havendo uma ‚discrepância' grosseira entre o valor do objeto apreendido e a remuneração legal do agente', haveria um indício de que o objeto provenha de um delito" (p. 99). Após fortes críticas (entre outros Stellungnahme Nr. 15/2016 der BRAK, cit., p. 6 s.; Stellungnahme der Strafverteidigervereinigungen, cit., p. 19), esse conceito e a passagem citada foram suprimidos do Projeto do Governo (cf. BT-Drucks. 18/9525 p. 58 e 92), sem alterações substanciais na redação do § 437 StPO n.R.

164. Também assim F. Meyer, StV 2017, 343, 347.

165. Corretamente F. Meyer, StV 2017, 343, 347.

166. Cf. BT-Drucks. 18/9525 p. 92. Como aqui: Gericke, cit., p. 9 s.; Heger, cit., p. 6. De outra opinião e afirmando uma inversão fática do ônus da prova Stellungnahmen Nr. 15/2016 der BRAK, cit., p. 6 e Nr. 39/2016 BRAK, cit., p. 4 s. Devido aos estritos requisitos (para o pedido confiscatório do MP e para a formação final do convencimento) afirma-se parcialmente que o § 76a Inc. 4 StGB n.R. não obterá relevância prática, mesmo na hipótese de encontro altos valores de dinheiro; assim também Stellungnahme Nr. 9/16 DRB, cit., p. 4; cético também Holznagel, cit., p. 12.

167. Cf. também *Esser*, in: Rui/Sieber, cit., p. 86 ss. e 91 ss.

168. Ver apenas EGMR v. 22.02.1994, Reclamação Nr. 12954/87 (Raimondo v. Italien), Nm.

considerou: "Na Europa e no mundo há diretrizes legais que incitam o confisco de propriedade também na ausência de condenação criminal anterior, sobretudo quando se apresenta uma conexão com delitos graves como corrupção, lavagem de dinheiro e tráfico de drogas. Nesse contexto, pode-se impor ao proprietário o ônus de provar a licitude da propriedade que se supõe ilícita"[169].

Por outro lado, é possível extrair da jurisprudência constitucional limites mais estreitos do art. 14 GG para a aplicação de regras civilísticas de padrão e ônus probatório a medidas de confisco. Assim, o Tribunal Constitucional, ao analisar a licitude de medidas assecuratórias de caráter processual-penal tangentes do direito fundamental à propriedade, considera que "possivelmente um patrimônio obtido criminalmente é assegurado a um tempo em que existe apenas uma suspeita delitiva e ainda não se decidiu nada sobre a punibilidade do agente ... se (assim), por meio de medidas assecuratórias provisórias, retira-se do poder de disposição do indivíduo todo ou quase todo o seu patrimônio, o princípio da proporcionalidade não exige apenas uma presunção da origem ilícito-criminal dos bens. É necessário, na verdade, uma análise probatória especialmente minuciosa"[170].

Desse modo, o Tribunal Constitucional, como dito[171], aprovou a interpretação restritiva proposta pelo BGH a respeito do confisco alargado, segundo a qual a afirmação da origem delituosa de um bem pressupõe o completo convencimento do juízo, ainda que não se deva exagerar nas exigências probatórias para a verificação dessa origem[172].

Todavia, permanece a indagação sobre se e em que medida o deslocamento do ônus argumentativo para o atingido, no sentido de que apenas uma alegação substancial de sua parte é capaz de abalar o pedido de confisco do Ministério Público, é compatível com o art. 14 GG. O legislador reformador acentua abertamente que "a posição do atingido é mais comparável ao querelado no processo civil do que a um réu no processo penal"[173]. Isso é delicado, pois a transferência do ônus argumentativo para o atingido solapa a presunção de propriedade do §

30; EGMR v. 05.07.2001, Reclamação Nr. 41087/98 (Phillips v. Vereinigtes Königreich), Nm. 35, 39 ss.; EGMR v. 23.09.2008, Reclamação Nr. 19955/05 e 15085/06 (Grayson & Barnham v. Vereinigtes Königreich), Nm. 37 ss.; também EGMR v. 01.03.2007, Reclamação Nr. 30810/03 (Geerings v. Niederlande), Nm. 44. Sobre isso tudo, detalhadamente *Esser*, in: Rui/Sieber, cit., p. 91 ss.; Rui/Sieber, cit., p. 266 ss.; F. Meyer, StV 2017, 343, 351 ss.

169. EGMR NVwZ 2016, 1621 Frase da ementa Nr. 5 (Gogitidze u.a. v. Georgien). Especialmente a transposição do ônus probatório para o acusado num processo de confisco não é considerado arbitrário no sentido do Art. 6 Inc. 1 EMRK, quando o pedido inicial do Ministério Público revela-se substancioso (EGMR a.a.O., 1625 s., Nm. 122).

170. BVerfG GWR 2015, 237; cf. também BVerfG WM 2004, 1378, 1380.

171. Acima II. 3. a.

172. BVerfG NJW 2004, 2073, 2077.

173. BT-Drucks. 18/9525 p. 89.

1006 BGB[174] e, em relação ao confisco alargado, representa um aprofundamento na intervenção no direito de propriedade (art. 14 GG)[175].

Não se deve, por ora, censurar os fatores que, no sentido de uma prova pré-determinada a ser trazida pelo Ministério Público[176], geram a inversão do ônus probatório. Assim, o aspecto da grosseira discrepância entre o valor do bem assegurado e a remuneração regular do agente constitui um indício internacionalmente reconhecido, ao que se atribui um alto valor probatório[177]; até mesmo a Diretiva sobre Confisco o menciona no Art. 5 em relação ao confisco alargado[178]. Isso também vale para outros fatores, ligados aos resultados de investigação sobre o delito-base, à situação de descoberta e asseguramento, bem como a outros aspectos pessoais e econômicos do agente. [179] Ademais, contra a inconstitucionalidade do § 437 StPO milita o fato de que o legislador reformador, de modo sensível aos problemas, abre a possibilidade de instauração desse procedimento de confisco - diferentemente do confisco alargado - apenas na hipótese de crimes graves constantes do rol do âmbito do terrorismo e da criminalidade organizada.

Por outro lado, não é possível encontrar nem no texto normativo do § 437 StPO n.R nem na exposição de motivos argumentos convincentes que permitam atenuar as fricções das regras civis sobre ônus argumentativo e probatório com os mais vetustos princípios do processo penal (presunção de inocência, *nemo tenetur*, livre apreciação probatória, princípio acusatório etc).

O Tribunal Constitucional, em sua decisão sobre o confisco alargado, já destacou que essas fricções são, ao menos parcialmente, relevantes. A compatibilidade da interpretação restritiva do BGH com o princípio da não-autoincriminação, mesmo sobre a base de uma leitura civilista do confisco, foi afirmada somente porque o agente não tem que 'se expressar nem sobre o delito-base nem sobre outras eventuais condutas puníveis“ para “evitar a decretação do confisco alargado“[180]. Contudo, isso ocorre justamente no caso do confisco autônomo conforme § 76a Inc. 4 StGB n.R. c/c § 437 StPO n.R.[181].

---

174. Conforme o § 1006 Inc. 1 F. 1 BGB (Código Civil) presume-se que o possuidor é proprietário da coisa. Isso só não vale em relação ao antigo possuidor que tem a coisa furtada ou perdida, a não ser no caso de dinheiro ou valor mobilitários.

175. De acordo *Löffelmann*, Recht und Politik v. 20.6.2016, 2, 5; cf. também GEBAUER, ZRP 2016, 101, 104.

176. F. MEYER, StV 2017, 343, 347 fala de uma fundamentação parcial no sentido de uma prova prima-facie.

177. Cf., com várias referências, BT-Drucks. 18/9525 p. 92; F. MEYER, ZStW 2015, 241, 268 ss.

178. Diretiva sobre confisco 2014/42/EU v. 03.04.2014, ABl. EU L 127/39, 46.

179. Sobre a relevância dessas circunstâncias para o confisco alargado, cf. BVerfG NJW 2004, 2073, 2077; ainda F. MEYER, ZStW 2015, 241, 268 ss.

180. BVerfG NJW 2004, 2073, 2079; sobre isso, ver acima II. 3. a.

181. Criticamente *Esser*, in: RUI/SIEBER, cit., p. 82 s.

A proibição de confisco na hipótese de provada inocência do agente (cf. § 437 Inc. 1 F. 2 Nr. 1 StPO n.R.), configura uma obviedade e não resolve o problema[182]. Seria de se pensar, por exemplo, em uma limitação do ônus argumentativo do agente ou na aceitação de vedação de valoração da prova pertinente ao depoimento do réu no âmbito de sua atividade probatório defensiva.[183]

Sobretudo sob o aspecto do princípio da taxatividade é de se criticar que no § 437 StPO constem circunstâncias negativas que devem orientar a formação do convencimento judicial sobre a contaminação do bem, mas não circunstâncias positivas de uma *innocent* owner defense, por exemplo também para o processo de confisco contra terceiros[184]. Não parece ser suficiente a conformação do § 76a Inc. 4 StGB n.R. como uma "norma de recomendação" (Soll-Vorschrift), que deveria evitar ordens desproporcionais de confisco ao excluir a medida no caso de terceiros de boa-fé[185]. O Art. 16 da Lei Federal Suiça sobre o bloqueio e a restituição de bens obtidos ilegalmente por PEPs (Pessoas Politicamente Expostas) estrangeiras, por exemplo, contém regras detalhadas sobre o direito de terceiros[186]. Por isso, ao menos do ponto de vista procedimental, o processo de confisco autônomo, em caso de bens de origem desconhecida, afigura-se deficiente em vista do direito fundamental de propriedade e, desse modo, inconstitucional.[187]

5. Indenização da vítima no lugar de ação de restituição

Enquanto última questão fundamental da perda de propriedade, cabe ao menos rapidamente comentar a nova regra sobre indenização da vítima, considerada peça central da reforma. Com a eliminação do § 73 Inc. 1 F. 2 StGB a.R, o legislador abandona a até então vigente subsidiariedade do acesso estatal à propriedade e indica à vítima esperar uma decisão no processo de execução após o trânsito em julgado da ordem de confisco. Essa é uma decisão jurídico-política de grande extensão. Agora é o Estado que obtém o acesso primário e completo às vantagens do crime objeto do confisco e, de regra, apenas depois, normalmente vários anos após a medida, acaba por indenizar a vítima.

---

182. Cf., porém, BT-Drucks. 18/9525 p. 92.

183. Cf. *Esser*, in: Rui/Sieber, cit., 83; F. Meyer, StV 2017, 343, 353 s.

184. Cf. também F. Meyer, StV 2017, 343, 353.

185. BT-Drucks. 18/9525 p. 73 s.

186. Conforme o Art. 16 da lei suiça, bens que autoridades suiças reivindicaram ou que uma pessoa, não ligada a uma PEP, adquiriu de boa-fé não podem ser confiscados, desde que sejam objeto de um julgamento reconhecível na Suiça. Sobre a crítica a essa regra F. Meyer, ZStrR 2016, 318 s.

187. No mesmo sentido Richtung Burghart, in: SSW, cit., § 73 Nm. 14 ss.; *Löffelmann*, Recht und Politik v. 20.6.2016, 2, 5 s.; Stellungnahme Strafverteidigervereinigungen, cit., p. 10 ss.; Stellungnahmen BRAK Nr. 15/2016, cit., p. 6 s. e Nr. 39/2016, cit., p. 4 s.; também Gebauer, ZRP 2016, 101, 104. Por outro lado, consideram a regra conforme à Constituição Gericke, cit., p. 10; F. Meyer, StV 2017, 343, 348; ainda Heger, cit., p. 6; Holznagel, cit., p. 12.

Se essa mudança de paradigma, com todas alterações de ordem procedimental que ela acarreta, como por exemplo a assunção do protagonismo do ministério público, faz sentido, é uma pergunta cuja resposta demandaria um outro estudo.[188]. Penso, no entanto, que, diante das insuficiências da regulação anterior, essa mudança de sistema merece a chance de ser testada[189].

Nesse teste, porém, o seguinte não pode ser esquecido: um olhar para a história do confisco de propriedade ensina que muito poder nas mãos do Estado confiscante sempre gera graves abusos[190]. Uma atual inadequação, relacionada ao nosso tema[191], é a crescente tendência de o processo penal servir como meio de arrecadação estatal[192]. A nova modelagem do confisco penal não deveria fomentar essa tendência, pois o correto princípio, segundo o qual o crime não deve compensar, não pode ser perseguido a todo custo.

III. Resumo

O presente estudo pode ser resumido nas seguintes teses centrais:

1. O direito que regula a perda de propriedade encontra-se atualmente em forte movimento. Uma orientação acerca do fundamento e dos limites do confisco aceitável necessita, nessa situação, de um ancoramento nos fundamentos do direito penal, que não hesita de entrar em contato com os direitos privado e público. Há boas razões, como antes, para situar o confisco de bens no direito penal.
2. A nova regra do confisco bruto, em interpretação conforme à constituição, atinge apenas parcialmente seu objetivo de criar mais segurança jurídica, pois ela, ao mesmo tempo, produz novos problemas hermenêuticos.
3. A ampliação do rol de delitos-base do confisco alargado a todos os tipos penais é inconstitucional por violação do Art. 14 GG.
4. Erguem-se sérias objeções de índole constitucional contra o novo confisco autônomo de bens de origem desconhecida, conforme §§ 76a Inc. 4 StGB n.R. c/c. § 437 StPO n.R.

---

188. Criticamente BRAK Stellungnahme Nr. 15/2016, cit., p. 3, 11 s. e Nr. 39/2016, cit., p. 3 s.; Stellungnahme DRB Nr. 9/16, cit., p. 4 ss.

189. Em princípio, de acordo Löffelmann, Recht und Politik v. 20.6.2016, 2, 7 s.; Holznagel, cit., p. 1 ss., 3 ss.; Heger, p. 2; *Bittmann*, NZWiSt 2016, 131, 136 ss. e *idem,* ZinsO 2015, 1762 ss.; Stellungnahme WisteV, cit., p. 1; F. Meyer, ZStW 2015, 241, 250 ss.

190. Ver *Eser*, cit., p. 13 ss.

191. Pondera-se apenas que não se pode falar em um fortalecimento da proteção da vítima com a expansão no sentido do confisco alargado e do confisco (alargado) autônomo, pois os delitos originários não precisam ser determinados concretamente.

192. Sobre isso, exemplarmente Frick, Die Fiskalisierung des Strafverfahrens, 2012.

5. A reforma do confisco penal, especialmente no tocante à nova regulação da indenização da vítima, deve ser observada de forma crítica, verificando se ela não acaba por fomentar a tendência de uso do processo penal para fins fiscais-arrecadatórios.

LEGISLAÇÃO SOBRE PRODUTOS DE CRIME DESDE 2003 – DUAS ÁREAS-CHAVE[(*)] [1]

Peter Alldridge

Assunto: Processo penal.

Outros assuntos relacionados: Processo civil. Direitos humanos.

Palavras-chave: Confisco; Perdimento; Fruição pacífica das posses; Produtos de crime; Proporcionalidade; Direito a um julgamento justo.

Legislação: Lei de Produtos de Crime de 2002 (c. 29) s. 76

Convenção Europeia de Direitos Humanos

Convenção Europeia de Direitos Humanos de 1950, Protocolo 1 art. 1

Casos: R. v May (Raymond George) [2008] UKHL 28; [2008] 1 A.C. 1028 (HL)

R. v Waya (Terry) [2012] UKSC 51; [2013] 1 A.C. 294 (SC)

R. v Harvey (Jack Frederick) [2013] EWCA Crim 1104; [2014] 1 W.L.R 124 (CA (Crim Div))

Walsh v Director of the Assets Recovery Agency [2005] NICA 6; [2005] N.I. 383 (CA (NI))

[(*)] 'Two Key Areas in Proceeds of Crime Law', Criminal Law Review, vol. 2014, p. 170-188.

1. Trad. Tatiana Badaró

O formato mutável das leis de produtos de crime

Estamos além do período de acomodação para a Lei de Produtos de Crime de 2002 (*Proceed of Crime Act 2002* - POCA).[2] O delito autônomo de lavagem é agora tratado como um crime grave, independentemente do delito antecedente. Amplos poderes de confisco são agora usados rotineiramente. Uma vez que, em certo nível, a lavagem de dinheiro é uma forma de cumplicidade no delito antecedente, ela pode sempre ser apresentada como desempenhando um papel essencial em qualquer que seja o crime que esteja no topo da ordem do dia da justiça criminal nacional e internacional. O ataque global à lavagem de dinheiro cresceu a partir da preocupação com as drogas e se moveu em direção ao "crime organizado", tipicamente envolvendo outros "crimes sem vítimas", crime organizado e extorsões. Agora está lidando com suborno e evasão fiscal. Quando o terrorismo entrou em pauta, com ou sem razão,[3] medidas antilavagem de dinheiro (*anti money laundering* - AML) foram adaptadas e as mesmas estruturas legais colocadas em funcionamento.[4]

As leis que regem os produtos de crime são fortemente expansionistas em três aspectos importantes: geograficamente, por área da economia e no que diz respeito ao tratamento de impedimentos legais e administrativos à indústria de AML.[5] As duas áreas da criminalidade mais recentemente afetadas são a corrupção e os crimes fiscais. Impulsionada pelas Convenções da OCDE[6] e da ONU[7] e pela Lei sobre Suborno de 2010 (*Bribery Act 2010*), a corrupção vem rapidamente ganhando mais destaque na pauta da justiça criminal internacional.

---

2. Entrada em vigor em março de 2003. Isso não significa que não esteja sujeita a alterações constantes. Um dos incômodos para o usuário da POCA foi a proliferação de alterações. Uma pesquisa da Lexis em julho de 2013 mostrou 48 instrumentos legais emendando a POCA e os Regulamentos sobre Lavagem de Dinheiro de 2007 (*Money Laundering Regulations 2007*). O ritmo de criação de leis na área de Antifinanciamento ao Terrorismo (*Counter-Terrorism Financing* - CTF) é ainda mais rápido.

3. I. Roberge, "Misguided Policies in the War on Terror? The Case for Disentangling Terrorist Financing from Money Laundering" (2007) 27 Politics 196. S. Léonard e C. Kaunert, "'Between a rock and a hard place?: The European Union's financial sanctions against suspected terrorists, multilateralism and human rights" (2012) 47 Cooperation and Conflict 473.

4. N. Passas, "Terrorism Finance: Financial Controls and Counter-Proliferation of Weapons of Mass Destruction" (2012) 44 Case W. Res, J. Int'l L 747. Em *Bank Mellat v HM Treasury, Bank Mellat v HM Treasury (No.2) [2013] UKSC 38 e 39: [2013] 3 W.L.R. 179*, a Suprema Corte decidiu que as orientações feitas pelo Tesouro com base no *Sch.* 7 da Lei Antiterrorismo de 2008, para implementar as Resoluções de nº 1737 (2006) e 1747 (2007) do Conselho de Segurança das Nações Unidas, violavam as regras do juízo natural, e/ou art. 6º da Convenção Europeia de Direitos Humanos (CEDH), e/ou a obrigação processual presente em A1P1 da CEDH.

5. P. Alldridge, "Money laundering and globalization" (2008) 35 Journal of Law and Society 437.

6. Convenção da OCDE sobre o Combate da Corrupção de Funcionários Públicos Estrangeiros em Transações Comerciais Internacionais (1996).

7. Convenção das Nações Unidas contra a Corrupção (CNUCC) (2005).

Tributos também estão agora em primeiro plano. Na esteira das preocupações sobre o uso de regras de jurisdição por empresas multinacionais para minimizar sua responsabilidade tributária, a declaração de Lough Eerne do G8 comprometeu as nações signatárias com "tributos justos, maior transparência e livre comércio" por meio do compartilhamento de informações entre autoridades fiscais, legislação contra empresas que remetem seus lucros para o exterior a fim de evitar tributos e multinacionais sendo obrigadas a informar às autoridades fiscais quais tributos pagam e onde, em todo o mundo.[8]

Em consequência, os poderes tributários são mais frequentemente empregados para fins de justiça criminal e vice-versa. Sob a estrutura original, os poderes de tributação da POCA foram concedidos à Agência de Recuperação de Ativos. Após a sua abolição, eles estão agora nas mãos dos Procuradores competentes.[9] Houve movimentos para tornar os processos por fraudes fiscais, em comparação às outras medidas disponíveis, mais comuns, e as ordens de confisco relativas ao tributo evadido aumentaram em número e em valores.[10] Antes de 2002, e também nas palavras da POCA, não estava claro se a evasão fiscal poderia ou não ser tida como fundamento.[11] Em fevereiro de 2012, a Força Tarefa de Ação Financeira (*Financial Action Task Force* - FATF) alterou a sua orientação, em vários aspectos, a respeito das anteriores recomendações 40+9.[12] A alteração mais significativa disse respeito aos crimes fiscais, que se encontravam às margens no início do século XXI e estão agora dentro de uma das "categorias designadas de infrações" para os propósitos das recomendações da FATF.[13]

Mudando as percepções da POCA

A integração mais forte das respostas do Estado à obtenção de lucros do crime e à provisão de fundos para o crime afastou o foco da tradicional resposta do direito penal de acusação, condenação e sentença. Existem duas facetas

---

8. Ver https://www.gov.uk/government/publications/g8-lough-erne-declaration/g8-lough-erne-declaration-html-version [Acessado em 18 de dezembro de 2013].

9. *Serious Crime Act 2007.*

10. "Prosecuting Tax Evasion", discurso por Keir Starmer, Procurador-Geral, em 23/01/2013, discurso por David Green para a Fraud Lawyers' Assn, em março de 2013.

11. P. Alldridge e A. Mumford, "Tax Evasion and the Proceeds of Crime Act 2002" (2005) 25 Legal Studies 353. Ver agora *William (Venus Rose) 120131 EWCA Crim 1262.*

12. Referências Internacionais sobre Combate à Lavagem de Dinheiro e ao Financiamento e Proliferação do Terrorismo - As Recomendações da FATF, Fevereiro de 2012. Versões históricas das recomendações, retornando até a versão original (1990), estão disponíveis em: http://www.fatf-gafi.org/topics/fatfrecommendations/documents/internationalstandardsoncombatingmoneylaunderingandthefinancingofterrorismproliferation-thefatfrecommendations.html [Acessado em 18 de dezembro de 2013].

13. Nota interpretativa da Recomendação 3 (CRIME DE LAVAGEM DE DINHEIRO), para. 4.

da legislação penal doméstica sobre produtos de crime. A primeira estabelece delitos de lavagem e mecanismos para a aquisição pelo Estado de propriedade que é produto do crime (o que é feito na Inglaterra e no País de Gales, primeiro, por meio de ordens de confisco e, posteriormente, via recuperação civil e execução fiscal).[14] A segunda é um conjunto de disposições regulamentares que impõem obrigações acerca do estabelecimento e condução de determinadas relações negociais e obrigações de reportar, tanto dentro da organização quanto às autoridades competentes. Quanto mais amplamente definidas as infrações penais, mais amplas e onerosas serão as obrigações de reportar desencadeadas pela suspeita de prática dessas infrações. Desde 1990, uma enorme indústria reguladora cresceu em torno dessas exigências. Instituições financeiras de todos os tipos agora precisam de agentes responsáveis por reportar (*Money Laudering Reporting Officer* - MLROs) e da estrutura necessária para a comunicação. A ação contra tais instituições é, geralmente, pelo não cumprimento da regulamentação.

Harvey é um exemplo recente que mostra as mudanças na forma em que condutas são categorizadas.[15] H possuía uma empresa de locação e contratação de maquinário que adquiria e vendia regularmente equipamentos roubados. A polícia recuperou 39 desses itens nas instalações da empresa. O valor desses itens quando foram roubados era de £314.700,00, mas quando recuperados era de £159.800,00. O juiz avaliou as receitas derivadas do maquinário roubado como 38% da receita total de H, £1.960.754,40, e o benefício obtido por H com a conduta criminosa como sendo esse número mais os £314.700,00, um total de £ 2.275.454,40. Ele emitiu uma ordem de confisco nesse montante. Harvey argumentou que desse montante deveria ter sido deduzido o IVA[16] incidente sobre as quantias obtidas com o uso do maquinário, que havia sido repassado para o HMRC[17]. A Corte de Apelação se recusou a permitir tal dedução.[18] O montante total confiscado estava bem acima de tudo que o criminoso havia ganhado.

No que diz respeito ao uso de veículos roubados, o que poderia ter acontecido antes da POCA é que Harvey teria sido acusado apenas pelo manuseio de bens roubados. O tribunal teria exercido o seu poder de ordenar a restituição[19] em relação aos bens roubados e uma ordem de indenização[20] pelos danos causados

---

14. As ordens de confisco foram introduzidas pela *Drug Trafficking Offences Act* de 1986 e são agora reguladas pela Parte 1 da *Proceeds of Crime Act* de 2002. A jurisdição de recuperação civil está na parte 5 e a jurisdição tributária na parte 6 da POCA.

15. *Harvey [2013] EWCA Crim 1104.*

16. [n.t] Imposto sobre valor agregado. Em inglês, VAT (*Value Added Tax*).

17. [n.t.] Her Majesty's Revenue and Customs, HM Revenue and Customs ou HMRC é o órgão responsável pela arrecadação de tributos no Reino Unido.

18. E para os aspectos tributários ver texto abaixo na altura da nota 67.

19. Powers of Criminal Courts (Sentencing) Act 2000 s. 148.

20. Powers of Criminal Courts (Sentencing) Act 2000 s. 130.

a esses bens.[21] Poderia haver direitos sub-rogados às companhias de seguros em relação aos itens reivindicados. Na medida em que o maquinário roubado foi usado para gerar renda, haveria o dever de prestar contas dos lucros aos proprietários. Nenhum problema teria surgido sobre o IVA. Esse, sugere-se, teria sido um resultado perfeitamente satisfatório.

A POCA permitiu que casos como este fossem reclassificados. Quaisquer estatísticas sobre o quantum de dinheiro lavado e o montante confiscado no país são infladas por esse tipo de reclassificação. Também tem o efeito de elevar substancialmente o total que pode, em juízo, ser chamado de produto do crime. Isso criará mais demanda por recursos na área e assim por diante.

Este artigo tratará de duas grandes áreas de controvérsia desde que a POCA entrou em vigor: as regras sobre o benefício para fins de confisco e aquelas subjacentes à operação de recuperação civil, com, em cada caso, suas implicações para os direitos humanos. Será mostrado que a questão central da quantificação do benefício passível de confisco chegou agora a um ponto do qual somente a legislação pode resgatá-la. Em geral, por outro lado, a recuperação civil tem funcionado relativamente bem e a ampliação, desde 2007, do leque de funcionários com poderes para provocar o procedimento é um desenvolvimento bem-vindo. Isso pode ser visto como um microcosmo de uma mudança contínua mais ampla da visão do processo, julgamento e punição penal como sendo algo distinto, passando a vê-los como uma das várias modalidades de reação do Estado a um comportamento indesejado.

Os limites do confisco

Os procedimentos de confisco após a condenação continuam a ser o alicerce do esforço de aplicação da lei em relação aos produtos do crime. Procedimentos de confisco são de natureza penal, mas o padrão de prova é o civil - o equilíbrio das probabilidades.[22] As regras probatórias são, aparentemente, as de uma audiência de sentenciamento[23]. As regras "estritas"[24] de prova penal não se aplicam[25] e o regime dos testemunhos de ouvir dizer (*hearsay*) da Lei

21. E ver Taylor [2013] EWCA Crim 1151.

22. Proceeds of Crime Act 2002 (POCA) s. 6(7).

23. *"Sentencing hearing"* é a audiência realizada após a condenação, tendo o acusado sido declarado culpado ou se declarado culpado. O propósito dessa audiência é determinar a punição merecida pelo condenado. As provas apresentadas nessa audiência não se restringem às admitidas em um julgamento criminal, não se aplicando, em geral, as regras probatórias mais rígidas do direito processual penal.

24. A s. 134(1) da *Criminal Justice Act 2003* define "procedimentos penais" como "procedimentos penais aos quais são aplicáveis as regras estritas sobre provas".

25. Levin [2004] EWCA Crim 408; [2004] 2 Cr. App. R. (S.) 61 (p. 323), em que, em [69], a Corte de Apelação se negou mesmo a reconhecer essa questão como sendo de importância pública

de Justiça Penal de 2003 (*Criminal Justice Act 2003*) não se aplica "estrita e diretamente", mas pode ser aplicado por analogia para garantir a imparcialidade do processo.[26] Os procedimentos de confisco não são penais[27], motivo pela qual não atraem a proteção dos arts. 6.2 e 6.3 da CEDH[28], mesmo quando as regras de "estilo de vida" são acionadas.[29]

A questão fundamental sempre foi o quantum.[30] A lei está redigida em termos mais amplos do que o necessário para alcançar os proveitos do crime, mas, se ela não parou por aí, onde parou? A seção 76 da POCA estabelece:

"Uma pessoa se beneficia da conduta se ela obtém propriedade como resultado de ou em conexão com a conduta.

(5) Se uma pessoa obtém vantagem pecuniária como resultado ou em conexão com a conduta, deve ser considerado que foi obtido como resultado ou em conexão com a conduta um montante de dinheiro igual ao valor da vantagem pecuniária.

(6) As referências à propriedade ou à vantagem pecuniária obtida em conexão com a conduta incluem referências à propriedade ou à vantagem pecuniária obtida tanto nessa conexão quanto em alguma outra.

(7) Se uma pessoa se beneficia da conduta, seu benefício é o valor da propriedade obtida."

Nos primeiros anos da POCA, os promotores eram relativamente pouco ambiciosos nos casos de confisco. Nenhuma tentativa real foi feita para estender os limites do confisco em sentidos que, por causa da amplitude da redação, eram então claramente permitidos. Na época, havia menos acusações por crimes tributários e crimes de corrupção para propiciar testes. Seja por acidente ou planejamento, talvez coincidindo com a introdução do Esquema de Incentivo à Recuperação de Ativos[31] (que concede às autoridades que atuam na persecução

geral. Levin decide que elas não são e isso foi afirmado em Clipston [2011] EWCA Crim 446; [2011] 2 Cr. App. R. (S.) 101 (p. 569).

26. Clipston [2011] EWCA Crim 446; [2011] 2 Cr. App. R. (S.) 101 (p. 569) em [64(b)], uma noção que pode ser aplicável a outros tipos de provas que seriam excluídas pelas regras penais. Compare com a posição na recuperação civil, abaixo, texto seguindo a nota 113.

27. POCA s. 13(4).

28. HM Advocate v McIntosh (No.1) [2001] UKPC D 1; [2001] 3 W.L.R. 107 em [14] et seq., Phillips v United Kingdom 11 B.H.R.C. 280, Rezvi [2002] UKHL 1; [2003] 1 A.C. 1099; Benjafield [2002] UKHL 2; [2003] 1 A.C. 1099.

29. POCA s. 10.

30. E ver P. Alldridge, *"The Limits of Confiscation"* [2011] Crim. L.R. 827.

31. Estabelecido com a abolição da ARA em 2007. Sob a mais recente versão do esquema, as agências recebem 50% dos ativos que elas recuperam via recuperação civil, divididos entre investigação, acusação e agências de execução (atualmente) na proporção: 18.7%: 18.7%: 12.5%. HC Deb, col.86W (June 11, 2012) (James Brokenshire).

uma porcentagem de qualquer ativo recuperado), surgiram vários casos, por volta de 2006-2008, testando os limites. Algumas das decisões deste período parecem exageradamente severas. [32] Elas estabeleceram:

(i) que múltiplos confiscos contra beneficiários em série ou concorrentes eram permitidos;

(ii) que as ordens de confisco eram permitidas contra réus que não tivessem retido qualquer benefício; e

(iii) que as ordens de confisco eram permitidas contra pessoas que haviam devolvido a propriedade ao seu legítimo proprietário.

Na trilogia de casos decidida em 2008, a Câmara dos Lordes aprovou em *May* todos os três princípios e (em grande parte)[33] absteve-se de, e desencorajou, elucidar o texto da lei. [34] "Benefício" tinha um significado amplo na lei. Não importava se outra pessoa além do réu também houvesse se beneficiado, seja consecutiva ou concomitantemente, não importava se o benefício fosse retido no todo ou em parte, e não importava se fosse ou não devolvido. Tendo decidido que a lei permitia que ordens de confisco no valor total da propriedade envolvida fossem emitidas contra beneficiários em série ou concorrentes (de modo que o valor total recuperado pela Coroa pudesse ser um múltiplo do valor da propriedade em questão), a Câmara acrescentou a seu julgamento uma exortação de seis parágrafos[35] pela aplicação da lei como escrita e com vigor. [36] Isto produziu o efeito previsível de que a Corte de Apelação tivesse então de decidir uma série de casos difíceis sobre a questão de o que exatamente foi decidido por *May*. [37]

Uma vez que grande parte do regime de confisco é direcionada contra a propriedade nas mãos de criminosos comprovados ou suspeitos ou dos seus cessionários, foi surpreendente a pouca atenção dada às garantias dos direitos de propriedade constantes da Convenção Europeia sobre Direitos Humanos,

---

32. Crown Prosecution Service (Nottinghamshire) v Rose [2008] EWCA Crim 239; [2008] 1 W.L.R. 2113; [2008] Crim. L.R. 650; Ascroft [2003] EWCA Crim 2365, [2004] 1 Cr. App. R. (S) 56 (p.326); [2003] Crim. L.R. 894; Farquhar [2008] EWCA Crim 806; [2008] 2 Cr. App. R. (S.) 104 (p.601); [2008] Crim. L.R. 645; Rowsell [2011] EWCA Crim 1894.

33. Salvo para May [2008] UKHL 28; [2008] 1 A.C. 1028 em [48(6)] que provocou muito debate.

34. May [2008] UKHL 28; [2008] 1 A.C. 1028; Jennings v Crown Prosecution Service [2008] UKHL 29; [2008] 1 A.C. 1046, Green [2008] UKHL 30; [2008] 1 A.C. 1053.

35. May [2008] UKHL 28; [2008] 1 A.C. 1028 em [48] et seq.

36. E ver Alldridge, "The Limits of Confiscation" [2011] Crim. L.R. 827.

37. Por exemplo, Sivaraman [2008] EWCA Crim 1736; [2009] 1 Cr. App. R. (S.) 80 (p.469); Nelson [2009] EWCA Crim 1573; [2010] Q.B. 678; [2009] Crim. L.R. 811; Allpress [2009] EWCA Crim 8; [2009] 2 Cr. App. R. (S.) 58 (p.399); [2009] Crim. L.R. 363; James [2011] EWCA Crim 2991; [2012] 2 Cr. App. R. (S.) 44 (p.253); [2012] Crim. L.R. 307; McIntosh [2011] EWCA Crim 1501; [2011] 4 All E.R. 917; [2011] Crim. L.R. 814; Allingham [2012] NICA 29; Ahmad [2012] EWCA Crim 391; [2012] 2 Cr. App. Rep. (S.) 82 (p.491), [2012] Crim. L.R. 468.

primeiro Protocolo, art.1º (A1P1) na interpretação da POCA. Uma decisão pré-POCA dispôs que:

"A legislação é uma resposta precisa, justa e proporcional à importante necessidade de proteger o público. De acordo com o Tribunal Europeu dos Direitos Humanos em *Phillips v. Reino Unido*, eu diria que a interferência com o Artigo 1º do Primeiro Protocolo é justificada."[38]

Na própria decisão em *May*, a Câmara dos Lordes qualificou a posição um pouco, mas sem elaboração. [39]

Depois de May, várias decisões da Corte de Apelação pareciam restringir o seu alcance. [40] Então, em 2012, em *Waya*, [41] a Suprema Corte de nove membros invocou o art. 1º do Primeiro Protocolo (A1P1) como um meio de restringir ordens de confisco desproporcionalmente grandes. A Corte decidiu por unanimidade que o efeito da jurisprudência sobre o A1P1 é o de exigir que as decisões de confisco nos termos da POCA sejam proporcionais aos objetivos desta lei. [42] Para evitar que a aplicação da POCA conduza a uma ordem de confisco desproporcional, o juiz deve adaptar essa ordem ao Protocolo.[43]

O impacto de Waya

Vale a pena examinar *Waya* em mais detalhes. No final de 2003, *Waya* contratou a compra de um apartamento por £775.000,00. £310.000,00 vieram de seus próprios recursos. O saldo de £465.000,00 foi obtido por meio de uma hipoteca, que ele conseguiu fazendo declarações falsas sobre seu emprego e rendimentos. Na época dos eventos que deram origem à acusação, era muito fácil obter hipotecas desse tipo. [44] Em Abril de 2005, a dívida foi amortizada por meio de um segundo empréstimo (obtido honestamente) no valor de £838.943,00. Em

---

38. Rezvi [2002] UKHL 1; [2003] 1 A.C. 1099 em [17] por Lorde Steyn.

39. "Podem haver circunstâncias em que as ordens para o montante total contra vários réus possam ser desproporcionais e contrárias ao artigo 1.º do Primeiro Protocolo e, nesses casos, pode ser adotada uma abordagem de repartição." May [2008] UKHL 28; [2008] 1 A.C. 1028 em [45].

40. Por exemplo, Nelson [2009] EWCA Crim 1573; [2010] Q.B. 678; [2009] Crim. L.R. 811; Allpress [2009] EWCA Crim 8; [2009] 2 Cr. App. R. (S.) 58 (p.399); [2009] Crim. L.R. 363; James [2011] EWCA Crim 2991; [2012] 2 Cr. App. R. (S.) 44 (p.253); [2012] Crim. L.R. 307; McIntosh [2011] EWCA Crim 1501; [2011] EWCA Crim 1501; [2011] 4 All E.R. 917; [2011] Crim. L.R. 814; Allingham [2012] NICA 29; Ahmad [2012] EWCA Crim 391; [2012] 2 Cr. App. Rep. (S.) 85 (p.491); [2012] Crim. L.R. 468.

41. Waya [2012] UKSC 51; [2013] 1 A.C. 294; [2013] Crim. L.R. 256.

42. A1P1 "importa, por meio da regra do justo equilíbrio, a exigência de que deve haver uma relação razoável de proporcionalidade entre os meios empregados pelo Estado na privação de bens como uma forma de penalidade, *inter alia*, e o propósito legítimo que se busca realizar a partir da privação". Waya [2012] UKSC 51; [2013] 1 A.C. 294 em [12], citando Jahn v Germany (2006) 42 E.H.R.R. 1084 em [93].

43. Waya [2012] UKSC 51; [2013] 1 A.C. 294 em [108], [111] e [113].

44. Waya [2012] UKSC 51; [2013] 1 A.C. 294 em [119].

2007, Waya foi condenado por obter uma transferência de dinheiro mediante fraude em relação às declarações falsas feitas ao primeiro credor hipotecário. Ele foi condenado a 80 horas de serviço comunitário e a Coroa solicitou uma ordem de confisco com base na POCA em relação ao "benefício" econômico que Waya obteve de seu crime. Até a data do procedimento de confisco, o valor de mercado da propriedade era de £1.850.000,00. A questão em Waya era o tamanho da ordem de confisco. No curso do litígio, as seguintes possibilidades foram adotadas:

(i) o juiz de primeira instância avaliou o benefício no montante de £1.540.000,00 (£1,85m - £310k), sustentando que o empréstimo original e toda a valorização do apartamento eram "benefício" para este propósito;

(ii) a Corte de Apelação[45] fixou o benefício de W no montante de £1,11m. Considerou-se a proporção do valor inicial da propriedade concedida pelo credor hipotecário como resultado das declarações falsas e definiu a ordem nessa proporção do valor de mercado do apartamento no momento do procedimento de confisco (ou seja, £1,85m x [£465k / £775k]);

(iii) A maioria de sete do que se tornou uma Suprema Corte do Reino Unido de nove membros[46] entendeu que a determinação correta era de £392.400,00, 60% da *valorização* no valor do apartamento, com um ajuste pelos pagamentos que haviam sido feitos (ou seja, [£1,85m - £775k] x [£465k / 775k])[47];

(iv) Lorde Phillips e Lorde Reed, em seus votos dissidentes, sustentaram que, caso se aplicasse somente as disposições expressas da POCA e antes de ter em conta o A1P1, o benefício era de £987.400,00, que é a diferença entre o valor do apartamento e a segunda hipoteca no momento em que a ordem de confisco foi emitida.

A diferença de opinião judicial em *Waya* surgiu em parte devido às palavras (e omissões) da lei[48] (e ao efeito do A1P1), mas também em parte porque não havia um acordo claro sobre qual seria um resultado ideal caso o assunto fosse *tabula rasa*. Além de suscitar dúvidas a respeito da interpretação legal e da relevância da Convenção Europeia, o caso trouxe à tona uma importante questão principiológica subjacente - a relação entre a natureza e a torpeza do delito e a extensão da responsabilidade legal em relação aos produtos do crime.

---

45. Waya [2010] EWCA Crim 412; [2011] 1 Cr. App. R. (S.) 4 (p.15).
46. *Lord* Walker e *Sir* Anthony Hughes, com quem *Lady* Hale, *Lord* Judge, *Lord* Kerr, *Lord* Clarke e *Lord* Wilson concordaram.
47. Waya [2012] UKSC 51; [2013] 1 A.C. 294 em [78], e ver [71] e [80].
48. Waya [2012] UKSC 51; [2013] 1 A.C. 294 em [4].

A lei relativa à persecução de produtos do crime transitou de uma origem em que a natureza do crime subjacente era um filtro significativo e um critério delimitativo (apenas crimes de drogas de uma determinada gravidade "contando" para este fim) a uma posição na qual a natureza do crime subjacente é amplamente irrelevante. Isso tem implicações para o(s) objetivo(s) do confisco. Se o confisco é parte da punição pelo crime, então a torpeza do delito poderia legitimamente ser levada em consideração ao se determinar ordens de confisco. Se, por outro lado, o confisco é um assunto completamente separado, lidando apenas com a retirada do produto do crime das mãos do infrator, então não há razão para que uma infração trivial que envolva uma punição mínima não deva resultar, ainda assim, em uma ordem de confisco muito grande.[49] Na conclusão da muito discutida nota final de *May*, há a sugestão de que a aplicação ou não do rigor total da lei de confisco pode depender do nível de cumplicidade do acusado, pois a Câmara recomendou aos juízes considerar como fato que "meros transportadores ou armazenadores ou outros participantes menores do crime, recompensados com uma quantia específica e não tendo nenhum interesse na propriedade ou nos resultados da venda" não "obtêm" nos termos da s.76, mas aqueles que lavam o dinheiro talvez sim.[50] O ponto de vista padrão, no entanto, é que o confisco não é punição e não está ligado à gravidade da infração. Assim, o tribunal em *Waya* disse que a severidade do regime:

> "terá um efeito dissuasivo sobre pelo menos alguns criminosos em potencial. Isso não significa, contudo, que suas qualidades de dissuasão representem a essência (ou o "cerne")[51] da legislação. Elas estão, sem dúvida, ligadas a isso, porém não são sua essência. Sua essência, e seu propósito frequentemente declarado, é retirar dos criminosos a vantagem pecuniária de seu crime".[52]

Depois de *Waya*, existem agora dois passos para chegar a qualquer conclusão. Primeiro, uma avaliação precisa ser feita da aplicação das palavras da lei. Em segundo lugar, o resultado dessa deliberação precisa ser verificado quanto à proporcionalidade em relação ao Primeiro Protocolo. Todas as implicações de *Waya* precisam ser trabalhadas. A decisão é um claro reconhecimento judicial de que as disposições da POCA para quantificar o benefício não são, por sua vez, sempre compatíveis com a Convenção e que a ação dos juízes é, às vezes, necessária, mas não estabelece muita orientação sobre a operacionalização do teste de proporcionalidade. Em *Harvey*[53], o tribunal descreveu *Waya* como tendo ocasionado uma "mudança sísmica"[54] na lei de confisco, ao exigir a reavalia-

---

49. Varma [2012] UKSC 42; [2013] 1 All E.R. 129; [2013] Crim. L.R. 166.
50. May [2008] UKHL 28; [2008] 1 A.C. 1028 em [48(6)].
51. Waya [2012] UKSC 51; [2013] 1 A.C. 294 em [20].
52. Waya [2012] UKSC 51; [2013] 1 A.C. 294 em [21].
53. Harvey [2013] EWCA Crim 1104.
54. Harvey [2013] EWCA Crim 1104 em [38]. Em Jawad [2013] EWCA Crim 644, Hughes

ção de uma série de casos pré-*Waya* para indicar se eles ainda deviam ou não ser considerados como "bom direito".[55] Há uma tendência geral no sentido de definir valores menores e recorrer à A1P1, mas não é tão fácil identificar os princípios sendo aplicados.

Quanto aos três grupos indicados acima, os casos de restituição estão agora sendo decididos com maior leniência e alguns casos pré-*Waya*, em que é feita a restituição total ou nenhuma perda é contabilizada[56], são tratados como já não sendo mais "bom direito".[57] *Harvey*, em que o acusado usou os bens e fez com que o seu valor se depreciasse, não é realmente um caso de restituição neste sentido e o tribunal que avaliou o benefício obtido não deu crédito ao valor residual desses bens. Uma ordem de confisco baseada no valor original da propriedade não foi considerada desproporcional.[58] Se itens roubados que não se depreciam (joias) tivessem sido alugados e então devolvidos quando o agente fosse capturado, não haveria nenhuma ordem em relação ao valor dos itens.

Os casos de "nunca obtive realmente" também estão sendo reconsiderados.[59] Em *Harvey*, a Corte esclareceu que "[n]ão há qualquer exigência de que o autor da infração tenha se aproveitado do benefício obtido"[60], mas entendeu que *Waya* decidiu que

"quando a propriedade obtida por um criminoso foi devolvida ou está pronta para ser devolvida na íntegra para a vítima de um crime em circunstâncias em que não há qualquer benefício adicional para o infrator, uma ordem de confisco será desproporcional e uma violação ao A1P1. Uma ordem que exige que o

(então *Lord Justice*) desejava desencorajar (em [28]-[30]) a ideia de que *Waya* poderia dar origem a recursos em todos os casos decididos anteriormente. Os tribunais concedem permissão para apelar "somente quando uma injustiça substancial seria, de outra forma, feita ao réu, e a mera mudança de lei normalmente não cria tal injustiça". (*Jawad* em [29], aprovado em *Bestel* [2013] EWCA Crim 1305; [2013] 2 Cr. App. R. 30 (p.30) em [4]). Ver também Chapman [2013] EWCA Crim 1370 (Waya não foi seguido em um caso de fraude hipotecária em que houve uma perda para o credor).

55. Xu [2008] EWCA Crim 2372 era consistente com Waya; Del Basso [2010] EWCA Crim 1119; [2011] 1 Cr. App. R. (S.) 41 (p.268) era um caso de "estilo de vida criminoso" em que as suposições legais sob a Lei de Produtos de Crime de 2002, s. 10, foram aplicadas. Embora Waya tenha sugerido que *Del Basso* fora corretamente decidido, "a decisão parecia excessivamente severa e poderia ser caracterizada como desproporcional".

56. Jawad [2013] EWCA Crim 644. Mas não de outra forma: Chapman [2013] EWCA Crim 1370.

57. Harvey /2013] EWCA Crim 1104 trata R. (on the application of BERR) v Lowe [2009] EWCA Crim 194; [2009] 2 Cr. App. R. (S.) 81 (p.544) como, provavelmente, não estando mais correto, uma vez que envolveu o ressarcimento total da propriedade. Morgan [2008] EWCA Crim 1323; [2008] 4 All E.R. 890 ainda é um precedente válido, porque não envolveu o ressarcimento total.

58. Aplicando *Singh* /2008] EWCA Crim 243; [2008] 2 Cr. App. R. (S.) 69 (p.387).

59. *Axworthy* [2012] EWCA Crim 2889 (seguradora de carro supostamente roubado); Hursthouse [2013] EWCA Crim 517 (D forjou um testamento com o qual ela recebeu a totalidade do patrimônio do falecido (em vez de metade do patrimônio conforme estipulado no testamento verdadeiro. Quando o patrimônio do falecido foi distribuído, isso estava de acordo com as disposições da vontade genuína).

60. Harvey [2013] EWCA Crim 1104 em [20].

condenado pague a mesma quantia novamente representaria uma nova penalidade pecuniária, em vez de atingir o objetivo legislativo de retirar do réu os seus produtos do crime. O que, na verdade, equivaleria a uma dupla recuperação seria desproporcional."[61]

É difícil conciliar isso com a decisão anterior da Câmara dos Lordes em *Smith*.[62]

O problema fundamental que não desapareceu com *Waya*, e é endossado por *May*, é o dos casos de múltiplos confiscos. Para mudar isso, seria necessária legislação.

"Exercícios contábeis"

Isso deixa o conjunto mais difícil de casos, aqueles que exigem que os tribunais sigam por um rumo que eles tentaram evitar - definir as despesas e as receitas do crime. A solução mais simples é incluir apenas o lado das receitas nas contas e, em face disso, é isso o que a s.76(7) exige. A seção 76 da POCA dispõe:

"Uma pessoa se beneficia da conduta se ela obtém propriedade como resultado de ou em conexão com a conduta.

(5) Se uma pessoa obtém vantagem pecuniária como resultado ou em conexão com a conduta, deve ser considerado que foi obtido como resultado ou em conexão com a conduta um montante de dinheiro igual ao valor da vantagem pecuniária.

(6) As referências à propriedade ou à vantagem pecuniária obtida em conexão com a conduta incluem referências à propriedade ou à vantagem pecuniária obtida tanto nessa conexão quanto em alguma outra.

(7) Se uma pessoa se beneficia da conduta, seu benefício é o valor da propriedade obtida."

É o valor *obtido*, não o valor *retido*, que é capturado. Enquanto o benefício é geralmente avaliado imediatamente após sua obtenção, é possível esperar. Assim, se A vende drogas e investe o produto em ações que valorizam e depois

61. Harvey [2013] EWCA Crim 1104 em [32].

62. Smith [2001] UKHL 68; [2002] 1 W.L.R. 54. A exatidão da decisão em Smith foi uma das questões mencionadas quando a Suprema Corte decidiu rejulgar Waya como um tribunal de nove e a perspectiva de ser reformado não pareceu perturbar a Corte de Apelação em Ahmad. No entanto, Waya não lançou dúvidas sobre isso, a não ser dizendo que algumas mudanças poderiam ser necessárias em casos de impostos para lidar com a questão de Edwards. A objeção mais forte a Waya diz respeito à quantificação da vantagem pecuniária.

vende as ações, o produto da venda das ações é benefício. A dificuldade é que há muitos casos em que é impossível quantificar o benefício sem realizar algum cálculo baseado em uma hipótese alternativa - o que teria acontecido se fosse de outra forma? Os casos não são fáceis de conciliar entre si ou com *Waya*, que é agora o ponto de partida:

"Embarcar em um exercício contábil no qual o réu tem o direito de compensar o custo de cometer seu crime seria tratar sua empreitada criminosa como se fosse um negócio legítimo e o confisco uma forma de tributação comercial. (...) Tentar investigar as transações financeiras de criminosos entre si seria, normalmente, igualmente impraticável e colocaria o processo de confisco totalmente aberto a simples evitação. Embora essas proposições envolvam a possibilidade de retirar do réu por meio de ordem de confisco um montante maior do que pode de fato representar sua receita líquida do crime, elas são consistentes com o objetivo da lei e representam meios proporcionais para alcançá-lo."[63]

Mesmo que seja indesejável engajar-se no exercício contábil,[64] não é desnecessário nem invariavelmente difícil, e a dificuldade não varia de acordo com a licitude da conduta, mas de acordo com a qualidade dos registros. Qualquer acusação de evasão fiscal por informar patrimônio menor do que o real, por exemplo, envolverá a consideração das deduções legais. Até 1992, no mínimo, e mais provavelmente até 2000, as empresas estavam autorizadas a deduzir de seus lucros os subornos pagos no exterior, para efeitos de tributação, e deve-se presumir que os mecanismos de prova com vistas à dedução pertinente tenham sido razoavelmente robustos.[65]

Onde o lucro é uma pequena parte de produtos muito maiores, há agora uma indicação de que *Waya* gerará uma redução da ordem. Em *Sale*[66], o tribunal sustentou que a s.76(4) da POCA estava apta a capturar a totalidade das faturas pagas (cerca de £1,9 milhão) como benefício obtido na condição de resultado de ou em conexão com a conduta criminosa admitida. Contudo, a ordem de confisco neste montante foi considerada desproporcional. Foi dito que uma ordem proporcional seria uma que levasse em conta o lucro obtido ao abrigo dos contratos relevantes, juntamente com o valor da vantagem pecuniária obtida pela aquisição de uma quota de mercado, excluindo os concorrentes e poupando os custos de preparação de propostas adequadas.[67] O valor da ordem foi reduzido

63. Waya [2012] UKSC 51; [2013] 1 A.C. 294.

64. Ver Alldridge, "The Limits of Confiscation" [2011] Crim. L.R. 827, 834.

65. Não era claro se isso fora ou não alcançado com a inserção pelas *Finance Acts* de 1992 e 1993 da s. 577ª na *Income and Corporation Taxes Act* de 1988. Essa discussão foi finalmente superada, em 1ª de abril de 2002, pela s. 68(2) da *Finance Act* de 2002.

66. Sale [2013] EWCA Crim 1306.

67. O valor dessa vantagem pecuniária não havia sido determinado, sendo, portanto, excluído nesse caso.

ao valor do lucro de £197.683,12. A corte esperava que os promotores ficassem atentos a esse aspecto do caso, de modo que o benefício real ou a vantagem pecuniária derivada da vantagem competitiva pudessem ser identificados. Essa é uma abordagem sofisticada, que pode ser difícil de aplicar na prática, porque parece contemplar o uso de peritos forenses para identificar o benefício. A busca parece ser pelo que a minoria em *Waya* identificou como "o benefício real", que seria o lucro e não o produto.[68] Esta foi, todavia, apenas uma opinião minoritária e *Sale* não se coaduna com as declarações em *May*, *Jennings* e *Waya* de que o confisco se aplica aos produtos, não apenas aos lucros.

As implicações da tributação

Transações com implicações para a tributação deram origem a grandes dificuldades.[69] Parece que, quando a atividade criminosa é tributável (ou seria, se não fosse pelo caráter criminoso), talvez seja necessário levar em conta a responsabilidade tributária incidente (ou não incidente) ao avaliar a ordem. A abordagem dos Tribunais parece a de que, quando o réu quer reivindicar uma dedução do benefício para cobrir as implicações fiscais da transação que o favorecem, isso não é permitido, exceto quando, como foi o caso em *Sale*, o valor parece demasiado grande, proporcionalmente, para ignorar, hipótese em que será reduzido por referência ao critério da proporcionalidade. Quando, por outro lado, o promotor quer reivindicar uma quantia adicional, porque o ato criminoso poderia ser realizado legalmente ou ilegalmente e, ao executá-lo ilegalmente, o réu evitou a obrigação de pagar tributo que, caso contrário, poderia ter incidido, o "benefício" deve ser aumentado para dar conta do tributo não pago.

Assim, em *Harvey*,[70] o benefício do réu incluía o IVA cobrado sobre o aluguel do maquinário e repassado para o HMRC. Não lhe foi permitido deduzir o valor do maquinário que foi devolvido devido à depreciação. Não lhe foi permitida nenhuma dedução em relação aos pagamentos do IVA, de forma que o Estado foi pago duas vezes - uma vez como IVA e uma vez por confisco. Se o aluguel tivesse sido totalmente ilegal (aluguel de uma arma roubada, por exemplo), então o IVA não seria devido e a ordem de confisco não incluiria qualquer disposição em relação a ele. Em *Morgan*[71], considerou-se que uma ordem de confisco relativa à disposição ilegal de resíduos tinha sido corretamente avaliada quando feita com referência não só à quantia que ele recebeu, mas

68. Waya [2012] UKSC 51; [2013] 1 A.C. 294 em [84], uma visão rejeitada pela maioria em [26].

69. Em princípio, o IVA não é devido sobre transações totalmente ilícitas. Imposto de renda é devido (por pessoas físicas e jurídicas).

70. Harvey [2013] EWCA Crim 1104.

71. Morgan [2013] EWCA Crim 1307.

também ao tributo sobre aterros, taxas de licença e outros custos que teriam de ser pagos se a operação houvesse sido realizada legalmente. No caso de fraude de benefícios *Department for Works and Pensions v Richards*,[72] nenhuma redução do benefício avaliado foi permitida com base nos benefícios previdenciários aos quais ele teria direito se houvesse se comportado de maneira honesta e feito uma reivindicação verdadeira. A abordagem análoga nos casos tributários seria tratar a declaração de rendimentos como sendo uma declaração completa dos fatos que deram origem a suas responsabilidades e, no mínimo, desconsiderar quaisquer aspectos da declaração de rendimentos que estabelecem fatos em proveito do réu (pleiteando subsídios, deduzindo as despesas permitidas no cálculo de rendimento ou lucros, e assim por diante), mas há uma longa tradição de tratar sonegadores fiscais mais favoravelmente do que as pessoas condenadas por crimes previdenciários. Reduzir essas ocorrências a um princípio é mais desafiador.

Morgan e *Richards* parecem sugerir que sempre que um construtor autônomo é pago em dinheiro, havendo uma acusação bem-sucedida de evasão fiscal contra o construtor, a ordem de confisco deveria ser pelo preço contratado mais qualquer tributo devido. Isto é, por si só, inquestionável. Afinal, o Estado recebe o dinheiro seja como tributo retroativo ou por confisco, mas não exige ambos.[73] Isso implica, entretanto, que uma pessoa que paga um construtor em dinheiro, sabendo ou suspeitando que o rendimento não será declarado, comete o delito de celebrar um acordo que ele sabe ou suspeita que facilita a aquisição, retenção, utilização ou controle de propriedade criminosa por ou no interesse de outra pessoa.[74] Novamente, é amplamente sabido que os traficantes de drogas tendem a não fazer declarações de rendimentos completas, portanto, aplicar essa decisão a um traficante de drogas pode levar a que se considere o imposto de renda que o traficante está sonegando e à responsabilização sob a s. 328 do comprador. Pode-se pensar que nenhum desses resultados é particularmente condenável. Haverá, contudo, um número exorbitante de tais infrações. As leis penais amplas só podem operar se tudo for feito para excluir a possibilidade de aplicação discriminatória ou censuravelmente seletiva.

Os casos de valores mais altos reportados em que são emitidas ordens de confisco em relação ao tributo evadido são os de fraudes "carrossel" e "intracomunitárias de operador fictício"[75], fraudes de tributos especiais sobre o

72. Department for Works and Pensions v Richards [2005] EWCA Crim 491; [2005] 2 Cr. App. R. (S) 97 (p.583).

73. Edwards [2004] EWCA Crim 2923, [2005] 2 Cr. App. R. (S.) 29 (p.160) em [24]-[25], mencionado em Waya [33]. No Esquema de Incentivo à Recuperação de Ativos, a alocação dentro das entidades estatais competentes é diferente, mas esse é outro assunto.

74. POCA, s.328, mesmo garantida a leitura restritiva dada a este dispositivo em Bowman v Fels [2005] EWCA Civ 226; [2005] 1 W.L.R. 3083.

75. [n.t.] Segundo definição da Comissão Europeia, as *carousel and intra-community missing trader frauds* são fraudes em que uma empresa A faz uma transmissão de bens, isenta de IVA, para

consumo[76] (frequentemente sobre o contrabando de tabaco)[77] e de tributo sobre o funcionamento de negócios legítimos, alguns dos quais estão contaminados pela ilegalidade. Uma técnica usada pela Corte de Apelação para reduzir o valor das ordens de confisco foi a de sustentar que as despesas não constituem "resultado de ou em conexão com a conduta [criminosa]" se parecem ser parte de um acordo comercial normal. A ideia seria então que, se a empresa é "criminosa", todo o seu volume de negócios está sujeito a confisco, mas que uma transação individual por uma empresa "legítima" pode ser uma base para a dedução.[78] No entanto, nem sempre é fácil traçar o limite entre uma empresa criminosa e uma empresa não criminosa. Leis redigidas em termos amplos significam que a mancha da ilegalidade pode se espalhar rapidamente por uma grande organização, de modo que o que parece ser um grande conglomerado legítimo pode ser tratado, na lei, como uma empresa criminosa, já que quaisquer transações em seu âmbito podem ser tratadas como crime de lavagem.

A segunda técnica para reduzir o que, de outra forma, estaria elevando os níveis das ordens de confisco é não permitir que se inclua na categoria de "benefício" os custos de cometer o crime. Em *Ahmad*,[79] o juiz Hooper forneceu alguns exemplos reveladores[80] e uma poderosa crítica ao raciocínio no caso anterior de *Waller*,[81] que o tribunal decidiu não seguir. Ele acrescentou que:

> "Fazer uma ordem de confisco que inclua no benefício os custos de cometer um crime parece ser contrário ao objeto da legislação e essa parte da ordem de confisco, parece-nos, funcionaria como uma multa."

Em vez de considerar o dinheiro que circula na conta da empresa como

a empresa B, de outro Estado membro da União Europeia. A empresa B que adquire o bem é uma operadora fictícia (*missing trader*) e vende o bem para a empresa C do mesmo Estado membro. B recolhe o IVA incidente sobre a venda, não o repassa às autoridades fiscais e, em seguida, desaparece. C solicita o reembolso do IVA referente à compra realizada, gerando prejuízo para o Estado que não recebeu o repasse do tributo. Na sequência, C realiza uma transmissão intracomunitária de bens para A, isenta de IVA, que volta a vender a B e o carrossel recomeça. Ver: Relatório da Comissão para o Conselho e o Parlamento Europeu, sobre a melhoria da cooperação administrativa no combate à fraude de IVA, 16 de Abril de 2004, COM (2004) 260 final, Sec. 3.2.2.

76. [n.t.] Em inglês, *excise frauds*.

77. Cujo escopo será estendido pela decisão em Taylor [2013] EWCA Crim 1151 de que aqueles que arranjaram para que cigarros fossem importados de forma fraudulenta para o Reino Unido "mantiveram" os cigarros quando o tributo especial sobre o consumo se tornou devido, na acepção do reg.13(1) do *Tobacco Products Regulations* de 2001, apesar do fato de que agentes inocentes estivessem em posse física dos cigarros, já que eram as pessoas que exerciam controle sobre os cigarros.

78. James [2011] EWCA Crim 2991; [2012] 2 Cr. App. R. (S.) 44 (p.253).

79. Ahmad [2012] EWCA Crim 391; [2012] 2 Cr. App. R. (S.) 85 (p.491), reduzindo o valor do benefício de nove dígitos para oito dígitos.

80. Ahmad [2012] EWCA Crim 391; [2012] 2 Cr. App. R. (S.) 85 (p.491) em [29] et seq.

81. Waller [2008] EWCA Crim 2037; [2009] 1 Cr. App. R. (S.) 76 (p.449), [2009] Crim. L.R. 50.

obtido "em conexão com" os delitos (de IVA), a Corte entendeu que foi gasto com a prática da infração.[82] Por isso, anulou a ordem original e a substituiu pela soma do IVA obtido fraudulentamente, £12,6 milhões antes da atualização pela inflação. O juiz Hooper apontou que ninguém sugeriu em *Smith* que os cigarros faziam parte do benefício.[83] Sua distinção entre dinheiro obtido em conexão com a infração e aquele gasto com a prática da infração é valiosa, mas precisará ser trabalhada. O tribunal reconheceu uma questão de importância pública geral[84] e autorização para apelar foi concedida pela Suprema Corte.

Existe agora tanta dubiedade quanto ao relacionamento, no que diz respeito ao cálculo do "benefício", entre um crime e suas consequências tributárias, que uma análise principiológica mais completa é devida. Espera-se que, em *Ahmad*, a Suprema Corte estará apta a dar sentido, pelo menos, às relações entre tributação e confisco. O que isso exigiria é uma orientação muito mais clara do que até agora foi dada quanto aos objetivos do confisco. Se se pretende ir além de retirar os lucros do criminoso, mas não se pretende punir, onde se deve parar e por quê? Uma vez que a mancha da ilegalidade está presente, como ela pode ser impedida de se espalhar?

Recuperação civil

A recuperação civil está em operação desde fevereiro de 2003. Ela foi criada para atingir e adquirir os produtos de crime em mãos de quem quer que fosse. É um regime de "propriedade específica"[85] a ser diferenciado de um sistema "baseado em valores", como o confisco. Ela confere a um funcionário estatal designado o direito de provocar uma ação reivindicatória para retirar uma propriedade das mãos de um criminoso ou qualquer outra pessoa,[86] não sendo um adquirente a título oneroso de boa-fé[87], e rastreá-la até a propriedade que "representa" o bem adquirido ilegalmente, sem que seja necessário conse-

82. É de se esperar que essas categorias sejam mutuamente exclusivas. Ahmad [2012] EWCA Crim 391; [2012] 2 Cr. Aplicativo. R. (S.) 85 (p.491) foi um caso de confisco sob a CJA de 1988, em vez da POCA. Não havia nada na CJA de 1988 correspondente a s.76(6) da POCA de 2002 que prevê que "As referências à propriedade ou a vantagem pecuniária obtida em conexão com a conduta incluem referências à propriedade ou a vantagem pecuniária obtida tanto nessa conexão quanto em outra.". Consequentemente, seria concebível (mas indesejável) sustentar que propriedade particular ou vantagens pecuniárias, por exemplo, os "pagamentos de incentivos", são benefícios para os propósitos da POCA, mas não da CJA de 1988.

83. Ahmad [2012] EWCA Crim 391; [2012] 2 Cr. App. R. (S.) 85 (p.491) em [36].

84. Ahmad [2012] EWCA Crim 391; [2012] 2 Cr. App. R. (S.) 85 (p.491) em [74].

85. Re Stanford International Bank Ltd (In Receivership) [2010] EWCA Civ 137; [2011] Ch. 33 por Lord Justice Hughes em [162], Waya [2012] UKSC 51; [2013] 1 A.C. 294 em [2]-[3].

86. POCA s. 305.

87. Sobre o tema, ver Executive Jet Support Ltd v Serious Organised Crime Agency [2012] EWHC 2737 (QB); [2013] 1 W.L.R 1433. Sobre conhecimento e boa-fé, ver SOCA v Coghlan [2012] EWHC 429 (QB).

guir, primeiro, uma condenação.[88] Como é uma ação reivindicatória, os lucros auferidos são incluídos.[89] A propriedade mista[90] é dividida proporcionalmente de acordo com a fonte e não por uma regra de "último a entrar, primeiro a sair".[91] Prevê-se expressamente que uma ordem de recuperação não pode conter disposição que seja incompatível com os direitos da Convenção.[92] Existe agora um requisito de dupla incriminação.[93] Para estar sujeito ao procedimento, deve haver "propriedade obtida através de conduta ilícita".[94] Não era objetivo da legislação que todos os casos fossem litigados. Como em qualquer outro caso civil, um acordo será muitas vezes o resultado preferido por ambos os lados. Orientações quanto a sua política de buscar acordos foram publicadas, primeiro pela Agência de Recuperação de Ativos (*Assets Recovery Agency* - ARA) e depois por seus sucessores nesse sentido, a Agência para Crimes Graves Organizados (*Serious and Organised Crime Agency* - SOCA) e a Agência Nacional para Crimes (*National Crime Agency* - NCA).[95]

A ideia de que o melhor funcionamento da recuperação civil é alcançado por um organismo separado do restante do sistema de justiça penal, com indicadores de desempenho fixados, predominantemente, por referência ao montante de dinheiro angariado, foi tentada com a introdução pela POCA da Agência de Recuperação de Ativos (ARA). A ARA não tinha poderes para processar criminalmente, apenas para provocar o processo de recuperação civil. Embora

88. POCA ss. 305-306.

89. POCA s. 306. Isso não depende, por óbvio, do dinheiro ter sido investido licitamente. A autoridade executiva pode, portanto, beneficiar-se de tal ganho aleatório como em Foskett v McKeown [2001] 1 A.C. 102; [2000] 3 All E.R. 97.

90. [n.t.] *Mixed* ou *mixing property*, nos termos da seção 306 da POCA, designa a propriedade passível de recuperação que está "misturada" a outra propriedade, seja do mesmo proprietário ou diverso. É o caso da propriedade que é usada como parte do pagamento para a aquisição de outro ativo.

91. POCA s. 306.

92. POCA 2002 s. 266(3)(b).

93. POCA s. 241 conforme emendada pela *Serious Organised Crime and Police Act* de 2005, Sch. 6, para. 8(a). A lei de 2002, da forma em que foi promulgada, aplicava-se ao produto adquirido no Reino Unido por atividade realizada em outro lugar que teria sido ilegal no Reino Unido, dando origem ao celebrado, mas aparentemente hipotético, problema do matador espanhol que vive aposentado em Eastbourne. Uma vez que absolvições domésticas não fornecem uma defesa, absolvições em outros países também não. Serious Organised Crime Agency v Namli [2013] EWHC 1200 (QB).

94. Por exemplo, uma conduta que é ilegal sob a lei penal da parte do Reino Unido em que ocorre, ou que ocorre em outro país, é ilegal lá e seria ilegal na parte do Reino Unido a que compete. POCA s.241. Uma sugestão de que esta expressão pode ser lida restritivamente foi feita no Director of Assets Recovery Agency v John [2007] EWHC 360 (QB) (é controverso se as quantias recebidas pelas mercadorias vendidas no decurso de negociação não licenciada equivaleriam a «propriedade obtida através de conduta ilícita» para os propósitos da s.242 da Lei - comparar Morgan [2013] EWCA Crim 1307).

95. Ver http://www.assetsrecovery.gov.uk/downloads/ARA_settlement_policy.pdf (recuperação civil) http://www.assetsrecovery.gov.uk/downloads/TaxCaseGuidance.pdf (tributação) [Acessado em 19 de dezembro de 2013]. SOCA Annual report.

se considere que a ARA tenha sido bem-sucedida na Irlanda do Norte, onde havia uma história de extorsão ligada ao terrorismo, foi um fracasso inequívoco na Inglaterra e no País de Gales. Operou até 2007 e foi abruptamente extinta.[96] Com o fim da Agência, os deveres e poderes do seu diretor foram colocados pela Lei de Crimes Graves de 2007 (*Serious Crime Act 2007*) nas mãos de vários promotores responsáveis pelas acusações.[97] Os poderes de recuperação civil e de tributação da Agência de Recuperação de Ativos foram atribuídos à Agência para Crimes Graves Organizados (SOCA, atual NCA) e também aos principais órgãos de acusação.[98] A SOCA gerou cerca de £11 milhões em pedidos de recuperação civil nos anos de 2011 e 2012 e o SFO (*Serious Fraud Office*) gerou £6 milhões.[99] Por volta de 2011, o Serviço de Persecução Penal da Coroa (*Crown Prosecution Service* - CPS) deu prioridade aos poderes da POCA (incluindo poderes de recuperação civil).[100] O Escritório de Fraudes Graves (SFO) tem uma equipe especificamente dedicada à busca ativa de produtos de crime, mas o número de ordens é baixo.[101]

O primeiro desafio mais significativo para a recuperação civil foi fundamental. Se a parte V da lei fosse considerada em desacordo com os artigos 6.2 e 6.3, então a recuperação civil não seria viável. O procedimento foi projetado para casos em que uma condenação criminal não podia ser obtida e o procedimento se baseia na implantação de um padrão de prova e regras probatórias de caráter civil. Conquanto as decisões nos casos de confisco[102] enfatizassem que no confisco já havia uma condenação e que nos casos de recuperação civil (sem algo a mais) não, os casos de confisco foram autorizados a reger a questão sobre se a recuperação civil ofendeu o art. 6.2.[103] Após algumas decisões

---

96. Report into the Underperformance of the Assets Recovery Agency (London: Shapps, June 2006) http://www.shapps.com/AssetsRecoveryAgency-underperformance.pdf [Acessado em 19 de dezembro de 2013], Public Accounts Committee Session 2006–2007 50th Report (HC 391).

97. Serious Crime Act 2007 s.74 e Schs. 8 e 9.

98. Serious Crime Act 2007 s.74. Esses poderes serão investidos na Agência Nacional de Crimes: Courts and Crime Act 2013 Pt 1.

99. SOCA Annual Report disponível em: http://www.soca.gov.uk/about-soca/library [Acessado em 19 de Dezembro de 2013]. SFO annual report 2011-12.

100. Alan Milford, *"The new challenges to organised crime prosecution" CPS website, maio de 2011*, falou sobre "poderes que estamos começando a exercer na Corte Superior". Antes, quando a recuperação civil tinha sido pensada mais especializada, o CPS era menos interessante - HC col. 1861W (10 de fevereiro de 2009) (Vera Baird QC, Solicitor-General).

101. Pelos últimos três anos, 1, 3 e 2 ordens respectivamente. SFO Annual Report and Accounts 2012-13, http://www.sfo.gov.uk/media/256255/30597%20hc%209.pdf [Acessado em 19 de dezembro de 2013].

102. McIntosh (No.1) [2001] UKPC D 1; [2001] 3 W.L.R. 107 em [14] et seq., Phillips v United Kingdom 11 B.H.R.C. 280, Rezvi [2002] UKHL 1; [2003] 1 A.C. 1099; Benjafield [2002] UKHL 2; [2003] 1 A.C. 1099.

103. Walsh v Director ARA [2005] NICA 6 em [26].

iniciais de primeira instância[104], a autoridade central em matéria de recuperação civil é agora a decisão da Corte de Apelação da Irlanda do Norte em *Walsh*,[105] sustentando que alguém que foi objeto de um procedimento de recuperação não foi "acusado de um crime" para os fins da Convenção e, consequentemente, não se beneficia dos direitos dos arts. 6.2 e 6.3. A corte em *Walsh* foi convencida pela suposta analogia com as ordens de confisco.

Absolutamente central para os julgamentos em *Walsh*, é a conclusão de que o fato da condenação é irrelevante para a questão sobre se o art. 6º se aplica ou não. Isso foi citado, posteriormente, com aprovação,[106] mas não é de modo algum claro que tal tenha sido o pretendido pela série de acórdãos em que o Comitê Judicial do Conselho Privado, a Câmara dos Lordes e o Tribunal Europeu dos Direitos Humanos entenderam que os procedimentos de confisco não envolveram acusações de crime, mas apenas a determinação das consequências de uma condenação.[107] Não houve recurso no próprio *Walsh* (um pedido à Câmara dos Lordes para admitir o recurso foi negado).[108] *Walsh* é agora considerado jurisprudência consolidada[109] e foi seguido sem séria contestação pela Corte de Apelação da Inglaterra e País de Gales em *SOCA v Gale*.[110] Posteriormente, enfatizou-se que, em todo procedimento de recuperação civil após uma absolvição, o tribunal deve ser astuto para garantir que nada que diga ou decida seja calculado para lançar a menor dúvida sobre a correção da absolvição.[111]

Outros desafios em matéria de direitos humanos ao procedimento de recuperação civil foram, igualmente, mal sucedidos. O artigo 7º proíbe legislação penal retroativa. A POCA estabelece que o poder de recuperação civil se aplica tendo a conduta em questão sido cometida antes ou após a sua promulgação.[112] Quando isso foi contestado perante os tribunais, a invocação do art. 7º foi posta de lado sob o fundamento de que as disposições dos arts. 6º e 7º devem

---

104. Em R. (on application of Director of the Assets Recovery Agency) v He (No.2) [2004] EWHC 3021 (Admin).

105. No recurso de Director of the Assets Recovery Agency v Walsh [2004] NIQB 21.

106. Em R. (on the application of the Director of the Assets Recovery Agency) v Ashton [2006] EWHC 1064 (Admin) em [23].

107. Walsh [2004] NIQB 21.

108. House of Lords minutes 7 July 2005, 17th Report from the Appeal Committee, para.12. O recurso para o Tribunal Europeu de Direitos Humanos também fracassou: Walsh v United Kingdom [2006] E.C.H.R. 1154.

109. He [2004] EWHC 3021 (Admin); R. (on the application of the Director of the Assets Recovery Agency) v Green [2005] EWHC 3168 (Admin).

110. Serious Organised Crime Agency v Gale [2010] EWCA Civ 759; [2010] 1 W.L.R. 2881, esse assunto não foi considerado em Serious Organised Crime Agency v Gale [2011] UKSC 49; [2012] 2 All E.R. 1. Para a Escócia, ver Scottish Ministers v Doig [2009] CSIH 34; 2009 S.C. 474.

111. Ver Gale [2011] UKSC 49; [2012] 2 All E.R. 1, pelo juiz da Suprema Corte do Reino Unido, Lorde Brown of Eaton-under Heywood, em [115], e Lorde Dyson, também juiz da Suprema Corte, em [138].

112. POCA s.413(5).

permanecer ou cair juntas.[113] O interesse renovado nas invocações do A1P1 criado por *Waya*[114] será menos significativo na recuperação civil.[115] A natureza de procedimentos *in rem* exclui a possibilidade de múltiplos requerimentos ou requerimentos em que o produto não está nas mãos do requerido.

Consequências

O fato de os arts. 6.2 e 6.3 não se aplicarem à recuperação civil afeta os aspectos probatórios da recuperação civil, desde o que precisa ser comprovado, o ônus e o padrão de prova, até o tipo de prova que é admissível.

Probandum e ônus e padrão de prova: quanto ao ônus e ao padrão da prova, *Walsh* decidiu que os arts. 6.2 e 6.3 não se aplicam à recuperação civil, portanto as regras probatórias e os procedimentos aplicáveis são os civis. Isso significa que a prova relevante é admissível e não está sujeita às mesmas restrições que podem ser aplicadas a casos criminais.[116] Mesmo quando o padrão de prova "civil" se aplica, há uma questão sobre o que isso significa exatamente. O padrão de prova de casos civis para a prova de comportamento criminoso foi, por muito tempo, objeto de contenda,[117] mas o padrão é o equilíbrio das probabilidades.[118] A s. 242(2)(b) da POCA estabelece:

(2) "Ao decidir se alguma propriedade foi obtida através de conduta ilegal- (...)

(b) não é necessário mostrar que a conduta era de um tipo particular se se mostra que a propriedade foi obtida através de conduta de um de vários tipos, cada um dos quais teria sido uma conduta ilícita."

Se o requerente realmente tiver que produzir algo tão específico quanto uma imputação para provar uma infração específica, a recuperação civil não será possível no caso de pessoa suspeita de ter se beneficiado do crime, quando os

113. He [2004] EWHC 3021 (Admin); Director of Asset Recovery Agency v Charrington [2005] EWCA Civ 334, por Lord Justice Laws, em [15]-[18]; R. (on the application of Director of the Assets Recovery Agency) v Woodstock [2005] EWHC 2128 (Admin), R. (on the Application of Director of the Assets Recovery Agency v Ashton [2006] EWHC 1064 (Admin). E ver Togher v Revenue and Customs Prosecution Office [2007] EWCA Civ 686; [2008] Q.B. 476.

114. WAYA [2012] UKSC 51; [2013] 1 A.C. 294.

115. Ahmed v Revenue and Customs [2013] EWHC 2241 (Admin).

116. E ver Director of the Assets Recovery Agency v Jackson [2007] EWHC 2553 (QB).

117. E ver, e.g. P. Roberts e A. Zuckerman, Criminal Evidence, 2nd edn (Oxford: Oxford University Press, 2010), p. 284 et seq. Re H (Minors) (Sexual Abuse: Standard of Proof) [1996] A.C. 563 HL em 586-587 por Lorde Nicholls. Já foi sugerido que, no Reino Unido, a possibilidade de um terceiro grau de prova foi estabelecida pela Câmara dos Lordes em Re B (children) (sexual abuse: standard of proof) [2008] UKHL 35; [2008] 4 All E.R. 1; contudo, Peter Mirfield sugeriu que precedente posterior pode ter reaberto a questão: P. Mirfield, "How Many Standards of Proof Are There?" (2009) 125 L.Q.R. 31.

118. Serious Organised Crime Agency v Gale [2009] EWHC 1015 (QB); [2010] Lloyd's Rep. F.C. 39 pelo juiz Griffith William.

crimes em si não puderem ser descritos especificamente. Por outro lado, caso o requerente possa fazer alegações infundadas para atribuir um ônus ao requerido, então isso será uma séria violação. Em um detalhado julgamento em caso anterior,[119] Sullivan, então juiz, entendeu que a ARA não tinha de especificar o comportamento penal exato pelo qual a propriedade foi adquirida, mas tinha de fixar os elementos que, conforme alegação, constituíam o tipo particular ou tipos de conduta ilícita pela qual ou em troca da qual a propriedade foi obtida. Assim, um pedido de recuperação civil não poderia ser fundamentado unicamente com base no fato de que o requerido não tinha renda lícita comprovada para sustentar seu estilo de vida. Os juízes seguintes tenderam mais para o requerente.

Havia apoio em *Walsh* para a visão de que a mera posse de riqueza não contabilizada seria suficiente, na ausência de outras evidências, para satisfazer esse ônus.[120] Afirma-se agora que existem duas maneiras pelas quais a SOCA pode provar que esses bens derivam de conduta ilícita: quer provando que é derivada de determinados crimes ou por evidência sobre as circunstâncias em que a propriedade foi movimentada, de forma a fazer surgir a inferência irresistível de que só poderia ser derivada de crime.[121] A aplicação desta doutrina da "inferência irresistível" tem sido mais evidente no que diz respeito ao poder de confisco em dinheiro[122], que existe tanto em relação a bens passíveis de recuperação civil como a bens destinados a serem utilizados no crime.[123] É sempre possível ao réu tentar refutar estas inferências.

Tipos de prova: em razão de as regras probatórias penais não se aplicarem, vários tipos de provas tornam-se admissíveis em procedimentos de recuperação civil que não seriam permitidos num julgamento criminal.

Inferência do silêncio: mesmo no que não tange a dinheiro, o procedimento é muito difícil para a pessoa que não está preparada para explicar a proveniência de sua riqueza. Ele é criado para gerar o tipo de diálogo que normalmente não surgiria em um caso criminal, com obrigações mais pesadas impostas ao

119. Director of the Assets Recovery Agency v Green [2005] EWHC 3168 (Admin).

120. Director of Assets Recovery Agency v Walsh [2006] NICA 6 em [26]. E ver Director of the Assets Recovery Agency v Jackson [2007] EWHC 2553 (Admin), Gale [2009] EWHC 1015 (QB); [2010] Lloyd's Rep. F.C. 39 em [14].

121. Em Serious Organised Crime Agency v Coghlan [2012] EWHC 429 (QB) em [14] pelo juiz Simon.

122. "Dinheiro" é definido amplamente para incluir cédulas e níqueis em qualquer moeda, ordens de pagamento, cheques, letras de câmbio e títulos ao portador. POCA s.289(6) e (7).

123. Serious Organised Crime Agency v Lundon [2010] EWHC 353 (QB) pelo juiz Blake. Pelo menos, a ampla classe de atividades criminais em questão precisa ser identificada: ver o juiz Hamblen em Serious Organised Crime Agency v Pelikanos [2009] EWHC 2301 (QB); Lord Justice Carnwath em Director of the Assets Recovery Agency v Olupitan [2008] EWCA Civ 104 em [16]; Lord Justice Moore-Bick em Szepietowski v Director of the Assets Recovery Agency [2007] EWCA Civ 766 em [106]-[107].

requerido e maiores possibilidades de inferência adversa da inação. Em um julgamento criminal, se um acusado não disser nada desde o momento da prisão até o momento do julgamento, sem mais, nenhuma inferência adversa poderá ser extraída.[124] A situação contrária ocorre no processo civil.[125] Isto significa que o sistema de procedimento pré-julgamento em uma ação civil irá expor o requerido, por exemplo, a interrogatórios aos quais ele/ela deve responder ou arriscar a extração de inferências adversas.

Comportamento anterior: mesmo após a Lei de Justiça Penal de 2003 (*Criminal Justice Act 2003*), há limites para a extensão em que a prova de comportamento anterior do réu é admissível contra ele/ela em um julgamento criminal.[126] Na recuperação civil, por outro lado, a posição agora é de que um réu em ação civil de recuperação pode ter apresentadas contra ele as seguintes provas: seu registro criminal, desde sua juventude até os 32 anos de idade, junto com os registros de seus comparsas criminosos[127]; material de inteligência policial que revela que ele era suspeito de tráfico de drogas no Reino Unido em ocasiões muitos anos antes; uma tentativa de violar uma ordem de intervenção judicial poucos dias após a sua emissão, abrindo uma nova conta bancária com um nome falso a partir de uma transferência substancial de outra conta; o acordo proveniente de procedimentos que correram na Irlanda para reter fundos que, alegadamente, constituem produtos de crime; e seu acesso a fundos, não identificados pelo administrador judicial nem a ele revelados, usados para financiar seu custo de vida de 2005 até hoje. Todas essas provas foram admitidas em *Gale*. Sem algo a mais, nenhuma teria sido admitida em um processo penal por tráfico de drogas ou lavagem de dinheiro.[128]

Provas obtidas ilegalmente e abuso do processo: em processos penais, podem ser excluídas provas obtidas em circunstâncias tais que admiti-las teria um efeito adverso na justiça do processo.[129] Em *Serious Organised Crime Agency v Olden*[130], provas tinham sido excluídas em julgamento criminal ao abrigo da s. 78 da Lei de Prova Policial e Penal de 1984 (*Police and Criminal Evidence Act 1984*), mas foram admitidas em processo de recuperação civil subsequente. O juiz entendeu que o art. 32.1(2) dos Regulamentos de Processo Civil (*Civil Procedure Rules*) confere à Corte poder para excluir provas que seriam, de

---

124. Criminal Justice and Public Order Act 1994 ss.34 -39.

125. [2009] EWHC 1015 (QB) em [10] pelo juiz Griffith Williams. E ver, em uma ação no delito de conspiração, Revenue & Customs Commissioners v Sunico A/S [2013] EWHC 941 (Ch).

126. Roberts e Zuckerman, Criminal Evidence, 2nd edn (Oxford, Oxford University Press, 2010), p.600 et seq.

127. E ver Serious Organised Crime Agency v Fielding [2009] All E.R. (D) 140.

128. Ver também Serious Organised Crime Agency v Turrall [2013] EWHC 2256 (Admin)

129. Police and Criminal Evidence Act 1984 s.78.

130. Serious Organised Crime Agency v Olden [2010] EWCA Civ 143.

outro modo, admissíveis, mas esse poder deve ser exercido de acordo com o objetivo primordial na parte 1 dos Regulamentos de lidar com os casos de forma justa *entre as partes*. O Tribunal afirmou que o exercício de seu poder envolve balancear qualquer ilegalidade contra a importância de a Corte chegar a uma decisão correta com base em todas as evidências disponíveis.

Testemunho de "ouvir dizer": não há dúvida quanto à aplicação das regras penais sobre o testemunho de ouvir dizer. *Serious Organised Crime Agency v Hymans*[131] e *Serious Organised Crime Agency v Coghlan*[132] reiteraram que a s.4 (1) e (2) da Lei de Prova Civil de 1995 (*Civil Evidence Act 1995*) fazem dessa uma questão de peso e não de admissibilidade. Medidas (geralmente durante a organização de casos, quando é apropriado compelir os que prestaram a declaração a testemunhar) estão disponíveis, quando apropriadas, para contestar depoimentos em documentos.[133]

Avaliação e o futuro

A Lei de Produtos de Crime está aqui para ficar. Por causa da maneira como a lavagem é definida, investigada e processada, o volume de tais crimes dificilmente teria diminuído nos últimos 30 anos. Se alguma vez poderia, é uma questão em aberto.[134] O interesse pelos produtos e financiamento do crime crescerá.

A quantificação do benefício para fins de emissão de ordens de confisco está agora em uma confusão séria. Está cheia de inconsistências. *Waya*, na melhor das hipóteses, colocou um curativo sobre algumas das feridas. As alegações de injustiça que surgem quando há múltiplas recuperações e ordens de confisco muito exageradas precisam ser enfrentadas. Por outro lado, os resultados nos casos de recuperação civil, não obstante as regras probatórias, parecem geralmente satisfatórios. As regras são duras, mas o réu sempre pode tentar refutar as alegações. As regras de quantificação na recuperação civil, em contraste, não apresentaram nenhuma dificuldade particular. O estado tem amplos poderes e o relaxamento das regras probatórias ditado pelo procedimento permitiu apreensões substanciais, muitas incontestáveis, e poucas alegações plausíveis de injustiça foram feitas.

No que diz respeito ao argumento do A1P1 em *Waya*, embora qualquer redução nos níveis das ordens de confisco seja bem-vinda nos casos "problemáticos"

131. Serious Organised Crime Agency v Hymans [2011] EWHC 3332 (QB).
132. Serious Organised Crime Agency v Coghlan [2012] EWHC 429 (QB); [2012] Lloyd's Rep. F.C. 341.
133. Olden [2010] EWCA Civ 143 em [16].
134. B. Unger, "Can Money Laundering Decrease?" Public Finance 2013.

para os quais *May* e *Waya* chamam a atenção, a verdadeira questão não é que os valores reduzidos com base na proporcionalidade sejam meios desproporcionais para atingir os objetivos da legislação. Eles são isso, mas, mais importante, as regras que dão origem a esses valores estão erradas, em princípio, porque elas não procedem racionalmente de uma ideia clara sobre qual deve ser a base da avaliação. Faz sentido punir as pessoas que lucram com o crime. Faz sentido retirar o lucro delas. Além disso, e sem punição adicional, é difícil enxergar que direito o Estado tem sobre qualquer propriedade do réu. Outras exações são também injustificáveis, não apenas quando atingem um determinado nível. Contrariamente, e para surpresa daqueles que estão muito preocupados com o processo de recuperação civil, ele operou com bastante sucesso. Somas significativas estão sendo recuperadas sem gerar resultados que ofendam as concepções populares de justiça e a presunção de inocência foi protegida.

A PERSPECTIVA AMERICANA SOBRE RECUPERAÇÃO DE PRODUTOS DE CRIME EM PROCESSOS CRIMINAIS E PROCESSOS NÃO BASEADOS EM CONDENAÇÃO[(*)] [1]

Stefan D Cassella

Introdução

O objetivo deste capítulo é apresentar a perspectiva americana sobre a seguinte questão: por que, depois de mais de uma década de esforços para harmonizar nossos respectivos procedimentos a fim de acomodar pedidos de congelamento de ativos e executar ordens de confisco, ainda é muito difícil alcançar ativos transferidos para além das fronteiras nacionais?

Não há uma resposta única para essa pergunta. Primeiro, há a questão de treinamento e recursos: os Estados têm as habilidades, ferramentas e incentivos necessários para localizar, congelar ativos e obter ordens de confisco? Ou as deficiências nessas áreas impedem qualquer sucesso na recuperação de ativos em casos transnacionais, mesmo quando o infrator é condenado? Se as autoridades responsáveis pela aplicação da lei, na jurisdição onde ocorre um crime,

---

(*) Publicação original: The American Perspective on Recovering Criminal Proceeds in Criminal and Non-Conviction Based Proceedings, in: Ligeti/Simonato (ed.), Chasing Criminal Money Challenges and Perspectives On Asset Recovery in the EU, Hart Publishing, 2017.

1. Trad. Tatiana Badaró

não estiverem dispostas ou não tiverem recursos para tentar congelar ativos ou obter uma ordem de confisco, a disposição e a capacidade de outros Estados em ajudar nesse processo é um ponto discutível.

Os Estados também partem de pontos de vista diferentes sobre a legalidade e a eficácia da recuperação de ativos por meio de ordens de confisco obtidas como parte de um processo criminal versus ordens obtidas em processos não baseados em condenação ou "civis". Por razões que discutirei, um procedimento não baseado em condenação será, frequentemente, o melhor ou, até mesmo, o único meio de recuperar a propriedade sujeita a confisco. Por exemplo, é uma ferramenta particularmente eficaz quando se lida com um fugitivo da justiça. Mas as ordens de confisco não baseadas em condenação são ferramentas mais limitadas quando a propriedade não pode ser conectada diretamente ao crime subjacente.

De fato, as exigências de conexão, que diferem de uma jurisdição para outra, dependendo, em parte, de uma decisão de confisco ter sido obtida em um processo criminal ou não criminal, estão entre os maiores obstáculos à recuperação de ativos em casos transnacionais. A probabilidade de recuperar ativos é consideravelmente diminuída quando um Estado só apreende fundos e executa ordens de confisco caso a propriedade seja diretamente conectável ao crime subjacente, em vez de tratar o pedido de apreensão cautelar como precursor de uma sentença pessoal que pode ser satisfeita com qualquer um dos ativos do infrator.

Finalmente, outro obstáculo diz respeito às ferramentas legais que foram implementadas para permitir que os tribunais registrem e executem ordens judiciais estrangeiras de apreensão e confisco, bem como a disposição dos tribunais em aplicar essas ferramentas sem rediscutir os méritos da ordem subjacente. Muitos países ainda não possuem os meios legais para reconhecimento de ordens estrangeiras e, em outros, inclusive os Estados Unidos, os tribunais demonstraram uma desconfiança visceral em relação a tais ordens e uma relutância geral em utilizar as ferramentas instituídas para lhes dar força e efeito.

Este capítulo tentará abordar pelo menos alguns desses problemas. Inicia-se com uma discussão sobre o treinamento e os recursos necessários, até mesmo para iniciar uma tentativa de recuperar a propriedade confiscável. Em seguida, são discutidos problemas de conexão que surgem em ambos os casos de confiscos criminais e não baseados em condenação, bem como as razões pelas quais, apesar das dificuldades de conexão que possam surgir, procedimentos não baseados em condenação são uma ferramenta essencial na recuperação de ativos, particularmente em casos transnacionais. Após, destaca-se dois aspectos da lei de confisco dos EUA que se mostraram particularmente eficazes em tais casos: a capacidade de recuperar dinheiro de um banco estrangeiro sem requerer a assistência do governo onde o banco está localizado e a capacidade de impedir que fugitivos tentem contestar ações de confisco sem se entregar para enfrentar as acusações criminais pendentes. Finalmente, discute-se a experiência americana no reconhecimento de ordens de confisco estrangeiras e a dificuldade que os promotores nos Estados Unidos encontraram para superar a resistência judicial a esses esforços.

I. Treinamento e Recursos

Do ponto de vista americano, o caso prototípico é aquele em que alguém cometeu um crime nos EUA, mas depositou o produto no exterior. A investigação financeira para determinar a localização dos ativos e sua conexão com o crime subjacente é feita, tipicamente, pela mesma agência de aplicação da lei que está investigando o crime em si. Nos Estados Unidos, essa poderia ser qualquer uma entre diversas agências federais: o FBI, que tem competência bastante ampla sobre a maioria dos crimes federais; a *Drug Enforcement Administration*, que tem competência em casos de drogas; a *Internal Revenue Service*, que tem competência em casos de tributos e lavagem de dinheiro; a *Homeland Security Investigations*, que tem competência em casos de terrorismo, contrabando e imigração; e assim por diante.

Obviamente, isso cria problemas de sobreposição de competências e batalhas por território. Além disso, há certos problemas sistêmicos e recorrentes inerentes à combinação de uma investigação financeira com a investigação do crime subjacente que inibem o uso total do remédio de confisco.

Muitos agentes de aplicação da lei e promotores criminais consideram a investigação financeira uma distração. Para obter uma condenação, eles devem provar, para além de qualquer dúvida razoável, que um crime foi cometido e que o réu é quem cometeu o crime; logo, seu foco está, naturalmente, em persuadir testemunhas a cooperar, encontrar provas admissíveis suficientes para provar o caso e cumprir as regras que exigem a revelação de provas ao acusado.

Dedicar tempo e recursos para encontrar os ativos do réu, necessariamente, diminui o tempo e os recursos que podem ser dedicados ao objetivo principal de obter uma condenação; ainda assim, é óbvio que, para ser eficaz, a investigação financeira deve ser feita simultaneamente com a investigação criminal, para que os ativos possam ser identificados e imobilizados no momento em que a prisão é realizada ou a acusação é apresentada.

Além disso, o promotor pode entender que fazer um esforço robusto para recuperar os ativos do réu pode complicar sua capacidade de resolver o caso nos moldes da *plea bargain* e, com isso, evitar as incertezas e o investimento de tempo e recursos envolvidos no julgamento do processo. Dizendo de forma mais direta, muitos réus verão, mais prontamente, as virtudes de aceitar o acordo oferecido se o governo não insistir na perda de seus ativos como parte do pacote.

A lei de confisco também é vista como processualmente obscura e repleta de complicações quando terceiros interessados e direitos de propriedade concorrentes estão envolvidos. Será que um tribunal - estrangeiro ou nacional - permitirá a apreensão de propriedade na qual o cônjuge ou outro terceiro tenha interesse? O terceiro poderá intervir no caso ou exigir uma audiência antes do julgamento? Um promotor pode dizer: "eu já tenho muito que fazer sem entrar em tudo isso".

Finalmente, os agentes e promotores podem entender que a relativa improbabilidade de encontrar ativos recuperáveis em um país estrangeiro e de obter a assistência desse país para repatriar a propriedade torna questionável a utilidade de investir tempo e esforço em navegar pelo labirinto do confisco. Se for improvável que o réu tenha retido qualquer propriedade passível de confisco ou for improvável que ela seja encontrada e recuperada, o agente ou promotor pode dizer: "por que se incomodar"?

As soluções para esses problemas não são intuitivamente óbvias, mas esforços têm sido feitos para superá-los. Treinar agentes para procurar ativos à medida que eles prosseguem com a investigação criminal e, se possível, designar agentes adicionais com expertise em recuperação de ativos e um promotor especializado em recuperação de ativos também tendem a ser ingredientes essenciais. Uma vez que os agentes e promotores estão pessoalmente engajados na recuperação da propriedade, eles são mais propensos a atribuir-lhe a prioridade exigida e menos propensos a oferecer um acordo quando o caso é resolvido. Além disso, um esforço sério tem sido feito para educar agentes e promotores sobre as ferramentas disponíveis para apreender e recuperar ativos em casos domésticos e transnacionais, bem como para tornar o processo menos oneroso e obscuro.

No entanto, há muitos casos ajuizados nos tribunais federais nos Estados Unidos em que o esforço feito para recuperar o produto do crime não chega a ser máximo. E se é assim no país que é amplamente visto como um líder mundial em tais esforços - com mais de US$ 2 bilhões em recuperação de produtos de crime a cada ano - não será nenhuma surpresa que a falta de treinamento, recursos e compromisso institucional prejudique a recuperação de ativos na maior parte do mundo. E, se não for feito nenhum esforço sério para identificar, localizar e recuperar ativos no país onde o crime subjacente foi cometido, não adianta a disposição de outros países em aplicar suas ferramentas e recursos para auxiliar nesse esforço, quando a propriedade houver sido transferida para além das fronteiras nacionais.

II. Ativos Conectáveis versus Ativos Substitutos

Qualquer esforço para recuperar os produtos de crime que foram transferidos para além das fronteiras nacionais envolverá problemas de conexão.

Nos EUA, como em muitos países, uma ordem de confisco penal pode ser feita em termos de ativos específicos realmente conectáveis ao delito ou pode ser uma condenação a pagamento em dinheiro (*value-based money judgment*) direcionada ao infrator pessoalmente. Se for uma ordem de confisco de propriedade diretamente conectada ao delito, existem todos os tipos de problemas de conexão, que serão discutidos abaixo. Se for uma condenação a pagamento em dinheiro, pode-se, sob a lei dos EUA, nomear ativos não maculados de igual valor como propriedade que pode ser usada para satisfazer a condenação - o que é chamado de "ativos substitutos".

Mas existem problemas com o confisco de ativos substitutos no contexto internacional: alguns países têm dificuldade em executar, sob a sua lei doméstica, uma sentença estrangeira contra propriedade que não é diretamente conectável a um crime ou podem exigir um alto nível de prova de que a propriedade substituta, caso seja confiscável, pertence realmente ao infrator. Os réus em processo penais, é claro, estão cientes disso e empreendem todos os esforços para ocultar e disfarçar seus interesses legais não apenas nos produtos de seus crimes, mas em qualquer propriedade não maculada que possa ser usada para satisfazer uma sentença confiscatória - propriedade que parece sempre estar em nome de uma corporação ou de um membro da família estendida do réu.

Por estas razões, na maioria dos casos, é altamente desejável mostrar que o dinheiro em questão é realmente conectável ao crime objeto da condenação. É aí que entram os problemas de rastreamento.

Sempre há problemas de conexão quando se trata de recuperar produtos de crime: o dinheiro muda de forma conforme passa do réu (ou de sua vítima) para uma corporação, para uma conta de investimento ou para um ativo tangível que, posteriormente, é vendido ou hipotecado para gerar novos fundos. E pode ser que, depois de feita toda a conexão, a existência de uma garantia, hipoteca ou outro gravame tenha reduzido tanto o valor da propriedade que não valha a pena confiscar. Mas o problema mais sério envolve a combinação entre produtos de crime e ativos não maculados em uma conta bancária.

Suponha que os investigadores possam mostrar que US$ 100.000,00 foram retirados de uma vítima nos Estados Unidos e depositados em uma conta em um banco europeu na segunda-feira. E suponha que haja ainda US$ 100.000,00 na mesma conta na sexta-feira. É o mesmo dinheiro?

Suponha que o saldo tenha caído para zero na terça-feira e que outros US$

100.000,00 provenientes de uma fonte desconhecida tenham sido adicionados na quinta-feira – o dinheiro encontrado na conta na sexta-feira ainda será uma propriedade diretamente conectável? Suponha que já houvesse US$ 100.000,00 na conta na segunda-feira quando o depósito criminoso foi feito e o total de US$ 200.000,00 foi retirado na quinta-feira, com metade usada para comprar um iate e metade perdida na mesa de *blackjack* em um cassino. Quais US$ 100.000,00 foram usados para comprar o iate e quais foram perdidos no cassino? O iate é conectável ao dinheiro maculado ou ao dinheiro não maculado?

Para resolver esses problemas, o tribunal permitirá que o governo aplique princípios contábeis como "último a entrar/último a sair" (*last in/last out*) ou "último a entrar/primeiro a sair" (*last in/first out*)? Existe uma "regra de saldo intermediário mais baixo" que diz que o dinheiro que o governo está procurando está sempre em uma conta até que o saldo fique abaixo do valor em dinheiro que se busca recuperar? Podemos simplesmente considerar qualquer dinheiro encontrado em uma conta bancária como sendo fungível, para que a conexão não seja necessária?

O governo pode evitar todos esses problemas baseando sua teoria de recuperação de ativos não no delito de drogas, fraude ou tráfico de pessoas subjacente, mas na lavagem de dinheiro, que permite a perda de todos os fundos mistos enquanto propriedade "envolvida" no crime de lavagem de dinheiro?

Tribunais nos Estados Unidos têm lutado com todas essas questões há pelo menos duas décadas e os resultados são ambivalentes.[2] Alguns tribunais aplicarão princípios contábeis e outros não, dependendo do contexto processual.[3] Dinheiro

---

2. Ver, de forma geral, SD Cassella, *Asset Forfeiture Law in the United States,* 2ª ed. (Huntington, Juris, 2013) §§ 11-3 e 11-4.

3. Compare *Luis v United States*, 578 US___, 136 S Ct 1083 (2016) (aprovando o uso de princípios contábeis para estabelecer causa provável para a apreensão cautelar de propriedade em casos criminais); *United States v Banco Cafetero Panama*, 797 F 2d 1154, 1160 (2d Cir 1986) (para estabelecer que fundos maculados permanecem em uma conta bancária, não obstante um saldo flutuante, o governo pode usar uma regra de "último a sair" (*last out rule*)); *United States v Walsh*, 712 F 3d 119, 124 (2d Cir 2013) (o governo pode confiar nos princípios contábeis de *Banco Cafetero*, tais como "drogas entram, primeiro a sair" (*drugs-in, first-out*), a fim de estabelecer causa provável para acreditar que a propriedade apreendida é reconduzível à alegada infração, mesmo que tenha sido adquirida com fundos mistos); *United States v Approximately $620.349,85 Seized from Wachovia Bank Account Numbers Ending *6176 and *6189*, 2015 WL 3604044 (EDNY 5 June 2015) (aplicando *Banco Cafetero*; o governo pode usar princípios contábeis para rastrear fundos maculados por várias contas bancárias, incluindo uma em poder de uma terceira pessoa); e *United States v $88.029,08, More or Less, in US Currency*, 2012 WL 4499084, *5 (SD W Va 28 September 2012) (aplicando a regra do "menor saldo intermediário" para garantir um julgamento sumário sobre a confiscabilidade do produto da droga em uma conta bancária mista) com *In re Rothstein, Rosenfeldt, Adler, PA,* 717 F 3d 1205, 1214 (11th Cir 2013) (sustentando que o governo tinha o ônus de rastrear a propriedade, recusando-se a permitir que se use os princípios contábeis para fazê-lo); *United States v Louthian,* 2013 WL 594232 (WD Va 15 February 2013) (recusando-se a entrar com uma ordem de confisco contra ativos específicos adquiridos com fundos mistos; os princípios contábeis aprovados em *Ban-*

é considerado fungível em alguns casos, mas não em outros.[4] E a lavagem de dinheiro é uma boa alternativa, mas apenas se os elementos do crime forem satisfeitos.[5] Caso contrário, o governo deve recorrer a condenações em dinheiro e a ativos substitutos, com todas as dificuldades que já mencionei.

A questão é esta: se os promotores nos Estados Unidos têm todos esses problemas de conexão no caso de recuperação de ativos puramente domésticos, pode-se facilmente imaginar as dificuldades que surgem quando pedem a um tribunal estrangeiro que aceite sua análise de conexão ou sua tese de lavagem de dinheiro. Para dizer o mínimo, se um conceito é "estrangeiro" para um tribunal nos EUA, é muito provável que seja considerado, pelo menos, igualmente estranho a um tribunal estrangeiro.

III. Confisco não Baseado em Condenação

Todos esses problemas surgem em casos criminais em que o dinheiro deixou os EUA e os promotores estão tentando recuperá-lo conforme uma ordem de perdimento ou de confisco baseada em condenação. Problemas semelhantes e adicionais surgem se eles estiverem tentando executar uma ordem não baseada em condenação.

Em primeiro lugar, é importante compreender que o confisco não baseado em condenação é absolutamente essencial para a recuperação de ativos no contexto transnacional. Em uma série de situações, simplesmente não há outra maneira de recuperar os ativos.[6] Por exemplo, se o réu é um fugitivo, ele não

co Cafetero não satisfazem o ônus do governo de provar o rastreamento por uma preponderância das provas); *In re Une Star Class Sloop Sailboat,* 517 F Supp 2d 546, 553 (D Mass 2007) (*Banco Cafetero* foi decidido quando o ônus da prova era do reclamante; não se aplica aos casos em que o governo tem o ônus de provar a confiscabilidade) e *United States v All Right, Title and Interest (8 Bayview Terrance),* 2010 WL 143673, *2 (DNJ 4 January 2010) (recusando-se a aplicar "primeiro a entrar, primeiro a sair" para determinar quais fundos em uma conta mista estão sujeitos ao confisco; o governo não deve ser obrigado a usar métodos contábeis para confiscar fundos não maculados que foram depositados em uma conta que o governo, intencionalmente, deixou em aberto depois de prender o titular da conta).

4. Ver 18 USC § 984 (dispondo que o governo pode considerar que os fundos em uma conta bancária sejam fungíveis, não obstante a atividade volátil da conta por um ano a partir da data da conduta que deu origem ao confisco); *In re 650 Fifth Ave & Related Props,* 2014 WL 1516328, *29 (SDNY 18 April 2014) (de acordo com o § 984, se o governo mostrar que o valor do produto de crime depositado em uma conta bancária no ano anterior excede o saldo atual, ele tem direito ao confisco de todo o saldo); *United States v Funds on Deposit at Bank One, Indiana,* 2010 WL 909091, *7-8 (ND Ind 9 March 2010) (nos termos do § 984, quando US$ 335.000,00 em produto de drogas foram depositados em uma conta e misturados a outros fundos, os US$ 264.563,00 restantes na conta um ano depois do crime foram confiscados enquanto produto de drogas sem ter que fazer nenhuma análise de rastreamento).

5. Ver CASSELLA (n 1) §§ 27-9 e 27-10.

6. SD CASSELLA, "The Case for Civil Forfeiture: Why In Rem Proceedings are an Essential Tool for Recovering the Proceeds of Crime" (2008) 11 *Journal of Money Laundering Control 8.*

pode ser condenado e, se ele não pode ser condenado, não há possibilidade de uma ordem de confisco baseada em condenação.[7] Nesse caso, o governo precisa da capacidade de obter uma ordem não baseada em condenação e de requerer a um governo estrangeiro que a execute. O mesmo é verdadeiro quando o réu morre antes que uma condenação pudesse ser obtida ou não pode ser julgado por ser inimputável.[8]

Alternativamente, o réu pode ser condenado por um crime diferente daquele que deu origem ao confisco do ativo em particular que o governo está tentando recuperar. Nos EUA, os tribunais não adotaram totalmente o conceito de "confisco alargado", segundo o qual uma condenação por uma determinada ofensa dará origem a uma ordem de confisco direcionada ao produto de todos os outros crimes que o mesmo réu tenha cometido. Ao contrário, como o confisco penal é considerado parte da sentença do réu relativa à prática de um determinado crime, somente a propriedade conectada à prática desse crime está sujeita ao confisco penal.[9] Nesses casos, o governo deve ajuizar uma ação de confisco não baseada em condenação para recuperar qualquer propriedade envolvida em outros crimes.

O réu também pode ter cometido o crime usando a propriedade de outra pessoa. Por exemplo, ele pode ter lavado seu dinheiro por meio de negócio de terceiro, roubado um banco com arma de terceiro ou distribuído drogas usando um avião de terceiro. O confisco baseado em condenação não pode alcançar a propriedade de terceiros[10] - seria uma violação do direito de terceiros ao devido

---

7. Ver, *e.g.*, *United States v $506.069,09 Seized from First Merit Bank,* 2014 WL 7185585 (ND Ohio 16 December 2014) (governo ingressa com ação de confisco civil contra médico que deixou para trás produto de fraude nos EUA quando fugiu para o Paquistão); *United States v 40 Acres of Real Property,* 629 F Supp 2d 1264, 1268-69 (SD Ala 2009) (governo ingressa com confisco civil contra bens imóveis mantidos por marido e esposa porque, embora a esposa tenha se declarado culpada em processo criminal e perdido seu interesse, o marido era um fugitivo).

8. Ver, *e.g.*, *United States v Real Property at 40 Clark Road,* 52 F Supp 2d 254, 265 (D Mass 1999) (réu morreu enquanto o confisco penal estava pendente, tornando o confisco civil necessário); *United States v Real Property... 404 W Milton St,* 2014 WL 5808347 (WD Tex 7 November 2014) (marido e mulher formalmente acusados; esposa condenada em processo criminal, mas, como o marido morreu antes do julgamento, governo ingressa com confisco civil para tratar de seu interesse sobre a propriedade conjugal).

9. Ver *United States v Juluke,* 426 F 3d 323, 328-29 (5th Cir 2005) (o governo deve provar que a propriedade sujeita a confisco era produto da atividade de drogas que formou a base para a condenação do réu, não o tráfico de drogas do réu em geral); *United States v Nava,* 404 F 3d 1119, 1129 no 5 (9th Cir 2005) (embora o réu estivesse envolvido em tráfico de drogas desde 1991, o interesse do governo em sua propriedade não se constituiu até 1997, porque a única infração pela qual ele foi condenado começou naquele ano; não pode haver confisco baseado em conduta anterior que não foi objeto de acusação).

10. Ver *United States v Nava,* 404 F 3d 1119, 1124 (9th Cir 2005) (explicando a diferença entre confisco civil e penal; uma vez que o confisco penal é *in personam,* somente a propriedade do réu pode ser confiscada; como a filha do réu era a verdadeira proprietária e não apenas uma representante, ela estava autorizada a obter êxito no procedimento acessório); *United States v BCCI Holdings*

processo legal tentar confiscar sua propriedade em um processo no qual eles não puderam participar - mas o confisco não baseado em condenação pode alcançar a propriedade de terceiros, porque nesse cenário o terceiro tem o direito de intervir e defender seu interesse patrimonial, contestando a prova do governo sobre o mérito e/ou alegando que ele é um proprietário inocente.[11]

Em outros casos, o autor do crime que deu origem ao confisco pode ser simplesmente desconhecido. Caso armas, simuladores de voo, contrabando de eletrônicos ou dinheiro seja interceptado enquanto estiver a caminho de um país designado como apoiador do terrorismo, mas não se saiba quem pode ser o exportador ou receptador da propriedade, não há ninguém para processar e, portanto, ninguém para condenar. Contudo, uma ordem não baseada em condenação alcançará a propriedade e obrigará o proprietário a se apresentar para contestar o processo de confisco.

Em outros casos, os interesses da justiça militarão a favor de uma resolução não criminal, mesmo que haja uma violação clara à lei penal. Por exemplo, suponha que um criminoso condenado convença sua mãe de 70 anos a comprar uma arma de fogo para ele, em uma situação em que ambos sabem que é uma violação da lei federal um criminoso condenado possuir tal arma. E suponha que a mãe não apenas compre a arma de fogo, mas minta no documento exigido quando perguntada se está adquirindo para si ou para terceiro.

Nesse caso, a mãe claramente violou a lei federal e estaria sujeita a processo penal. No entanto, confrontado com a opção entre não fazer nada (e permitir que o criminoso mantenha a arma) e apresentar acusações criminais contra a mãe idosa, o governo pode decidir que confiscar a arma a partir de uma ordem de confisco sem condenação é a coisa certa a fazer.[12]

Finalmente, retornando aos casos que surgem frequentemente no contexto transnacional, suponha que o crime tenha sido cometido fora dos Estados Unidos, o agente foi condenado no país estrangeiro, mas a propriedade está agora nos Estados Unidos e o país estrangeiro não foi (por qualquer motivo) capaz de obter uma ordem de confisco que os EUA possam executar. Nesse caso, seja porque eles não tinham jurisdição sobre o crime estrangeiro ou porque não havia razão para processar o infrator uma segunda vez pelo mesmo delito, os promotores

(Luxembourg) SA (Petition of Chawla), 46 F 3d 1185, 1190 (DC Cir 1995) ("apenas a propriedade do réu - incluindo a propriedade adquirida por terceiros por meio de uma transação anulável - pode ser confiscada em um procedimento da RICO"). [n.t] "RICO" se refere à *Racketeer Influenced and Corrupt Organizations Act*, a lei americana de combate ao crime organizado.

11. Ver, de forma geral, Cassella (n 1) ch 12.

12. Ver *United States v 6 Firearms, Accessories and Ammunition*, 2015 WL 4660126 (WD Wash 5 August 2015) (armas compradas por uma mulher de 70 anos para seu filho condenado estão sujeitas a confisco enquanto propriedade envolvida na prestação de declaração falsa a um comerciante de armas, em violação ao 18 USC § 922 (a) (6)).

nos EUA não poderiam obter uma ordem de confisco baseada em condenação contra o réu estrangeiro, mas, com uma ordem não baseada em condenação, eles poderiam recuperar o produto do crime e devolvê-lo ao Estado estrangeiro. De fato, são bastante comuns os casos em que os EUA ajuízam ações de confisco civil para recuperar o produto de crimes estrangeiros - incluindo corrupção pública - a pedido do país da vítima.[13]

Por todas estas razões e muitas outras, os promotores devem ter o confisco não baseado em condenação como parte do arsenal de armas disponível para a recuperação de ativos. Infelizmente, devido em grande parte a relatos da mídia ligando os confiscos sem condenação a apreensões de dinheiro por policiais locais que ocorrem durante fiscalizações de trânsito, o confisco não baseado em condenação se tornou politicamente controverso nos Estados Unidos e existe o perigo de que o Congresso promulgue mudanças que prejudiquem a capacidade de aplicar a lei usando essa ferramenta essencial em uma ampla variedade de contextos que nada têm a ver com policiais e fiscalização de trânsito.

Por essa razão, vale a pena parar um momento para lembrar que nada no procedimento de confisco não baseado em condenação ameaça direitos e liberdades individuais.[14] É simplesmente um dispositivo processual para discutir todas as reivindicações a um ativo específico de uma só vez.[15] O governo ainda deve provar, por preponderância das provas, que um crime foi cometido e que a propriedade deriva ou foi usada para o cometimento desse crime; o proprietário tem o direito a julgamento por júri, para arguir uma defesa de proprietário inocente e para buscar a supressão de provas apreendidas ilegalmente; o governo deve respeitar os requisitos para o estrito cumprimento de notificações e os prazos de peticionamento; e todos os confiscos estão sujeitos à Cláusula de Multas Excessivas da Oitava Emenda, que proíbe confiscos que sejam "grosseiramente desproporcionais à gravidade da ofensa". A este respeito, os direitos do proprietário em um processo de confisco não baseado em condenação não são diferentes dos direitos do réu sob uma panóplia de outras ações não penais que o governo pode provocar para aplicar as leis penais, tais como a Lei de

13. Ver *United States v All Assets Held at Bank Julius Baer & Co,* 2015 WL 4450899 (DDC 20 July 2015) (ação de confisco civil para recuperar ativos do ex-Primeiro Ministro ucraniano Pavel Lazarenko).

14. Ver, de forma geral, SD Cassella, "Civil Asset Recovery: The American Experience" (2013) 3 *Eucrim* 98.

15. Ver *United States v Ursery*, 518 US 267, 295-96 (1996) (*Justice* Kennedy concordando) (os processos *in rem* são simplesmente estruturas que permitem ao governo invalidar o direito patrimonial sobre propriedade criminalmente maculada em um único processo, no qual todas as pessoas interessadas devem apresentar petições contestando o confisco de uma só vez); *United States v Real Property Located at 475 Martin Lane,* 545 F 3d 1134, 1144 (9th Cir 2008) ("ações *in rem* são geralmente consideradas processos contra o mundo» em que «o tribunal assume a tarefa de determinar todas as reivindicações que qualquer pessoa tenha em relação a coisa em questão»).

Reivindicações Falsas (*False Claims Act*)[16], que permite que o governo busque uma penalidade civil pela falsa reivindicação a pagamentos devidos pelos EUA, e as disposições civis em matéria de lavagem de dinheiro e da RICO,[17] que também autorizam penalidades civis para conduta criminosa.

Mas o confisco não baseado em condenação não é uma panaceia. Primeiro, há os problemas de conexão que já discutimos. O confisco não baseado em condenação é limitado à propriedade diretamente conectável ao delito; não há possibilidade (pelo menos sob a lei dos EUA) de obter uma condenação a pagamento em dinheiro ou ativos substitutos se a propriedade nomeada como objeto da ação de confisco houver sido dissipada, perdida, transferida para fora da jurisdição do tribunal ou transferida para um adquirente a título oneroso de boa-fé.[18]

Além disso, o problema mais significativo no contexto transnacional é que muitos Estados, se não a maioria, não reconhecem sentenças não baseadas em condenação ou ainda não promulgaram leis de confisco sem condenação que poderiam ser usadas para ajudar outros Estados na recuperação de ativos nas circunstâncias em que não há outra maneira de fazê-lo. Por essa razão, os EUA recorreram a ferramentas que podem ser usadas para recuperar ativos em casos de confisco não baseado em condenação sem a ajuda de um governo estrangeiro quando a propriedade ou o infrator, ou ambos, está fora da jurisdição dos EUA.

IV. Doutrina da Deslegitimidade do Fugitivo

Uma dessas ferramentas é chamada de “doutrina da deslegitimidade do fugitivo” (*fugitive disentitlement doctrine*).[19] Ela estabelece que, se uma pessoa é um fugitivo da justiça em um processo penal que está pendente nos EUA e há também uma ação de confisco sem condenação pendente contra sua propriedade, o fugitivo não pode intervir no processo de confisco para defender seu patrimônio, a menos que ele se entregue para enfrentar as acusações criminais.[20]

---

16. 31 USCA § 3730.

17. 18 USC §§ 1956(b) e 1963 (c). [n.t] Sobre a sigla RICO, ver a nota de tradução constante da nota de rodapé nª 9.

18. Mesmo assim, os EUA têm um robusto programa de confisco não baseado em condenação. De acordo com as estatísticas fornecidas pela Divisão de Administração de Justiça do Departamento de Justiça dos EUA, dos US$ 8,8 bilhões confiscados em 2014, US$ 4,3 bilhões, ou 49%, foram confiscados em processos de confisco civil/ não baseados em condenação.

19. 28 USC § 2466.

20. Ver *Collazos v United States*, 368 F 3d 190, 198 (2d Cir 2004) (§ 2466 tem cinco elementos: (1) um mandado ou processo similar para a apreensão do reclamante; (2) conhecimento do mandado; (3) relação entre os processos criminal e civil; (4) o reclamante não deve estar preso no exterior; e (5) o reclamante deve ter evitado deliberadamente o processo deixando ou recusando-se a entrar ou reentrar nos Estados Unidos ou evitando a jurisdição do tribunal onde o processo penal está pendente); *United States v $6,976,934.65 Plus Interest*, 554F 3d 123, 128 (DC Cir 2009) (adotando os cinco

Os promotores nos EUA usaram isso mais recentemente em um caso chamado *MegaUpload, Ltd*, em que um indivíduo que se autodenominada Kim Dotcom, e que operava a partir de Hong Kong e Nova Zelândia, usava a internet para distribuir propriedade intelectual, como filmes, em violação às leis de propriedade intelectual dos EUA.[21] O crime ocorreu nos EUA, por isso, o Sr. Dotcom foi acusado lá, mas ele e sua propriedade estavam em Hong Kong e na Nova Zelândia.

Para obter uma ordem de confisco sem estar apto a obter uma condenação, o governo teve de ajuizar uma ação de confisco sem condenação na Virgínia e usar a doutrina da deslegitimidade do fugitivo para impedir que o Sr. Dotcom interviesse no processo.[22] Os promotores fizeram isso com sucesso e obtiveram uma ordem de confisco. Não se sabe se os países onde a propriedade está localizada executarão essa sentença, mas o ponto é que os EUA conseguiram obter a sentença sem depender da capacidade ou da disposição de um governo estrangeiro de propor sob a sua própria lei uma ação de confisco penal ou não baseada em condenação.

V. Seção 981(k)

O outro aspecto, um tanto incomum, do esquema de confisco não baseado em condenação nos EUA envolve dinheiro depositado em bancos estrangeiros que possuem contas correspondentes nos EUA.

Suponha, por exemplo, que uma pessoa cometa uma fraude nos EUA e deposite o dinheiro da vítima numa conta bancária em um país estrangeiro que não seja particularmente amigável aos EUA ou que não forneça assistência jurídica mútua. Nesse caso, haveria pouca chance de persuadir o governo estrangeiro a executar qualquer ordem de confisco que os promotores nos EUA pudessem obter.

Todavia, suponha que o banco no qual os fundos da vítima foram depositados tenha uma conta, usada para realizar transações em dólares, em um banco americano em Nova York. Sob um dispositivo legal conhecido como Seção 981(k), os Estados Unidos podem capturar os fundos na conta correspondente do banco estrangeiro, iniciar uma ação de confisco sem condenação contra esses fundos

elementos de *Collazos* e discutindo cada um em detalhes); *United States v Salti,* 579 F 3d 656, 663 (6th Cir 2009) (adotando os elementos de *Collazos*).

21. *United States v All Assets Listed in Attachment A (MegaUpload, Ltd),* 89 F Supp3d 813 (ED Va 2015), aff's *United States v Batato*, 833 F.3d 413 (4th cir. 2014).

22. De acordo com 28 USC § 1355 (b), é suficiente para fins judiciais demonstrar que os atos que originaram o confisco ocorreram no distrito em que a ação de confisco sem condenação foi ajuizada.

e forçar o cliente a intervir para defender os fundos no judiciário dos EUA.[23] Se ele não o fizer ou se o seu pedido for indeferido no mérito, o dinheiro será confiscado do banco estrangeiro que, por sua vez, pode se reembolsar debitando da conta do seu cliente.[24]

Por exemplo, em um processo em curso, um indivíduo chamado Hikmatullah Shadman supostamente obteve mais de US$ 77 milhões dos EUA em pagamentos fraudulentos e depositou o dinheiro em uma conta no *Afghanistan International Bank* (AIB) no Afeganistão. Para recuperar o dinheiro, o governo entrou com uma ação de confisco civil nos termos da Seção 981(k) contra fundos que o AIB tinha depositados em uma conta interbancária em um banco em Nova York. Na decisão mais recente, o tribunal confirmou que o banco estrangeiro não tem legitimidade para contestar o confisco do dinheiro em sua conta correspondente, desde que haja fundos suficientes na conta do cliente por meio dos quais possa ser reembolsado. É o cliente do banco, neste caso o Sr. Shadman, e não o banco, que deve se apresentar para intervir no processo de confisco.[25]

Se o governo realmente terá êxito no julgamento do mérito do processo, no entanto, dependerá de sua capacidade de obter provas admissíveis da fraude vindas do Afeganistão - um obstáculo totalmente separado e sempre presente na obtenção e execução de ordens de confisco em casos transnacionais.

VI. Execução de sentenças estrangeiras

Finalmente, chegamos à autoridade para executar ordens ou sentenças proferidas por tribunais estrangeiros. Quando um tribunal nos EUA condena um réu que enviou sua propriedade para o exterior, o promotor pode obter uma ordem de confisco penal e pedir ao governo estrangeiro que registre e faça cumprir a sentença. Como já expliquei, isso nem sempre funciona; o governo estrangeiro pode estar disposto a ajudar, mas pode não ter a legislação interna necessária para registrar e executar uma ordem estrangeira, ou pode encontrar problemas relativos à localização e propriedade que podem levar anos para serem resolvidos.

Uma maneira possível de contornar tais problemas é pedir ao tribunal que prolatou a condenação penal e a sentença de confisco que ordene ao réu

---

23. 18 USC § 981 (k).

24. Ver *United States v Union Bank for Savings and Investment (Jordan),* 487 F 3d 8, 17 (1st Cir 2007) (se fundos confiscáveis são depositados em um banco estrangeiro e o banco estrangeiro tem conta correspondente em um banco dos EUA, os fundos confiscáveis são considerados depositados na conta correspondente e podem ser apreendidos e confiscados); *United States v $70,990,605,* 305 FRD 20 (DDC 2015) (explicando como o §981 (k) permite que o governo recupere fundos depositados em um banco no Afeganistão por meio de uma ação civil de confisco contra a conta do banco afegão em um banco em Nova York).

25. *United States v $70.990.605,00,* 305 FRD 20 (DDC 2015).

que repatrie sua propriedade para os Estados Unidos. Um réu que é capaz de repatriar sua propriedade, mas se recusa a fazê-lo, está sujeito, sob a lei dos EUA, a uma sentença mais severa,[26] infelizmente, nossa experiência é que os réus muitas vezes preferem o tempo prolongado na cadeia à perda de seus produtos do crime.

Em 2015, por exemplo, havia um réu que perpetrou um esquema de fraude no qual ele induzia as vítimas a lhe entregarem dinheiro para que elas pudessem reivindicar um prêmio de sorteio e, depois, enviava o dinheiro para uma conta bancária na Suíça. O tribunal ordenou que ele repatriasse o dinheiro - que era mais de US$ 1 milhão - mas ele se recusou e aceitou o aumento de sua pena.[27]

A solução real para esse problema é regularizar o processo pelo qual os países registram e executam as ordens de confisco de cada um sem reanalisar a ordem ou permitir que o réu rediscuta o mérito. Como já expliquei antes, o problema que os países têm ao tentar executar as ordens uns dos outros não é diferente do problema que um viajante tem ao tentar fazer com que seu dispositivo eletrônico funcione em um país estrangeiro: ele precisa de um adaptador para encaixar o seu carregador na tomada elétrica para que ele possa utilizar seu computador ou *smartphone* ou o que for que ele precisa fazer funcionar.[28] No contexto da recuperação de produtos de crime, precisamos de um adaptador que faça com que a minha ordem de confisco se encaixe no seu processo judicial a fim de que possa ser registada e executada.

Demorou 10 anos para fazê-lo, mas os EUA finalmente têm um adaptador que permite o registro e a execução de ordens de confisco estrangeiras e ordens cautelares que são emitidas para preservar ativos até a prolação de uma sentença final. Houve muitos começos falsos, pois houve considerável oposição do judiciário ao conceito de executar "cegamente" uma ordem externa sem reabrir a discussão.[29]

Por exemplo, em um caso chamado *Tiger Eye Investments*, promotores federais tentaram executar uma ordem judicial brasileira de bloqueio contra o produto de um esquema de fraude brasileiro que foi depositado em contas de investimento nos EUA. Esta parecia ser uma aplicação perfeita de uma lei então relativamente nova, que permite que os tribunais dos EUA registrem e executem ordens de confisco estrangeiras. Mas o tribunal entendeu que o legislador não poderia ter pretendido autorizar um procedimento que não permitisse a revisão

26. 21 USC § 853(e)(4)(B).

27. *Susi v United States,* 2015 WL 1602074 (WDNC 9 April 2015).

28. Ver, de forma geral, SD Cassella, "The Recovery of Criminal Proceeds Generated in One Nation and Found in Another" (2008) 9 *Journal of Financial Crime* 268.

29. Para uma discussão mais detalhada da história dessa questão, ver, *e.g.*, SD Cassella, "Enforcement of Foreign Restraining Orders" (2013) 16 *Journal of Money Laundering Control* 290.

judicial do mérito da causa, a autoridade do tribunal estrangeiro para emitir a ordem e o procedimento que o tribunal estrangeiro adotou.[30]

Por fim, há cinco anos, o legislador promulgou uma emenda que prevê expressamente o registro e a execução de ordens judiciais estrangeiras e sentenças de confisco.[31]

No caso mais recente decidido sob essa lei, que também envolvia uma solicitação do Brasil, um tribunal decidiu que uma ordem apreendendo US$ 12 milhões em produtos de fraude poderia ser executada. Notadamente, o tribunal entendeu que os correntistas não tinham direito a uma audiência na qual poderiam contestar o mérito da medida cautelar brasileira; nem poderiam contestar a ordem com base no fato de que os procedimentos seguidos pelo tribunal brasileiro eram diferentes dos procedimentos que teriam sido seguidos por um tribunal nos EUA antes de emitir a ordem.[32]

Outro tribunal chegou à mesma conclusão a respeito da execução de uma ordem de bloqueio feita por um tribunal em Curaçao em uma investigação de lavagem de dinheiro. Os reclamantes, que se opuseram ao bloqueio de suas contas bancárias em Miami, argumentaram que o tribunal de Curaçao não tinha jurisdição para emitir a ordem, que o tribunal de Curaçao havia chegado à conclusão errada sobre o mérito e que os procedimentos adotados pelo tribunal de Curaçao eram incompatíveis com o devido processo legal como é entendido nos Estados Unidos. Porém, o tribunal considerou que não iria "perfurar o véu da autoridade" por trás da ordem de bloqueio, que os reclamantes não tinham o direito de voltar a discutir questões fáticas já discutidas ou que poderiam ser discutidas no tribunal estrangeiro e que pequenas diferenças procedimentais não são obstáculo à execução de uma ordem estrangeira.

Um tribunal nos EUA – disse o tribunal – "não deve julgar levianamente o sistema legal de um país estrangeiro soberano".[33] O futuro da cooperação internacional na recuperação de ativos envolvidos em crimes transnacionais pode despertar a capacidade de todos os Estados de promulgar uma legislação dessa natureza e dos tribunais nessas jurisdições de adotarem uma visão similarmente benigna da importância e legalidade de dar plena fé e crédito a ordens estrangeiras de perdimento ou confisco. Tribunais em países estrangeiros manifestaram, recentemente, uma disposição semelhante para fazer cumprir as ordens de

30. *In Re Any and All Funds...in the Name of Tiger Eye Investments, Ltd*, 613 F 3d 1122 (DC Cir 2010).

31. 28 USC § 2467.

32. *In re Seizure of Approximately $12,116,153.16 and Accrued Interest in US Currency*, 903 F Supp 2d 19 (DDC 2012).

33. *In re Restraint of All Assets... at UBS Financial Services, Inc*, 860 F Supp 2d 32, 42 (DDC 2012).

confisco dos EUA. Vide *Doraville Properties Corp v Her Majesty's Attorney General* [2016] JRC128, Royal Court, Bailiwick of Jersey (julho de 2016).

Conclusão

Aqueles que se empenharam no esforço de trazer o processo de recuperação de ativos em casos transnacionais para o século XXI por uma década ou mais podem, corretamente, sentir que percorremos um longo caminho, mas precisamos reconhecer prontamente que ainda temos um longo caminho a percorrer. Existem problemas institucionais e legais que ainda temos que superar.

Alguns, como os problemas de conexão e recursos, sem mencionar os obstáculos à obtenção de provas admissíveis de uma jurisdição estrangeira, são simplesmente inerentes ao processo de localização de produtos de crime que são exacerbados no contexto transnacional. Outros, como a relutância dos tribunais em executar ordens de confisco sem base em condenação, ou qualquer ordem de um tribunal estrangeiro, sem permitir que as partes rediscutam os méritos, são problemas que deveríamos estar aptos a superar ao promulgar adaptadores do século XXI que unam os diferentes sistemas judiciais de nações soberanas. Mas é somente através da experiência e da aproximação de pessoas com diferentes perspectivas e um mútuo desejo de resolver esses problemas que o problema será enfim resolvido.